公共经济学

Public Economics

郑万军 主　编
李　锋　周伍阳　曹　鲲 副主编

图书在版编目(CIP)数据

公共经济学/郑万军主编. —北京:北京大学出版社,2015.4
(21 世纪公共管理学规划教材·行政管理系列)
ISBN 978-7-301-25709-8

Ⅰ. ①公… Ⅱ. ①郑… Ⅲ. ①公共经济学—高等学校—教材 Ⅳ. ①F062.6

中国版本图书馆 CIP 数据核字(2015)第 078622 号

书　　　　名	公共经济学
著作责任者	郑万军　主编
责 任 编 辑	李郭倩　武　岳
标 准 书 号	ISBN 978-7-301-25709-8
出 版 发 行	北京大学出版社
地　　　　址	北京市海淀区成府路 205 号　100871
网　　　　址	http://www.pup.cn　新浪微博:@北京大学出版社
电 子 邮 箱	编辑部 ss@pup.cn　总编室 zpup@pup.cn
电　　　　话	邮购部 62752015　发行部 62750672　编辑部 62753121
印 刷 者	北京虎彩文化传播有限公司
经 销 者	新华书店
	730 毫米×980 毫米　16 开本　24 印张　368 千字
	2015 年 4 月第 1 版　2024 年 1 月第 5 次印刷
定　　　　价	53.00 元

未经许可,不得以任何方式复制或抄袭本书之部分或全部内容。
版权所有,侵权必究
举报电话: 010-62752024　电子信箱: fd@pup.cn
图书如有印装质量问题,请与出版部联系,电话: 010-62756370

前　言

本教材主要是为我国高校公共管理学、政治学等非经济学专业的本科教学而编写,也适用于公共管理硕士(MPA)等专业学位的教学,以及政府部门、事业单位和党校的干部培训。

与大量同类教材相比,本书呈现以下三点特色:

一是"新"。内容方面,既尽量吸纳了学界的最新研究成果,也追踪了最新的时事动态,如经济新常态、混合经济等;体系结构方面,我们大胆地对既有教材的内容进行了整合。如,公共经济主体、地方公共产品、政府转移支付、政府购买、收入再分配和社会保障等都不再单列为一章,而是被整合入相关章节之中,同时增加了公共经济规制、政府间财政关系等新内容。如此,既实现了公共经济学去财税学化,也重理了体系、完善了结构。

二是"精"。既为了浓缩精华,也为了减轻学生的经济和阅读负担,同时也为了配合课堂教学时数的削减,我们重新进行了内容的整合和提炼,全书十章共计30余万字,成功地实现了缩与精的目标。

三是"实"。首先是"实际",包括理论联系实际和结合中国实际。如,地方财政债务和混合经济等等;其次是"实用",即力求方便教师的备课、授课和学生的阅读、学习,设置了"学习目标""内容小结""复习题"以及"推荐阅读"等。

本书是国内六所高校长期从事公共经济学教学的教师团队协作的结果。全书由郑万军教授审定编写大纲并任主编,李锋博士、周伍阳博士担任副主编。参加编写工作的还有长江师范学院的汤伶俐博士、浙江工商大学的郎春雷博士、西南政法大学的张岌博士、云南民族大学的曹鲲博士、重庆理工大学的田洪刚博士和内蒙古财经大学的安锦博士。各章具体编写分工如下:

第一章	导论	郑万军	
第二章	资源配置与政府职能	安　锦	郑万军
第三章	公共产品	李　锋	
第四章	公共选择	李　锋	
第五章	公共支出	周伍阳	
第六章	公共收入	汤伶俐	周伍阳
第七章	政府间财政关系	曹　鲲	
第八章	公共预算	张　发	曹　鲲
第九章	公共规制	郎春雷	郑万军
第十章	公共经济政策	郑万军	田洪刚

各章完成后，郑万军、李锋、周伍阳和曹鲲分头进行了审阅和修改，王文彬、刘磊、陈雪娇和肖有江进行了文字校对，最后由李锋协助郑万军完成了定稿工作。

本书编写过程中，我们参考了国内外同类教材和相关论著，在此一并表示感谢！本书的顺利出版得到了北京大学出版社耿协峰先生、武岳女士以及国家教育行政学院舒刚博士的大力帮助和支持，在此表示真挚的谢意！

尽管我们为编写本书作出了很大的努力，但难免尚存诸多纰漏甚至错误，真诚地希望同行专家和广大读者朋友不吝建议和批评。

郑万军
2014 年 12 月于山城重庆

目 录

第一章　导论	1
第一节　什么是公共经济学	1
第二节　公共经济学的兴起与发展	11
第三节　公共经济学的研究方法与意义	16
第二章　资源配置与政府职能	24
第一节　资源配置	24
第二节　市场失灵与政府干预	34
第三节　政府失灵与混合经济	40
第三章　公共产品	51
第一节　公共产品概述	51
第二节　公共产品的最优供给分析	60
第三节　公共产品的供给主体与方式	68
第四章　公共选择	85
第一节　公共选择理论概述	85
第二节　直接民主制下的公共选择	91

第三节　间接民主制下的公共选择　　　　　　　　　98
　　第四节　寻租与官僚政治　　　　　　　　　　　　106

第五章　公共支出　　　　　　　　　　　　　　　　123

　　第一节　公共支出概述　　　　　　　　　　　　　123
　　第二节　公共支出的规模与结构　　　　　　　　　128
　　第三节　购买性支出及其经济影响　　　　　　　　138
　　第四节　转移性支出及其经济影响　　　　　　　　163
　　第五节　公共支出的效率　　　　　　　　　　　　176

第六章　公共收入　　　　　　　　　　　　　　　　187

　　第一节　公共收入概述　　　　　　　　　　　　　187
　　第二节　税收收入　　　　　　　　　　　　　　　194
　　第三节　公共收费收入　　　　　　　　　　　　　221
　　第四节　公债收入　　　　　　　　　　　　　　　228

第七章　政府间财政关系　　　　　　　　　　　　　244

　　第一节　政府间财政关系概述　　　　　　　　　　244
　　第二节　政府间财政分权　　　　　　　　　　　　249
　　第三节　政府间财政竞争　　　　　　　　　　　　265
　　第四节　政府间转移支付　　　　　　　　　　　　276

第八章　公共预算　　　　　　　　　　　　　　　　285

　　第一节　公共预算概述　　　　　　　　　　　　　285
　　第二节　公共预算程序与模式　　　　　　　　　　290
　　第三节　预算赤字和政府债务　　　　　　　　　　301
　　第四节　中国公共预算的历史演进与制度创新　　　307

第九章　公共规制　　　　　　　　　　　　　　　　317

　　第一节　公共规制概述　　　　　　　　　　　　　317

第二节　经济性规制　　323
　　第三节　社会性规制　　327
　　第四节　公共规制改革　　333

第十章　公共经济政策　　341

　　第一节　公共经济政策概述　　341
　　第二节　公共经济政策工具　　348
　　第三节　公共经济政策的效力与效应　　358
　　第四节　中国经济制度及经济政策变迁　　366

参考文献　　375

第一章 导论

本章学习目标：

- 准确把握公共经济学的定义、研究对象、研究框架和学科特征；
- 基本了解公共经济学的兴起背景和大致发展脉络；
- 熟练掌握公共经济学的研究方法；
- 深刻认识学习公共经济学的意义。

"国家的存在是经济增长的关键,然而国家又是人为经济衰退的根源。"[①] 世界经济发展的历史表明,政府既可能是经济持续快速发展的原因,也可能是经济衰退的根源。故而,一直以来政府在经济发展中的作用都是个热门且颇具争议的话题。公共经济学又称公共部门经济学或政府经济学[②],是专门研究以政府为主要代表的公共部门经济活动及其规律的科学。作为一本扼要介绍公共经济学基本理论和知识的教科书,我们在开篇的导论中将首先向读者介绍什么是公共经济学,包括公共经济学的定义、研究对象、内容框架和学科特征。在此基础上,我们进一步介绍了公共经济学兴起的原因、发展的大致脉络,及其在中国的实践和发展。最后,我们简要阐述了公共经济学的研究方法和意义。

第一节 什么是公共经济学

什么是公共经济学？公共经济学的研究对象和内容框架是什么？公共经

---

① 道格拉斯·C.诺思:《经济史中的结构与变迁》,陈郁、罗华平译,上海三联书店、上海人民出版社 1997 年版,第 20 页。

② 国内大多数学者并未对公共经济学和政府经济学进行严格的概念区分,而是将二者混用,且近年来基本以公共经济学为名居多。但郭小聪对政府经济学和公共经济学的差别进行了较为详尽的论述。详见郭小聪主编:《政府经济学》,中国人民大学出版社 2008 年版,第 4—9 页。

济学的学科特征是什么？如此等等，都是需要我们首先回答清楚的问题。

一、公共经济学的定义

公共经济学亦称公共部门经济学，是经济学的一个分支，是研究以政府为主要代表的公共部门经济活动及其规律的科学。

首先为了较好地理解什么是公共经济学，我们需要搞清楚什么是公共部门，以及公共部门与私人部门的关系。现代经济学常常把社会经济主体分为公共部门和私人部门两大类。公共部门主要指政府及其附属机构，也包括其他一些谋求社会公共利益的社会组织。私人部门主要包括企业、个人和家庭。之所以作此划分，是因为虽然同为社会经济主体，但私人部门和公共部门的行为目的和方式是截然不同的。扼要而言，两者的根本区别在于，一般而言，作为理性经济人，个人、家庭和企业凡事以追求自身收益的最大化为目的，而以政府为主要代表的公共部门则以追求社会公共利益的最大化为目的。虽然以政府为主要代表的公共部门也注重成本与收益，但其参与社会经济活动的主要目的是促进和维护社会的公平和公正，而非经济收益最大化。具体而言，个人和家庭以向企业提供劳动、土地、资本、技术以及企业家才能等生产要素获取相应的报酬，然后再以此向企业购买所需商品和劳务。反之，企业在向个人和家庭购买所需生产要素后进行加工生产，然后再向个人和家庭出售各类商品和劳务。此间，无论是个人和家庭还是企业，基本都是为了追求收益或利润最大化。然而，以政府为代表的公共部门不同。正常情况下，政府在对微观市场进行监管的同时，为保证和促进社会公平、公正，还需依照法律、法规向个人、家庭和企业收取税金，以向社会提供诸如国防、安全、教育、文化、卫生和社会保障等基本公共产品和服务。当国民经济出现波动时，政府则需调整公共支出和收入，或者启用其他公共经济政策和手段来引导个人、家庭和企业的经济行为，以促进国民经济重新回归均衡。可见，政府不仅要进行非生产性的经济活动和社会财富的重新分配，而且还要进行宏观经济的调控和微观市场的监管，以保证整个社会经济平稳、有序运行。

由此可见，以政府为主要代表的公共经济部门在与个人、家庭和企业平等地参与社会经济活动的同时，也以自身独特的规律和方式调节、影响着其他市场经济主体。就此而言,公共经济学就是研究以政府为主要代表的公共部门经济活动的内容、方式及其规律的科学。

其次,既然政府是公共部门的主要代表,因此为了更好地理解什么是公共经济学,我们尚需对政府的概念进行界定。虽然政府具体地存在,且与社会公众密切相关,但政府的概念却一直较为抽象和模糊。在公共经济学的视野中,政府的概念一般可作以下四个层次的理解:

一是狭义的政府,即中央政府及其组成部门和附属机构;二是广义的政府,包括中央政府和地方政府及其组成部门和附属机构;三是公共部门,指除中央政府和地方政府及其组成部门和附属机构外,再加上政策性金融机构,如开发银行、农业发展银行等政策性银行。政策性金融机构属于金融性政府企业,是中央或地方政府为了特定的目的而出资举办,它可超越具体的政府部门或机构而对整个社会经济进行相关调控和引导;四是广义的公共部门,即在第三个层次的基础上再加上非金融性公共企事业单位,如教育机构、医疗卫生机构和电信部门等。之所以如此,是因为非金融性公共企事业属于官办,且提供特定领域内的公共产品和服务,一定程度上可以算是相关政府部门或机构职能的延伸。

改革开放三十多年来,我国已经建立了中国特色的社会主义市场经济基本框架,包括四大国有商业银行在内的国有企业等已逐步成为独立的市场经济主体。与此同时,事业单位改革也已拉开序幕,其所承担的政府功能将被剥离,行政化倾向也将逐步消退。因此,结合我国实际,本书把以政府为主要代表的公共部门定位于上述第三层次的理解,即除中央政府、地方政府及其组成部门和附属机构外,另加政策性金融机构。至此,我们可以把公共经济学更加具体地定义为研究中央政府、地方政府(包括政府组成部门和附属机构)、政策性金融机构的经济行为及其规律的科学。

二、公共经济学的研究对象

在清楚厘定了公共经济学的定义之后,我们需要进一步确定公共经济学的研究对象。所谓研究对象,即基本研究问题,是一门学科研究内容的基本概括,也是该学科区别于其他学科的核心标准。一门学科成熟的主要标志就是形成了自身特定的研究对象。学科研究对象的确定从根本上规定了学科的研究方向和基本范畴。因此,研究对象既是学科研究的基本问题,也是学科研究的起点。

关于公共经济学的基本研究问题,美国著名经济学家斯蒂格利茨曾将之归纳为"生产什么、怎么生产和为谁生产",并主张公共经济学应主要研究三个方面的问题:一是政府应参与哪些经济活动?二是政府参与经济活动的结果如何?三是政府公共经济政策的评价。① 虽然多年来人们一直没有停止对公共经济学基本研究问题的讨论,但斯蒂格利茨的上述观点无疑已被广泛接受。

在结合中国实际国情,并借鉴国内外专家学者观点的基础上,本书认为公共经济学的基本研究对象主要应包括以下三个基本问题:

一是政府职能如何定位?目前形成的理论共识是,市场经济条件下应充分发挥市场配置资源的主导作用,即市场机制能有效发挥作用的领域,政府就不应介入;而市场失灵的领域,即市场机制不能或不能很好发挥作用的领域,政府就应及时补缺。然而,理论是明白的,但现实却是复杂而棘手的。问题不仅仅是政府也会失灵,而且市场和政府的活动边界并不固定,而是变动的。即使在市场经济发达的西方资本主义国家,到底是政府干预多一些还是让市场更自由些的争论也时常存在。可以说,西方资本主义的发展史就是经济自由主义和政府干预主义持续争论和轮流坐庄的历史。信息化和全球化加速发展的今天,经济和社会风险的快速传播也要求各国政府承担起一些非传统的责任。总之,政府的职能定位问题将是个长期持续且难解的话题,也是公共经济学首先要研究的问题。

在计划经济时期,我国形成了以中央政府为主导的权力高度集中的全能式政府。政府既掌舵又划桨,不仅主导经济的发展,而且还直接从事各种微观经济活动,不仅控制了生产交换过程、统筹产供销,而且还介入了私人消费领域,全面覆盖了经济生活,家庭和个人基本没有任何经济自主权。经过三十多年的市场化改革,企业的市场主体地位已经确立,政府也不再包办一切,启动了职能转换,开始分权于市场和社会。但是,当前我国的改革正处于深水区和攻坚时

---

① 约瑟夫·E.斯蒂格利茨:《政府为什么干预经济——政府在市场经济中的角色》,中国物资出版社1998年版,第6—15页。

期,政府职能转换尚未到位,市场和社会活动仍有待激活。尤其是,经过三十多年的高速发展后,我国正逐渐进入经济新常态,政府该如何正确认识、适应和应对新常态,其实质就是市场经济条件下的政府职能定位问题。

二是政府如何为公众服务？如果说政府存在的根本理由和基本目的是为满足公共需求而提供基本公共产品和服务,那么政府如何才能实现这个目标？为此,需要研究四个方面的具体问题。第一是公共产品和服务具体供给项目的界定问题。即政府需要提供哪些公共产品和服务？或者说,哪些物品和服务需要政府来提供？这个问题既与上述的政府职能界定相关,也与技术和理论的发展有关。现有的理论基本公认国防、安全、教育、文化、卫生和社会保障等应由政府提供。然而,一方面,随着科学技术的快速发展和理论认识的深化,传统的公共产品和服务不仅可以实行生产和提供的分离,而且部分可以实现市场化或社会化提供；另一方面,随着社会生活质量要求和标准的提高,以及社会环境的变化,社会公众对公共产品和服务的内容在不断地更新和变化。总之,为了最大化地满足社会公共需求,作为核心公共经济主体的政府首先必须确定自身的具体服务项目。第二是公共产品和服务最优供给数量的确定问题。众所周知,公共产品和服务有效供给的难题在于无法有效地显示公众的真实偏好。由于公共产品和服务具有较强的正外部性和共同消费的特征,因而很容易产生"搭便车"和"囚徒困境"的问题。如此的结果常常会导致公共产品供给的严重不足。公共产品理论正是在讨论这些问题的基础上发展起来的。第三是公共产品和服务供给的决定问题。不同于私人产品的市场分散决策,公共产品和服务的选择属于非市场决策,即公共决策。而公共决策又属于政治过程,其结果取决于多方参与权力主体的博弈。为了解决这一问题,公共选择理论将经济学的理论和方法引入到了政治问题的分析中。第四是公共产品和服务供给的费用问题。政府提供公共产品和服务必然涉及政府的收入和支出。政府一方面根据法律征收税金,另一方面依据预算进行支出以生产或购买公共产品和服务提供给社会公众。作为最大的市场经济主体,无论是收入还是支出,政府既要进行成本——收益的计算,也要考量对社会公众和整个社会经济的影响。因此,公共收入和支出不仅仅事关公共产品和服务费用的筹集与使用,也是调节和引导社会公众和社会经济的重要手段。

三是政府如何干预经济？如前所述，政府不仅要向社会公众提供公共产品和服务，而且还要进行微观市场的监管和宏观经济的调控，以保证整个社会经济有序、平稳地运行。如果说政府提供公共产品和服务是为了矫正因正外部性而导致的市场失灵的话，那么政府进行市场监管和宏观调控则是为了矫正因负外部性而导致的市场失灵。一方面，无论是个人、家庭还是企业，都是追求自身收益最大化的理性经济人，因此在逐利的过程中不仅可能会出现"搭便车"和"囚徒困境"的现象，而且可能会出现损人利己的情况。同时，对规模经济的追求也必然导致垄断。因此，在市场经济条件下，在充分使用市场这只"看不见的手"的同时，也需要政府加强市场监管，以抑制过度的逐利行为、避免垄断和维护市场的公平有序。另一方面，按照现代经济学的理论，均衡的市场才会富有效率。然而，历史和现实都告诉我们，多数时候均衡市场只是一种理想状态，非均衡的市场才是常态。此外，在现代开放经济体系下，复杂国际环境的影响加剧了国内经济的波动甚至动荡。因此，为引导和促进市场尽可能地接近均衡，实现社会资源的最优配置和社会福利的最大化，需要政府出面对社会总需求和总供给进行调控，以熨平经济周期。

无疑，政府干预经济的理由是充分的。但实际的问题是，如何做到政府干预与市场自身调节的无缝对接？具体而言，有如下具体问题需要解决：首先是政府如何恰到好处地为市场补缺，即做到该管的管好，不缺位；其次是政府在进行经济干预的同时，如何做到不影响市场的活力，即不越位；其三是中央和地方政府在经济管理过程中的分工问题，即如何灵活有效地处理央地关系，以充分调动两方面的积极性和发挥各自优势；其四是如何评价和提高政府干预经济的绩效。政府干预不仅要计算成本、提高效率，而且还要预防好心办坏事的情况。为了解决以上这些问题，公共经济学需要加强对政府间财政关系、公共预算、公共规制和公共经济政策的研究。

三、公共经济学的内容框架

了解公共经济学的基本内容框架，是我们总揽本门课程的有效捷径。依据上述关于公共经济学研究对象的讨论，除导论外我们将公共经济学的内容框架划分为九个方面的内容：资源配置与政府职能、公共产品、公共选择、公共支出、公共收入、政府间财政关系、公共预算、公共规制、公共经济政策。

　　为了能让读者一开始就能从总体上了解、把握公共经济学,在本书的第一章即导论中我们首先向读者介绍什么是公共经济学、公共经济学的兴起和发展,以及学习和研究公共经济学的方法和意义。

　　资源的稀缺性是经济学的前提假设。作为经济学的分支,公共经济学无疑也遵循了这一基本理论假设。因此,追求资源的最优配置也是公共经济学研究的逻辑起点。由此,在导论之后的第二章,我们随即从资源最优配置的视角展开对政府为什么干预经济的讨论。基于完全竞争市场的缺失→市场失灵(资源最优配置失败)→政府干预→政府失灵(政府干预失效)→混合经济(市场与政府的互补)→政府边界(政府与市场的分工)的逻辑考虑,我们首先介绍了资源配置的内涵、标准与方式,紧接着分析了市场失灵的表现与原因,最后阐述了政府干预经济的目标与方式、政府失灵的表现与原因,以及混合经济和政府边界。

　　公共产品的存在既是市场失灵的原因,更是政府存在的理由。因此公共产品理论往往被认为是公共经济学的核心理论或者理论基石。换句话来讲,政府为什么会存在、政府应该干什么,以及政府如何干等都是围绕着公共产品而展开的。公共产品理论主要通过对公共产品、私人产品等社会中不同属性产品内涵和特征的把握,分析公共产品供给中的外部性及其纠正,说明在公共产品的供给上为什么会市场失灵,政府干预为什么必要,进而区分和选择不同种类产品生产和供给的适宜方式,以实现资源的优化配置和社会的公平正义。本书的第三章首先介绍了公共产品的含义、特征、分类与识别,然后在此基础上借助经典理论和模型分析了公共产品的最优供给,包括外部性问题,最后进一步探讨了公共产品供给的主体、方式,以及我国公共产品供给中存在的问题与解决路径。

　　公共经济学视角下,公共选择理论的中心议题就是研究公共产品如何决定的问题。公共选择理论是以理性经济人为前提假设,运用经济学的基本原理分析政府的决策、公众的选择,以及两者关系的经济理论流派。不同于市场的分散决策,非市场决策即公共决策,往往取决于包括选民、利益集团、政治家和官员在内的多方博弈的结果。公共选择理论就是运用经济学的假设、理论和方法来分析和研究非市场决策(即公共决策)。简单地说,就是运用经济学的逻辑和方法来研究政治问题。本书的第四章首先扼要介绍了公共选择理论的产生和发展、方法论、研究主题与逻辑,然后详细地阐述了直接民主制下的公共选择和间接民主制下的公共选择,最后讨论了寻租与官僚政治。

政府等公共部门职能的履行和作用的发挥依赖公共支出活动来实现,因此公共支出是公共经济学的核心组成部分。公共支出是以政府为核心的公共部门为履行其职能而发生的一切费用的总和,也就是为弥补市场失灵而提供公共产品和服务所安排的支出。公共支出是公共财政活动的一个重要方面,这不仅是因为公共财政对经济的影响作用主要表现在公共支出上,而且,政府干预、调节经济职能也主要是通过公共支出来实现的。公共支出的规模和结构反映了公共部门对经济和社会干预的力度和方向,公共支出的效率和效益很大程度上也代表着政府等公共部门的绩效。本书的第五章在扼要介绍了公共支出的含义、原则和分类之后,重点阐述了公共支出规模和结构发展变化的趋势及原因、购买性支出和转移性支出的具体内容及其经济影响,以及公共支出效率与效益的评价。

"巧妇难为无米之炊",政府等公共部门必须有收入才能保证其正常履行职能,因此公共收入是公共支出的基础。公共收入也是公共经济学的核心内容之一。一方面,以政府为代表的公共部门,为了满足社会的公共需要,凭借公共权力,向企业、个人筹集各类收入,以保障正常支出;另一方面,政府通过运用收入手段,调节市场经济中各经济主体的利益,从而达到宏观经济调控的目的。公共收入的形式主要有税收、公共收费和公债等,这些收入形式各有不同的性质和功能,本书的第六章除了介绍公共收入的基本概念和影响因素外,着力讨论了各种公共收入形式的特征、功能及其经济效应。

以上两章,我们一直在讨论公共收支种类、规模、结构及其经济影响等问题。但公共收支活动的主体是政府,而在绝大多数国家,政府并非单一层级,而是存在着多级政府。于是,不仅有如何有效地推进公共服务均等化的问题,也存在着如何协调各级政府间关系以调动各级政府积极性的难题。主要问题包括:如何科学合理地划分各级政府的职责?如何有效地满足各级政府的资金需要?如何实现辖区间财政均等?我国不仅是中央集权国家和典型的多层级国家,而且又经历了长期计划经济体制的实践,因此面临的问题更为棘手。诸如此类的问题,正是本书的第七章所要讨论的政府间财政关系问题,具体内容包括财政分权、财政竞争以及转移支付制度等。

如果说公共支出是花钱、公共收入是筹钱,那么公共预算则是对政府收支行为所做的计划安排。公共预算涉及国家公共资源的汲取、配置和使用。微观而言,公共预算事关国家财政年度收支。宏观而言,公共预算则可理解为国家政策的会计安排。作为一种资源配置的政治机制,公共预算不仅反映了权力的博弈,而且主要体现为公共权力如何分配资源,实现预算能力,即配置效率、财政问责、总额控制和运作效率。只有建立了现代公共预算体系才能更好地实现国家治理,因为公共预算并非简单的管理问题和会计问题,而是一个关乎国家治理大事的政治问题。预算形成的背后充满了利益的冲突和政治的博弈。本书的第八章,在介绍公共预算的定义、功能与原则、程序与模式的基础上,结合我国实践深入地分析了预算赤字和政府债务问题。

公共规制是为了更好地维护经济秩序、增进社会公共利益,以政府为主的具有规制权的各类规制主体依据法律法规对各种社会经济活动所施加的某种限制、约束和激励等一系列行政管理与监督行为。公共规制的存在源于市场和政府都可能发生机制失灵。公共规制的宗旨是为市场运行以及企业行为建立相应的规则,以弥补市场失灵,确保微观经济的有序运行,同时矫正政府失灵,实现社会福利的最大化。本书的第九章首先对公共规制的内涵、原因和理论等做了扼要概述,然后重点介绍了经济性规制和社会性规制,最后分析了公共规制的绩效和改革趋势。

公共经济政策是指在进行国民经济管理时,政府为实现一定的宏观经济目标而调整公共收支规模和收支平衡的指导原则及其相应的措施。为了实现一定时期内的既定公共经济政策目标,我们必须借助一定的公共经济政策工具。不同政策工具和政策措施的特性、效力和效应各不相同。本书的最后一章,即第十章,在概述了公共经济政策的目标和模式之后,详细介绍了一些主要的公共经济政策工具,并在此基础上分析了公共经济政策的效力和效应,最后简要回顾了我国经济制度变迁的大致脉络和经济政策调整的实践,以及新常态下我国公共经济政策的未来走向。

四、公共经济学的学科特征

除开特定的研究对象和自成体系的内容框架外,固有的学科特征也是一门学科区别于其他学科的重要标准。因此,为了更好地理解什么是公共经济学,我们还需把握公共经济学的一些基本特征。作为一门迅速发展的新兴学科,公共经济学具有以下三个基本特征:

(一) 融合性

融合性是公共经济学的首要特征。一方面,作为经济学的分支学科,公共经济学主要借鉴和引入了经济学的基本理论和方法。如资源稀缺性和理性经济人的基本理论假设、实证和规范的研究方法等等。另一方面,作为主要研究政府等公共部门的经济活动和规律的科学,公共经济学在具体的研究内容上吸纳了政治学、财政学和经济学的基本知识。如,公共经济学以财政学为起点,但又不局限于财政学,而是在财政学的基础上极大地丰富了研究内容;作为经济学的分支,公共经济学在借鉴其基本理论和方法的基础上,形成了自身特定的研究对象和完整的框架体系;公共经济学运用经济学的研究范式来分析公共决策等政治问题,让理论更加贴近实际。

(二) 开放性

时至今日,公共经济学虽已发展成为一门体系完整、结构严谨、内容丰富的成熟学科,但仍是一门新兴的学科。因此,在今后的发展过程中,公共经济学还会继续不断地借鉴、吸纳其他学科的营养。同时,当代以来社会科学发展的典型特征,就是各个学科间的相互交叉和融合。我们有理由相信,今后将会有更多的理论和方法被运用到公共经济学的研究之中,也会有更多的问题和对象被充实到公共经济学的研究视阈中。随着时代的发展,需要研究的问题在急速增加的同时,也越发复杂化,要求进行多学科的综合研究,因此学科的发展也需拥有开放的姿态。当然,公共经济学自形成以来的迅速发展本身就是开放性的结果。

(三) 应用性

经济学向来是经世济民、学以致用的学问,公共经济学也不例外。在众多的社会科学中,公共经济学算是最接地气、应用性最强的学科。首先,学习和研究公共经济学的本来目的就是为了更好地满足社会公众的公共需求,最大化地增加社会公共福利;其次,公共经济学的主要研究对象也决定了该学科的应用性。政府作为公共部门的主要代表,在经济领域主要扮演了三个重要角色,即公共产品和服务的提供者、微观市场的监管者和宏观经济的调控者。一方面,政府作为微观经济的参与者,其提供的公共产品和服务与社会公众密切相关。"从摇篮到坟墓",每一个人都与之休戚相关。另一方面,作为微观市场的监管者和宏观经济的调控者,政府的行为和政策也时刻影响着社会公众的行动和决策。

第二节 公共经济学的兴起与发展

在基本厘清什么是公共经济学之后,为把握公共经济学的发展动态,我们尚需了解公共经济学兴起的背景、发展的基本脉络及其在中国的实践和发展。

一、公共经济学兴起的背景

作为一门年轻而迅速发展的经济学分支学科,公共经济学首先在西方的兴起既有其特殊的时代背景,也有其自身特定的内在理论逻辑。

首先,公共经济学在西方的兴起是西方资本主义国家经济社会发展的需要。实践催生理论,理论指导实践。1640年英国资产阶级革命以来,西方资本主义经济先后经过最初的原始积累、自由竞争和垄断竞争后,到二战前达到了空前鼎盛。二战后,由于无法再如战前那样向海外输送和转嫁国内矛盾,西方发达资本主义国家日渐积重难返,并从20世纪60年代开始逐步陷入了滞胀,即一方面失业率居高不下,另一方面严重通货膨胀。西方发达资本主义国家经济不景气的同时,其社会问题也是层出不穷,如青少年犯罪、毒品泛滥、艾滋病传播和女权运动等等。社会民众不仅仅要求政府提供优质的面包和更好的社会保障,也呼吁政府进行更好的社会治理。在此情景之下,政府既不能仅仅充当守夜的更夫,也不能只进行单纯的财政收支。至此,无论是以亚当·斯密为代表的古典经济自由主义,还是以凯恩斯为代表的经济干预主义,都因滞胀的出现而宣告失败。市场的和政府的双双失灵,再次激起了人们对市场与政府关系的热烈讨论:政府是否需要干预市场？政府如何干预市场？政府干预的效果如何？显然，无论是实践中面临的困境，还是理论上的反复争执与纠结，都迫切需要进行经济理论的创新。而正值此时，福利经济学、公共物品理论以及公共选择理论的研究成果，不仅为人们深化对市场机制、政府职能等经济问题的认识提供了新的视角，也为公共经济学的诞生做好了充分的前期理论准备。正是在此背景之下，公共经济学呼之欲出了。

其次，公共经济学的兴起既因原有经济理论对现实解释的乏力，也得益于相关学科的理论滋养。从 1640 年英国资产阶级革命至 1688 年的"光荣革命"，英国资产阶级的政权逐步实现了稳固，但对如何进一步发展资本主义经济，理论上一直忽左忽右，争论不休。从重商主义到重农主义，从亚当·斯密的古典经济自由主义到凯恩斯的政府干预主义，你方唱罢我登场，各大流派似乎轮流上场，直到滞胀让人们重新反思曾经笃信的理论教条。原有理论对现实问题解释的失败，为新理论的诞生堆积了厚实的土壤。公共经济学正是为现实窘境寻求破解路径的新的理论产物。虽然以财政学为起点，但公共经济学不仅仅关注财政收支问题，在扩展财政学研究范畴的同时，还广泛地吸纳了福利经济学、公共物品理论和公共选择理论的研究成果，并有效地借鉴和运用了相关学科的研究方法与工具。由此，作为一门新兴的学科，公共经济学开始了迅速的发展。

二、公共经济学的发展脉络

20 世纪 60 年代以来，公共经济学以财政学为研究起点，在吸纳相关理论和学科知识的基础上，短时间内获得了迅速发展。

(一) 公共经济学的诞生

1959 年，美国财政学家马斯格雷夫《财政学原理:公共经济研究》一书的出版，标志着一个新的经济学分支学科的诞生，即公共经济学。

马斯格雷夫不仅在《财政学原理:公共经济研究》一书中首次提出了"公共经济"的概念，而且他还在开篇中明确指出:"有些伟大的经济学家——著名的有李嘉图、魏克赛尔、艾奇沃思和庇古……研究了税收理论，但很少涉及公共支出理论……的确，我一开始就不愿把本书看作是对财政理论的研究。在很大程度上说，问题不是财政问题，而是资源利用和收入分配问题……因此，最好把本书看成是对公共经济的考察。"①马斯格雷夫认为,虽然政府的活动涉及收入的来源和支出的流向,但它并非仅仅是资金问题。因此,政府收入活动与资源配置、收入分配、充分就业以及价格水平稳定和增长之间的关联程度,要比与货币、资本市场之间的关系重要。不仅如此,马斯格雷夫还对政府经济职能进行了三部门的划分:配置部门、分配部门和稳定部门。不同部门的基本功能是:配置部门基于消费者偏好有效地使用资源,在不违背市场精神的前提下矫正市场失灵;分配部门主要解决市场机制所不能实现的分配正义问题;稳定部门则关注宏观政策中的财政工具。② 马斯格雷夫的论述,不仅加深了对既有公共财政问题的研究,而且大大拓展了财政学的研究范畴,提出了新的研究问题和新的内容构架。因此,可以说,马斯格雷夫《财政学原理:公共经济研究》一书的出版标志着对传统财政学的超越,标志着公共经济学的诞生。

(二)公共经济学的体系化

在《财政学原理:公共经济研究》一书出版后,马斯格雷夫于1964年和1965年直接以"公共经济学"为名继续出版了《公共经济学基础:国家经济作用理论概述》和《公共经济学》两本著作。此后,一些著名的经济学家,如阿特金森、斯蒂格利茨和费尔德斯坦等纷纷开始从财政学转向"公共经济学"或"公共部门经济学"的研究。

公共经济学诞生后,在继承财政学研究成果的同时,拓展了原有的研究范围,形成了自身特定的研究对象和研究框架。在理论构建方面,公共经济学不仅借用了福利经济学的帕累托最优原则,而且还增添了公共产品理论和公共选择理论两大理论基石。在研究内容方面,相对于财政学而言,公共经济学不仅仅关注政府财政收支问题,而且还研究政府财政收支对整个国民经济的影响,以及政府经济行为的目的、范围、效果和公共经济政策等等。至此,公共经济学基本完成了自身学科体系的构建。

随着经济社会的发展,公共经济学的研究受到了更加广泛的关注,获得了迅速发展,很快奠定了在整个经济学界的重要地位。此间,除了一些重要学者

---

① 转引自樊丽明、李齐云、陈东主编:《政府经济学》,经济科学出版社2008年版,第7页。
② Richard A. Musgrave, "Public Finance and Three Branch Model", *Journal of Financial Economics*, Vol. 32, No. 4, 2008.

对公共经济理论的重大贡献外,专业学术期刊在公共经济学知识的广泛传播和普及方面也功不可没。1971年,《公共经济学》杂志在美国创刊,1972年《公共经济学》杂志正式出刊。同时,高水平的公共经济学教材或词典也发挥了重要作用。1980年,阿特金森和斯蒂格利茨出版了《公共经济学教程》,1985年奥尔巴克和费尔德斯坦主编了《公共经济学手册》。此后,更多的知名学者也参与了公共经济学教材的编写,并把最新的经济学成果融合到公共经济学中。由此,公共经济学日渐成熟,逐渐形成了自己特定的理论体系和研究范式,成为一门学科体系完整的成熟学科。

三、公共经济学在中国的发展

中国历史上虽未能产生具有世界影响力的经济理论,但却并不缺乏经济思想的智慧火花。在古代,便出现了政府经济职能的思想萌芽。如,孔子以义利观来评价政府,强调执政者应"因民之所利而利之"[①];管子认为政府应在经济发展和管理中发挥应有的作用,提出"官不理,则事不治,事不治则货不多"[②]。或许正是受益于古人智慧思想的指导,秦汉以至明末,中国经济不仅领先亚洲,而且是世界经济的中心。然而,自西方航海技术崛起和英国资产经济革命成功以来,中国经济逐渐式微,边缘化于世界经济。虽然宋末中国即已出现了资本主义经济的迹象,但囿于强大封建制度的桎梏,却始终未能实现经济制度的转型升级。当中国依然延续着改朝换代老版故事的时候,原本蛮夷的西方已演变成为四处掳掠的西方列强。直至清末鸦片战争后,中国最终陷入了半殖民地半封建经济的泥沼。社会经济的衰弱,也导致了经济理论发展的落后。1840年鸦片战争至1949年中华人民共和国成立的一个多世纪里,中国长期处于战乱和动荡之中,国家积贫积弱,百姓民不聊生,其间虽有仁人志士经济智慧的闪烁,但或属昙花一现,或是为炮火堙没。

中华人民共和国成立后,在中国共产党人独创的新民主主义经济理论的指

---

① 《论语·尧曰》。
② 钟肇鹏、孙开泰、陈升:《管子简释》,齐鲁书社1997年版,第47—48页。

导下,中国经济由崩溃的边缘而马上奇迹恢复。① 但遗憾的是,国民经济恢复后,中国随即实施了以"一五"计划为标志的重工业优先发展战略。为保证大规模有计划经济建设的顺利进行,中共中央决定提前发动了"三大改造"②,并在短短的三年内完成。如此,过早地结束了中国共产党人自己创立的切合当时中国经济社会发展实际的新民主主义经济制度,快速过渡到社会主义经济制度,导致了中国经济发展道路的急速转轨。新民主主义经济制度在中国的实践虽然短暂,但不仅取得了国民经济的奇迹恢复,而且为后来的改革开放积攒了宝贵的思想财富。

1956年底,"三改"完成后,以苏联为样板,中国建立了高度集中的社会主义计划经济体制。此后,中国经济进入长期曲折发展的时期。1957—1978年,中国经济既经历了热火朝天的"大跃进"和人民公社化运动,也遭遇了三年困难时期和长达十年的"文化大革命",直至国民经济再次处于崩溃的边缘。为了渡过难关,其间也多次进行了经济管理体制和管理权限的调整与改革,但由于计划经济体制的不可动摇性和全能型政府的存在,最终却陷入了"一放就乱,一乱就收"的怪圈。失败的教训也是宝贵的经验。二十多年计划经济实践留给我们最大的经验就是,必须要改革开放。

1978年底党的十一届三中全会以后,随着渐进式市场化改革的逐步展开,单一的生产资料公有制日渐多元化,高度集中的计划经济体制逐步被打破,并于1992年党的十四大上确立了中国特色社会主义市场经济体制的改革目标。从"计划经济为主,市场调节为辅"到以"有计划的商品经济"为目标,从80年代末、90年代初的短暂徘徊到邓小平1992年春天的南方谈话,中国的经济改革虽然步履蹒跚,但也一路向前。经济改革的破冰和目标的确立,不仅撬动了整个中国的改革,而且重塑了市场、启蒙了思想。此间,中国开始引入和借鉴西方现代经济学,开始了现代经济理论学习的补课和研究的追赶。

1992年党的十四大后,中国不仅逐步建立了社会主义市场经济体制,而且

---

① 此处为一语双关。1949年10月,中华人民共和国成立之初,西方反共势力及国民党曾预言"共产党能马上得天下,不能马上治天下"。但不到三年的时间,即1952年底,中国经济已恢复至战前1936年的水平,堪称奇迹。

② "三大改造"指对农业、手工业和资本主义工商业的社会主义改造。

也形成了中国特色的社会主义市场经济理论。在前期实践经验的积累和经济理论研究的基础上,中国政府对市场经济的认识逐步加深,对市场的驾驭日渐成熟,调控的手段也日趋灵活。如,针对1992年开始出现的通货膨胀和经济过热,1993年开始实施"适度从紧"的财政政策和货币政策,1996年成功实现"软着陆";1997年亚洲金融危机爆发后,及时启动了积极的财政政策和宽松的货币政策;2004年出现经济局部过热后,随即转向稳健的财政政策和货币政策;2008世界金融危机后,重启积极的财政政策和宽松的货币政策;2012年党的十八大后,主动适应中国经济新常态。

第三节 公共经济学的研究方法与意义

"工欲善其事,必先利其器"。掌握科学的研究方法是学习和研究公共经济学的利器,而洞晓其意义则是学习和研究公共经济学的重要动力。

一、公共经济学的研究方法

学科成熟的重要标志之一是形成自身特有的研究方法。公共经济学从属于经济学,是经济学的一个分支。因此,学习和研究经济学的一般方法也适合于公共经济学。常见的方法如下:

(一)实证研究法

实证研究法最初产生于自然科学研究,后来被引入社会科学研究,是指通过对研究对象的观察、实验和调查,获取客观材料,从个别到一般,归纳出事物的本质属性和发展规律的一种研究方法。实证研究法强调从经验入手、采用程序化、操作化和定量分析的手段,精细而准确地回答研究对象"是什么"、将会怎么样的问题,或对理论假设进行证实与证伪。作为一种研究范式,实证主义试图超越或排斥价值判断,推崇研究结论的客观性和普遍性,强调知识必须建立在观察和实验的经验事实上,通过经验观察的数据和实验研究的手段来揭示一般结论,并且要求这种结论在同一条件下具有可证性。具体运用中,实证研究法可分为观察法、访谈法、测验法、个案法和实验法。

在学习和研究公共经济学的过程中运用实证研究法,简单地讲就是通过对政府等公共部门的经济活动进行客观地观察、描述的基础上进行量化分析,探寻其间规律,以解释该项经济活动究竟"是什么",以及预测对整个社会经济活动和其他经济主体的影响。

(二) 规范研究法

与实证研究法不同,规范研究法涉及社会伦理价值,需要对社会事务或现象进行是非曲直的主观价值判断。因此,它既涉及价值判断也与人们的偏好相关,属于主观的范畴。规范研究的中心问题是"应该是什么",它以社会公认的伦理价值为基准提出一定的行为准则,然后再分析、判断所研究对象是否与此偏离、偏离的程度及其调整的方法。

我们学习和研究公共经济学的最终目的在于最大化地增进公共利益和社会福利,因此,首先也面临着回答"应该是什么"的问题。概括地讲,公共经济学中的规范研究就是关于公共经济目标、公共经济决策、公共经济效果及公共经济政策的合意性研究,即对各种经济现象或问题进行"好"或"坏"的判断,并讨论如何促进合意性目标的最大化实现。

虽然规范研究与实证研究各自特点不同,一个强调定性和价值评判,一个偏好定量并排斥价值判断,但二者不仅不矛盾,而且在实践中常常是相互补充,结合运用。如,在用规范研究法研究政府经济政策时,常常需要配合使用实证研究法对政府经济政策实施的结果与政策目标间的吻合度进行分析;反之,我们运用实证研究法分析政府经济政策结果与政策目标的吻合度,目的是为了对政府经济政策进行规范研究提供科学数据。

(三) 历史研究法

历史研究法是以过去的人或事物为研究对象,按照时间顺序对历史资料进行挖掘,搜集历史信息,以充分描述、分析、解释和最大化还原历史原貌,揭示当前社会关注的问题,或对未来进行预测。历史研究既可以定性,也可以定量。在定性方面,历史研究侧重于具体历史背景下特定对象的研究。在定量方面,历史研究本身并不产生数据或事实,而是尽力搜集业已存在的某种数据或事实。历史研究的意义不仅在于以史为鉴,即通过历史研究为现实决策或解决现实问题提供借鉴,而且还在于历史研究可以帮助预测未来。人类的发展,包括社会经济的发展有其内在规律,而规律就暗藏于历史之中。因此,不仅现实问题的答案可以到历史中去找,甚至人类的未来也可向历史探寻。

运用历史研究法对公共经济现象和活动的历史背景、历史形态、历史发展和具体制度背景进行研究,既可以帮助我们理解和解决现实公共经济问题,也可以更加全面、深刻、动态地理解和把握公共经济基本规律。

（四）案例研究法

案例研究法是指从某一典型事件的具体描述中探寻和总结出一般规律,或者是用既有理论对某一具体事件进行剖析和验证。公共经济学中的案例研究,可以是通过对公共经济现象或活动的描述来归纳、总结公共经济规律,也可以是用公共经济理论来分析公共经济现象或活动,以检验其正确性和适用性。

案例研究法具有较强的综合性,即可以从不同的视角、用不同的理论和方法对同一个公共经济现象或活动进行描述和分析。案例研究法同时还具有明显的直观性和实践性,这不仅避免了公共经济研究的空洞性、提高了研究的针对性和应用性,而且有助于在深化对抽象公共经济理论的认识中推动经济理论的发展和完善。

（五）比较研究法

比较见异同。比较既是认识事物的基础,也是人类认识、区别和确定事物异同的常见思维方法,因此被广泛地运用于社会科学研究之中。作为一种重要的科学研究方法,比较研究法是指对物与物之间和人与人之间的相似性或相异程度的研究与判断,以探寻其间规律的方法。根据实际研究的需要,比较研究法可细分为宏观比较和微观比较、横向比较和纵向比较、定性比较和定量比较、单向比较和综合比较、求同比较和求异比较。

比较研究法在公共经济学中的运用,就是对不同的公共经济理论、公共经济模式、不同国家或地区的公共经济形态,以及同一国家不同时期的公共经济形态进行比较,从而把握公共经济规律,完善公共经济理论,提升公共经济实践能力,增进公共利益和社会福利。

比较研究法常常与历史研究法和案例研究法结合使用。如,当对中华人民共和国成立以来不同历史时期的公共经济政策进行对比分析时,就需运用历史比较法;而对两个独立的公共经济案例进行比较分析时,就是案例比较研究法了。

（六）成本收益分析法

市场经济条件下,成本收益分析是各类经济主体进行经济决策时常用的方法。一般而言,为追求利润最大化,经济活动主体总是力图用最小的成本获得最大的收益。为此,事前不仅要计算行动的成本,而且要估算行动结果的经济价值,进行投入与产出的比较和衡量,即成本收益分析,以便决定是否需要采取经济行动。简而言之,成本收益分析法就是以货币为计量单位对投入与产出进行估算和比较的研究方法。

作为公共经济活动的核心主体,政府不仅要进行宏观经济决策与调节,而且要参与微观经济投资活动。而作为理性的经济人,政府同样需要追求效益最大化。当然,与其他经济主体不同,政府追求的是经济效益与社会效益的最大化统一。因此,运用成本收益分析法对政府经济行为进行决策前的分析,是政府科学决策的必要步骤和重要依据。

公共经济学属于综合性学科,不仅与其他相近学科存在相关知识的交叉和融合,而且在研究方法上也可通用。因此,公共经济学的研究方法并不仅仅局限于以上扼要列举的六个方法,很多其他人文社会科学的研究方法也都可以借鉴。

二、学习公共经济学的意义

社会经济实践在为经济理论的学习和研究提供肥沃土壤的同时,也需要经济理论的研究提供理论指导,以实现又快又好的发展。众所周知,自近代以来无论是社会经济的实践,还是经济理论的研究,我国都明显落后于西方发达国家。因而,作为后起的新兴市场经济国家,我们既要抓紧学习和研究以西方经济学为代表的现代市场经济理论,也要加强对公共经济学的学习和研究。

一方面,我国快速发展的经济社会实践需要科学的经济理论指导。长期以来,我国经济学研究的整体水平较为落后,基础甚为薄弱。受长期落后经济实践的制约,和长期"左"的思想和计划经济的影响,我国曾长时间否定和拒绝西方现代经济理论。1978年党的十一届三中全会以后,经济改革逐步走向市场化,由此才逐步引入和借鉴西方现代经济理论。其间还经历了多次波折,至今也尚未完全摆脱"左"的思想干扰。中华人民共和国成立以来我国经济发展的实践证明,经济理论认识的不清必然导致经济指导思想的偏差甚至错误,而经济指导思想的偏离必然导致国民经济发展遭遇重大挫折。经历了三十多年的高速发展之后,我国经济在取得了举世瞩目成就的同时,也积累了不少矛盾和问题。当前我国经济进入了新常态,面对多年发展中积攒下来的矛盾和问题,在及时转换发展方式、积极践行科学发展的同时,我们还应当抓紧问题的理论学习和研究,为我国社会经济的持续快速发展提供可靠的理论支撑。

具体而言,首先,学习和研究公共经济学有利于促进中国特色的社会主义市场经济体制的完善。如前所述,近代以来我国经济发展长期滞后,中华人民共和国成立后才启动了经济赶超,属于典型的后发展国家。同时,由于长期实行高度集中的计划经济,既缺少市场经济的实践经验,也缺乏市场经济的理论积累,因此我国又属于新兴的市场经济国家。后发的新兴市场经济国家的优势在于可以学习和借鉴发达国家的成功经验,少走弯路。经过三十多年的市场化改革,虽然我国基本建立起了中国特色的社会主义市场经济体制框架,但必须认识到改革尚未完全成功,市场经济制度及其体制、机制等有待进一步完善。同时,当下我国的改革业已进入深水区,不可能再"摸着石头过河"。改革的形势要求我们必须抓紧经济理论的学习和研究,做好充分的理论准备,及时完善经济制度,为全面深化改革夯实必要的理论支撑。其次,学习和研究公共经济学有助于促进政府职能转换。我国政府职能的转换关系着改革的进程,而学习和研究公共经济学对于理清市场经济中的政府功能和角色定位不无裨益。毋庸讳言,当前我国政府职能错位、越位和缺位的现象依然严重。这其中既有利益和惯性的原因,也有理论认识的不清。因此,应加强对公共经济学基本理论、基本知识的学习和研究,尤其是政府公务人员和即将进入政府系统的青年学生。第三,学习和研究公共经济学有助于我们正确地理解和适应经济新常态。进入新常态后我国经济呈现出了不同以往的新特征,如何正确地认识新常态取决于科学的理论解释,如何积极地适应新常态,也离不开科学的理论指导。

另一方面,学习和研究公共经济学有助于构建和发展中国特色的公共经济学理论。西方公共经济学理论既根植于西方发达国家的社会经济实践,也始终服务于资本主义制度。为发挥后发优势,我们必须主动学习和借鉴西方发达国家的成功经验,但与此同时也必须充分注意历史、文化、传统和国情的差异,以及不同经济理论的不同价值导向。虽然作为人类智慧的结晶,西方公共经济学理论有其共性的一面,但若不考虑具体国情,则会水土不服,或是南辕北辙。改革开放的历程,也是我们学习和研究现代经济学的过程。但如前所述,当下我国改革已步入深水区、经济进入新常态,迫切需要基于自身实践的富有解释力的经济理论作支撑。这就要求我们在引进、借鉴和消化西方经济理论的同时,深入研究中国经济问题及其特征,尽早构建本土的公共经济学理论。

【本章关键词】

公共经济学	政府经济学	公共经济部门	私人经济部门
公共物品理论	公共选择理论	财政学	福利经济学
实证分析法	规范分析法	历史研究法	比较分析法
案例分析法	成本收益分析法		

【本章小结】

公共经济学亦称公共部门经济学或政府经济学,是经济学的一个分支,是研究以政府为主要代表的公共部门经济活动及其规律的科学。

结合中国实际国情,并借鉴国内外专家学者观点的基础上,本书认为公共经济学的基本研究对象主要包括三个基本问题:政府职能如何定位?政府如何为公众服务?政府如何干预经济?据此,本书的构成框架共分为九个部分:资源配置与政府职能、公共产品、公共选择、公共支出、公共收入、政府间财政关系、公共预算、公共规制、公共经济政策。作为一门迅速发展的新兴学科,公共经济学具有融合性、开放性和应用性等三个典型特征。

公共经济学首先在西方的兴起既有其特殊的时代背景,也有其自身特定内在的理论逻辑。从社会经济发展实践来看,公共经济学在西方的兴起是西方资本主义国家经济社会发展的需要;从理论发展逻辑来看,公共经济学的兴起既因原有经济理论对现实解释的乏力,也得益于相关学科的理论滋养。美国财政学家马斯格雷夫《财政学原理:公共经济研究》一书的出版,标志着公共经济学的诞生。此后,公共经济学以财政学为研究起点,在吸纳相关理论和学科知识的基础上,获得了迅速发展,并逐渐形成了自己特定的理论体系和研究范式,现已成为一门学科体系完整的成熟学科。

中国古代便出现了政府经济职能的思想萌芽,并在实践中长期领跑世界经济发展。但囿于强大封建制度的惯性和制度升级转换的失败,中国经济自明末开始日渐式微,并于1840年鸦片战争后沦为半殖民地半封建经济。直至1949年中华人民共和国的成立,中国经济重新开始了赶超的历程。经历了中华人民共和国成立初期短暂的新民主主义经济的成功实践之后,中国经济在一味追求生产关系的升级中陷入了长期缓慢的曲折发展。1978年改革开放后,尤其1992年党的十四大确立了中国特色的社会主义市场经济的改革目标后,中国经济创下发展奇迹,并高速领跑世界迄今三十多年。与经济的成功发展相适应,在制度的建设上中国基本建立了社会主义市场经济体系,在理论构建上也形成了中国特色的社会主义市场经济理论。

掌握科学的研究方法是学习和研究公共经济学的利器,而洞晓其意义则是学习和研究公共经济学的重要动力。公共经济学从属于经济学,因此学习和研究经济学的一般方法也适合于公共经济学。常见的方法包括:实证分析法、规范分析法、历史研究法、比较分析法、案例分析法和成本收益分析法。作为后起的新兴市场经济国家,中国快速发展的经济社会实践需要科学的经济理论指导。为尽早构建中国特色的公共经济学理论,我们既要抓紧学习和研究以西方经济学为代表的现代市场经济理论,也要加强对公共经济学的学习和研究。

【本章复习题】

1. 什么是公共经济学?
2. 公共经济学有何特色?
3. 简述公共经济学兴起的背景。
4. 试述公共经济学的发展脉络。
5. 学习公共经济学的方法有哪些?
6. 为什么要学习公共经济学?

【本章推荐阅读】

1. 道格拉斯·C.诺思:《经济史中的结构与变迁》,陈郁、罗华平译,上海三联书店、上海人民出版社1997年版。

2. 约瑟夫·E.斯蒂格利茨:《政府为什么干预经济——政府在市场经济中的角色》,郑秉文译,中国物资出版社1998年版。

3. 安东尼·B.阿特金森、约瑟夫·E.斯蒂格利茨:《公共经济学》,蔡江南、许斌、邹华明译,上海三联书店、上海人民出版社1994年版。

4. 詹姆士·布坎南:《自由、市场和国家》,平新乔、莫扶民译,北京经济学院出版社1989年版。

5. 鲍德威·威迪逊:《公共部门经济学》,邓力平译,中国人民大学出版社2000年版。

6. 查尔斯·林德布罗姆:《政治与市场:世界的政治——经济制度》,王逸舟译,上海三联书店1995年版。

7. 青木昌彦:《比较制度分析》,周黎安译,上海远东出版社2001年版。

8. 苏少之:《中国经济通史(第十卷)》(上册),湖南人民出版社2002年版。

9. 赵凌云:《中国经济通史(第十卷)》(下册),湖南人民出版社2002年版。

第二章　资源配置与政府职能

本章学习目标：

- 熟悉资源配置的最优标准和资源配置的基本方式；
- 明了市场有效性的条件和政府干预经济的必要性；
- 掌握市场失灵的原因、政府干预的目标和方式，及混合经济的含义；
- 理解政府失灵的原因和表现，以及混合经济中政府的边界。

经济学是研究人类社会在各个发展阶段上的各种经济活动和各种相应的经济关系及其运行、发展的规律的学科。经济学核心思想是物质稀缺性和有效利用资源，资源稀缺是经济学研究的逻辑起点。公共经济学是经济学的一个重要分支，其研究前提假设无疑也是建立在资源稀缺性的基础之上的。公共经济学又是经济学的一个特殊分支，说其特殊是因为它是以公共部门（主要是政府）行为为研究对象的，以公共部门的经济活动为研究对象是公共经济学的突出特征，我国公共部门的经济活动主要表现为政府的经济活动，因此，政府如何促进社会资源的优化配置就成了我国公共经济学的基本出发点。

第一节　资源配置

一、资源配置的含义

（一）资源的含义

"资源"一词，最一般的意义是指自然界及人类社会中一切为人类所用的资财。与一般意义的资源相比，经济学意义上的资源具有特定的指向。《经济学解说》（经济科学出版社 2000 年第一版）将"资源"一词定义为"生产过程中所使用的投入"，这一定义很好地反映了"资源"一词的经济学内涵，资源从本质上讲就是生产要素的代名词。其有狭义和广义之分,狭义的资源是指经济资源,广义的资源包括自然资源、经济资源和社会资源。资源的具体分类见表 2–1。

表 2–1 资源分类表

资源			
广义资源			狭义资源
自然资源	经济资源	社会资源	
生物资源 土地资源 能源资源 矿产资源	人力资源 产业资源 资本资源	经济政策 经济体制 科研教育 信息 生态环境	人力资源 产业资源 资本资源

广义的资源包括自然资源、经济资源、社会资源三大部分。就是指为了保证资源开发利用中人、资源、生态三者能够协调发展的全部要素。社会资源反映社会生产力的发展水平及其赖以存在的社会条件,如经济政策、经济体制、科技教育、信息及生态环境等社会资源,是资源综合开发的必备条件。这三部分有机构成了广义资源的内涵和外延。

狭义的资源即是指经济资源。经济资源指在人类的经济生活中,一切直接或间接地为人类所需要的、构成生产要素的、稀缺的、具有一定开发利用选择性的资财来源,如人力资源、产业资源及资本资源等。因此,作为生产要素的人类需求性、稀缺性、使用用途的可选择性,是经济资源区别其他类型资源的一组完备的特征。

(二)资源配置的含义

资源配置是指对相对稀缺的资源在各种不同用途上加以比较做出的选择。与资源的分类相对应,资源配置也有狭义资源配置和广义资源配置之分。

1. 狭义的资源配置

狭义资源配置是指对自然资源的配置,且一般只注重效率问题,不考虑收入公平和宏观经济稳定。自然资源配置的主题与关注包括三个方面:

(1)效率:简单地说,如果资源的利用存在某种程度的浪费,就是无效率。这还只是技术或者物质生产上的无效率,而经济学更关注的是配置上的无效率。

（2）优化：在受到约束的情况下，对某种自然资源利用方式的选择能够使目标最大化。效率是优化的必要条件，但不是充分条件。

（3）可持续性：如果要顾及子孙后代的利益，那么对优化的追求就需要可持续性来约束。

2. 广义的资源配置

公共经济学所研究的资源配置一般是指广义的资源配置，广义的资源配置是指对自然资源、经济资源、社会资源三大部分的配置，其目标包括效率、公平、稳定三项内容。

二、资源配置的标准

人类的发展需要资源，而资源总是稀缺的。所以，经济学的核心目标就是研究资源的最优配置问题。资源配置的标准是多样的。一般而言，最优的资源配置标准是指效率、公平、稳定三方面的统一。

（一）效率标准

效率是通过市场机制来达到的，其衡量标准是帕累托最优，也称为帕累托效率。维弗雷多·帕累托，意大利经济学家、社会学家，洛桑学派的主要代表之一。他在《政治经济学讲义》中，首次提出生产资源的最适度配置问题。帕累托最优是指资源配置已经达到这样一种理想状态，没有任何一种改变能够使某些人的境况改善，至少不使一个人境况转坏。

达到帕累托最优状态必然满足的条件有：

1. 交换的最优条件：对任意两个消费者，任意两种商品边际替代率①是相同的，且两个消费者的效用同时得到最大化；

2. 生产的最优条件：对任意两个生产不同产品的生产者，需要投入的两种生产要素的边际技术替代率②是相同的，且两个生产者的产量同时得到最大化；

3. 交换和生产的最优条件：对于一个消费者任意两种商品之间的边际替代

---

① 商品边际替代率：指在效用水平不变的条件下，消费者增加一单位某商品时必须放弃的另一种商品的数量。

② 边际技术替代率：指在产量保持不变的条件下，增加一单位某种生产要素可以代替的另外一种要素的数量。

率必须与任何生产者在这两种商品之间的边际产品转换率①相同。

帕累托最优状态如图2-1所示：横坐标表示现有资源用于生产B产品的产出量，纵坐标表示A产品的产出量。M-M表示生产的可能性曲线，是指在生产要素和技术水平既定的条件下，所有实现了帕累托最优的商品组合。该曲线表明，在一种商品的产量确定的情况下，生产另一种商品的最大可能的产量。在曲线上的任一点，所有生产要素都最有效率地得到了利用，所有曲线内的点都是缺乏效率的，而所有曲线外面的点是在现有的资源条件和技术水平下不能实现的。U-U为两种产品的无差异曲线。两条曲线的切点为N点，为边际转换率等于边际替代率的资源配置点。此时，A产品的产出量为产品的产量为Q_2，B产品的产出量为产品的产量为Q_1，消费者的效用达到最大化。N点就是帕累托最优资源配置点，也就是符合效率原则的资源的最佳配置。

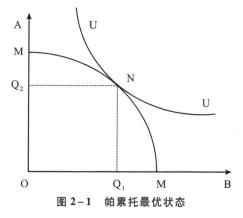

图2-1 帕累托最优状态

如果把A产品视作私人产品，B产品视作公共产品，就会发现，在社会资源既定的情况下，经济资源在公共部门和私人部门之间也存在一个最优配置的问题。如图2-1，在N点，私人产品和公共产品生产的边际转换率等于社会对这些物品消费的边际替代率，两物品被消费的过程中实现社会福利最大化。

公共经济资源配置职能主要考虑的是在公共部门和私人部门之间及公共部门内部的资源配置达到最优，至于其他部门的资源配置则主要由市场决定，公共财政适当引导资源流向弥补市场失灵和缺陷，最终实现全社会资源配置的

---

① 边际产品转换率：指企业在生产两种产品的情况下，每增加一个单位的这种产品，会使另一种产品的产量减少多少。

最优效率状态。

(二) 公平标准

不同社会价值观对公平有不同的标准,有横向公平和纵向公平,有起点公平、过程公平和结果公平等。公共经济学中的公平主要指收入分配公平,主要表现为分配的相对平等,最广泛应用的收入分配测量方式是洛伦兹曲线以及由此计算的基尼系数。

1. 洛伦兹曲线

也译为"劳伦兹曲线",它是由美国统计学家 M.O. 洛伦兹提出的。它说明了各百分比的人口所对应的收入累计百分比。通常人口按 20% 的倍数分组,所以图形显示的是最贫穷的 20% 的人口的收入占总收入的百分比,最贫穷的 40% 的人口的收入占总收入的百分比,依此类推。如果收入分配完全平等,则洛伦兹曲线是从原点到对角的一条线。实际的洛伦兹曲线偏离这条直线越远,不平等的程度越严重。

洛伦兹曲线的弯曲程度有重要意义。一般来讲,它反映了收入分配的不平等程度。如图 2-2 所示,弯曲程度越大,收入分配越不平等。如果所有收入都集中在一人手中,而其余人口均一无所获时,收入分配达到完全不平等,洛伦兹曲线成为折线 OYE。另一方面,若任一人口百分比均等于其收入百分比,从而人口累计百分比等于收入累计百分比,则收入分配是完全平等的,洛伦兹曲线成为通过原点的 45 度线 OE。

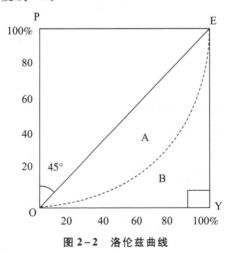

图 2-2 洛伦兹曲线

一般来说,一个国家的收入分配,既不是完全不平等,也不是完全平等,而是介于两者之间。相应地,洛伦兹曲线既不是折线 OYE,也不是 45 度线 OE,而是像图中那样向横轴突出的弧线,尽管突出的程度有所不同。

2. 基尼系数

洛伦兹曲线描述了收入分配不公平的状况和趋势,但没有准确的数字比较。为了提供数字比较,意大利经济学家基尼依据洛伦兹曲线于 1912 年提出了定量测定收入分配差异程度的指标。对角线和洛伦兹曲线之间的面积除以对角线以下的面积,二者之比被称为基尼系数。用公式表示就是 $G = \dfrac{A}{A+B}$。

基尼系数最大值为 1,最小值等于 0。基尼系数最小等于 0,表示收入分配绝对平均;最大等于 1,表示收入分配绝对不平均;实际的基尼系数介于 0 和 1 之间。联合国有关组织规定:若低于 0.2 表示收入绝对平均;0.2—0.3 表示比较平均;0.3—0.4 表示相对合理;0.4—0.5 表示收入差距较大;0.6 以上表示收入差距悬殊。国际上,通常把基尼系数 0.4 作为收入分配差距的"警戒线"。

中国的基尼系数到底是多少众说纷纭,2013 年 1 月 18 日,国家统计局终于给出了官方数据,见表 2-2。0.4 是国际警戒线,国家统计局公布的近 10 年的数据显示,中国基尼系数明显高于国际警戒线。也说明我国的收入分配差距较大,值得注意。

表 2-2 2003—2012 年中国基尼系数

年份	基尼系数	年份	基尼系数
2003	0.479	2008	0.491
2004	0.473	2009	0.490
2005	0.485	2010	0.481
2006	0.487	2011	0.477
2007	0.484	2012	0.474

资料来源:国家统计局。

(三)稳定标准

公共经济学所指的稳定是指宏观经济运行有秩序,经济处于可持续的发展之中。其衡量指标和通常所说的宏观经济四大目标相一致,即物价稳定、充分就业、经济增长、国际收支平衡。

西方经济学把政府调节经济的目标界定为经济增长、充分就业、物价稳定和国际收支平衡四大目标。中国共产党的"十六大"报告正式提出"把促进增长、增加就业,稳定物价、保持国际收支平衡作为宏观调控的主要目标"。这与西方宏观经济学提出的宏观经济政策目标完全一致。

但协调这四大目标是比较困难的,有时会发生矛盾。在不同的国家和不同的经济发展阶段,重点考虑的宏观经济目标也是不一样的。

1. 物价稳定和充分就业的矛盾

菲利普斯曲线表明失业与通货膨胀存在一种交替关系的曲线,通货膨胀率高时,失业率低;通货膨胀率低时,失业率高。菲利普斯曲线是用来表示失业与通货膨胀之间交替关系的曲线,由新西兰经济学家威廉·菲利普斯于1958年在《1861—1957年英国失业和货币工资变动率之间的关系》一文中最先提出。因此,要维持实现充分就业目标,就要牺牲一定的物价稳定;而要维持物价稳定,又必须以提高若干程度的失业率为代价。

2. 物价稳定与经济增长的矛盾

两者根本上是统一的,但如果促进经济增长的政策不正确,比如以通货膨胀政策刺激经济,暂时可能会导致经济增长,但最终会使经济增长受到严重影响。

3. 经济增长与国际收支平衡的矛盾

如果经济迅速增长,就业增加,收入水平提高,加快进口贸易增长,导致国际收支状况恶化,而要消除逆差必须压缩国内需求,而紧缩货币政策又同时会引起经济增长缓慢乃至衰退。

4. 物价稳定与国际收支平衡的矛盾

为了平抑国内物价,增加国内供给,就必须增加进口,减少出口,导致国际收支逆差。反之亦然。

5. 经济增长和充分就业的矛盾

美国著名的经济学家阿瑟·奥肯发现了周期波动中经济增长率和失业率之间的经验关系,被命名为奥肯定律。奥肯定律是用来描述GDP变化和失业率变化之间存在的一种相当稳定的关系。这一定律认为,GDP每增加2%,失业率大约下降一个百分点,这种关系并不是十分严格,它只是说明了,产量增加1%时,就业人数上升达不到1%。原因可能是产量的增加是通过工人加班加点来达到的,而非由于增加就业人数;也可能是社会增加了第二职业人数,从而使就业量小于产量增加的百分比。人们习惯于认为,只要保证一定的经济增长速度,就业的增长也就自然而然得到保障。实际上,经济增长并不必然或自动地促进就业增长。然而,这条规律如今在中国似乎不灵了。因为,当中国正在为经济增长欢呼时,却发现失业率也在增长。中国经济增长,有很大一部分得益于先进科学技术的大面积运用。机器代替了人力,导致了失业率的上升。经济建设中常常会出现"高增长、低就业"的不利状况。

在实际经济运行中,要同时实现四个目标非常困难,因此,在制定公共政策时要根据国情和具体情况相机抉择。

三、资源配置的方式

习惯、命令和市场是三种典型的资源配置方式。资源配置方式就是人们决定稀缺资源(自然资源和经济资源)生产的方式。在传统社会里,资源配置采取习惯的方式,在现代社会中,计划和市场是两种基本的资源配置方式。资源配置的方式是指令性计划方式还是市场方式,就决定了经济体制是计划经济还是市场经济。

(一)习惯方式

这种资源配置方式是由社会经济活动中长期形成并被共同接受和普遍遵守的社会习俗来决定生产、分配和消费。在传统社会里,习惯是一种稳定的力量,保证了社会秩序的稳定和延续,有利于减少社会动荡和维护统治。但是,习惯带来秩序与稳定的同时,也会抑制社会的创新活动。正因为如此,传统社会的生产发展比较缓慢,社会呈现出相对静止的状态。

(二)计划调节——"看得见的手"

计划调节是按计划分配资源。在如何生产、如何分配资源以及产品消费各方面,都是由政府或财团事先进行计划。因此,也被称为指令计划经济。"看得见的手"出自英国经济学家凯恩斯的《就业、利息和货币通论》一书,指的是政府对经济生活的干预。

"看得见的手"一般是指政府计划调控或管理,是"看不见的手"的对称提法。计划部门根据社会需要和可能,以计划配额、行政命令来统管资源和分配资源。在一定条件下,计划地发展经济的优点是避免了市场经济的盲目性、不确定性等问题,给社会经济发展造成重复建设、重复投入、企业恶性竞争、地区经济发展不平衡、工厂倒闭产生社会经济危机等危害。但计划经济制度的弊端也是显而易见的:无法应对大量新技术的涌现;不能满足社会成员的多方面需求;消灭竞争与大多数人的工作动力;生产对市场反应慢,经济发展速度因而不快。

(三) 市场调节——"看不见的手"

市场经济是通过市场机制配置资源,运用价格市场看不见的手调节供给需求关系。"看不见的手"出自英国经济学家亚当·斯密的《国富论》这部著作,指的是市场机制对经济发展的作用。市场调节的实质就是价值规律调节。价值规律是通过价格、供求和竞争调节社会劳动分配比例的。其优势在于:

第一,推动资源在各部门间实现比较合理的配置。如在现实经济生活中,社会资源表现为人力、财力、物力资源,只有将它们合理地配置,即"分配"给各个社会生产部门,整个社会生产经营活动才能按比例正确运转,社会生产力才能快速发展。在市场经济竞争中,市场机制通过物价波动,向人们提供一种经营信息,推动人们将人、财、物资源向预期利润较高的部门转移,从而逐步使社会资源自动地得到合理的配置。

第二,推进技术进步与节约消耗。如生产为了促进供给,一定在提高生产技术降低生产成本下功夫,从而推动各部门、各行业、各企业从内部切实采取有力措施,加强管理,改进技术,吸纳新技术,节省社会资源,降低生产消耗。

第三,社会效率提高。但这不是说市场经济没有弊端,也有其不能忽视的缺陷——局限性。一是市场经济难以完全实现个人利益与社会利益的统一。这主要是因为商品经济的基本矛盾决定了市场经济中商品生产者的利益与社会利益既存在一致性又存在差别性。在单纯市场机制调解下,商品生产者和经营者有可能采取牺牲社会利益和消费者利益的办法增进自身利益,而且必然偏好投资于盈利大、见效快的行业,一些非营利性而又为社会发展所必需的公用事业就难以得到相应发展。例如有些企业从自身利益出发，排放污染物、生产经营假冒伪劣产品、非法出版黄色书刊等。市场本身是难以解决这些问题的。二是市场经济的运行带有盲目性和波动性。在市场中价格不一定反映价值。价格时而高于价值、时而低于价值的变化所导致的商品生产者从自身利益出发对生产的调整，必然造成供求波动，而供求波动又会造成新的价格波动。这种波动既能够推动商品经济向前发展，但又带有自发性、盲目性和不确定性，会带来破坏和浪费。通货膨胀、通货紧缩、失业、产品过剩与短缺以及周期性的经济危机，就是市场经济特有的波动性与特定的社会经济条件相结合的产物。三是市场经济导致人们收入差别扩大，优胜者发财致富，失利者亏本破产。这已经成为市场经济中常见的现象。经济发展的历史已经证明，市场经济能较好地解决经济效率问题，却不能自动解决社会公平问题。

因而，在市场经济中有计划的混合经济制度在一定程度上能够避免市场经济的局限性。被称为混合经济制度。但是必须明确，现在世界上绝大多数国家实行市场经济制度，这种制度既推动了本国经济的发展，也成为经济区域化和经济全球化的重要推动力。

在我国，"使市场在资源配置中起决定性作用"是 2013 年党的十八届三中全会在理论上的一个重大突破和创新。把市场在资源配置中的"基础性作用"改为"决定性作用"，两字之差让改革的市场化取向更加鲜明，这是我国改革开放历史进程中具有里程碑意义的创新和发展，将对在新的历史起点上全面深化改革产生深远影响。

党的十四大确立了建立社会主义市场经济体制的目标，提出要使市场在国家宏观调控下对资源配置起基础性作用。此后的改革也一直是以市场为导向的，但由于政府这只手还存在干预不当、管得过多的问题，影响到了资源的优化配置。我国的经济生活中大量存在妨碍市场发挥作用的问题和现象。首先，市场开放性不够，部分领域存在不当准入限制，民营资本往往遭遇"弹簧门"、"玻璃门"和"旋转门"。其次，竞争公平性不够，市场分割和地方保护现象时有发生。再次，市场运行透明度不够，人为制造寻租空间，部分基础产业和服务业价格尚未理顺，存在严重扭曲。另外，要素市场发育滞后也是一个突出问题。农村土地制度改革不到位，国有和集体土地同地不同权，加上政府对城市建设用地一级市场的独家垄断,不仅造成土地价格扭曲和配置低效,而且引发大量的社会矛盾。因此,市场在资源配置中的作用升级到"决定性",抓住了我国下一步经济体制改革的关键和核心,有助于解决当前制约我国经济发展的深层次矛盾。

第二节 市场失灵与政府干预

完全竞争市场是最有效率的,能够达到帕累托最优,因此,完全竞争市场的构建是各国政府追求的重要目标。但到目前为止,被认为是市场经济国家典范的美国也远远没有达到满足完全竞争市场的四个苛刻条件的程度。因此,完全竞争市场是一个理想目标,是努力追求的方向,但在现实中是不存在的。也就是说,由于完全竞争市场的理想化在现实世界中不可能完全达到的缘故,也就使得市场失灵经常性地存在着。

一、市场失灵

市场调节的有效性是建立在完全竞争市场的假设之上。一般而言,根据市场主体在某一商品市场的数量比例和竞争程度,可以划分为四种类型:完全竞争市场、垄断竞争市场、寡头垄断市场、完全垄断市场。具体特征见表2-3。

表2-3 市场类型划分及其特征

特征\市场类型	完全竞争	垄断竞争	寡头垄断	完全垄断
厂商数目	很多	很多	几个	唯一
产品差别	完全无差别	有差别	有差别或无差别	唯一产品,且无替代品
对价格控制程度	无控制	有一些	相当程度	很大程度,但常常受到管制
进入退出的难易程度	很容易	比较容易	比较困难	很困难,几乎不可能

续表

市场类型 特征	完全竞争	垄断竞争	寡头垄断	完全垄断
必要条件	①市场上有大量的买者和卖者 ②产品是同质的 ③生产要素能够自由流动 ④信息是完全的	①市场中存在着众多产商,每个产商的市场份额都是很小 ②厂商生产的产品是有差别的同种产品 ③厂商进入或退出该行业都比较容易	①市场上厂商数目很少 ②厂商之间相互依存 ③各家厂商生产的产品可以是同质的,也可以是有差别的 ④厂商进出不易	①市场上只有唯一的一家厂商提供产品 ②该厂商提供的产品不存在任何相近的替代品 ③该厂商能够控制和操纵市场价格,是产品价格的制定者,而不是接受者 ④市场存在进入障碍,其他任何厂商进入该行业都极为困难或不可能
经济效率	最大	较大	较小	最小
接近的市场	一些农产品	一些轻工业,零售业	钢,汽车,石油	公共事业,如水、电

（一）完全竞争市场

完全竞争市场,又叫纯粹竞争市场,是指竞争充分而不受任何阻碍和干扰的一种市场结构。在这种市场类型中,市场完全由"看不见的手"进行调节,政府对市场不进行任何干预,只起维护社会安定和抵御外来侵略的作用,承担的只是"守夜人"的角色。正如表2-3所示,完全竞争市场具备以下这四个特征：

第一,市场上有大量的卖者和买者。作为众多参与市场经济活动的经济单位的个别厂商或个别消费者,单个的销售量和购买量都只占很小的市场份额,其供应能力或购买能力对整个市场来说是微不足道的。这样,无论卖方还是买方都无法左右市场价格,或者说单个经济单位将不把价格作为决策变量,他们是价格接受者。显然,在交换者众多的市场上,若某厂商要价过高,顾客可以从别的厂商购买商品和劳务,同样,如果某顾客压价太低,厂商可以拒绝出售给顾客而不怕没有别的顾客光临。

第二,参与经济活动的厂商出售的产品具有同质性。这里的产品同质不仅指商品之间的质量、性能等无差别,还包括在销售条件、包装等方面是相同的。因为产品是相同的,对于购买商品的消费者来说哪一个厂商生产的产品并不重要,他们没有理由偏爱某一厂商的产品,也不会为得到某一厂商的产品而必须支付更高的价格。同样对于厂商来说,没有任何一家厂商拥有市场优势,他们将以可能的市场价格出售自己产品。

第三,厂商可以无成本地进入或退出一个行业,即所有的资源都可以在各行业之间自由流动。劳动可以随时从一个岗位转移到另一个岗位,或从一个地区转移到另一个地区;资本可以自由地进入或撤出某一行业。资源的自由流动使得厂商总是能够及时地向获利的行业运动,及时退出亏损的行业,这样,效率较高的企业可以吸引大量的投入,缺乏效率的企业会被市场淘汰。资源的流动是促使市场实现均衡的重要条件。

第四,参与市场活动的经济主体具有完全信息。市场中的每一个卖者和买者都掌握与自己决策、与市场交易相关的全部信息,这一条件保证了消费者不可能以较高的价格购买,生产者也不可能以高于现行价格出卖,每一个经济行为主体都可以根据所掌握的完全信息,确定自己最优购买量或最优生产量,从而获得最大的经济利益。

以上四个特征足以保证市场经济供求平衡,资源能得到最优配置,消费者个人福利达到最大化。总之,完全竞争市场是经济学家推崇的一种最理想的市场模式,是所有市场类型中最优的,完全竞争的结果符合帕累托最优,是经济学中理想的市场竞争状态,是竞争最极端的市场状态。市场理论分析上所假设的完全竞争市场的条件是非常严格的,通常只是将某些农产品市场看成是比较接近的完全竞争市场类型。完全竞争市场作为一个理想经济模型,有助于我们了解经济活动和资源配置的一些基本原理,解释或预测现实经济中厂商和消费者的行为。正因为如此,完全竞争市场一直是市场经济国家努力追求的目标。当然,在现实的经济中没有一个市场真正具有以上四个条件,也正因为如此,市场失灵就成了现实社会中所面临的一种普遍现象。

(二)市场失灵的表现

市场调节的有效性是建立在完全竞争市场的假设之上,由于完全竞争市场

的条件过于苛刻而在现实中是不存在的,进而导致了市场失灵。市场失灵的表现主要有以下六个方面:

一是垄断。市场存在着垄断或不完全竞争,使其并不总是产生最有效的结果。一般认为,垄断的基本原因是进入障碍,也就是说,垄断厂商能在其市场上保持唯一卖者的地位,是因为其他企业不能进入市场并与之竞争。垄断的优点就是产品无相对过剩的浪费,垄断者完全可以控制产品的生产和供应量,而且可以产生规模效应。但垄断与竞争天生是一对矛盾,由于缺少竞争压力和发展动力,加之缺乏有力的外部制约监督机制,垄断性行业的服务质量往往难以令人满意,经常会违背市场法则、侵犯消费者公平交易权和选择权。

二是负外部性。外部负效应是指某一主体在生产和消费活动的过程中,对其他主体造成的损害。外部负效应实际上是生产和消费过程中的成本外部化,但生产或消费单位为追求更多利润或利差,会放任外部负效应的产生与蔓延。如化工厂,它的内在动因是赚钱,为了赚钱对企业来讲最好是让工厂排出的废水不加处理而进入下水道、河流、江湖等,这样就可减少治污成本,增加企业利润。从而对环境保护、其他企业的生产和居民的生活带来危害。社会若要治理,就会增加负担。

三是公共物品供给不足。市场是通过买卖提供产品和服务的。在市场上,谁有钱就可以购买商品或服务,钱多多买,钱少少买,无钱就不能买。由于公共物品具有非排他性和非竞争性的特征,它的需要或消费是公共的或集合的,如果由市场提供,每个消费者都不会自愿掏钱去购买,而是等着他人去购买而自己顺便享用它所带来的利益,这就是经济学称之为"搭便车"现象。因为成本高,收益少,所以私人市场要么不供给公共物品,要么提供的数量不足。所以公共物品(尤其纯公共物品)应该由政府来提供。

四是信息不完全。完全信息是完全竞争模型的一个重要假定,但是现实经济中,信息常常是不完全的。信息不完全是指有关市场主体获取的或掌握的信息不足以使市场主体做出理性判断或决策。例如,工人比雇主更清楚自己的生产能力和工作努力程度,厂商比消费者更了解自己产品的质量。

五是收入与财富分配不公。这是因为市场机制遵循的是资本与效率的原则。资本与效率的原则又存在着"马太效应"。从市场机制自身作用看,这属于正常的经济现象，资本拥有越多在竞争中越有利，效率提高的可能性也越大，收入与财富也越向资本与效率集中；另一方面，资本家对其雇员的剥夺，使一些人更趋于贫困，造成了收入与财富分配的进一步拉大。这种拉大又会由于影响到消费水平而使市场相对缩小，进而影响到生产，制约社会经济资源的充分利用，使社会经济资源不能实现最大效用。

六是宏观经济波动。在市场经济中，商品和服务的供应及需求受价格规律及自由市场机制所影响。市场经济带来经济增长，但会引发通货膨胀，而高潮后所跟随的衰退却使经济停滞甚至倒退，这种周期波动对社会资源及生产力都构成严重影响。而这是市场自身所无法解决的，需要国家运用计划、法规、政策、道德等手段，对经济运行状态和经济关系进行干预和调整，把微观经济活动纳入国民经济宏观发展轨道，及时纠正经济运行中的偏离宏观目标的倾向，以保证国民经济的持续、快速、协调、健康发展，这就是宏观调控。

造成市场失灵的直接原因是因为市场机制在配置资源过程中存在的自发性、滞后性和不稳定性。自发性是指各个分散的企业只从自身的局部利益出发，按照市场信号调整微观经济的资源配置，往往使整个社会资源配置处在无政府状态。它需要经过长期的、无数次的反复，才有可能达到社会总供求的平衡。滞后性是指市场机制的作用自身不具备预见经济变化的功能，各个市场主体在接受市场价格信号时，已是在交换之后的事了，这时的调整也不能及时满足供求平衡的需要。不稳定性是指当市场机制的作用使社会总供给与总需求达到平衡时，不会因此而被稳定下来。市场机制的竞争是各企业为追求自身利益最大化，哪个部门获利相对丰厚就会调动自己的资源要素向哪一部门转移，从而造成供需平衡的不稳定性。而从根本上说，造成市场失灵的原因是对市场行为的过分依赖与放纵。市场失灵为政府干预经济活动、弥补市场不足提供了基本依据。

二、政府干预

提及政府为何存在，无论是启蒙时代的思想家，还是现代制度经济学，所列举的故事大致相同。即在政府出现之前，存在着一个人人互相抢劫、互相偷盗的"自然状态"。在这种状态下，尽管人人都有抢劫、偷盗他人的"权利"，但也人人自危,大家把大量的精力和资源放在互相防范上,结果就不能安心生产和正常交易,整个社会就会贫穷下去。于是人们会想到,如果大家互相尊重彼此的人权和产权,禁止互相抢劫和偷盗,人们会把更多的精力和资源放在生产和交易上,每个人的情况都会好些,整个社会也会因此富裕起来。要真正做到这一点,就必须对抢劫和偷盗行为加以有效的惩罚。这就需要超越个人之上的权威和强有力的暴力后盾,于是政府出现了。同时,前述分析说明,在理论上承认市场经济有效性的同时,也必须承认市场失灵的普遍存在。而市场的失灵需要政府的干预。一般而言,市场失灵的领域就是政府干预的作用范围。那么政府干预经济或市场的主要目标是什么呢?

(一)政府干预目标

政府干预经济或市场的目标是指政府从社会经济生活宏观的角度,履行对国民经济进行全局性地规划、协调、服务、监督的职能和功能。市场经济条件下,政府干预经济的目标主要包括:

1. 收入合理分配。指政府通过各种政策工具,参与一定时期国民收入的初次分配与再分配,实现收入在全社会各部门、各地区、各单位,以及各社会成员之间进行合理分割,缩小收入差距,体现社会公平。

2. 经济稳定与发展。指通过政府干预、调节国民经济运行,达到物价稳定、充分就业、国际收支平衡等目标,实现经济发展的目的。

3. 优化资源配置。指通过政府经济活动,引导人力、物力、财力等社会资源流动,形成一定的产业结构、区域经济结构等经济结构,优化资源配置结构,提高资源使用效率。

4. 搞好市场管制。指政府通过用法律明确界定和规范市场主体间的权利、义务关系,从而为市场经济的正常运行提供必要的保障。

(二)政府干预方式

政府要实现上述经济干预的目标,必须借助一定的手段或方式。常用的主要手段包括:行政手段、经济手段、法律手段等。

1. 行政手段具有强制性、垂直性、无偿性、稳定性和具体性的特点,其优点是统一集中、迅速有效。但它易产生与"人治"相联系的一些弊病,影响横向联系及下级的积极性、创造性。

2. 经济手段具有间接性、有偿性、平等性和关联性的特点,最适于管理经济活动,但因其只能调节经济利益关系,不能靠它解决所有问题。

3. 法律手段具有严肃性、权威性、规范性的特点,使行政管理统一化和稳定化,但其只能在有限范围内发生作用,很多经济关系、社会关系需结合其他手段才能发挥作用。

第三节 政府失灵与混合经济

完全竞争市场的缺失导致了市场失灵,而市场失灵的存在为政府的介入奠定了理论基础。但政府在进行市场干预的同时,也要求政府明确自己的职能,不能无限制地介入。但是现实世界的逻辑表明,政府既是解决问题的手段,同时也是问题产生的原因。政府不是万能的,政府在弥补市场失灵的同时,其自身也深受失灵问题的困扰。

一、政府失灵

尽管市场经济的运行需要政府的干预,但政府干预并非总是有效的,市场机制存在失灵问题,政府机制同样会带来政府干预失效的问题。特别是20世纪70年代后,各国政府对经济活动的干预产生了一系列社会问题,引发了人们对政府干预失效问题的关注。政府失效是指政府的行政活动或对宏观经济的干预措施缺乏效率,或者说,政府做出了降低经济效率的决策或不能实施改善经济效率的政策。

(一)政府失灵的表现

政府干预失效是一种客观存在,无论是发达国家还是发展中国家,都不同程度地存在着政府干预失效,其原因和表现可能发生在诸多方面。

1. 政府决策失误

政府决策失误大的方面包括发展战略和经济政策失误,小的方面包括一个投资项目的选择或准公共产品提供方式的选择不当等,而政府决策失误会造成难以挽回的巨大损失。比如,提供居民出行便利的城市交通是地方政府的一项重要职责,但公共交通属于准公共产品,可以由政府办,也可以由企业办,这里可以有多种决策方案:是提倡私人购车还是发展公共交通,何者更有利于缓解交通拥挤和方便居民;发展公共交通,是建设地铁还是建设地上轻轨,何者成本更低、效益更高;是由政府包办还是吸引企业参与,等等。这里是决策问题,也是效率问题。

2. 政府提供信息不充分

政府应提供的信息是多方面的,如经济形势判断、气象预报、自然灾害预测等都是引导经济运行的重要信息,一旦失误,都会带来不可估量的损失。政府也可能不太了解民众的愿望,或误解了人们的行为,其提供的信息就可能不及时、不充分甚至失真。

3. 政府寻租行为

在市场经济特征下,几乎不可避免地会产生由于滥用权力而发生的寻租行为,也就是公务员特别是领导人员,凭借人民赋予的政治权力,牟取私利,权钱交易,化公为私,受贿索贿,为"小集体"谋福利,纵容亲属从事非法商业活动,等等。

4. 政府职能"越位"或"缺位"

政府职能的"越位"和"缺位"导致政府干预失效,主要可能发生于经济体制转轨国家。经济体制转轨的一个核心是明确政府与市场的关系,规范政府经济行为,转变政府经济职能,其中包括转变财政职能。如前所述,政府干预是为了弥补市场失灵,而政府干预失效,是指政府干预非但没有弥补市场失灵,反而干扰了正常的市场规则,损害了市场效率。政府职能的"越位",是指应当而且可能通过市场机制办好的事情,政府却通过财政手段人为地参与,如政府热衷于竞争性生产领域的投资,代替了市场职能。财政职能的"缺位",是指应该由政府通过财政手段办的事情而财政没有办或者没有办好,如公共设施、义务教育、公共卫生、环境保护的投入不足等,这些都是政府干预失效或财政失职的表现。当然,政府职能和财政职能的规范和转变,要靠经济体制和政治体制整体改革的逐步到位来实现,需要一个相当长的过程。但可以说,规范政府经济行为,转变政府职能和财政职能,是建立社会主义市场经济体制的基本理论和实践问题,政府的经济行为缺乏规范,政府职能和财政职能没有真正转变,就不能说已经建立起社会主义市场经济体制,从而政府干预效率也就不可能达到理想状态。

政府的运行是以政治权力为基础和前提的,而经济是政治的基础,政治权力不能创造财富,却可以支配财富,甚至凌驾于经济之上支配经济,这正是政府干预失效的根本原因。政治体制和经济体制是相辅相成的,政治体制改革和经济体制改革必须相互适应,政治体制改革迟滞,必然会导致经济改革效率的损失并制约经济的发展。因此,建立"统一、高效、公正、廉洁"的政府,健全政府机制,转变政府职能,是经济改革的内在要求,也是社会经济发展的重要保证。

5. 官僚主义与机构膨胀

官僚主义是指脱离实际,脱离群众,不关心群众利益,做官当老爷的领导作风。政府决策过程中也许高度僵化和官僚主义严重,可能存在大量的重复劳动和繁文缛节。毛泽东曾总结出强迫命令式的官僚主义,老爷式的官僚主义,不负责任的官僚主义,机关式的官僚主义,文牍主义和形式主义的官僚主义,宗派性的官僚主义,蜕化变质的官僚主义等官僚主义的二十种表现。现实生活中,仍然存在着官僚主义现象,如思想僵化,墨守成规,夸夸其谈,文山会海,官气十足,动辄训人,打击报复,压制民主,欺上瞒下,徇私行贿,人浮于事,办事拖拉,不负责任,不守信用等。官僚主义的作风与党的全心全意为人民服务的宗旨,与党的群众路线是完全对立的,腐蚀党的肌体,腐蚀党的干部队伍,败坏党风和政风,降低领导和机关的威信,影响党在群众中的形象。因此,必须反对和铲除官僚主义。

所谓机构膨胀,是指国家机构的数量不合理增多,机构内部的工作人员不合理增多,导致扯皮推诿、争权夺利、人浮于事、效率低下、税负沉重的一种政治现象。亦可被称为"帕金森定律"。帕金森定律是官僚主义或官僚主义现象的一种别称,被称为20世纪西方文化三大发现之一。也可称之为"官场病""组织麻痹病"或者"大企业病",源于英国著名历史学家诺斯古德·帕金森1958年出版的《帕金森定律》一书的标题。

随着社会经济的发展,社会事务的增加和不确定性的增强使得政府所要承担的任务比以前更加的复杂,在简单条件下设立的政府组织结构当然难以满足新的现实发展的需要。政府机构膨胀是政府自身保持回应力的一种必要,而且是合理的必要,也是政府保持张力的一种必然。但是政府机构往往存在过度膨胀,这是行政改革所无法逾越的痼疾,人们对"精简——膨胀——再精简——再膨胀"的怪圈总是难以找到合适的解决办法。机构精简的目的只有一个,那就是简化流程和裁减冗员,进而降低成本和提高效率。如何解决机构膨胀,这不仅是一个纯粹的理论问题,还是提高政府行政效率和回应性的重大实践问题,是构建"小政府,大市场"的必然要求,是压缩"三公经费"的必然要求,是公共财政走向民主化和法制化的必然要求。

(二)政府失灵的原因

公共选择理论认为,政府活动的结果未必能校正市场失灵,政府活动本身也许就有问题,甚至造成更大的资源浪费。主要原因包括政府决策的无效率、政府机构运转的无效率和政府干预的无效率。

1. 政府决策的低效

公共选择理论在用经济模型分析政治决策时指出,民主程序不一定能产生最优的政府效率。

第一,投票规则的缺陷导致政府决策无效率。投票规则有两种,一是一致同意规则,二是多数票规则。常用的投票规则是多数票规则。多数票规则也不一定是一种有效的集体决策方法。首先,在政策决策超过两个时,会出现循环投票,投票不可能有最终结果。其次,为了消除循环投票现象,使集体决策有最终的结果,可以规定投票程序。但是,确定投票程序的权力往往是决定投票结果的权利,谁能操纵投票程序,谁也就能够决定投票结果。再次,多数票规则不能反映个人的偏好程度,无论一个人对某种政治议案的偏好有多么强烈,也只能投一票,没有机会表达其偏好程度。

第二,政治市场上行为主体动机导致政府决策无效率。公共选择理论认为,政府只是一个抽象的概念,在现实中,政府是由政治家和官员组成的,政治家的基本行为动机也是追求个人利益最大化。因此,政治家追求其个人目标时,未必符合公共利益或社会目标,而使广大选民的利益受损。

第三,利益集团的存在导致政府决策无效率。利益集团又称压力集团,通常是指那些有某种共同的目标并试图对公共政策施加影响的有组织的团体。在许多情况下,政府政策就是在许多强大的利益集团的相互作用下产生的。而这些利益集团,特别是还可能拥有部分政党政治权势的利益集团,通过竞选捐款、院外游说、直接贿赂等手段,对政治家产生影响,左右政府的议案和选民的投票行为,从而使政府做出不利于公众的决策。

2. 政府机构的低效

公共选择理论认为,政府机构运转无效率的原因主要表现在缺乏竞争、缺乏激励两个方面。

第一,缺乏竞争导致的无效率。首先是政府工作人员之间缺乏竞争,因为大部分官员和一般工作人员是逐级任命和招聘的,且"避免错误和失误"成为政府官员的行为准则,故他们没有竞争的压力,也就不能高效率地工作。其次是在政府部门之间缺乏竞争,因为政府各部门提供的服务是特定的,无法直接评估政府各部门内部的行为效率,也不能评价各部门间的运行效率,更难以设计出促使各部门展开竞争、提高效率的机制。

第二,缺乏降低成本的激励导致的无效率。从客观来看,由于政府部门的活动大多不计成本,即使计算成本,也很难做到准确,再加上政府部门具有内在的不断扩张的冲动,往往出现公共物品的过度提供,造成社会资源的浪费。从主观来看,政府各部门对其所提供的服务一般具有绝对的垄断性,正因为有这种垄断地位,也就没有提高服务质量的激励机制。此外,由于政府部门提供的服务比较复杂,他们可以利用所处的垄断地位隐瞒其活动的真实成本信息,所以无法评价其运行效率,也难以对他们进行充分的监督和制约。

3. 政府干预的低效

为了确保正常而顺畅的社会经济秩序,政府必须制定和实施一些法律法规。但是,有些政府干预形式,比如政府颁发许可证、配额、执照、授权书、皮纹、特许经营证等,可能同时为寻租行为创造了条件。因为在这种制度安排下,政府人为地制造出一种稀缺,这种稀缺就会产生潜在的租金,必然会导致寻租行为。寻租行为一般是指通过游说政府和院外活动获得某种垄断权或特许权,以赚取超常利润的行为。寻租行为越多,社会资源浪费越大。

为什么"政府失灵"比"市场失灵"更加危险?因为政府的失灵可以被腐败者的"收益递增"自动地扩展为政府的"普遍失灵",而市场的普遍失灵在经验世界里几乎不可能出现。个别市场的失灵,即便存在极端的"信息不对称性",毕竟难以扩展到一切市场。一切市场都失灵的情景,在经验上是难以想象的,例如,我们很难想象我们日常消费的米、面、衣物、家具、住房,以及分工监督这些商品的质量的全部专家的名誉,都是假的,都难以辨别。另一方面,政府的失灵,在我们大部分中国人以及俄罗斯人、民主德国人、匈牙利人、保加利亚人等的经验当中,足以扩展为政府的"普遍失灵"——即普遍的无效率。这是因为,不像"市场失灵"的情况那样,导致了"政府失灵"的既得利益群体,他们所垄断的,不再是市场信息,而是真实的政府权力——名义上合法的、执行特定意图的权力。权力对竞争性资源配置的扭曲作用,不再像"市场失灵"那样由于内在的不稳定性而难以扩展为普遍情况。恰恰相反,政治权力对经济资源的垄断,天然地具有一种"收益递增"效应。如哈佛学者施莱佛曾经指出过的那样:腐败所带来的好处,给了政府官员为更大的腐败设置管理权力的激励,从而腐败意味着更大的腐败,"寻租"意味着无穷无尽的"设租"与"寻租"。

二、混合经济

西方新凯恩斯主义提出一种新型的政府—市场观,认为现代经济是一种混合经济即私人经济和公共经济,政府和市场之间不是替代关系,而是互补关系。

所谓混合经济就是由私人经济和公共经济互相交错,相互作用而共同组成的经济混合体。其中,公共部门包括政府、公共企业、非营利组织、国际组织;私人部门主要有个人、家庭和私人企业(厂商)。总的来讲,它们是一种分工协作、主次有别的关系。非公共部门居基础、主导地位,主要负责私人品的配置,受市场"看不见的手"即价值规律的引导。公共部门居调节、补充地位,主要负责公共品的配置,受政府"看得见的手"即计划法则的引导。公共部门并不是国民经济的外在部分,而是国民经济的内在组成部分。其相互作用关系见图2-3。

总之,在混合经济中,公共部门和非公共部门无论是在生产还是在分配方面都是一种"你中有我,我中有你;你离不开我,我也离不开你"的"血肉关系"和"鱼水关系",而不是一种简单的"硬加"在一起的"两张皮""两面鼓"的关系,可以说公共部门和非公共部门共同构成了混合经济的有机整体。

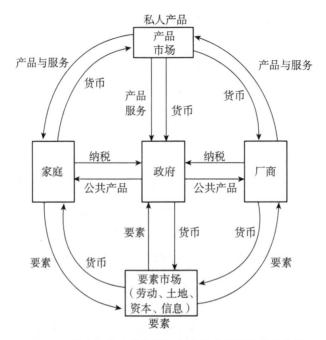

图 2-3 混合经济中公共部门与非公共部门的相互作用

三、政府边界

(一)政府过度干预的危害

在常态的情况下,如果政府频繁介入经济会出现"三重三轻":

1. 重政府、轻市场。政府控制了太多的生产要素和重要资源,控制了太多的市场准入,从市场秩序维护者蜕变为市场参与主体,使得民营经济和企业家精神受到很大限制。而由于政府主导所致的体制性障碍依然严重,民营经济的生存和发展空间受到限制,其动力引擎的作用被削弱,也导致民营企业向公权力所有者输送私人利益的腐败行为屡禁不绝。

2. 重国富,轻民富。从产权的视角切入,富民的内在逻辑应该是"欲富民需先赋私权,欲保私权需先限公权",关键还是要归结到合理界定政府与市场的治理边界,让市场充分发挥作用上来。

3. 重发展,轻服务。由于政府长期居于资源配置的主导地位,并将其掌握的资源主要运用于经济发展领域而不是公共服务领域,由此逐步形成了一个

"与民争利的发展型政府"模式:一方面,政府越位,充当了经济建设主体和投资主体的角色,挤压了居民从市场中获得激励收益的空间;另一方面,政府本应将从居民激励收益中抽取的高税收用于提高福利,却忽视了社会保障、医疗卫生、教育、生态环境等公共服务基础设施的建设,影响了居民的福利收益。

(二)政府与市场的分工

市场和政府的边界在哪里?就是说,市场和政府应该如何分工,应该分别"管"哪些事情。对于这个问题,不同的经济学家给出了不同的答案。最早的答案或许要追溯到经济学的开山鼻祖亚当·斯密,在那本经典的《国富论》里,亚当·斯密提出了"守夜人"的概念,也是一种"小政府"的概念。亚当·斯密认为,政府应当承担的责任很少:"保护本国社会的安全,使之不受其他独立社会的暴行与侵略";"保护人民,不使社会中任何人受其他人的欺负或压迫";"建立并维持某些公共机关和公共工程"。后世推崇自由市场的主流经济学家们大多认同"小政府"的概念,而对于自由经济理念极为推崇的奥地利学派,更是坚定地倡议"小政府"角色,几乎全面反对政府介入到市场活动。而在现实生活中,"小政府"的理想恐怕很难实现。即便如欧洲、北美等发达国家,也从未达到过理想的"小政府"状态,政府及政府掌控下的公营机构依然占据着市场经济中很大一块。

政府和市场,如同一只手的手心和手背,二者是辩证统一的关系,我们要界定好两者之间的边界,使它们各司其职,既要"使市场在资源配置中起决定性作用",也要"更好发挥政府作用"。政府最重要的作用应该是为作为微观经济主体的企业创造良好的经济社会环境,以提供经济发展所需的软件和硬件基础设施,这是政府公共服务的经济维度。除此之外,还有很大一块是市场机制失灵,对此,政府也必须发挥作用,这是政府的社会性公共服务部分,它是指政府通过转移支付和财政手段支持教育、科技、社会保障、公共医疗、卫生、环境保护等社会发展项目,为全体公民参与市场竞争创造公平的起点。

2012年党的十八大报告明确指出:"经济体制改革的核心问题是处理好政府和市场的关系,必须更加尊重市场规律,更好发挥政府作用"。目前中国经济发展到了一个新阶段,一些深层次的体制问题开始阻挠经济的持续发展,所以这次提出了要全面深化经济体制改革。这是在党代会上首次提出体制改革的"核心问题"是处理好政府与市场的关系,而且重点指出要以市场机制为基础,政府要尊重市场机制,对于妨碍公平竞争市场机制的,如行业垄断、进入高门槛、不同经营主体的差异化待遇、利率行政性管理、税制不合理等,要进行深入的改革;同时,对于市场机制不足或缺陷的,尤其是市场微观法制管理,如食品安全监督、合法生产、劳动保障等,政府要发挥作用,加强依法管理。政府要管好该管的,不该管的,要由市场去引导去调节。

在现代混合经济中,政府的作用概括起来讲就是弥补市场缺陷,承担私人市场经济做不好、做不了或不愿做的事,市场主要从事政府配置资源比较低效率的领域。具体来看可做如下划分:

1. 从作用范围上看,政府活动的界限应在市场失灵领域,而市场机制的调节应在政府失效的领域。

2. 从作用层次上看,政府活动主要在宏观经济层面上,而市场经济主要在微观经济层面上。

3. 从公平与效率准则的实现上,政府主要致力于社会公平,市场主要致力于效率。

对于我们来说,需要注意的是:经济学中市场与政府谁占主导的学派争论已经有几百年的历史,但是其争论是在自由市场机制,即价格机制在资源配置中起基础性作用的范围内进行的,这并不意味着有哪一个学派主张回到政府包办一切的计划经济旧体制去。即使他们支持对某些企业实行国有化,那也只是一种短期的应变措施,而不是一种长期的制度安排。20世纪社会经济制度变迁的基本脉络提示我们:在市场制度范围内,明智合理地界定政府与市场之间的适宜边界,是经济稳定运行和长期增长的一个重大问题,必须根据具体情况加以确定的。我们还必须注意另一个问题:在中国,人们常常把宏观经济管理(宏观调控)和政府对经济活动的微观干预混为一谈。假宏观调控之名行微观干预之实,实际上等于复辟命令经济。这不但会造成资源的误配置和损害经济活动,还会带来强化寻租环境、腐败活动泛滥等恶果。这是必须坚决制止的。

【本章关键词】

资源配置　　帕累托最优　　洛伦兹曲线　　完全竞争市场

市场失灵　　政府职能　　　政府干预　　　政府失灵

混合经济　　政府边界

【本章小结】

政府如何促进社会资源的优化配置是公共经济学的基本出发点。公共经济学所研究的资源配置一般是指自然资源、经济资源、社会资源广义的资源配置，其最优配置衡量标准包括效率、公平、稳定三项内容。效率标准主要涉及帕累托最优，公平标准主要涉及洛伦兹曲线和基尼系数，稳定标准包括物价稳定、充分就业、经济增长、国际收支平衡。社会化大生产条件下，资源配置有两种方式：市场配置和计划配置。

根据市场主体在某一商品市场的数量比例和竞争程度，可以划分为四种类型：完全竞争，垄断竞争，寡头垄断，完全垄断。而完全竞争市场是最有效率的市场类型。它具备市场上有大量的买者和卖者、产品同质、生产要素自由流动、信息完全四个特征。但是这是经济学中理想的市场竞争状态，是竞争最极端的市场状态，在现实的经济中没有一个市场真正具有以上四个条件，也正因为如此，市场失灵就成了现实社会中的一种普遍现象。市场失灵的表现主要有以下几个方面：垄断、负外部性、公共物品供给不足、信息不完全、收入与财富分配不公、宏观经济波动。

尽管市场经济的运行需要政府的干预，但政府干预并非总是有效的，政府机制同样会带来政府干预失效的问题，即政府失灵。政府失灵是一种客观存在，无论是在发达国家还是在发展中国家，都不同程度地存在着。政府失灵的表现有政府决策失误、政府提供信息不充分甚至失真、寻租行为、政府职能的"越位"和"缺位"、官僚主义机构膨胀等。公共选择理论认为，政府活动的结果未必能校正市场失灵，政府活动本身也许就有问题，甚至造成更大的资源浪费。主要原因包括政府决策的无效率、政府机构运转的无效率和政府干预的无效率。现代经济是一种混合经济即私人经济和公共经济，政府和市场之间不是替代关系,而是互补关系。但是混合经济中政府与市场的边界在哪里?我们要界定好两者之间的边界,使它们各司其职,既要"使市场在资源配置中起决定性作用",也要"更好发挥政府作用"。

【本章复习题】

1. 资源配置的含义及衡量标准是什么?
2. 完全竞争市场的特点有哪些?
3. 市场失灵与政府失灵的表现分别有哪些?
4. 政府经济职能的主要内容有哪些?
5. 试述混合经济的特点与政府的边界。
6. 试述经济体制改革的核心问题是处理好政府和市场的关系。

【本章推荐阅读】

1. 丹尼斯·C.穆勒:《公共选择理论》,韩旭、杨春雪译,中国社会科学出版社2010年版。
2. 张维迎:《市场的逻辑》,上海人民出版社2010年版。
3. 吴敬琏:《改革:我们正在过大关》,生活·读书·新知三联书店2006年版。
4. 梁朋:《公共财政学》,中共中央党校出版社2006年版。
5. 亚当·斯密:《道德情操论》,蒋自强、钦北愚、朱钟棣译,中央编译出版社1997年版。

第三章 公共产品

本章学习目标:

- 掌握公共产品的概念、基本特征、分类和识别的方法;
- 熟悉公共产品最优供给的经典模型分析;
- 理解公共产品供给多元主体的地位和作用;
- 了解当前我国公共产品供给存在的主要问题及解决的基本途径。

公共产品理论是公共经济学的核心理论或曰理论基石,政府为什么会存在、政府应该干什么,以及政府如何干等都是围绕着公共产品而展开。本章首先介绍了公共产品的含义、特征、分类与识别,然后在此基础上借助经典理论和模型分析了公共产品的最优供给,最后进一步探讨了公共产品供给的主体、方式,以及我国公共产品供给中存在的问题与解决路径。

第一节 公共产品概述

为了追求更好的生活和发展,人们需要各种各样的产品和服务。通常情况下,按照产品属性和特征的不同,可以将全部社会产品和服务分为公共产品和私人产品两大类。私人产品满足社会个体的私人需要,公共产品满足社会公众的集体需求。当前的理论共识是,私人产品和服务由市场提供,消费者自己付费购买,而公共产品则由政府提供。之所以如此,一方面源于市场在提供公共产品方面的失灵,另一方面出于避免资源浪费、公平和国家长远发展的考虑,自然垄断性质的产品和安全、秩序、司法,以及道德文化等非经济类的产品和服务由政府负责买单。鉴于此,一般都将公共产品作为一个专门的领域加以讨论。

一、公共产品的含义

关于公共产品的探讨可以追溯到十五世纪。早在 1657 年,英国学者霍布斯就在他的著作《利维坦》中有过这样的论述:"国家用一个定义来说,就是一大群人相互订立信约,每个人都对它的行为授权,以便使它能按照其认为有利于大家的和平与共同防卫的方式运用全体力量的一个人格。"①霍布斯这里所说的"国家",可以理解为一种公共产品,它的产生是为了按照"有利于大家"的方式来实现在某种比如"和平与共同防卫"上的需要。英国学者休谟在其著作《人性论》中,在对"公地悲剧"的分析中研究了公共产品需求产生的原因。他发现为了给一片公共土地排水,仅仅是在两个相邻的人之间的时候,就可能达成协议,但若是涉及 1000 人时,就很难达成协议。因此他发现,有些任务的完成对于个人来讲好处并不大,但对整个社会却是有好处的,只能通过集体行动或者政府的参与来执行。

20 世纪以来,随着福利经济学的发展,人们对于公共产品的认识进一步加深。在关于公共产品含义的众多讨论中,影响最广泛的是奥尔森和萨缪尔森做出的界定。奥尔森在他的《集体行动的逻辑》一书中认为,公共产品是这样一类物品,即如果一个集团($X_1,\cdots,X_i,\cdots,X_n$)中的任何个人($X_i$)能够消费它,它就不能适当地排斥其他人对该产品的消费。也就是说,该集团或社会是不能将那些没有付费的人排除在公共产品的消费之外的。② 另外一名经济学家萨缪尔森对公共物品的解释是:"公共产品是这样一些产品,不论每个人是否愿意购买它们,它们带来的好处不可分割并可分别地散布到整个社区里。"③1954 年,萨缪尔森在《公共支出的纯理论》一文中,又对纯公共产品做出了解释,认为纯粹的公共产品是指每个人对这种产品的消费,都不会导致其他人对该产品消费的减少的那部分产品。随后,这一观点被广为接受。

上述概念分别强调了公共产品的不同特征,其共性是都发现了公共产品相

---

① 托马斯·霍布斯:《利维坦》,黎思复、黎廷弼译,商务印书馆 1985 年版,第 132 页。
② 曼瑟尔·奥尔森:《集体行动的逻辑》,陈郁、郭宇峰、李崇新译,上海三联书店 1995 年版,第 13 页。
③ 保罗·A. 萨缪尔森、威廉·D. 诺德豪斯:《经济学》,胡代光等译,北京经济学院出版社 1996 年版,第 571 页。

对于私人产品的独特性。私人产品一般满足的是社会成员个体需要,如衣服和食物等,具有消费上的竞争性和排他性。但是,社会成员除个体的私人需求以外,还具有共同的社会需要,如安全、环境和文化等。与私人产品相比,公共产品的典型特征在于其消费上的非排他性和非竞争性,即消费上的不可分割性和非拥挤性。因此,我们可以把公共产品定义为,为满足社会公共的需要而生产和提供的在消费上具有非排他性和非竞争性的产品和服务。

二、公共产品的特征

经济学家对于公共产品特征的研究,是从纯公共产品开始的。著名经济学家萨缪尔森在系统研究了公共产品的特性后,于1945年提出了被各国学者所公认的公共产品的两个基本特征,即非排他性和非竞争性。此外,公共产品还具有一些其他的特征。

(一)公共产品的基本特征

1. 非排他性

非排他性是指在技术上不可能(或成本过大)或为了公共利益不需要将其他人排除在公共产品的受益范围之外。公共产品的非排他性是与私人产品的排他性相对应的。当一个人使用自己的私人物品时,就排除了其他人使用这种物品的可能。例如,业主会拒绝陌生人进入自己购买的商品住房,即住房具有排他性。一般来说,凡是企业和个人家庭能完整地购买其消费权的产品,都属于私人物品,具有消费上的排他性。而公共产品却不具有私人物品消费上的这种排他性,如一个路人使用路边的公共照明,不能把其他经过此处的路人排除在享受照明所提供的利益之外。同样的,如果守卫国家免遭受外敌入侵,那么所有公民都受到保护,要把任何公民排除在外都难以做到,因此,可以说对于这类产品做到排他性在技术上是不可行的。

公共产品的非排他性经常与排他成本和公共利益相联系。某些公共产品虽然可以在技术上做到排他,但是排他成本非常昂贵,以致经济上不可行。还有一部分公共产品,虽然技术上也可以排斥其他人消费,但这样做是不经济的,或者是与公共利益相违背,因而是不提倡的。如免费开放的公共园林是具有非排他性的公共产品,虽然可以通过设置围墙的方式限制游人进入,从而使园林具有排他的性质。但这种做法却不被提倡:一是需要建设围墙并派人进行日常管理,直接增加了建筑成本和间接的管理成本;二是把一部分人排除在对公园的使用之外,造成了社会福利的损失,也损害了公共利益。因此,对于这一类产品通常会保证其具有非排他性。

2. 非竞争性

非竞争性是指消费的非竞争性,即一个人在消费和享用公共产品时,不会减少其他人消费和享受此类产品的数量和质量。公共产品消费的非竞争性有两层基本含义:一是边际生产成本为零,即在现有的公共产品供给水平上,新增消费者不需增加供给成本。如海上灯塔是较典型的公共产品,通常增加一艘船经过并得到指引并不需要增加任何生产成本。一般来说,边际生产成本是否为零是判断某一产品是否具有竞争性的重要标准;二是边际拥挤成本为零,即任何人对公共产品的消费不会影响其他人同时享用该公共产品的数量和质量,个人也无法调节其消费数量和质量。也就是说,这种产品不但是共同消费的,也不存在消费中的拥挤现象,不存在消费者为获得公共产品需排除他人而付出代价。

公共产品的两个特征说明,对于纯公共产品来说,个人消费即集体消费,就是说任意一项公共产品,即使一个人进行消费和众多人进行消费,其消费结果是一样的。假如 s 个人,n 种公共产品,$X_i(i=1,\cdots n)$ 为任意一种公共产品,根据公共产品的消费特征则有:

$$U(X_i) = X_i^j (j=1,\cdots s, i=1,\cdots n)$$

上式表示,X_i 公共产品无论是一个人消费(当 $j=1$ 时),还是 s 个人消费(当 $j=s$ 时),其消费结果都一样,都是 U 效用。

总之,对应私人产品的排他性和竞争性,经济学家基于对纯公共产品的研究,在理论上总结了公共产品具有非排他性和非竞争性两个基本特征。但是,在现实社会和经济中,纯公共产品和私人产品是社会总产品的两极,大多数公共产品的非排他性和非竞争性表现得并不十分充分和明显,许多产品兼具公共产品和私人产品的属性。

(二) 公共产品的其他特征

除开非排他性和非竞争性的两个基本特征外,公共产品还具有一些其他的特征：

一是有正的外部性。公共产品可以同时使不止一个人受益。通俗地讲,正外部性就是"肥水流到了外人田"。正外部性的特征使市场在提供公共产品方面会出现数量不足的问题。

二是具有自然垄断性。许多公共产品都是自然垄断产品,如自来水、电力、燃气和铁路服务等。

三是生产具有不可分性。公共产品往往是面向集体提供生产,并对集体来说可以实现共享,而非针对个人提供生产。

四是初始投资特别大,而随后所需的经营资本额却较小。如灯塔、电信光缆等。

此外,不同类型的公共产品还有一些其他的特征,如规模效益大、对消费者收费不易、消费具有社会文化价值等。

三、公共产品的分类

随着经济社会的发展,人们的公共需求随之增加,公共产品的种类也不断增多。常见的分类如下：

（一）按产品属性划分

按照公共产品属性的基本特征,可以把公共物品分为两类:纯公共产品与准公共产品。非排他性和非竞争性是公共产品的两个基本特征,但是,在现实中并非所有的公共性的产品都同时具备这两个特征,或者这两个特征都表现得很鲜明。因此,可以依据排他性与竞争性的不同表现对公共产品进行分类。

1. 纯公共物品

纯公共产品是那些同时具有非竞争性和非排他性的产品。每个人对这种产品的消费,都不会导致其他人对该产品消费的减少。纯公共产品在现实生活中并不多见,一般认为国防、行政管理、基础科学研究、社会科学研究、立法、司法、环境保护等都是纯公共产品。[见表3-1（Ⅰ）]

2. 准公共物品

准公共产品是指具有非排他性和非竞争性两个特点中的一个,另一个不具备或不完全具备,或具有有限的非竞争性和局部的排他性的公共产品。准公共产品是介于纯公共产品和私人产品之间的公共产品,许多准公共产品兼具公共产品和私人产品的性质,如教育、医疗的产品和服务,既有个人消费者享受其利益的成分,同时又可以使社区其他成员受益,是典型的混合产品。根据公共产品所具有的两个基本特征不同表现的组合,可以将准公共产品进行细分。

(1) 公共资源

公共资源是具有非排他性的,但在消费上具有竞争性的产品。如开放的公共海滩,随着游客的不断增加,海滩将变得更加拥挤不堪,以至于原有的舒适安逸将不复存在,人们的满足感会大大下降,因此对海滩的使用是具有竞争性的。公共资源具有消费上的竞争性与非排他性的特征,即由于不能确定对其消费的限定条件,或者即使能确定却很难实施,且一个人对物品的消费会减少其他人对该物品的消费,即产生拥挤问题,因此,这种准公共物品又被称为"可拥挤物品"。

由于具有竞争性,公共资源产生了一个新的问题:一旦提供了一种物品,决策者就需要关注它被使用了多少。经典的案例是公地悲剧。当一个家庭的羊在公地上吃草时,它降低了其他家庭可以得到的草地的质量。由于人们在决定自己养多少羊时并不考虑这种负外部性,结果使羊的数量过多,从而带来了对公共资源的威胁。比较典型的公共资源有清洁的空气和水、不收费的拥挤的道路、公共渔场和其他野生动物等。[见表3-1(Ⅱ)]

(2) 俱乐部产品

俱乐部产品是那些具有排他性,在一定范围内具有消费上的非竞争性的产品。俱乐部物品的消费具有排他性,通过限定消费资格,将不具备资格的成员排除在外,即对外是排他的,但在内部是共享的,一个成员对物品的消费不会减少另外成员对该物品的消费。但是,许多俱乐部产品具有一个饱和界限,在产品还未达到饱和状态时,产品的消费具有非竞争性,增加一个消费者并不会减少其他消费者从该产品中得到的享受,也即边际成本几乎为零。但是随着消费者人数增加,产品趋于饱和状态时,再增加消费者就会影响其他消费者的利益了。如一个收费才可以进入的景区,很多游园的人都能在公园里面得到闲暇休憩,但是如果景区游人过多时,就会出现拥挤的现象,其非竞争性的特点逐渐消失。比较典型的俱乐部产品是收费的公路、有线电视等。[见表3-1(Ⅳ)]

总之,根据产品的排他性和竞争性两个属性,可以把物品分为四类,即具有非排他性和非竞争性的公共物品,具有非排他性和竞争性的公共资源,具有排他性和非竞争性的俱乐部物品,具有排他性和竞争性的私人物品。(见表3-1)

表 3-1 产品的类型

	消费上的非竞争性	消费上的竞争性
受益上的非排他性	(Ⅰ)纯公共产品型。如国防、气象预报、航标、灯塔等	(Ⅱ)公共资源型。如地下水、公有资源、拥挤的海滩等
受益上的排他性	(Ⅳ)俱乐部产品。如教育、公园、高速公路等	(Ⅲ)私人产品型。如食品、服装、烟酒、电子设备、劳务等

3. 公共产品属性的变化

尽管在理论上,我们可以根据排他性和竞争性将产品清晰地划分为四种类型,但实际上各种类型产品间的界线有时是模糊的,在一定具体条件下,公共产品的范围可以是不同的、变化的。从横向看,对于不同的国家和地区,公共产品范围就有所不同,例如,在我国高速公路几乎都是收费通行的,而在许多国家高速公路都是免费通行的,因此,虽然同是高速公路,但是在不同国家却表现出不同的产品性质。从纵向看,在同一地区则随着时代不同,公共产品的范围也会发生相应变化,例如,我国在近年才把九年制基础教育纳入义务教育范围,使其开始具有公共产品性质。实际上不同地区和不同时代的经济社会发展水平的变化都可以引起公共产品的范围变化,以至于无论横向还是纵向看,公共产品的范围都存在千差万别,并且存在某些产品在公共产品与私人产品之间转化的现象。而大多数公共产品并非"先天的或自然的"就是公共产品,人类从早期私有制社会走来,以公共产品的形式存在的产品起初并不多,许多公共产品起初都是以私人产品的形式出现的,都是由私人产品转化过来的,例如,虽然今天在世界许多国家,基础阶段义务教育是几乎人人享受的公共产品,但最早的教育活动几乎都是私人提供的;在城市基础设施领域,许多公共建筑包括图书馆、博物馆等在一定历史时期都曾经是私人拥有的。

(二)按受益范围划分

不同公共产品的受益范围是各不相同的,公共性越强的产品,其受益范围越广。根据公共产品受益范围的不同,可以把公共产品划分为全国性公共产品、地方性公共产品、国际公共产品和区域公共产品。

全国性公共产品,是指消费不会被限制在固定的区域内,一般全国公民可以共同受益的公共产品。典型的全国性公共产品有国防、外交和法律制度等。

地方性公共产品,是指消费受区域限制,主要由当地居民受益,超过一定范围会大大减少效用的公共产品。如地方政府管理、区域基础设施、地方社会服务等。无论是地方纯公共产品还是地方准公共产品都在消费上受地理空间限制,因此,其受益范围往往被限定在特定的区域内,超过这一范围的居民就无法获得相应的利益。地方公共产品按照受益范围的不同,又可以分为省级公共产品、市级公共产品、县级公共产品、乡级公共产品和村(社区)级公共产品。

区域公共产品是指,跨越了辖区界线,但还是由一定区域内的居民共同受益的公共产品。无论在国内还是在国际领域,都存在区域公共产品。随着经济社会的发展和公共事务的复杂,许多问题无法单独依靠某一固定的辖区或国家解决,区域和国家间的合作,可以更好地增加居民的福利,因此,区域性的公共产品也日益增多。虽然在理论上可以按照受益范围把公共产品进行划分,但实际上,许多公共产品的影响都具有辖区外溢效应,即某一地方公共产品的效应往往不局限于某一辖区,而会同时给其他辖区居民带来利益或造成损失。如某一地方政府的环境保护不力,往往会给周边或更大的区域带来损失。区域性公共产品的合作与开发就更为重要。

国际公共产品是指,具有一定的非竞争性和非排他性而消费群分布在不同国家的产品。依据国际公共产品产生的基本原因,可以分为以下几种类别[①]:一是以专业化分工为基础,依附于贸易行为的国际公共产品,如多边国际贸易体系、国际金融体系等;二是协调利益冲突的国际组织以及被普遍认同的国际准则,如联合国宪章、WTO 规则等;三是以环境保护为基础的集体行为,如政府间共同减少污染的合作方案等;四是基于人道主义的国家间的普遍救护,如国际红十字会等;五是作为分工体系下信息不对称的对应物出现的国际公共产品,如邮政、电信方面的统一标准。

---

① 黄恒学:《公共经济学》,北京大学出版社 2003 年版,第 85—86 页。

（三）公共产品的其他分类

公共产品按照其他的标准还可划分出不同的类型。如按照与社会经济的关系，可以划分为生产资料的公共产品和消费资料的公共产品。生产资料公共产品是指属于生产资料的公共产品，它可以使社会经济活动以较低的成本正常运转。消费资料的公共产品是指属于消费资料的公共产品，它可以普遍地提高社会居民的福利水平；按照消费属性，可以分为满足人们物质消费需求的公共产品和满足人们精神消费需求的公共产品。前者大都具有明显的外在物质表现形式，如路灯、公园、邮政通信等。后者一般不具有外在的物质形态，如文艺作品、教育产品等。

四、公共产品的识别

公共产品具有非排他性非竞争性两个特征，而其他私人物品不具备这两个基本特征，因此在判定公共产品的时候，可以充分利用公共产品的基本特点。具体判别方法如图 3-1 所示：

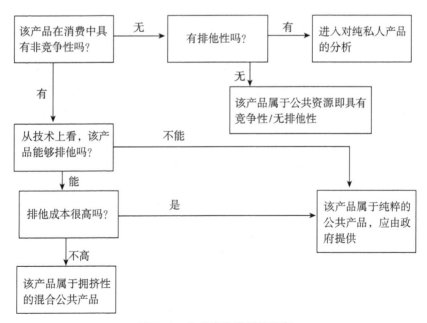

图 3-1　公共产品辨别的程序

一般而言，判别公共产品可以分两个步骤进行：第一步先判定该产品的使用或消费是否存在非竞争性,根据"有"或者"无",来决定下一步的分析,如果不存在非竞争性,则再根据排他性判断,把之归结为纯私人产品或公共资源产品;如果有非竞争性,则进行第二步骤判定,即该产品是否具有排他性,根据排他成本"高"或"不高"来判断该产品是何种性质的产品,直至最终确定出纯公共产品来。

第二节　公共产品的最优供给分析

人们对公共产品是有需求的,但是如何才能实现公共产品的最优供给产量呢?也就是说,如何使得公共产品的供给量为最佳。国外学者大多从均衡的角度来分析公共产品的最优供给,其中以庇古均衡、一般均衡分析、局部均衡分析和林达尔均衡分析最具代表性。上述几种均衡分析是以纯公共产品为前提做出的,而现实社会中的大部分公共产品是准公共产品,因此需要对准公共产品的供给作单独的分析。

一、庇古均衡分析

英国经济学家庇古在研究税收的规范原则时提出了资源如何在私人物品和公共产品之间进行最优配置的问题,他是最早研究此问题的学者。庇古认为,每个人在消费公共产品时都会享受到好处或福利,他把享受到的这种好处或福利称为个人得到的正效用;同时每个人又都必须纳税,而纳税对于个人而言是一种成本或负的效用,这就相当于每个人是用税收成本去购买公共产品。庇古从消费者基数效用理论出发,得出当公共产品的边际正效用等于纳税产生的边际负效用时,公共产品的有效供给就实现了,并且在这一均衡状态下,个人预算内所有私人产品与公共产品都达到了资源的最优配置。

庇古虽然找到了个人在预算内对公共产品与私人产品进行最佳配置的均衡点,但却并未发现将这些个人最佳配置结果进行加总的办法。而且由于他采用基数效用分析方法,不能够区别出消费者之间的偏好,这就使得加总个人效用更为困难。尽管如此,庇古的发现对于探讨公共产品的最优供给问题仍然做出了重要贡献,如回答了不同的人对于公共产品和私人产品的偏好如何进行加总,如何确定一个集体总的偏好,以及边际正效用与边际负效用应该在不同的社会成员之间进行分配等问题。可以说,庇古在公共产品资源配置方面为后来人找到了解决思路。

二、局部均衡和一般均衡分析

(一)均衡分析的基本思路

均衡分析是经济学的主流标准分析范式,依据的是马歇尔的"均衡价格论"思想。交易商品在供方力量和需方力量的共同作用下,即供方根据商品价格的增加而增加商品数量供应,根据商品价格的下降而减少商品数量供应,需方反之。在供求力量的共同作用下,最终形成商品的均衡价格和均衡数量。某种商品的均衡价格是无限的,但最优供给数量时的均衡价格——资源配置最优状态的均衡价格却是唯一的。

"均衡价格理论"就是要对这种唯一性作出解释的理论。公共产品供给的局部均衡分析就是在不考虑其他因素的情况下,公共产品最优供给的均衡价格分析。而公共产品供给的一般均衡分析是当所有产品,无论是私人产品还是公共产品,都处于配置的最优状态时公共产品的均衡数量和价格的确定。

(二)公共产品的局部均衡分析

为了对比和借鉴,在对公共产品进行局部均衡分析之前,我们先对私人产品进行局部均衡分析。

1. 私人产品的局部均衡分析

图 3-2 是私人产品的局部均衡情况,假定社会中只有两个人 A 和 B,且两个人的需求曲线不同,图中 D_A 和 D_B 线分别代表 A 和 B 两个消费者的消费需求。由于在私人产品场合,消费者面对的是同一价格水平,因而在只有两个人的社会里,社会对该产品的总需求将为 $\sum D = D_A + D_B$,即不同个人的需求在统一价格水平下的横向加总,图 3-2 中直线 D 表示总需求($\sum D = DA + DB$)。如果该产品的供给曲线已定,即图中的 S 直线,那么需求曲线与供给曲线相交的 E 点就是均衡点。在 E 点,新的均衡价格为 P_0,均衡产量为 Q_0。其中 Q_A 为 A 的消费量,Q_B 为 B 的消费量。图中的加总供给曲线之所以在 Q 点出现拐折,是因为当价格由 P_0 上升到 P_1,A 的需求将会为 0,这时只有 B 才有需求,故 P_1 价格以

上的 $\sum D = D_B$。

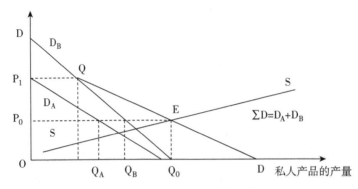

图 3-2 私人产品的局部均衡

2. 公共产品的局部均衡分析

公共产品的需求和供给如图 3-3 所示。依然假定社会中只包括两个人 A 和 B。在图中，个人 A 对公共产品的需求曲线为 D_A，个人 B 对公共产品的需求曲线为 D_B，那么社会对公共产品的总需求为 $D = D_A + D_B$。需求曲线与公共产品的供给曲线相交于均衡点 E，并决定了均衡价格 P 和均衡量 Q。在公共产品需求和供给中，每个人都是数量的接受者，这样 A 和 B 所消费的公共产品的数量都是 Q，但 A 所支付的价格是 P_A，B 所支付的价格是 P_B，且 $P = P_A + P_B$，对于公共产品的价格而言，它等于边际成本，其成本为 A 和 B 所支付的价格之和，即 $P = MC = P_A + P_B$。

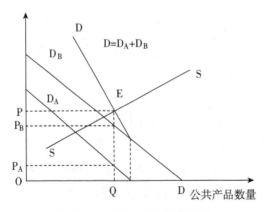

图 3-3 公共产品的局部均衡

私人产品和公共产品市场需求曲线的差别主要体现在,私人产品的市场需求曲线是个人需求曲线的横向加总,而公共产品的市场需求曲线是个人需求的纵向加总。这是由私人产品和公共产品的基本特征,即私人消费的排他性和共同消费非排他性决定的。当个人每消费一个私人产品时,私人产品的总需求量就会增加一个。而公共产品则不同,个人 A 和 B 所消费的公共产品数量是一样的,A 对公共产品的消费的同时不会影响 B 对公共产品的消费。因为纯公共物品对所有人必须提供同样的数量,一个人的使用也不会减少其他人使用。因此,对于给定数量,我们可以把每个人的支付意愿加总,计算总支付意愿。通过计算每一数量上的支付意愿量,可以画出集体需求曲线。可见,公共产品的需求曲线与私人需求曲线不同。消费者购买私人产品所支付的货币数量,会反映其对私人产品的实际需求,但市场无法直接提供公共产品的需求信息。这里所假定的某人对公共产品的需求曲线,只是模拟市场作出的,其目的在于强调私人产品与公共产品需求上的差异,因此,公共产品的需求曲线是虚拟的。

　　(三) 公共产品的一般均衡分析

　　1955 年,美国经济学家萨缪尔森最早提出公共产品最优供给的一般均衡分析。一般均衡分析通常在假定社会经济中有两个人和两种产品基础上进行分析。假定一个社会有两个消费者 A 和 B,两种产品私人产品 X 和公共产品 G,其生产可能性组合既定,消费者的偏好既定,现在分析公共产品提供的最优条件。其分析如图 3-4 所示:

　　在图 3-4 中,横轴代表公共产品提供的数量,纵轴代表私人产品提供的数量。图中整个社会的私人产品和公共产品的提供数量根据公共产品和私人产品的不同特征得出。FF 代表生产可能性曲线,表明整个社会所能生产最大数量的可用于消费的私人产品和公共产品(图 3-4c)。B 的无差异曲线由 B_1、B_2 和 B_3 表示,B 可以有多种选择消费组合(图 3-4b)。如果 B 所处的无差异曲线是 B_2,那么我们可以看到 B 的消费与生产可能性曲线之间的关系(图 3-4c)。由于整个社会的生产可能性组合既定,B 消费剩下的私人产品由 A 消费,但 A 和 B 所消费的公共产品数量一样,由此可以得到图 3-4a。图 3-4a 中的消费可能性曲线 TT 表示可供 A 的消费的公共产品和私人产品的组合。TT 和 A_1A_1 相切于点 M。这样,M 表示 B 的消费处于 B_2 上时,是 A 所消费的私人产品和公共产品的最优组合点,即 A 所消费的私人产品是 X'_A,所消费的公共产品是 G'。这样 B 所消费的公共产品也是 G',所能消费的私人产品的最大数量是 X'_B,且 $X'_A + X'_B = X'$。也就是说,整个社会选择的私人产品和公共产品数量组合位于生产可能性曲线点 E 上。

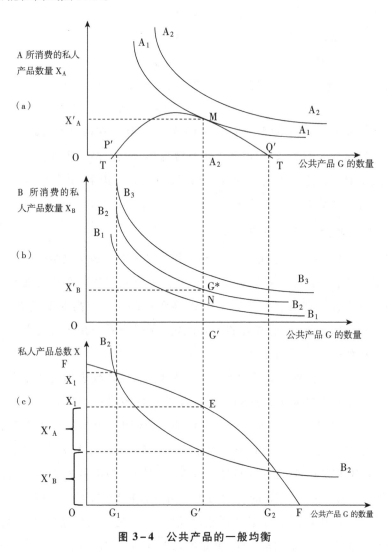

图 3-4 公共产品的一般均衡

图 3-4 说明,在 G 的任意数值上,都存在 TT 曲线的斜率等于生产可能性曲线 FF 斜率减去 B_2B_2 曲线的斜率。在帕累托状态时,TT 的斜率等于无差异曲

线 A_1A_1 的斜率。这样,获得帕累托状态时的条件为:生产可能性曲线的斜率等于 B_2B_2 的斜率与 A_1A_1 的斜率之和。显然,生产可能性曲线的斜率就是私人商品和公共商品之间的边际生产转换率(MRT),而 A_1A_1 和 B_2B_2 的斜率则分别表示消费者 A 和 B 在消费公共商品和私人商品时的替代关系,即分别表示 A 和 B 在私人商品和公共商品消费之间的边际替代率(MRS_A、MRS_B)。于是得到下式:

$$MRT = MRS_A + MRS_B$$

这就是说帕累托效率状态的条件是:公共商品和私人商品之间的生产转换率等于消费者 A 对这两种商品的边际替代率与消费者 B 对这两种商品的边际替代率之和。

三、"W-L"模型分析

瑞典经济学家威克塞尔和林达尔是瑞典学派的重要代表人物,其理论模型被称为"W-L"模型。"W-L"模型将公共产品供给与实际政治决策过程相联系,为如何在公民之间合理确定公共产品的负担份额(税收)及其公共产品的产出水平提供了思路,它是公共产品供给均衡理论的实际应用。"W-L"模型认为:假定社会上只有两个消费者 A 和 B,也可以把他们视为代表具有共同偏好的两组选民的两个政党。现在要找出保证一组均衡税收和公共产品产出所需要的条件,并考察该均衡状态的性质,即单一性和稳定性。

如图 3-5 所示,纵轴 h 代表消费者 A 承担的提供公共产品总成本的份额。如果 A 的税收份额为 h,那么 B 的份额为 1-h。横轴 G 代表所提供的公共产品数量,曲线 AA 和 BB 分别代表个人 A 和 B 对公共产品的需求。曲线 AA 的原点是 O_A,BB 的原点是 O_B。

A 和 B 的需求曲线 AA、BB 为既定,接下来可以建立起 A 的均衡税收份额 h^* 和均衡产出水平 G^*。任选一个税收份额 h_1,A 愿意得到 G_1 水平的公共产品,B 愿意得到 G_2。如果 A、B 两者之间存在分歧,那么权力更大的一方取胜,这是所有双边垄断状况下的正常结果,因此最后的结果取决于双方的相对权力。威克塞尔和林达尔假定双方力量相当,为此提出了另一税收份额,并通过 A 和 B 在点 h^* 处,A 和 B 都同意公共产品的产出水平 G^*,且 A 支付税收份额

h*，B 支付 1-h*。h* 和 G* 的组合被称为林达尔均衡，相应的税收价格就是林达尔价格。

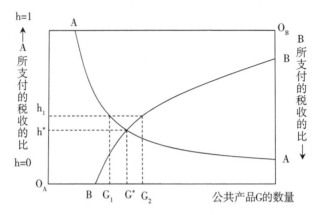

图 3-5　威克赛尔-林达尔均衡模型

林达尔均衡模型尽管没能给出公共产品供给的最优条件，但其通过局部均衡分析将公共产品供给的政治决策过程与公共产品的负担份额联系了起来。在个人偏好既定的情况下，通过对备选方案的"投票"确定出公共产品的供给水平以及个人对公共产品成本的分摊份额。对备选方案的不断投票，也就是个人偏好的持续表露，而最终达成"一致"，个人偏好也即汇总为"群体偏好"。这一过程，同时也是一种理想的政治决策过程。林达尔均衡非常适合于对备选方案"一致同意"的决策状况，但对于其他情况则不适用。

四、准公共产品的最优供给分析

前面分析的都是纯公共产品，我们知道纯粹的公共产品和纯粹的私人产品之间还有众多的灰色地带，这就是混合产品或准公共产品。准公共产品既有私人产品的性质，又具有公共产品的特性。比如教育、医疗服务等行业，既有个人消费者享受其利益的成分，同时它们又可以使社区其他成员受益，是典型的准公共产品。

假定一种混合型产品，如教育，同时具有内部效益和外部效应，仍然只有两个人代表整个社会，图 3-6 所描述的就是这种具有混合性产品的有效供给过程。

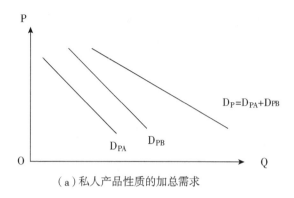

(a)私人产品性质的加总需求

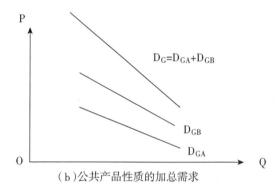

(b)公共产品性质的加总需求

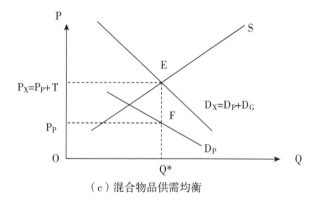

(c)混合物品供需均衡

图 3-6 准公共产品的均衡分析

在图 3-6a 中,D_{PA} 和 D_{PB} 分别代表了不同的消费曲线,由于消费者可以在给定的价格下购买不同数量的产品,因此消费者 A 和消费者 B 的个人需求曲线进行横向加总就反映了内部效益的总需求曲线 D_P。

在图 3-6b 中,描述的是教育产品的外部效益,说明社会对教育的外部效益需求。由于消费者 A 和 B 在给定的外部效益的情况下对它有不同的评价,因此代表了社会需求的总需求曲线 D_G 就应该是 A 和 B 两个人的外部需求曲线的纵向加总。

在图 3-6c 中,描述的是整个社会对教育产品的总需求曲线 D_X(D_X 是 D_P 与 D_G 需求曲线的纵向加总)与教育产品的总供给曲线达成的均衡。均衡点为 E 点,该教育商品的最优供给产量为 OQ^*,在单位成本 Q^*E 中,Q^*F 由消费者来支付,EF 由政府以补贴形式来支付。

第三节 公共产品的供给主体与方式

传统经济学理论认为,由于公共产品具有非排他性、非竞争性和不可分割性等特点,消费者在消费公共产品的过程中必然存在"免费搭车"问题,因此以追求个人或部门利益最大化为目标的私人或企业不愿意或无法有效地提供公共产品,也就是说,通过市场机制无法或不能很好地提供公共产品。由于在公共产品供给方面存在"市场失灵"问题,因此必须由政府或公共部门来解决。但是随着市场经济环境的变迁,以及人们对公共产品认识的不断深化,在公共产品供给方面呈现出了多元供给的格局,主要由公共提供、市场提供和混和提供三种基本方式。

一、公共产品的供给主体

随着经济和社会的发展,公共经济主体逐渐呈现出多中心趋势。在这种趋势下,政府不再是公共产品的提供的唯一主体,私人部门、社区、第三部门和国际组织等主体已经广泛地参与到了公共经济活动中,对公共产品的供给发挥着越来越重要的作用。

(一) 政府

政府是公共产品供给最重要的和主导性的主体。对于政府在公共产品供给领域的认识,源自于人们对于市场供给公共产品失灵的认识。由于公共产品具有非排他性和非竞争性特征,市场机制无法阻止"搭便车"行为,不能满足私人组织对于追逐利润的基本动机,因此无法通过市场机制解决人们对公共产品的需要。市场机制的失灵需要一种新的机制解决公共产品的提供问题,在此背景下,政府干预成为解决市场失灵的重要手段,政府成为供给公共产品的重要主体,甚至在一段时期内被作为唯一的主体。政府拥有提供公共产品的独特优势,因为提供公共物品一般具有成本高、规模大、周期长和效益低等特点,而政府则拥有动员大规模社会资源的能力,同时还可以通过强制的方式防止"搭便车"行为的出现,因此,政府一直是提供公共产品的主导力量。

在当下公共经济多主体的环境下,政府已经不再是提供公共产品的唯一主体。随着研究的深入,人们发现政府同样也存在失灵的情况,政府本身并不能保证提供公共产品的效果和效率。在这种情况下,政府作为提供公共产品的唯一主体就失去了合法性依据。由此,人们开始思考和实践多元化的供给方式。在现代市场经济体系中,公共产品的供给主体是多元的,这种局面下的公共产品政府提供,就是政府直接或者间接地介入公共产品生产,主要包括政府直接生产和政府间接生产。

(二)私人部门

公共产品的市场提供主体是指由市场经济中的私人部门提供公共产品。以往对公共产品的研究表明,市场在提供公共产品方面会出现失灵的问题。私人部门提供公共产品失灵与外部性相关。外部性是指当经济单位从事的活动对旁观者的福利造成了影响,但行为者却既不为此活动付报酬,又不能从此活动中得到报酬。外部效应可以是正的也可以是负的,但无论哪种都没有人为外部性造成的影响付费或得到报酬,因此,外部效应独立于市场机制之外,通常不能通过市场机制完全解决。公共产品是外部效应的一种特例,特别是当一个人创造了一种有益于经济中每个人的正的外部效应时,这种外部效应就是纯公共产品了。对于公共产品而言,采用私人部门提供的方式会导致供给不足。这主要是因为,私人部门在供给时通常只会考虑自己的收益,而不会考虑公共产品对其他人和社会带来的正外部效应。公共产品的外部效应与非排他性密切相关,两者结合会产生下面两个问题:

一是"搭便车"行为,即指由于公共产品具有受益上的非排他性,人们使用或者消费了公共产品,但并没有为此支付产品成本的行为,也就是说人们在日常生活中所说的不劳而获、坐享其成的经济行为。如果全体社会成员都采取这样的行为方式,其结果就是公共产品没有资金来源,公共产品也不再会有了。

二是私人提供公共产品的低效率问题。私人提供公共产品会造成效率损失,不能够实现资源的有效利用,这也是私人提供公共产品的一个弊病。如以私人部门提供桥梁为例,如图3-7所示,横坐标表示大桥通行车辆的数量,纵坐标表示大桥的收费水平,向右下方倾斜的 P^*Q_C 直线为人们对这座桥的需求曲线。Q_C 为桥梁的最大通行量。假设这座桥梁是由私人提供并进行管理的,那么私人部门作为桥梁的垄断者,将选择能够使自身收入最大化的过桥费来收取通行费用,并且只有在收费总量超过造桥成本时才会提供这种产品。在图3-7中,私人部门提供的桥梁收费水平为 P,相应的通行车辆数量为 Q_P,均衡点位于 A 点,消费者剩余为 $\triangle P^*PA$,比政府提供的免费通行的福利水平 $\triangle P^*OQ_G$ 下降了许多。阴影部分 $\triangle AQ_PQ_G$ 成为无谓的损失,是社会福利的净损失。

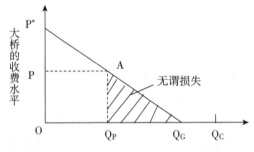

图3-7 私人提供公共产品的低效率

私人部门在提供公共产品方面存在的问题并不意味着私人部门不会提供公共产品,在某些情况下,会存在一个大的消费者,会为自己的巨大利益而自己提供一些公共产品。如一个大的船东会发现修建一座灯塔带来的收益远高于付出的成本,在这种情况下,即使他无法排除其他人使用,但为了自己的高额利润,也会选择自己付费修建灯塔。世界各地广泛存在的捐赠现象就是私人部门提供公共产品的典型案例。而且,随着经济学家对公共产品认识的深入,人们发现公共产品并非单指纯公共产品,现实中更多的公共产品是准公共产品。许多准公共产品兼具私人产品和公共产品的特征,因此私人部门具有介入生产的可能性。此外,经济学研究还进一步认识到公共产品的生产和提供是可以分开的。市场经济中的私人部门可以具体生产某种公共产品,而政府部门则可以通过资助或购买等形式将该产品提供给社会公众。一般来说,由于纯公共产品一般具有规模大、成本高的特点,因此,私人部门提供的一般都是准公共产品。而且,多数此类公共产品在技术上可以比较容易做到排他性,并受到产权制度的保护。目前,随着经济和社会自主性和自治程度的增强,公共产品的市场化发展已经越来越快,市场经济中的私人部门也越来越广泛地参与到公共经济活动中。

(三) 社区

社区是指聚居在一定地域范围内的人们所组成的社会生活共同体。从公共产品提供的角度讲,社区是不同于政府或私人组织的提供主体,其特点在于:社会公共产品的生产是基于生活聚居区居民的实际需要,通过社区自治的方式集资完成的。社区提供公共产品是集体选择的结果,是建立在平等、协商和互利的基础之上。著名学者奥斯特罗姆则认为,对于规模较小的公共事物治理和公共资源利用而言,生活在一个社区中的人们能在相互接触中经常沟通、不断了解,并且彼此之间建立信任和依赖感、共同的行为准则和互惠的处事模式,个体与个体之间就能就维护公共利益而组织起来,采取集体行动,进行自主治理。在个人能够组织起来,进行制度创设和自我管理的情况下,从体系外部通过政府力量实施管制和干预,或者完全的市场化经营都会付出更大的成本。

随着市场经济的发展,国家与社会关系的不断调整,社区提供公共产品的形式正逐渐多样化,范围、领域、形式也在不断扩展。社区提供公共产品已经不再仅仅局限于社区居民的自发联合和协商的传统模式,目前一些社区组建了社区私人管理机构,为自愿加入机构的社区成员提供公共产品。私人管理机构提供社区公共产品的模式,减少了私人提供公共物品遭遇的"搭便车"问题,以及社区自治协商带来的交易成本,提高了社区提供公共产品的效率。此外,许多社区成员也基于利他主义或其他意图为社区自愿提供公共产品,这种方式是社区提供公共产品的重要补充。

(四) 第三部门

第三部门一般也可称为非政府组织、非营利组织,是指除政府部门和市场部门之外的社会部门。由第三部门提供公共产品,是由于人们发现无论是市场部门还是政府部门,在提供公共产品时都会出现失灵的问题,而公共部门的志愿性和灵活性恰可以弥补市场与政府的缺陷,在这种情况下,第三部门作为一种介于政府部门和私营企业部门之间的组织形式,成了公共产品提供主体的重要选择。

相对政府部门和私人部门,第三部门提供公共产品具有自己的优势:一是相对于政府部门的效率优势。第三部门不像政府部门那样充满了官僚主义和繁文缛节,工作效能较政府部门大大提高,在政府失灵的某些领域中,第三部门常常比政府做得更好。二是相对于私人企业部门的利他主义。与私人企业部门以利润为核心选择服务对象不同,许多第三部门以社会弱势群体或边缘性社会群体为服务对象。与企业追求自利的倾向相比,第三部门更强调志愿精神和利他主义,这种倾向对于减少市场机制的负面效果具有积极功能。三是第三部门具有灵活性优势。第三部门在组织体制和运行方式上具有很大的弹性和适应性,可以根据服务对象的不同需要做出及时的调整,便于做政府不便做的事情,尤其擅长从事小型发展项目。总之,第三部门凭借这些优势,在提供公共产品领域中扮演着越来越重要的角色,显示出了强大的生命力。

(五)国际组织

随着经济全球化的深入和加速发展,国际公共产品也日益受到国际社会的关注,国际组织作为国际公共产品提供主体的重要性也日益突出。提供国际公共产品的国际组织主要包括以下几种类型:一是包括多边国际贸易体系、国际金融体系以及以维持这些体系为责任的国际组织,主要提供以专业化分工为基础,依附于贸易行为的国际公共产品;二是包括商业仲裁机构、和平维持机构的协调利益冲突的国际组织,主要进行国际利益冲突的协调,同时还提供被普遍所认同的利益协调依据和国际法准则;三是国际环保组织,除政府间协调环保行为的机构外,还包括民间通过国际捐赠而发展起来的环境保护组织;四是基于人道主义国际救护组织,主要进行基于人道主义的国家间的普遍救护。这些提供公共产品的国际组织,在经济全球化背景下为提高各国居民的福利起到了积极作用。

二、公共产品的供给方式

公共产品的提供和生产是两个不同的概念。公共产品的提供方式主要说明,公共产品的资金来源于何处,是何种力量决定了公共产品的供给量和分配方式。公共产品的生产主要是指具体创造公共产品或服务的过程。对政府来说,区分其提供还是生产某项公共产品是很有必要的,政府要提供某种产品或服务并不一定意味着必须由自己来进行生产。例如,国防作为纯公共产品是由公共部门提供的,但是,一些国家的武器和军火是由私人军火商生产的,政府通过向这些私人军火商采购产品,为全国提供统一的国防。目前,公共产品的提供可以分为公共提供、市场提供和混合提供三种基本方式,这三种基本方式与不同的生产主体相结合,又衍生出更多的公共产品提供方式。

（一）公共提供

所谓公共提供,是指公共产品由公共部门向消费者提供,以满足社会的公共消费的需要。对于消费者来说,他可以无条件地获得这些公共产品的消费权,而不需要付出任何代价或者报酬。采取公共提供的方式提供纯公共产品是由其自身的特点所决定的。纯公共产品的非排他性和非竞争性特点决定了这类公共产品的提供既不可能收费,也没有必要收费。一是这类公共产品的受益是社会公众,而不是具体的对某些人提供服务,即没有具体的受益者,因而无法收费。二是这类公共产品边际生产成本为零,因此在增加消费者人数时并不增加政府开支,如在一个社会中的国防,并不会因为多保护一个人而增加开支。因此,政府没有理由为新进入的消费这些产品的人进行收费。相反,从提高这些产品使用效率来看,不收费是最合理的选择。这也就是说,如果政府对这类产品进行收费,那将是不明智的,因为将妨碍这些产品效率的提高。三是由于受益对象的不确定,因而即使政府要想对这些产品进行收费,在技术上也是十分困难的,同时,也会产生不公平的现象。

公共提供公共产品可以与多种形式的生产方式相结合,即可以采用公共直接生产的方式,也可以充分利用市场机制由私人组织进行生产,因此,根据不同的生产主体,公共提供公共产品又可以分为政府直接生产和政府间接生产。

1. 政府直接生产

政府直接生产的公共产品大多属于纯公共产品,如气象、基础科学研究、农业技术的研究和推广、大型水利设施、社会科学研究等。在大部分国家,国防、社会保障和行政管理等,都是由政府部门直接生产,或由公共企业进行生产的。

政府直接生产又可以分为中央政府直接生产和地方政府直接生产。中央政府直接生产的一般是全国性的纯公共产品,地方政府直接生产的一般是地方性的纯公共产品。根据财权和事权相对应的原则,在不同财政体制下,中央和地方提供和生产的公共产品种类也有所差异。

2. 政府间接生产

政府间接生产公共产品,是指政府利用预算安排和政策安排形成经济刺激,引导私人企业参与公共物品生产。① 随着公共经济主体多元化趋势的加快,政府越来越多地借助市场主体生产公共产品,目前采用的方式主要有合同出租、公私合作和政府参股。

(1) 合同出租。合同出租即由政府决定某种公共服务的数量和质量标准,将公共服务转包出去,由私营部门或非营利部门与政府签订供给合同提供公共服务,而政府则以纳税人的税收去购买承包商提供的公共产品,并依据合同对其进行监管。这种方式是目前借助市场力量提供公共产品最普遍的一种形式,既适用于大规模的基础设施,也适用于一部分公共服务行业。例如,许多国家的公路维护工作大部分都由私人公司承包,还有如垃圾清扫、公园管理、公共照明、桥梁维修等都可以交由私人组织去具体地生产和提供,政府负责招标和对私人部门提供的公共产品的数量和质量进行监督。

(2) 公私合作。公私合作是一种以"授予经营权"为特点的特殊形式的合同出租。与合同出租不同的是,政府不需要出资购买私营部门提供的服务,而是以政府特许或其他形式等吸引中标的私营部门参与基础建设或提供某项公共服务,并允许承包商有投资收益权。公私合作,既借社会资源提高公共服务生产能力,又借价格机制显示真实需求。公私合作尤为适用于具有投入大、公益性高等特点的交通设施,如公路、桥梁、隧道、铁路、港口、机场、自来水供应系统、污水处理设施、电信、电力系统等基础设施建设领域。目前以公私合作的方式提供公共产品主要有以下几种模式:

一是 BOT 模式(建设—经营—转让)。20 世纪 80 年代以来,许多发展中国家的政府利用民间资本或外资,通过 BOT 方式来提供公共产品,以缓解政府资

---

① 凌岚主编:《公共经济学原理》,武汉大学出版社 2010 年版,第 89 页。

金的不足。BOT 是"Built—Operation—Transfer"的英文缩写,即"建设—经营—转让"。从经济学的角度来看,BOT 投融资方式也可以称为特许权投融资方式,主要是指国家或地方政府通过特许协议权,授权签约方的外商投资企业或国内民间资本来承担公共性基础设施项目的投融资、建造、经营和维护;在协议规定特许权限内,项目公司拥有投资建造设施的所有权,允许向设施使用者收取适当费用,以便收回项目前期的投资成本、必要的维护费用以及获取合理的经济回报。特许期满,项目公司将项目设施无偿移交给签约方的政府部门。目前 BOT 模式在我国主要适用范围有:列入国家和省、自治区、直辖市地方中长期发展规划的火电站、水电站、高等级公路、桥梁以及城市供排水、污水处理、电力、交通等市政设施。

二是 BTO 模式(建设—转让—经营)。民营部门的发展商为基础设施融资并负责其建设。一旦建设完毕,该民营部门就将基础设施的所有权转移给有关的政府主管部门。然后,该政府部门再以长期合约的形式将其外包给发展商。在合约规定的租期内,发展商经营这些基础设施,并可以通过向用户收费的方式以及其他有关的商业活动,收回自己的投资并取得合理回报。

三是 LBO 模式(租赁—建设—经营)。民营部门被授予一个长期的合同,利用自己的资金扩展并经营现有的基础设施。它往往享有根据合同条款收回投资并取得合理回报的权利,同时必须向政府部门缴纳租金。这种制度安排可以避免国有基础设施完全被私人拥有可能遇到的法律问题。

四是 BOO 模式(建设—拥有—经营),民营部门的开发商依据特许权投资兴建基础设施,拥有这些基础设施的所有权并负责其经营。同时,特许权的获得必须接受政府在定价和运营方面的种种规制。政府部门通过这些规制以保持对基础设施和民营部门经营活动的适当控制权。

五是 BBO 模式(购买—建设—经营),现在基础设施被出售给那些有能力改造和扩建这些基础设施的民营部门。民营部门在特许权下,永久性地经营这些基础设施。

(3)政府参股。政府参股分为政府控股和政府入股两种形式。政府控股主要是政府向私人组织提供资金以分散私人投资的风险。中国许多地方公共产品的生产,常常是中央政府提供一部分资金,地方政府配套一部分资金,然后地方政府再向社会筹集一部分资金,在建成后通过股权的变更收回所有权或资金。政府入股则是在公共产品的生产中持有一部分股份,在许多情况下是为解决私人组织生产大型公共产品时遇到的资金紧张或经营困境等问题。

(二) 市场提供

公共产品的市场提供主要是指由市场提供生产公共产品的经费并决定了公共产品的分配,在一般情况下,将通过收费来收回成本,并有一定的利润。虽然市场存在着公共性失灵问题,但是,某些类型的公共产品还是可以依靠市场机制,以市场的方式提供公共产品的原因之一是由于"政府失败"。传统公共产品理论认为,政府是提供和生产公共产品的主体。但是"政府失灵"的问题却越来越被人们所重视,政府机构日益庞大,财政支出日益增加,而公共产品的生产方式单一、生产与供给缺乏竞争,使得资源配置和生产低效率,公共产品生产数量不足,品种和质量难以满足公众日益增长的需求。与公共产品供给效率低下相伴的是政府的贪污腐败盛行。这样,政府不仅不能有效地满足不断增长变化的公共需求,政府自身反而成为一大社会问题。

公共产品理论的不断发展也深化了人们的认识。肯尼斯·D.戈尔丁提出了在公共产品领域的"平等进入"和"选择性进入"问题,认为没有什么产品或服务是由其内在性质决定它是公共产品或不是,存在的只是提供产品或服务的不同方式,即"平等进入"和"选择性进入"。产品和服务采取何种供给方式取决于排他性技术和个人偏好的多样化。平等进入是指公共产品可以由任何人来消费,如国家规定的义务教育。选择性进入,是指消费者只有在满足一定的约束条件后(如付费)才可以进行消费,如义务教育阶段之外的教育。作为公共物品而言,采取何种方式提供一个重要的依据就是排他性和个人偏好的多样化。只要在技术上可以做到排他性,把不付费者排除在外,这种公共产品的市场提供就是可能的。戈尔丁这里的"平等进入"的产品就是纯公共产品,而"选择性进入"的产品是准公共产品。他实际上是在区分纯公共产品和准公共产品的基础上,讨论了公共产品私人供给的可能性问题。

需要指出的是,市场提供的公共产品既可以由私人生产,也可以由公共部门进行生产。如公用事业产品中的水、电、煤气等产品,实际上,这些产品相当程度上是一种特定的私人产品。由于此类产品一般具有生产风险较高、前期投资大等特点,因而私人部门不愿意或者没有能力投资,或者由于行业的特性容易引发私人投资的垄断,并引发资源效率下降问题。因此,通常是由政府所开办的企业即公共企业来生产的,因而又称为政府经营的市场产品。在这一情况下,公共产品的提供单位自负盈亏,实行企业化经营。但是,目前在许多发达国家中,水、电、气等产品也通过委托经营的方式交由私人部门去生产。

必须注意的是,虽然由于一些混合物品具有私人产品的性质,因而采用了市场提供的方式,但是无论是公共部门还是私人企业生产这部分产品,都要接受更为严格的公共管制:一是与其他商业经营不同,法律要求他们服务于该市场领域的所有客户,并不得歧视;二是这类组织是经济组织,这是因为不论生产这类产品的所有制形式如何,治理方式如何,都存在着生产的经济成本和产品供应的价格;三是这类组织对于公共产品的定价经常采用依法批准的价格。如对许多公用事业产品来说,价格的确定或多或少是由政府的监管机构在进行了一系列的公众听证和供应商的论证之后决定的。

(三) 混合提供

所谓混合提供,是指政府以成本价格为基础,通过政府补贴和向受益人收取一定费用的方式来提供公共产品。混合提供具有如下的基本特点:一是它是一种非营利的提供方式,价格以成本价格为基础;二是适用于有明确的受益人的公共产品,受益人要获得此公共产品一般需要通过私人消费,但同时受到公共补偿;三是混合的成本支出结构。成本的支出一部分向受益人收费,另一部分由政府补贴。通过这一机制提供的公共产品主要有教育、卫生、医疗、体育、出版、广播、文化等。

政府通过补贴的方式提供这类产品具体有以下两种方式:一是公共生产下的混合提供,即以"政府补贴,政府经营"的方式进行混合提供,如现阶段我国大多数事业单位采用的即这一方式提供公共产品;二是私人生产下的混合提供。即以"私人经营、政府补贴"的方式进行混合提供。从政府的角度看,采用这一方式的目的主要是降低收费标准,维护公众的基本生活需求和利益,同时,也可以减少政府的投资。当然,在这种情况下,政府的管理如合理的公共管制措施是一个十分重要的因素。

总之,公共与市场在供给和生产方面的相互组合提供了大部分公共产品。

但是还应看到,个人、家庭与志愿者也可以提供一部分公共产品。在任何社会中,家庭和个人都提供了无数的物品与服务,政府也往往有意识来扩展它们在达成政策目标上的作用,尤其是在提倡"小政府,大社会"的当今现实状况中。如安装警报器预防火灾,锁上房门防止偷盗等是最早的也是最基本的个人服务方式,但同时也促进了公共安全,在某种程度上提供了公共产品。在传统社会里,志愿者或非营利组织提供了大量的社会服务,非营利组织也成为现代社会中提供公共产品和服务的重要主体。

三、我国公共产品供给存在的问题与对策

我国公共产品的供给曾经是一种典型的计划垄断型供给模式。政府作为公共产品的唯一供给主体,以行政法律制度为依托,依靠行政计划和垄断地位,实施公共产品需求的全面政府供给,它是一种单一的封闭的供给机制。在传统观点中,公共产品供给属于政府这一权威制度的独有领域。改革开放以后,中国开始了体制转轨,经过三十多年的实践发展,目前我国的公共产品供给部门在一定程度上扩大了自主权,但是并没有从根本上摆脱附属于政府的地位,仍然带有比较严重的传统供给机制的烙印。

(一)我国公共产品供给存在的主要问题

当前,我国公共产品供给存在问题主要表现为以下几个方面:

第一,公共产品提供的主体依然相对单一。随着公共经济多中心发展趋势的不断增加,许多国家的政府、私人部门、社区、第三部门和国际组织都发挥了公共产品提供主体的角色,并在不同层次和不同领域的公共产品提供中发挥着重要作用。中国在计划经济向市场经济的转轨过程中,已经打破了政府垄断提供公共产品的局面,但政府仍然主导着大部分公共产品的提供,而私人部门、社区、第三部门和国际组织的作用没有得到充分发挥。比如在水、电、燃气等可采用市场提供的产品领域,仍然体现出较强的政府主导色彩,私人组织没有充分介入其中。教育、卫生等虽然在市场经济逐步建立过程中允许私人企业和非营利性部门的进入,但仍然以国家政府为主要的提供主体。由于社区自治水平较弱且社会组织发展不完善,社区和第三部门在提供公共产品方面发挥的作用都十分有限。

第二,公共产品提供的数量和质量与社会需求之间仍然存在较大矛盾。随着市场经济的逐步建立,人民生活水平逐渐提高,对公共产品的需求量不断增长,但是与这种增长相对应的是公共产品提供在数量上的严重不足,尤其是基础性公共产品短缺。近年来,我国政府公共产品供给在财政中的比重与发达国家相比差距较大,也与快速增长的政府财政资源不相称。公共产品短缺的现实会抑制经济进一步发展的要求。私人产品的消费和公共产品的发展密切相关。由发展私人产品的阶段进入发展公共产品阶段,再到更高层次的私人产品发展阶段,是各国经济发展的普遍规律,而公共产品供给的不足必然会制约私人产品的消费。我国的公共产品的提供不仅在数量上存在较多问题,而且在质量上还有待提高。如教育和科研水平仍然比较落后,社会经济秩序较差,社会治安环境百姓还不是很满意;司法和执法工作落后于立法工作,法律缺乏应有的威信;交通、通信等基础设施的"瓶颈"仍然存在,尤其是中西部地区,医疗保健等社会保障性服务落后,资源环境的保护不力等。

第三,财政体制存在的问题带来公共产品提供的困境。公共产品的受益范围分类表明公共产品具有层次性,不同层次的公共产品会给不同范围的人带来利益,因此也对应着不同的提供主体。一般来说,全国性的公共产品由中央政府主要负责,而地方性的公共产品由地方政府主要负责。1994年,我国进行了"分税制"改革后,基本确立了财权与事权相对应的财政体制。在这种财政体制下,中央一级财政保证全国性公共产品的提供,而地方性公共产品提供由地方财政和中央的转移支付解决。但是,随着形势发展变化,现行财税体制已经不完全适应合理划分中央和地方事权、完善国家治理的客观要求,尤其带来了地方政府的财政困境,这种情况使得地方政府提供公共产品资金的相对不足,造成公共产品供给的困境。

第四,公共产品供给中城乡不平衡现象突出。由于我国经济社会发展的地区性差异,以及城乡公共资源配置方式不同,导致我国城乡公共产品的供给严重不平衡。公共产品大量集中在中心城市、大城市,而农村地区的公共产品供给却十分匮乏。现行农村公共产品的供给体制又加重了这种不平衡的现实。长期以来,中国城市地区的发展建立在提取大量农业剩余的剪刀差政策基础之上,政府对城乡的投入存在很大的不平衡。城市公共产品提供一直是国家负担,而农村公共产品更多地压在农民自己身上。而且,在目前的财政体制下,乡镇政府的事权大于财权,承担着许多应该由上级政府承担的支出,这一部分成本在无形中被转嫁到了农民身上。乡镇财政能力与承担事权的不匹配进一步加大了城乡公共产品供给的不平衡。

第五,公共产品供给决策缺乏科学性和民主性。在公共产品供给运行机制中,决策是关键,没有正确的决策就不可能正确地为公共产品发展奠定方向。传统公共产品供给机制是封闭的,很大程度上属于领导意志决定型、经验型。这主要体现在,一是公共产品决策主体是政府及其职能部门,而不是广大社会公众;这种格局致使在决策过程中,决策围绕政府政绩,而不围绕和服务于经济发展与公众的真正需求。二是公众组织化低,不能够有效地表达自己的需求,缺乏有效的需求表达机制。即使决策过程中有向公众征求意见这个环节,但是许多情况下没有实质性内容,社会公众在很大程度上处于被动地位,决策征求意见也往往流于形式。

(二) 解决我国公共产品提供问题的路径

中国的公共产品供给应适应公共经济发展多中心的趋势,科学定位不同主体在公共产品供给中的地位和作用,从主体定位、制度支撑和公共服务均等化等方面来解决当下存在的问题。

一是应该打破政府在公共产品供给中的垄断地位,科学定位政府在公共产品供给中的角色。公共经济主体的多中心趋势对政府的治理结构产生了重要影响,它意味着政府存在自身的限度,并不是公共经济的唯一主体,也不是公共产品的唯一供给者。政府垄断公共产品供给地位对于全社会而言,弊大于利。如果只有政府成为全社会公共产品的提供者,结果要么是成本巨大,要么是不可能提供有效供给。政府需要一定程度地介入公共产品的供给,主要承担那些公共性较高的公共产品、不易或不应该由私人部门提供的公共产品,如司法、公共安全等。政府应承担公共产品未来需求的预测和总体规划布局,这些是一般私人部门和其他社会组织无力来完成的工作。应该明确的是,政府提供公共产品是与直接生产公共产品不同的,政府本身应主动地从生产领域退出,更多地为其他供给公共产品的主体提供制度激励,同时对其他主体参与公共经济活动可能产生的负外部性进行必要的规制。

二是应完善公共产品供给的市场参与机制。相对于政府对公共产品的提供,公共产品的市场提供和私人组织参与提供相对不完善。十八届三中全会提出,要发挥市场机制在部分公共产品提供中的作用。尤其是要完善主要由市场决定价格的机制。凡是能由市场形成价格的都交给市场,政府不进行不当干预。推进水、石油、天然气、电力、交通、电信等领域价格改革,放开竞争性环节价格。在一些准公共产品的提供领域要完善公共与市场相结合的混合提供方式,充分发挥私人组织在公共产品提供中的作用。可以从两方面着手:一是实现市场供给形式的多样化。通过市场供给公共产品的方式包括如下几种:签订委托合同、授予专利经营权、政府参股以及政府补贴等。不同的公共产品由于其性质不同,适用于不同的供给方式。比如垃圾处理、街道照明及公路建设等适合与企业签订委托合同的方式实现市场供给,而教育产品则适合财政补贴的方式。总的说来,市场化供给的方式是多种多样的,应该根据公共产品本身的特征选择不同的市场供给方式。二是不断完善市场化提供公共产品的措施。完善市场化提供公共产品的措施首先要做到处理好市场准入问题,把市场力量引入到公共产品供给渠道上来,增加公共产品供给的竞争力,解决政府提供公共产品的低效率问题。

三是应进一步推进第三部门在公共产品供给中发挥作用。由于中国历史上重国家、轻社会的传统,社会组织相对于政府一直处于弱势地位,没有得到充分地发展。虽然改革开放后我国的非政府组织已经有了较快速的发展,但是总体水平还是很低,相对于公共经济主体多元化的趋势所发挥的作用还远远不够。如今,非营利性组织提供公共产品得到了普遍的认可,被认为是公共产品有效供给的一个通道。当前,我国公共产品较为匮乏,稳步推进非营利性组织发展不失为一个良好的措施。在我国推进第三部门的发展首先要还原其"非政府"的本质,使其回归社会组织的原貌。充分发挥第三部门的公益性、志愿性和灵活性,以满足社会公众对公共产品的多样化和个性化需求。

四是完善公共产品供给的财政支撑制度。党的十八届三中全会明确提出,要建立事权和支出责任相适应的财政体制,保持现有中央和地方财力格局总体稳定的前提下,结合税制改革,进一步理顺中央和地方收入划分。适度加强中央事权和支出责任,把国防、外交、国家安全、全国统一市场规则和管理等作为中央事权,把社会保障、跨区域重大项目建设维护等作为中央和地方共同事权,逐步理顺事权关系,把区域性公共服务作为地方事权,中央和地方按照事权划分相应承担和分担支出责任。中央可通过安排转移支付将部分事权支出责任委托地方承担。对于跨区域且对其他地区影响较大的公共服务,中央通过转移支付承担一部分地方事权支出责任。中央和地方财力与事权相匹配的财税体制,可以更好发挥中央和地方两个积极性,在不同层次上满足社会公众对公共产品的需求。

五是应继续推进城乡公共产品供给的均等化。城乡二元结构是制约城乡发展一体化的主要障碍,必须健全体制机制,推进城乡公共产品供给均等化,让广大农民平等参与现代化进程,共同分享现代化成果。为此必须要完善农村公共产品供给的财政保障体制,建立农村公共产品供给的财政保障机制,进行公共财政资源的配置重构,纠正城乡二元分割现象。同时也要明确中央与地方政府提供农村公共产品的职责。中央应主要从事跨经济协作的水利投资、大江大河大湖治理、农业基础科学研究等,而地方政府应主要从事本区域内的农业基础性及社会效益较显著的项目的投资及管理。同时,农村公共产品也要充分发挥公共产品供给的各种方式的作用,如可以采用政府与市场混合的方式来提供,可采用"公办民助""民办公助"的方式,充分调动农民投资农村公共产品的积极性,以收到事半功倍之效。也可以充分发挥农村社区的紧密性特点,使社区主体在农村公共产品的供给中发挥更大的作用。

【本章关键词】

公共产品	准公共产品	公共资源	俱乐部物品
非排他性	非竞争性	外部效应	搭便车
庇古均衡分析	局部均衡分析	一般均衡分析	林达尔均衡
私人提供	公共提供	市场提供	混合提供

【本章小结】

公共产品是指与私人产品相对应、提供给社会成员共同享用的产品,且每个人对这种产品的消费,都不会影响其他人对该产品消费的数量和质量。公共物品的按照属性可以分为纯公共产品与准公共产品,准公共产品包括公共资源和俱乐部产品。按照受益范围可以分为全国性公共产品、地方性公共产品、国际公共产品和区域公共产品。

公共产品的社会需求和私人产品的社会需求不同之处在于:前者表现为个人需求曲线的纵向相加,后者为个人需求曲线的横向相加。这是因为公共产品的社会需求中,每个消费者虽然支付的产品成本不同,但所消费却都是同样多数量的产品;而纯粹私人产品的社会需求却是,每个消费者都是既定价格的接受者,他所购买的消费品数量却因人而异。公共产品供给的最佳数量为:私人边际效益的总和(社会边际效益)恰好等于其社会边际成本。市场供给对于公共产品而言往往是缺乏效率的,这是因为私人无法避免"搭便车"行为,从而导致外部效应的出现。

公共产品供给主体出现了多元化的格局,主要包括政府、私人部门、社区、第三部门和国际组织。目前公共产品提供的主要方式有公共提供、市场提供和混合提供,不同的提供方式可以组合不同的生产方式,可以划分为六种:私人生产、市场提供,公共生产、公共提供,公共生产、混合提供,公共生产、市场提供,私人生产、公共提供,私人生产、混合提供。

当前,我国公共产品在供给方面主要存在的问题包括:主体相对单一、数量和质量与社会需求间的矛盾较大、城乡不平衡、财政体制的桎梏、决策失效等。因而应积极适应公共经济主体多中心的趋势,科学定位不同主体在公共产品供给中的地位和作用,同时,要从制度支撑和公共服务均等化等方面解决当下存在的问题。

【本章复习题】

1. 简述公共产品的含义及其特征。
2. 简述公共产品供给的庇古均衡。
3. 简述公共产品供给的一般均衡分析。
4. 简述公共产品供给的 W-L 模型。
5. 简述公共产品的供给主体。
6. 简述公共产品生产和提供的组合模式。

7. 试述"搭便车"的含义及解决方式。

8. 试述我国公共产品供给方式存在的问题及解决路径。

【本章推荐阅读】

1. 弗雷德·E.弗尔德瓦里:《公共物品与私人社区》,郑秉文译,经济管理出版社 2007 年版。

2. 斯科特·巴雷特:《合作的动力——为何提供全球公共产品》,黄智虎译,上海世纪出版集团 2012 年版。

3. 阳斌:《当代中国公共产品供给机制研究——基于公共治理模式的视角》,中央编译出版社 2012 年版。

4. 赵宝廷:《公共品双层供给理论与实证研究》,上海三联出版社 2009 年版。

5. 郑书耀:《准公共物品私人供给研究》,中国财政经济出版社 2008 年版。

6. 罗兴佐:《农村公共物品供给》,学林出版社 2013 年版。

第四章 公共选择

本章学习目标:

- 理解公共选择的概念和含义、公共选择理论的方法论和研究主题;
- 掌握投票悖论、阿罗不可能定理、单峰与多峰偏好下的投票、唐斯假说、中间投票人定理、寻租和政府失灵的含义;
- 理解奥尔森的集体行动理论、寻租与腐败的关系、政府失灵的表现和原因;
- 了解公共选择学派矫正政府失灵的方法和措施。

公共选择(public choice)是一种对资源配置的非市场集体决策。在市场环境下,企业和家庭在物品与劳务市场上相互交易时采取的决策是一种分散决策,即市场主体根据市场供求关系来决定生产和消费的种类、数量和质量。个体的分散决策与选择常常反映的是个人的偏好,但是,在公共生活中人们就不得不经常面对集体的偏好与选择问题。当人们要发现并满足这些集体偏好时,就需要进行集体决策,也就是公共选择。与市场上个人通过判断价格做出决策不同,非市场的集体决策不是根据需求和价格做出的,也无法通过市场价格来观察人们的偏好。所以,在公共选择中把个人的偏好转化为成集体的偏好并表达出来,常常是通过某种集体行动与政治过程达到的。因此,公共选择在根本上是研究"什么样的政治安排才能使个人选择转化为集体选择"的一种过程或机制。从公共物品的角度讲,公共选择就是人们通过民主政治过程来决定公共物品的需求、供给与产量,从而通过非市场集体决策对资源进行配置。

第一节 公共选择理论概述

公共选择理论又称新政治经济学或政治的经济学。这一理论使用经济学的方法研究政治问题。它以古典经济学的基本假设原理和方法作为分析工具,来研究和刻画政治市场上的选民、利益集团、政治官员和政治家的行为和政治市场的运行。其方法是经济学的,但主题与政治科学一致。政治学传统研究的主题,如国家、投票规则、投票行为、政党政治、官员行为等,都被公共选择学派学者使用经济学的方法来重新定义与诠释。这种用经济学的方法来分析政治学主题的理论,搭建起了经济学与政治学之间的桥梁。

一、公共选择理论的产生和发展

一般认为,公共选择理论作为一个独立的研究领域发展起来是在20世纪50年代。20世纪70年代以后,公共选择学派成为西方政治学和经济学中的一个重要理论学派,在理论界影响很大。而且公共选择理论催生了新公共管理理论,成为当代西方政府改革实践的一个重要理论基础。公共选择学派的主要代表有肯尼思·阿罗、詹姆士·布坎南、戈登·塔洛克等。

(一)公共选择理论产生的背景

二战后,凯恩斯主义指导下的政府逐渐暴露出的一些问题,以及学者对于福利经济学的反思,催发了公共选择理论的产生。

1. 凯恩斯主义指导下的政府失败

1929—1933年经济大危机后出现的凯恩斯主义经济学从理论上打破了市场神话,使人们认识到市场机制并不像古典经济学所说的那样,是一架运转良好、能够自动调节、完美无缺的机器。但是,政府干预并没有解决市场失灵的所有问题,反而引发了一系列负面的影响:一方面是政府干预失败引发了各种各样的弊端,如经济停滞、通货膨胀、失业率居高不下等;另一方面是政府更多干预经济而引发的政府部门自身的问题,如政府规模不断增加、公共资源浪费等。在这样的背景下,学者开始用经济学的方式研究政府干预失误的原因,探讨用非政府干预方式来解决市场失灵的办法,从而产生了公共选择理论。

2. 关于福利经济学的争论

公共选择理论是在经济学领域,尤其是福利经济学领域的争论中产生和发展起来的。

在福利经济学理论中,社会福利函数(W)的数值被理解为依赖于所有那些被认为是影响福利的变量：每个家庭所消费的每一种商品的数量、每个家庭所完成的每一种服务的数量、每一种资本投资的数量等。社会福利最大化取决于要满足帕累托效率的三个边际条件：交换效率（边际替代率相等）；生产效率（边际技术替代率相等）；产品组合效率（边际转换率＝边际替代率）。福利经济学的结论是：只有从各人的偏好次序推导出社会偏好次序，才能确定社会最大化的福利。

能否从个人的偏好次序推导出社会一致的偏好次序呢？阿罗在1951年出版《社会选择和个人价值》一书中，试图回答这个问题。根据阿罗的研究，试图在任何条件下从个人偏好次序推导出社会偏好次序都是不可能的。阿罗论证了不能依靠多数票规则产生出一种协调一致的社会决策方案，即阿罗不可能定理。阿罗不可能定理推动了一批经济学家研究这样的问题：如何将个人偏好进行加总来实现社会福利函数的最大化。关于这个问题的研究刺激了对投票程序的研究，进而促进了规范的公共选择理论的产生。

理论与现实的相互作用共同推动了公共选择理论的产生与发展。公共选择理论认为市场缺陷与政府失败共存。公共选择学者虽然不怀疑对经济实行公共干预的理由，也不否认福利经济学的功绩，但是他们致力于揭示政府干预和福利经济学的缺陷和局限。他们提出这样两个问题：第一，什么东西能保证国家做出的决策确实是符合集体偏好的结构？第二，即便是这些决策是最好的，最符合公共利益的，有什么可以保证政府行动的结果符合立法者的意愿呢？从这两个问题上说，公共选择的根本目的，不是要调查出市场的缺陷，并以此说明任何的政府干预都是正当的，而是要通过对政府决策行为的研究，使政府缺陷尽可能降到最低限度，从而达到以政治市场领域的和谐运转来弥补经济市场运转不足的目的。

（二）公共选择理论的发展

公共选择理论的思想源头可以追溯到18至19世纪数学家对投票问题的研究。数学家孔多塞等在对投票问题的研究中，发现了一些投票悖论的问题。这类问题在20世纪五六十年代受到一些经济学家的重视，引发公共选择相关问题的讨论，其中最有影响力的人物是布坎南与塔洛克等人。

1956年至1968年，布坎南在弗吉尼亚大学任麦金太尔讲座经济学教授，他组织建立了研究政治经济学和社会哲学的托马斯·杰斐逊中心,并于1958年至1969年担任该中心的主任,在此期间他逐步奠定了公共选择理论的基础。1962年,布坎南和塔洛克出版了《同意的计算》(The Calculus of Consent)一书,并与塔洛克一起创建了公共选择学会和出版了名为《公共选择》的杂志。但是,由于当时凯恩斯主义在经济学领域中占据主流地位,以反凯恩斯形象出现的公共选择学派被视为异端,受到怀疑和排挤。

1969年,布坎南和塔洛克等人在弗吉尼亚理工学院创办"公共选择研究中心",明确地强调公共选择理论是以经济分析工具分析政治领域的问题,通过对政治过程的理解,加强对市场过程的理解。在此期间公共选择理论影响渐大,吸引了众多经济学与政治学领域学者的关注。但是,但由于学派与主流观点的严重对立,1983年"公共选择研究中心"整体搬迁到乔治·梅森大学,并继续作为公共选择理论的大本营。1986年布坎南因为对公共选择理论所做出的杰出贡献而获得诺贝尔经济学奖,公共选择理论自此才得到了学术界的广泛认可,并获得应有的学术地位。

二、公共选择理论的方法论

公共选择理论使用经济学的方法来研究政治问题,经济学中的基本研究方法在公共选择学派的政治研究中都得到了运用,其方法论特点可以归纳为三个方面:

(一)个人主义的方法论

个人主义的方法论与传统政治学研究的集体主义方法论相对应。传统的政治理论主要是集体主义的分析方法,即把集体作为基本分析单位。集体主义的分析方法常常把阶层、政党、利益集团、选民等当做不可分割的整体,而把个体看成集体的一个有机组成部分。但公共选择学派认为,不论政治行为还是经济行为都应从个体的角度去寻找原因。个人是组成群体的基本单位,集体最终都是由分散的个体组成的。集体行动是一些个人为了各自利益采取的共同行动,其最终目的也就是为了个体利益的实现。因此,无论是在个体行动中还是在集体行动中,个人都是最终的决策者,而集体本身不做选择也不行动。集体本身并没有目的,因此,也不能由集体预先设定一个目的,再由个体的行动去实现,而是应该把集体选择看作个人通过集体实现自己最大目的的过程。

公共选择理论使用个人主义的方法是对福利经济学整体福利目标的反思。福利经济学用一个整体福利目标取代了有各自偏好的个人福利目标。弗里德曼批评了福利经济学,认为它的悖论在于把选择权力从个人转到国家手中,是以局外人的价值判断来代替参与者的价值判断,应让人们按自己的价值观来过自己的生活。但是公共选择理论则建立起有关经济和政治这两个市场上的统一的个人行为模型。在这个模型中,个人是最终的决策者,只有个人自己能够判断什么是"好的",什么是"坏的",政府只不过是个人参与集体活动的过程,或者说是集体活动的机构场所。

(二) 政治活动中的经济人范式

个体在集体行动中被公共选择学派置于中心的地位,那么处于中心地位的个体是什么样的人呢?公共选择理论认为,这里的个人是理性的、具有利己主义的、追求自身利益最大化的个人,也即经济学对人的基本假设——理性经济人。

理性经济人的假设颠覆了经济学和政治学传统研究对人的基本看法:在经济生活中的人追求自身利益最大化,而在政治生活中的人是利他主义的、超个人主义的。尤其是政治家和官员,他们都是公共利益的代表,其政治活动都是为了实现公共利益的。但是公共选择理论认为,无论是在经济生活中还是在政治生活中,人都是追求自身利益最大化的个体,政治与经济截然对立的"善恶二元论"的人性假设是不能成立的。

公共选择理论认为,政治与经济生活中的人都是一个人,他们都会从自己的偏好和效用函数出发,在交易活动中寻求和创造使自己获利的机会。参与政治活动的人也同在市场中从事交易一样,其目的也是追求个人利益最大化,也以成本—收益为根据。对于选民来说,在政治市场上,人们建立起契约关系,一切活动都以个人的成本—收益计算为基础。没有理由认为单个选民在投票箱前的动机与单个消费者在超级市场上的动机有本质的不同:在其他情况相同的情况下,他一般宁愿投票赞成给他带来"更多东西"的政治家,而非让他付出的成本高于收益的政治家。

对于政治家来说也是一样。虽然在我们的社会中,政府官员和公务员享有很高的地位,有效的政府在某种程度上取决于这些公务员的素质。在实际生活中,民众对官员的道德提高的期望并不过分,但是现代政治并不能把所有希望都建立在这种"人性"的关注上。从根本上说,政治家也是人,他们的基本行动的动机也是追求个人利益的最大化,其效用函数包括权力、地位、名声、威望、受到尊重等。虽然增进公共利益也是目标函数的一个变量,但非首要,也非最重要。休谟就曾经认为,政治学的出发点是把每个人都设想成一个无赖,公共选择理论接受了休谟这一思想。

布坎南认为,经济人范式不但有助于解释市场失灵,而且可以直接论证政府失灵与政治失败。庇古学派把市场失灵归因于外部性的存在,而公共选择理论则认为,即使在经济活动中不存在外部性,市场失灵也会发生。因为,纯粹的个人利益的实现必然受到一定的限制,完全竞争不可能存在。这一点在政治市场方面更容易理解,政治家和官员与其他人一样,他们的行为至少有一部分是受个人利益驱使的,而不是受社会公共利益之类的崇高思想支配,这便是政府失灵和政治失败的原因。

(三)政治学的交易性

公共选择学派认为,政治与经济一样,是一种交易的市场,政治活动是个人、集团之间出于自利动机而进行的一系列交易过程。从理性经济人的角度出发,公共选择理论认为,所有的人都会从自身的利益出发,选择能为自己带来更大满足的决策,所以政治和经济一样,是一个市场。公共选择理论最大的突破是从交易的角度把经济学和政治学统一起来,认为政治过程和经济过程一样,是利益的交换:经济市场的主体是消费者和厂商,政治市场的主体是选民、利益集团和政治家、官员;经济市场上交换的是私人物品,即商品;而政治市场上通过交易形成的是协定、契约、规章、条例等公共物品。

从交易的角度理解政治生活,那么在政治活动领域里,研究的主要命题也不再是静态的社团、党派和国家等基本行为主体概念,而是从动态的角度对这些行为主体之间及主体内部各个成员之间的出于自利动机而进行的一系列交易过程进行研究。在政治市场上,投票人和政治家都是追求利益最大化的理性"经济人",他们在追逐利益的过程中,行为的本质也只不过是一种交易。

三、公共选择理论的研究主题与逻辑

公共选择学派研究的主题十分广泛,提出的种种理论构成了一种影响广泛的思潮。从逻辑上讲,公共选择研究的主题是从市场失灵开始的。市场当中的分散决策无法解决公共物品的生产和外部性等问题,这就需要集体决策来解决,因此,就必须研究集体决策的程序问题。在民主社会中,达成集体决策有两种基本方式:一是直接民主,二是间接民主。公共选择理论进而就两个主题进行了深刻地讨论。直接民主是每个选民直接投票决定了公共产品的数量与分配,因此公共选择理论深入地研究了投票问题,代表性研究如阿罗不可能定理等。间接民主采用的是代议制原则,即选民先选举出代表,组成立法机关,再由立法机关根据一定的投票原则,来决定公共产品的供给数量,并由官僚机构负责执行。为此,公共选择理论研究了代议民主制经济理论、政党理论、利益集团理论、官僚及寻租理论等问题,深入探讨了代议制政治制度运转的逻辑及其缺陷。在对直接民主和间接民主进行研究后,公共选择学派得出的结论是:市场失灵并不能说明任何政府干预都是正当的,因为政府本身也可能会失灵,因此,就要通过对政府决策行为的研究,使政府缺陷尽可能降到最低限度,从而达到以政治市场领域的和谐运转来弥补经济市场运转不足的目的,这就要重新构建政府与市场之间的关系。如图4-1。

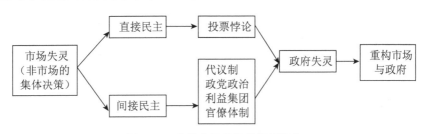

图4-1 公共选择理论的逻辑框架

第二节 直接民主制下的公共选择

直接民主,是指集体决策中所有相关利益的人都能直接参与投票决策的制度。直接民主最重要的决策方式是投票,它成为从个人偏好转化为集体偏好的

一种机制。以投票来进行集体决策有两种达成同意的方式:一是一致同意规则;二是多数同意规则。

一、一致同意规则

也称为"一致性规则"或"一票否决",指的是一项决策或议案,须经全体投票人一致赞同,或者至少没有任何一个人反对的前提下,才能通过的一项投票规则。使用一致同意规则达成的协议,可以满足所有人的偏好。同时,因为任何一个人利益受到损害也不能通过,因此所有参与者的权利都能平等地得到保障。这种方法对应的是经济市场上的完全竞争,每个人的偏好都得到最大化满足的情况,肯定能实现资源配置的帕累托效率。

但以下三个明显缺点使一致同意规则不能被普遍采用:

第一,决策成本太高。有三个人的场合一致同意就难以达成决策,在成千上万人的大社会中就更加困难。因为人们的偏好各异,寻找契约曲线上的共同点也许要花费大量时间。因此,这一规则仅仅在较小范围内的集体行动中才是可能被采用的。

第二,会鼓励策略性行为。参与决策的人不断地进行商谈,而最终结果取决于个人的商谈能力,这使集体决策过程变成马拉松式的讨价还价过程,有效率的协议无法达成。

第三,会导致威胁和敲诈。如果一个人认识到某项方案或决策可以被他否决的话,那么他就会敲诈那些想使这项议案得以通过的人,从而使他和他的支持者获得好处。

二、多数同意规则

多数同意规则即通常所说的少数服从多数,是指一项决策须经半数以上人赞成,才能获得通过的一种投票规则。多数同意规则又分为简单多数票规则和比例多数票规则。简单多数是指赞成和不反对的人数超过一半。比例多数是指赞成和不反对的人数要达到一定比例,如2/3、3/5等。

(一)投票悖论

投票悖论是指在有两个以上备选方案时,在多数同意规则下会出现循环投票,最终导致无胜出者的悖论循环。早在 18 世纪,法国思想家孔多塞就注意到了"投票悖论"问题:假设有三个投票人甲、乙、丙,和 A、B、C 三种方案。A 是看电影,B 是看足球赛,C 是看演唱会。假设甲、乙、丙三人,面对 A、B、C 三个备选方案,有如表 4-1 的偏好排序:

表 4-1 三个人的偏好显示

	第一选择	第二选择	第三选择
甲	A(看电影)	B(看足球赛)	C(看演唱会)
乙	C(看演唱会)	A(看电影)	B(看足球赛)
丙	B(看足球赛)	C(看演唱会)	A(看电影)

假定我们首先对 A(看电影)和 B(看足球赛)之间进行投票,甲和乙都会选择 A,只有丙会选择 B,也就是有两个人支持去看电影,这样 A(看电影)的方案就成了多数选择的结果。接下来,我们再使用同样的多数规则去观察三个人对于 A(看电影)和 C(看演唱会)两种方案的选择。当对 A 和 C 进行投票时,乙和丙都支持 C 的方案,这样 C(看演唱会)就战胜了 A(看电影)的方案。C 战胜了 A,A 战胜了 B。看起来是 C 是最优方案,集体选择的结果是去看演唱会。但是,如果我们直接让 C 和 B 两种方案进行对决时就会发现,B 又战胜了 C,看足球赛又成为集体决策的最后选择。这就是投票悖论或者循环投票悖论,多数规则不能在多个备选方案中达成均衡而可能在各种选择间循环。

从投票悖论中可以得出两个结论:第一,当有两种以上的选择时,确定议程,即决定对事项进行投票的顺序,会对民主结果有重大影响;第二,多数同意规则投票投机制本身并没有告诉我们社会真正的偏好是什么。

1965 年塔洛克等人发表论文《多数票循环的重要性的测定》,对投票悖论出现的概率进行了分析。他们发现这种悖论的概率会随着方案与投票人数的增加而增加。当投票人数为 10 人以上,如果备选方案不变,人数对概率影响不大,这时出现投票悖论的概率大小主要取决于备选方案数量。备选方案数量越多,投票悖论出现的概率也就会提高。

（二）阿罗不可能定理

自从政治理论家注意到投票悖论以来,他们花费了大量精力研究投票制度,其中最著名的是肯尼思·阿罗。经济学家阿罗在1951年的著作《社会选择与个人价值》中探讨了有没有一种完美的投票制度这个问题。也就是在民主社会中,能否找到一种投票程序,它所产生的结果不受投票程序的影响,同时又在尊重每一个人的偏好的同时,能将所有个人的偏好转换为社会偏好,并能排除循环投票困境的机制。

阿罗的研究首先从定义什么是完美的投票制度开始。他认为,一个完美的投票制度应满足以下特征:

1. 社会选择的两个公理

（1）连贯性。对所有选项 X 和 Y,一定有 $X \geq Y$ 或 $Y \geq X$;

（2）传递性。$X \geq Y, Y \geq Z$,则有 $X \geq Z$。

这两个公理与理性经济人假定是一致的,也是社会福利函数的基础。

2. 理想的投票制度的五个标准

阿罗认为,在民主社会中,一个理想的集体决策规则应该符合以下标准:

（1）无限制区域。社会选择顺序的产生,应当包括所有逻辑上可行的个人顺序。如果给出每一个人偏好排序,集体选择都有能力给出一个真实的社会偏好排序。

（2）社会评价与个人评价正相关。如果社会中每个人都认为 X 与 Y 一样好,那么,哪怕一个人认为 X 比 Y 好,那么社会也必须认为 $X > Y$。

（3）不相关对象的独立性。选择时不依赖于任何外在东西。在 X 与 Y 间进行选择时,与 W 无涉。不相关性选择是不依赖于议事日程、其他人影响等因素。

（4）理性假设。对任何一组既定的社会偏好而言,社会选择规则都必须能够产生一种完整的和可传递的社会秩序。

（5）非独裁性。任何人都不能完全控制集体选择过程,也就是说社会偏好不受某些个人偏好左右,任何人都不能把他的偏好强加为社会偏好。即不存在这样一种情况:如果一种特殊的个人严格宁要 X 而不要 Y,那么,社会将要 X 而不要 Y,而无视其他个人偏好。

可以同时满足这两个定理和五个条件的投票制度是一种合意的集体决策机制。但是,阿罗使用数学的方法证明,可以毫无疑问地说,没有一种投票制度能满足所有这些特征。这就是阿罗不可能定理:不可能存在一种能够把个人对N种备选方案的偏好次序转换成社会偏好次序,并且准确表达社会成员的各种各样的个人偏好的社会选择机制。

阿罗的结论对福利经济学的社会福利函数理论提出了质疑。福利经济学认为,政府的存在是为了提供"社会需要的产品",是为了实现社会福利函数最大化。而阿罗则证明了多数同意规则投票机制与市场一样,不能产生出一个合理的社会选择。也就是说,人们没有一种完美的方法去求得社会集体偏好,从根本上否认了社会福利函数存在的依据。阿罗不可能定理虽然没有否定应该把民主作为政府的形式,但是,他认为,无论社会在把其成员的偏好加总时采用哪种多数规则的民主方案,作为社会选择机制它在某些方面都是有缺陷的。

三、单峰与多峰偏好下的投票

尽管阿罗不可能定理表明,不存在总能满足上述社会选择机制理想特征的投票规则,但在有些情况下,简单多数投票制度能够产生明确的结果。这和人们的偏好结构有关,即人的偏好结构存在单峰和多峰的差别。

(一) 单峰偏好与多峰偏好

单峰偏好:意味着人的最理想结果只有一个。对于这个唯一的最理想目标的偏离,无论是正的,还是负的方向,都是坏事情,如图4-2(1)。多峰偏好:意味着人们最理想的结果不止一个。最初,当人们偏离其最偏好的选择目标时,境况会因此变坏。但若继续沿这个方向运动,其境况则会最终变好。如图4-2(2)。

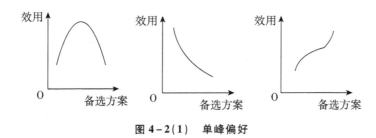

图 4-2(1) 单峰偏好

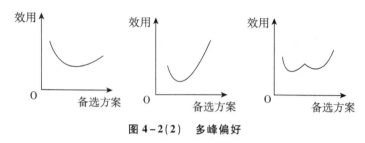

图 4-2(2)　多峰偏好

我们可以通过考察个人对公共教育的态度来观察多峰偏好的情况。如果公共教育支出水平低于特定的最小水平,富人可能选择送小孩到私立学校。这时他的纳税较少,效用也比较高。随着公共教育支出的增加,他的赋税也在增加,效用水平也会下降。但是,当公共教育支出达到一定水平时,他可以选择送自己的孩子去公立学校,此时,随着投入的增加,他的效用也在增加。所以他的偏好呈现出双峰。①

(二) 多峰偏好与投票悖论

当有多峰偏好时,可能会出现循环投票。假设小镇上要对一个月播放几次电影进行表决,A、B、C 三个人的偏好显示,如表 4-2(1):

表 4-2(1)　关于播放电影次数的偏好显示

	第一选择	第二选择	第三选择
A	3	2	1
B	1	3	2
C	2	1	3

根据列表可以描绘出三个人的选择与效益之间的关系,如图 4-3(1)。

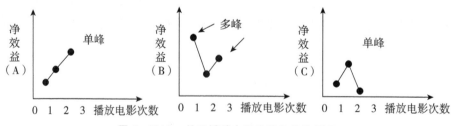

图 4-3(1)　关于播放电影次数的峰值显示

---

① 约瑟夫·E.斯蒂格利茨:《公共部门经济学》,郭庆旺、杨志勇、刘晓路、张德勇译,中国人民大学出版社 2005 年版,第 141—142 页。

从图中可以看出,B 是双峰偏好,这时我们对三种方案进行两两投票时,就会出现投票悖论的情况。

(三) 单峰偏好与中间投票人定理

现在考察三个人都是单峰偏好的情况。假设此时 A、B、C 三个人的偏好显示如表 4-2(2):

表 4-2(2)　关于播放电影次数的偏好显示

	第一选择	第二选择	第三选择
A	3	2	1
B	1	2	3
C	2	1	3

同样,根据列表可以描绘出三个人的选择与效益之间的关系,如图 4-3(2)。

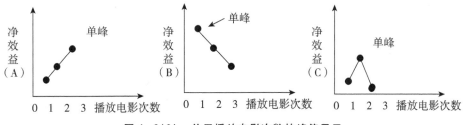

图 4-3(2)　关于播放电影次数的峰值显示

从图中可以看出,三个人的偏好都是单峰的。这时我们对三种方案进行两两投票时发现,在这种情况下总可以达成投票的均衡。如先在 1 次和 2 次之间进行投票,结果是 2 次胜出。再在 1 次和 3 次之间进行投票,结果是 1 次胜出。根据传递性可知播放 2 次电影优于播放 3 次电影。这和在 2 和 3 之间直接投票得出的结果是一致的。

我们在例子中可以看到,当投票人都是单峰偏好时,没有出现投票悖论的情况,而且胜出的方案是中间的方案。这个观察不是特例,而是具有普遍性,这就是中间投票人理论:当投票人的偏好是单峰时,那么投票悖论不会出现,能够产生一个均衡的投票结果,而且多数投票结果对应于中间投票人的偏好。

中间投票人定理成立的原因在于在比较任何两个方案的时候,每个投票人都会选择接近自己偏好的方案。如果把中间方案与公共产品数量高于它的方案放在一起比较,则中间投票人和希望少消费公共产品的一半投票者会支持中间方案,从而使中间方案得到通过。如果把中间方案与公共产品数量低的方案放在一起比较,则中间投票人和希望多消费公共产品的一半投票者会支持中间方案,这样中间方案也会通过。而偏离中间人方案的任何方案,都不能获得过半数支持,所以中间投票人的偏好总能获得半数票。

假设 A、B、C、D、E 五个人的对于公共物品支出水平的偏好如表 4-3 所示：

表 4-3 公共物品支出水平偏好显示

公共物品支出水平偏好显示				
A	B	C	D	E
600	800	1000	1200	1400
C 是中间投票人				

列表按照人们对支出偏好水平进行排序,即从偏好最少到偏好最多的人排序。中间的人是有一半人比他偏好少、一半人比他偏好多的人。在表中 C 是中间投票人。在这种情况下,正是 C 的偏好水平 1000 元获胜。原因是:倘若任何低于 1000 元的支出水平和 1000 元比较时,C 和所有想要超过 1000 元的人会支持 1000 元。相反,如果 1000 元和高于 1000 元比较时,想要低于 1000 元的人会支持 1000 元。所以中间投票人会获胜。

第三节 间接民主制下的公共选择

代议制是指公民通过选举代表,组成代议机关行使国家权力的制度,是间接民主的形式。它是当今多数国家普遍采用的一种民主政治形式。与直接民主不同,代议制民主形式下集体偏好的表达要经过多个层次和环节。现代代议制民主形式的一般过程为:由选民选举出代表组成由政治家组成的代议机构,在西方多党制的制度背景下,选举制又表现为政党竞争。代议制机构通过行使立法权制定政治政策,但同时要受到利益集团游说等院外活动的影响。因此,间接民主制下的政治主体主要包括选民、政治家、政党和利益集团,而这些主体也构成了在间接民主制度下公共选择研究的对象。

一、选民行为

公共选择理论以理性经济人和政治的交易观点来看待选民,选民手中的选票如同经济市场上的货币,在政治市场上交换可以给自己带来更大收益的政策,因此对于选民的投票行为要从成本效益比较的视角去分析。

只有当选民认为他投票的收益高出成本时,他们才会选择去投票。如果有较高的投票成本,如严格的资格审查、烦琐的投票程序等都有可能牺牲个人的时间和交通成本,人们就会倾向于不去投票。如果选民的投票成本相对固定,投票意愿主要取决于投票的收益。选民对于投票收益的考虑主要出于三个方面:一是相对于成本的收益;二是个人影响机会的大小;三是获胜概率的大小。选择投票的成本可能并不高,但是选民要考虑他现实付出的成本与将来可能取得的收益。尽管投票的成本相对较低,但是投票对于支持政策的影响并不大,所以对于每个人来说收益并不高,那么成本和收益相比较起来成本就不低。而且选民的收益受到竞选胜率的影响,如果自己支持的方案没有获胜,那么对于他来说就得不到收益。但是,对于胜率的考虑并不会刺激选民积极投票,设想让自己支持的方案获胜。因为,如公共选择理论从个人方面去理解,每个选民在投票时也是一种分散决策而非集体行动。因此,如果他们认为自己对结果的影响很小的话,他们也不倾向于去投票。而对于分散决策中的个体来说,一个人的选票改变结果的概率基本为零,因此也可能放弃投票。这种行为可以称为"投票冷漠症",即投票人觉得自己的一票无足轻重转而放弃投票的现象。在这种收益并不明显的情况下,人们都不倾向于走出家门去投票,这造成了在许多选举中选民参与率低的事实,以至于"对像天气变化这类偶发事件的反应敏感"。[①]

总的来说,假设投票人支持的方案可以给他带来的收益为 R,投票的成本为 C,而且该方案获胜的概率为 P,那么,只有当 $R*P-C>0$ 时,投票者才有参与投票的动力。

---

① 约瑟夫·E.斯蒂格利茨:《公共部门经济学》,郭庆旺、杨志勇、刘晓路、张德勇译,中国人民大学出版社 2005 年版,第 150 页。

二、政党行为

西方国家的间接民主制度中的代议制一般是与竞争性的政党政治联系在一起的。现代西方两党制的国家中,政党政策趋同的现象日渐明显,这就造成了投票人没有选择。公共选择理论通过政党目标和中位选民理论说明了政治为什么都会选择"中间道路"。

(一) 唐斯假说

唐斯(Anthony Downs)的著作《民主的经济理论》是公共选择理论中具有奠基意义的经典之一,这本书是唐斯半个多世纪前在斯坦福大学攻读经济学博士的学位论文,指导老师是1972年诺贝尔经济学奖得主之一的阿罗。唐斯对于民主政治下政党的研究,使他在学术界获得了声誉。

唐斯在他的《民主的经济理论》一书中提出这样的假说:政治家或政党也是理性的经济人,他和消费者和生产者的动机是一样的。"民主政治中的政党与经济中追求利润的企业家是类似的。为了达到他们的个人目的,他们制定他们相信将能获得最多选票的政策,正像企业家生产将能获得最多利润的商品一样。"①这就是说,政党从事活动是为了使政治支持最大化,这种政治支持最大化具体体现为获得选票最大化。作为执政党,他追求的目标是再次当选,连选连任。而作为在野党,他所追求的目标是在选举中击败执政党而夺得政权。

按照唐斯的观点,政党所追求的目标不是某种真理或理想,而是当选执政"政治为了赢得选举而制定政策,而不是为了制定政策而赢得选举。"也就是说,政党制定政策的最终的目标是为了使他们在选举当中胜出,而不是为了自身的"真理"或"信仰"而制定政策,并通过选举的胜利去实现他们的理想和信念。因此,政党在选举当中只会选择能给他们赢得更多选票的政策。为了获得更多的选票,他们就要在支持者与反对者间作出平衡。因为仅考虑到支持者是无法达到自身收益最大化的,所以同时还要考虑到反对的强度,争取更多中间选民。为了争取更多的选民,政党会不断地调整自己的政策,以符合社会上大多数人

---

① 安东尼·唐斯:《民主的经济理论》,姚洋、邢予青、赖平耀译,上海人民出版社2010年版,第295页。

的偏好需求,而在每个政党都去争取相同的群体时,他们的政策也就趋同了,这也说明了政党政治在民主政治生活中的缺陷。

(二) 两党制与中间投票人

在两党制下如果选民有单峰偏好,那么追求选票最大化的政治家将采取中间投票人偏好的方案。如图4-4,纵轴表示选民所偏好的政党或候选人立场的频率分布,假定这个频率分布是单峰而且对称的。横轴表示政党的立场,假定L位置为民主党(D),R位置为共和党(R),M位置为中间投票人的立场。在这种情况下,两党为了获得选票最大化,会根据中间投票人的偏好,提出趋同的政策。因此,在这种情况下,不论哪个政党上台执政,都不会引起较大的政策变化。

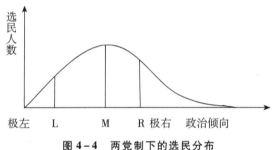

图4-4 两党制下的选民分布

政党政策向中间选民演变的过程如图4-5所示。假设每个政党都在对手立场既定的情况下,为了争取更多的选民,都会不断地调整自己的政策立场。

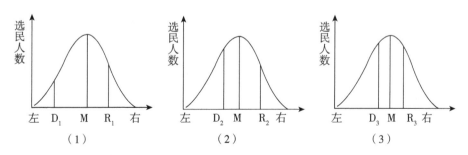

图4-5 政党政策向中间选民演变的过程

如图4-5(1)中,假定民主党(D)选择的政治立场D_1比共和党(R)选择的政治立场R_1离中间选民的政治立场更远,那么,民主党(D)在选举中会失败,而共和党(R)会获胜。考虑到会发生这种情况,民主党(D)就会调整自己的立场到 D_2,如图 4-5(2)。此时民主党(D)的立场会在竞争中获胜,而共和党(R)会失败。但是,共和党(R)接下来也会调整自己的政策立场,使自己向中间选民的立场靠近,这个过程一直持续下去,直到两党的立场相同,即中间投票人的立场。也就是说,两个政党都会选择"中间道路"的立场。

三、政治家行为

政治家是代议民主制度下选民选举出的官员,代替公众行使公共权力。传统的政治理论假定政治家是选民的代表,代表着选民的利益,追求社会利益的最大化。公共选择理论依然使用理性经济人的观点去看待政治家,并提出了与传统政治理论不同的观点。

(一)政治家的动机与效用函数

公共选择学派的学者一般不同意政治家的活动目标是使"公共利益"最大化这种行为动机的假定。他们认为起码有两个理由可以来说明:第一,"公共利益"难以界定。对于投票行为的研究表明,现代的民主制度在表达社会偏好方面是存在缺陷的,因为,福利经济学追求的"社会效用"无法被发现;第二,人性的一致性。政治生活与经济生活都是一种市场的行为,在两个市场上的人都是一个人,因此人性也不会不一样。政治家与普通人一样,并不会因为角色的不同,而导致他们内在追求的变化。政治家与经济市场上的企业和个人也一样,对自身利益的最大化,构成了他们从事政治活动的内在动力。因此,也要同理解经济市场上的个人行为一样,用效用函数的观念理解政治家的行为。

公共选择理论认为,人们之所以参选成为政治家,是因为可以得到回报,包括金钱、权力、地位、名声、威望、受到尊重等。布雷顿 1974 年提出了一个政治家的效用函数公式:

$$U_p = U_p(\pi, a_m)$$

其中,U_p 是政治家的效用,主要包括个人收入、权力、声望、地位、受到人尊重、对个人理想的追求等变量,π 是政治家当选或再次当选的概率,a_m 表示政治家其他一些因素。政治家是否会站出来参选,不是出于选民利益最大化的目的，而是根据自己效用函数的大小。

（二）政治家的四种供给模型

史蒂文斯在对政治家进行研究的时候提出了政治供给者的四种模型①：

1. 仙女模型

该模型中政治家是仁慈的、追求公共利益的，作用只是解决市场不能或不愿解决的问题。这里的政治家是一个"全能的仁慈计划者"，总可以找到帕累托改进的方法。

2. 半仙女模型

该模型中的政治家追求效率，但分配效应也许不尽如人意。

3. 不确定世界模型

该模型设定和承认不完全信息和情况的不确定性，因此集体行动可能会降低效率。政治家由于环境和有限的知识，限制了他们提高效率产出，或者提高了某种集团利益的做法和效果。

4. 女巫模型

该模型中的政治家仅仅追求自身利益的最大化，而他们设想提高效率或是增进公共利益也只不过是为了以这样的方法使自己升职或再次当选。

从上面的四种模型中，政治家的公共利益动机逐步递减，直到女巫模型中的政治家的完全自利。公共选择学派认为第四种模型中的政治家才是现实政治中的常态。

四、利益集团行为

公共选择学派对于代议制的研究还涉及利益集团。利益集团一般是指由于维护、争取某种利益的原因而形成的人员的集合。因为在民主政治下，利益集团对于政治过程及公共决策都会产生比较大的影响，而且，按照多元民主理论来看，公共利益正是通过利益集团之间的博弈来实现的，所以，公共选择学派分析了利益集团对于民主社会的影响。

（一）传统利益集团理论

利益集团又称压力集团，是指那些由于特定的利益而集合在一起，有组织

---

① 乔·B.史蒂文斯：《集体选择经济学》，杨晓维等译，上海人民出版社1999年版，第360页。

地参与政府过程,特别是表达意见的社会群体。个人加入某个特定的压力集团目的是为了提高自己的利益。个人的力量是有限的,特别是在现代政治生活中,在政府不断扩张导致权力不断膨胀的情况下,如果仅仅依靠纯粹的个人行动,是很难为自己谋求利益的。因此,理性经济的人便通过结成利益集团,通过有组织的力量来谋求个人行动所无法得到的利益。就如戴维·杜鲁门和罗伯特·达尔分别在《政府过程》(1951)和《谁统治?》(1961)中所认为的那样,利益集团或组织的存在是为了增进其成员的利益,有共同利益的个人或企业组成的集团具有进一步增进这种共同利益的倾向,个人可以通过集团来实现或增进他的个人利益。

传统的利益集团理论进一步认为,在实践中公共利益与社会利益集团的利益无论如何都是具有关联性的,公共利益只有和某些集团的利益相似才具有了实质性内容,并且只有通过提高某些特定集团的福利才能实现公共利益。实际上,利益集团理论认为,社会中的每一个人总是归属于某一个或几个集团的,这些集团的目的是各不相同的,而这些相互竞争的集团所施加的压力汇总起来,决定了社会政治活动。社会决策或公共选择是在各集团的博弈或平衡中做出的,这将会产生一种社会满意的均衡,最终的均衡代表全社会的利益。

(二)奥尔森的集体行动理论

奥尔森1965年出版《集体行动的逻辑》一书,向传统利益集团理论提出了挑战。奥尔森的集体行动理论的基本观点是:从个体理性的和寻求利益的前提出发,逻辑性地推断集团也会从自身利益出发采取行动,实现集体内部成员利益,并最终促进社会公共利益的观念是不正确的。

奥尔森认为,"实际上,除非一个集团中人数很少,或者除非存在强制的或其他某些特殊手段以使个人按照他们的共同利益行事,否则有理性的、寻求自身利益的个人不会采取行动来实现他们共同的利益或集团的利益。"[①] 这是因为,个人对集团改善所付出的成本,与他所获得的那份收益份额可能极不相称,因为集团利益对于集团内部的成员来说是一种非排他性的公共物品,任何单个

---

① 曼瑟尔·奥尔森:《集体行动的逻辑》,陈郁、郭宇峰、李崇新译,上海人民出版社1995年版,第2页。

成员为这种共同利益做出贡献和牺牲,其收益必然由集团的所有成员所分享。比如,在一个50人的集团中,一个人可能花费10元的成本增加了集团100元的收益。但是对于他个人来说,他只能获得2元的收益,小于他的成本。所以,虽然他的行为对集团来说是有益的,但对他来说却是不合意的,作为理性经济人,他就不会行动。

正是由于这个原因,集团的规模大小和其成员的个人行为与集团的行动效果密切相关。就集团行动的效果——提供的公共物品数量接近最优水平或增进集团利益来说,小集团比大集团更有效。大集团提供的集体物品远离最优水平,因为:第一,集团越大,个人利益份额越小,增进集体行动所获得的报酬就越小;第二,从集团中获得的收益不足以补偿他们为集体物品所付的成本;第三,成员越多,组织成本越高。因此,奥尔森得出结论:"大集团"或"潜在集团"为获集体物品而采取行动,因为不管集体物品对集团整体来说是多么珍贵,它都不能给个体成员任何激励。

正是因为集体中的个体都可能会有"搭便车"心理,从而导致集体行动失败,所以就需要通过"选择性的刺激手段"来促使单个成员采取有利于集团的行动。这里的刺激手段是指集团或组织有权根据其成员有无贡献来决定是否向他提供集体利益,按照对集团利益的贡献,实行奖惩分明的制度。选择性的刺激手段可以是积极的,也可以是消极的。积极的刺激手段是指通过正面的奖励来诱导个人对集体利益作出贡献,消极的刺激手段指通过反面的惩罚来对没有或不愿承担集团行动成本的个人进行惩处或停止其权利。如果考虑到选择性刺激手段,集体规模的大小不是集体行动是否有效的充分条件,因为,有选择性刺激手段的集团比没有这种手段的集团更容易有效地组织集体行动。

根据奥尔森的分析可知,在一个多元社会里常常会出现几类压力集团操纵国家权力局面,而不是如多元主义所说那样,每个人都可以找到一个利益集团来表达自己的利益要求。而且,在一个社会中,那些代表一些狭隘的特殊利益的压力集团往往是小规模的、紧凑的、组织严密的、有着选择性刺激手段的集团,这类集团的集体行动强大而有效,因而会获得巨大成功。而代表"公共利益"的压力集团,往往是力量弱小的、松散的、缺乏有效的约束机制,因此他们成功的可能性极小。

(三) 利益集团与分利集团

奥尔森在对利益集团集体行动进行研究的基础上,又提出了分利集团的概念,即他认为利益集团并不倾向于生产社会财富,而是要在社会总财富中分一勺羹,因此,利益集团实际上是"分利"集团。1985年奥尔森出版的《国家兴衰探源》一书,从国家兴衰的角度分析了利益集团对社会的影响。他发现,社会上的集团可以通过两条途径为其成员谋取福利:一是使全社会的生产增长,从而使其成员按原有份额取得更多产品,这种方式即一般所说的"做蛋糕";二是在原有的社会财富内为其成员争取更多的份额,也即一般所说的"分蛋糕"。奥尔森认为,多数利益集团选择后一途径,即从社会现有的总财富中分取一部分,而很少会选择主动创造社会财富,所以大多利益集团都是"分利集团"。

利益集团通过调整分配的方式来为成员谋利的行为,会导致社会的经济效率和总产出下降。因为国民收入的重新分配将打击全社会的生产积极性,由此引起全社会总产量下降。虽然作为社会中的一员,总产量下降也会减少成员的收入,但是,与他们付出的成本相比,这种收益是更大的。奥尔森认为,这种情况与其说是分蛋糕,不如说是在瓷器店里抢瓷器:一部分人虽然多拿了些,但也同时打破了一些大家本来可以分到的瓷器。因此,奥尔森的结论是:"各种社会组织采取集体行动的目标几乎无一例外都是重新分配财富,而不是为了增加总的产量——换句话说,他们都是'分利集团'。"分利的结果不但降低了社会的经济效率和人均收入,而且降低了经济增长率。

从奥尔森的分析可以看出,利益集团作为集体行动的一种组织形式,在现代的政治生活中同样存在缺陷。

第四节 寻租与官僚政治

寻租是公共选择研究的重要内容。寻租活动与市场性的寻利活动不同,它的产生与政府对市场的干预相关,因此寻租理论深化了人们对市场与政府关系的认识。寻租活动常常与官僚集团的活动相联系,并时常会导致腐败的发生,因此也深化了人们对官僚政治的理解。由于寻租的发生和官僚政治的特点,进一步引发了政府失灵的可能性,也说明了市场失灵不是政府干预的充分原因。

一、寻租

20世纪30年代以来,随着政府运用行政权力对企业和个人的经济活动进行干预和管制,人们开始关注与这种干预和管制相伴随的寻租活动,研究了寻租产生的原因,寻租的不同类型,以及寻租产生的影响等问题。

(一) 寻租的含义

研究寻租理论的文献有许多关于寻租的定义。一般而言,学者从关于追求非生产性的经济利益,以及寻租与寻利的比较中解释寻租的含义。

1. 寻租的概念

一般来讲,寻租是指人们非生产性地追求经济利益的活动。租或租金是经济学中的一个古老概念,是指一种生产要素的所有者获得的收入中,超过这种要素的机会成本的报酬。租金有两种来源:一是从价格体系中自然产生的。如企业采用新技术降低生产成本,使其可以得到高于其他企业的超额利润。这种租金就是通过市场的自由竞争自然产生的。二是人为创造的租金。如政府通过管制或特许等方法人为地创造了某种资源的稀缺,掌握这种稀缺资源的人就可以获得额外的收益,这种是人为创造的租金。一般把对于寻求价格体系中自然产生的租金的活动称之为"寻利",而把对于寻求人为创造的租金的行为称之为"寻租"。

人为创造的租金无所不在,垄断、管制和特权都会创造出租金。这种租金既存在于私人物品要素和资本市场,也存在于公共物品市场和政治市场。只要政府有授予租金和其他特殊优惠的权力,厂商和个人就会发现从事寻租活动是合算的。政府官员为了自身的利益会对特殊利益集团的寻租行为做出反应,政府的决策也因此会被扭曲。

因此,从广义上讲,寻租是指人类社会中非生产性的追求利益的活动,是利益集团或个人通过各种行为,影响公共选择和决策为自己谋利的行为。从狭义上讲,寻租是指利用行政法律手段阻碍生产要素在不同产业之间自由竞争以维护或攫取既得利益的行为。从定义中可以看出,通过如受贿、渎职等腐败行为为自身谋利是寻租,利用行政法律手段来维护既得利益也是寻租。有些寻租的行为是通过合法的手段进行的,如院外集团通过游说政府和院外活动获得某种垄断、限制或特权。有些寻租的行为却是通过非法的手段进行的,如通过行贿受贿来影响政策或法规以谋取利益,在这种情况下寻租引发腐败。

2. 寻租与寻利

寻租与寻利都是出于理性经济人追求自身利益最大化而做出的追逐利益的行为,但寻利是一种生产性活动,这种活动会通过生产新产品或重新配置资源来创造价值,而寻租是一种非生产性活动,这种活动通过浪费有价值的资源来消灭价值。两者间的区别具体体现为:

(1) 寻利是经济主体的市场竞争性行为,通过自身参与市场竞争而获取利益,而不需借助于政府的干预,是通过市场机制实现的;而寻租依靠的是权力的力量,利用政府的干预使自己获得特殊的地位,或以权力换取利益,从而得到"非生产性的利益"。

(2) 寻利为社会创造新价值,这种活动通过正常的市场竞争机制,刺激开发新产品、采用新技术以降低成本,对于新增社会经济利益的追求,会增加社会福利。寻租通过限制市场的竞争或是对既定的社会财富进行划分来获得利益,使那些本可以用于价值生产活动的资源被只用于为了决定分配结果的竞争,从总体上看没有起到对社会资源的优化配置作用,是一种社会浪费。

(3) 寻利以资本投入、技术发明、制度创新等方法为基本途径,这些基本途径具有正的外部效应,有利于整个经济和社会的良性发展。寻租是经济主体以游说、贿赂、暗箱操作等方法进行交易,造成了不公平竞争,具有负的外部性,让经济和社会都付出成本。

但是还要注意,经济主体从事的是寻利活动还是寻租活动主要是由经济制度所决定。同一经济主体在一种经济制度环境中是寻利者,但是如果经济制度环境发生变化,如政府在某个领域进行了管制,那么这个经济主体就可能变成寻租者。

3. 寻租理论的兴起

寻租理论是 20 世纪六七十年代经济学家们在讨论垄断、关税和政府管制所造成的社会损失的过程中形成和发展起来的。"寻租"一词是明尼苏达大学经济学教授安·克鲁格在《寻租社会的政治经济学》一书中首先提出来的。1967 年塔洛克在《关税、垄断和盗窃的福利成本》一文中提出有关寻租的理论和分析方法。因此,塔洛克的这篇文章标志着寻租理论的兴起。西方学者一般把塔洛克和克鲁格看成是寻租理论的开山鼻祖。

20世纪六七十年代,在讨论垄断、关税和政府管制所造成的社会成本问题方面,最有影响的成果是哈伯格提出来的。他通过社会的福利损失来计算垄断所造成的社会福利损失。如图4-6,当市场存在垄断或关税的情况下,垄断价格或税后价格高于市场均衡价格,从而造成社会的福利损失,也就是三角形cde的面积。这种三角形后来被称作为"福利三角形"或"哈伯格三角形"。

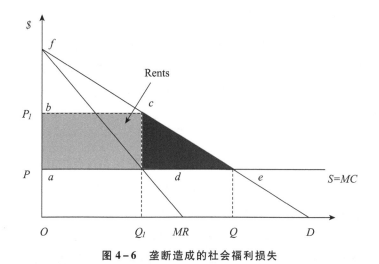

图4-6 垄断造成的社会福利损失

塔洛克认为使用"哈伯格三角形"考察社会成本的方法低估了寻租造成的社会福利损失。1967年塔洛克在发表的《关税、垄断和盗窃的福利成本》一文中,提出一种新的分析寻租的理论和分析方法,进一步讨论了关税和垄断的福利成本问题。

用福利三角形分析寻租的社会成本问题存在一个漏洞,即这种研究方法忽略了在关税征收过程中所产生的大量征收成本和税收的浪费,以及税收的不经济利用,例如为了征收关税而雇佣的工作人员、为了防止走私而雇佣的缉私队、货主为了顺利通关而雇佣的报关经纪人等。因此,在哈伯格三角形的基础上要加上这些"社会成本"。这显然要比哈伯格三角形表示的损失大得多。同进,如果政府对关税税收(四边形abcd)的利用是不经济的,如用于政府内部分配或浪费,那么关税的福利成本就还应该包括四边形的面积。在这种情况下,关税的总福利成本等于三角形加上它左边那个更大的四边形,这个四边形被称为"塔洛克四边形"。

为了论证这种方法,塔洛克转入盗窃的经济学分析。盗窃被认为是一种纯粹的财富转移,通常假定它完全没有福利影响,根本不存在福利三角形。因此,按哈伯格方法测量,盗窃的社会福利损失为零。但按塔洛克观点,这种解释是不对的,因为进行盗窃和防盗、反盗都需要投入大量资源,因此,从社会的角度看,用于盗窃、防盗、反盗的资源都是浪费。

(二) 寻租的原因和层次

经济学意义上的寻租的产生缘于现代社会制度的变迁。社会制度的变迁导致了租金的产生,进而引发了经济主体为这类租金进行的寻租,这是寻租产生的根本原因。一旦寻租产生,它就不会仅仅停留在这一个层次,而往往会导致其他层次的寻租。

1. 寻租产生的原因

从非人为地创造租金的角度看,寻租产生的原因是现代的社会制度。现代社会产生了许多市场经济早期没有遇到的情况,如污染问题日益突出,全球化背景之贸易保护现象日益普遍,周期性的经济危机等。这种情况的变化为制度的变迁提供了条件,也为政府大规模地介入经济提供了理由,而且这种制度变迁还会继续下去,这为寻租提供了制度条件。因为政府活动如果主要限于保护个人权利和产权,监督执行自愿达成的私人契约,市场过程主导经济行为,并保证经济租金都由竞争性的进入力量来耗散,那么,寻租活动便没有存在的余地。但是,如果政府的活动极大地超出了国家所限定的保护性的范围,并干预市场活动过程,那么,人为创造的租金就会存在,寻租活动就不可避免。

政府颁发的许可证、配额、执照、授权书、批文、特许经营证等,每一项都有政府创造的人为的稀缺。这些稀缺创造出潜在的租金,由此引发寻租活动。一旦一种制度不让市场发挥作用,那么,在这种制度中,个人、企业家和集团将更多地通过政治活动来寻租,而不是更多地通过市场活动来寻利。

2. 寻租的层次

从寻租活动过程的角度看,寻租是在不同层面展开的。布坎南在《寻租与寻利》一书中认为,寻租可以划分为三个层次:

（1）政府创造出一种人为的稀缺性，市场中各主体围绕这种人为的稀缺资源的寻租活动。例如政府对出租车的牌照进行管理，那么市场上出租车数量就少于自由竞争水平。如果受到管制的出租车牌照的分配方法既不是在所有人中间平等或随机分配，也不是公开拍卖，那么，想获得这些牌照的市场潜在进入者将游说政府给他们优惠，这引发了第一个层次的寻租。

（2）潜在的政治家和官员为获得肥缺的寻租。既然政治家或政府官员可以决定稀缺资源的分配，那么他们的薪水和额外收入就可能包含有经济租金，如果这些薪水和额外收入高于私人部门类似的职位和待遇，那么，许多成员将花费大量的资源来谋取这种政府职位，寻租便在第二个层面展开。

（3）针对对自己不利的政策的避租活动。政策的变化会对不同的个人或集团造成利益方面的不同影响，所以，为保护对自己有利的差别待遇或为避免对自己的不利的差别待遇，市场主体会进行反寻租和反设租的活动，这是寻租活动的第三个层次。

（三）寻租的成本

寻租竞争不同于市场竞争，它往往造成社会资源的浪费。寻租竞争愈多，社会浪费愈大，因此，许多经济学者都对寻租的成本和对经济与社会的影响做出了分析。

塔洛克把寻租造成的社会资源浪费归纳为以下几方面：一是为获得和保持垄断权，寻租者所进行的努力和支出。包括这些企业和个人向政府开展游说活动的费用，如搜集信息、政策公关、人力物力等成本。特别是一些有能力的人本应该从事更有价值的生产性活动，却去从事寻租这样的浪费活动。二是寻租成功造成的垄断或限制而导致的资源扭曲利用。寻租成功后的价格会高于市场的均衡价格，从而使一部分支付意愿低的消费者退出市场，带来整个社会的福利损失。三是因寻租而失去的技术创新机会及福利。通过寻租获得垄断或特权的组织，往往会采用低效的生产办法，这必将严重阻碍技术改进。

克鲁格分析了许可证造成寻租而导致的影响：一是许可证会使企业追求过剩的设备能力。如果政府按照企业设备能力大小授予许可证时，企业为了获得更多的许可量，就会建造过剩的设备。二是许可证会使企业生产达不到规模水平。当许可证按比例分配给申请者时，就会造成过度进入，因此企业规模达不到水平。三是企业要通过游说和贿赂方式获得许可,在这个过程中浪费了价值。四是官员间浪费性的竞争,即在政府官员间就争夺能够获得贿赂的职位而展开的浪费性竞争。

寻租不仅造成了经济资源的浪费和低效率,还导致了社会风气的败坏,带来了巨大的社会成本。寻租导致了权力资本化,搅乱了社会价值体系与人们的道德标准。为了达到自身的目的,官员和社会成员都会利用各种手段寻租,从而破坏社会秩序和经济秩序,造成腐败和犯罪的滋生,以及社会道德水平的滑坡。总之,寻租具有以下几个方面的成本:一是在三个层面的寻租过程中的直接成本和各种浪费;二是寻租成功造成垄断而导致市场资源配置的效率低下;三是寻租造成的技术停滞、创新不足和官僚腐败以及社会风气败坏等社会成本。

(四) 寻租与腐败

寻租有合法的方式也有非法的方式,非法的方式常常表现为贿赂、拉关系、走后门,行为诱发了腐败。

腐败与寻租虽然不是两个相同的概念,但是许多腐败都是由寻租引起的,尤其是权力寻租本身就是一种腐败行为。按照公共选择理论的理解,政府官员也是经济人,也会追求自身利益的最大化。如果政府官员发现他们的收入可以包括薪水之外的经济租金,他们就有可能通过自己手中的公共权力去追求这些额外的利益,从而引发腐败。这种权力的寻租行为不仅会发生在经济主体寻租而对官员进行贿赂的过程,而且还表现为主动设租和抽租的过程。

设租是指政府人为地制造稀缺资源,如政府的许可、配额等政策。政府设租的目的是为了某社会的公共利益,如解决污染、垄断、倾销等市场失灵问题。但是,在寻租社会中,政治家不仅仅是面对私人竞争性的需求进行财富再分配的经济人,他们也有自己的需求,他们为了满足自己的需求就会进行主动设租和抽租。因为只有人为租金存在,政府官员才有可能获得额外的租金收入,为此,政府官员就可能会主动地设租。一旦人为的租金产生,政府官员也可能会主动地向私人以政治敲诈的形式提出种种要求,即进行抽租。而私人或利益集团则通常要向政治家提供两种报酬:一种是为了保证租金的持久存在而在事前支付的报酬;另一种是为了避免政治家和官僚反悔而在事后支付的报酬。双方在这种报酬的给付与收取中都得到了好处。如果设租和抽租的行为不是以公共利益为目的,或是以非法的方式进行的,那么腐败就与寻租结合了起来。

从寻租产生的原因看,正是由于政府运用行政权力对企业和个人的经济活动进行了过多的干预和钳制,同时这种行政特权掌握在政府官员的手中,这就造成了创租和寻租的可能。而政府官员的主动创租和抽租的行为,则导致了寻租与腐败的恶性循环。因此,从寻租理论考察腐败问题,最重要的一个环节就是缩小人为租金产生的空间。这就需要界定政府与市场之间的关系,让市场在资源配置中起决定性作用,把政府的权力限定在一定范围之内,防止出现政府对市场干预过多和监管不到位的问题。

二、官僚行为

对于寻租理论的研究让人们进一步认识到了行政官僚在公共选择过程中存在的问题。行政官僚作为公共选择的重要参与方,其存在的意义是为了维持公共产品或服务的供给,但是现代政治生活中的官僚体制表现出的却是效率低下,反应迟钝,回应性差等令人不满意的特点,行政官僚的这些特点必然会造成政府失灵。

(一)官僚行为的动机

现代的官僚体制是建立在马克斯·韦伯的理想的科层制组织理论基础之上的。韦伯认为建立在法定权力基础上的官僚制组织形式,体现了理性、专业化、非人格化的特点,它通过稳定的、有秩序的、分工合作且运作协调的组织体制来谋求效率的最大化,在精确性、稳定性、严格的纪律性、可靠性等方面,比其他组织形式都要优越,所以,这种组织是进行社会管理最合理的手段。自19世纪西方国家实行"文官制"以来,行政官僚成为受到政府机构雇佣的终身制的专业雇员,区别于由选举产生的政治官员。传统的政治研究采取政治与行政二分的视角,政治官员负责政策和法律的制定,而行政官僚负责政策的执行,因此,传统的政治研究把行政官僚当做是公共产品供给的外生变量,把官僚描述成服务于公众利益的公仆。但是公共选择理论认为,行政官僚在现实中会切实地影响公共产品提供的数量与质量,而且现实中的官僚制并不像韦伯所描述的那样稳定、高效,这种问题的出现可以追溯到行政官僚的动机。

从理性经济人的假设出发,公共选择理论认为行政官僚与政治官员并无不同,他们无论是在私人生活还是在公共生活中,都是理性的效用最大化者,都极大地受自我利益的驱动。尼斯坎南指出,官僚的效用函数中的变量包括收入、职务、权力、声誉等。为了满足他们的效用函数最大化,行政官僚的行为一般表现为几个倾向:第一,行政官僚总是扭曲向上司或政治家传递的信息,从而从最有利的角度汇报自己或本部门的行为;第二,行政官僚以自由裁量的方式回应上级或政治家的决定,即更迅速地执行与自身利益相一致的决定,并贬低那些不一致的决定的重要性;第三,从大致相当的政策选择中做出抉择时,行政官僚总是偏爱那些对自己利益有利的结果;第四,行政官僚寻求新政策方案的行为,极大地受到了自我利益的影响。[①] 行政官僚的这些动机决定了他们不是公共产品供给中的外生变量。

(二) 行政官僚的低效率

在许多人看来,官僚制是机构臃肿、效益低下、政策失灵的代名词。之所以出现这种情况主要是由于官僚存在以下的特点:

1. 缺乏竞争

首先是因为官僚机构垄断了公共物品的供给。官僚机构在提供公共产品时没有竞争对手,公共产品提供的规模、种类和质量由官僚机构决定,从而会造成公共物品提供的数量不当。其次,行政官员也不会因工作效率低下而遭到解雇,因此他们也没有动力去提高工作效率。再次,提供公共物品的部门之间不存在竞争。相比私人企业的经理,行政官僚拥有的自由要大得多,而过多的自由又使他们没有工作的积极性。

2. 缺乏激励

与企业的行为不同,官僚机构的行为并不严格考虑成本和收益之间的关系。官僚行为主要是保证公共产品的供给,而不是为政府取得利润。而且,由于提供公共产品不能通过市场价格表现,因此也很难精确成本,这往往会导致资源的浪费。

3. 缺乏监督

在理论上,官员必须受到监督,但在公共产品供给过程中,信息常常是不公

[①] 许云霄:《公共选择理论》,北京大学出版社2006年版,第146页。

开的,所以官僚个人的好恶会不同程度地影响公共产品的供给,这也使官僚提供的公共产品常常偏离最佳水平。

4. 预算规模最大化

官员的目标不是利润最大化,而是规模最大化。政府部门及其官员不以营利为目的,而是将公共权力的极大化作为追求的目标,目的是尽量控制社会资源,这样,他们通过提供更多公共产品的方式来增加预算。这又会导致公共物品或服务的供给量过剩,高于其最佳的供给水平。

如图4-7,社会边际成本与社会边际收益决定了公共产品最佳供给量为Q',但是,官员们为追求其预算规模的极大化,就想方设法说服投票者同意给予更多的预算去投资,一直到社会总成本与社会总收益相等于一点上(Q_b)。这时供给量就超过了最优的供给量。

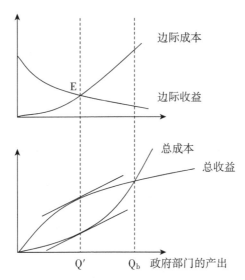

图4-7 官僚对公共产品供给的规模

(三) 对官僚行为的控制

公共选择理论认为,在公共部门恢复自由竞争是解决行政官僚的低效率和无回应性的有效途径,具体方式有:

一是在行政机构间引入竞争。改革一个长官垄断一个部门的公共物品与服务的供给与分配的方式,在行政机构间建立竞争机构。例如,可以设置两个或两个以上的机构提供同一种公共物品或服务,按照投标的方式让"报价"最低的机构提供。也可以在不同地方设立相同机构,开展竞争。虽然同一种工作或服务让若干机构来竞争势必会造成机构设置和职务责任的重叠,但是,公共选择学者相信,这些浪费将由于竞争节约了成本而得到加倍补偿。

二是引进利润动机。允许机构将节约的成本以资金的形式发放,可以使行政部门的负责人像私人部门的经理那样,用"最小化成本"的策略,取代"预算最大化"的策略。为了达到这种转变,可以采取以下方法:一是可以直接分享成本结余;二是对表现好的官员给予事后奖励;三是对预算盈余实行有限度的自由支配权。

三是精简机构。区分公共物品供给过程中的生产与提供两个环节,将一些公共产品的生产移交给私人,更广泛地依靠私人市场的效率。

三、政府失灵

寻租和行政官僚的无效率进一步诱发了政府失灵,也使人们加深了对政府失灵的认识,政府干预未必能矫正市场失灵,因为政府行动本身也可能是失灵的,政府失灵的存在影响公共选择的有效性。

(一)政府失灵的含义

萨缪尔森认为政府失灵就是指,当国家行动不能改善经济效率,或政府把收入再分配给不应当获得这种收入的人。传统经济学认为,市场失灵需要政府介入和干预经济,但公共选择理论认为,政府在弥补市场缺陷的过程中,不可避免地也有自己的缺陷,即政府活动的非市场失陷。政府为克服市场功能缺陷所采取的立法、行政以及各种经济政策有时可以把事情弄得更糟,最终导致政府失灵。因此,政府失灵就是指政府做出了降低经济效率的决策,或政府的行动不能改善经济效率,而造成公共产品供给和分配的无效率。

(二)政府失灵的表现

政府在公共选择过程总是存在失灵的情况,这种情况主要有以下几方面的表现:

第一,寻租与腐败。寻租是政府干预市场的后果。政府创造人为的稀缺为寻租提供了条件,而市场经济主体和官员的权力寻租行为又导致了腐败的发生。这种情况又进一步妨碍了公共政策的制定与执行,降低政府的效率,甚至危及政权的稳定。因此,寻租与腐败的普遍发生也是政府失灵的主要表现。

第二,政府扩张。所谓政府扩张是指在政府职能与权力扩张的基础上政府机构、人员和支出的增长和膨胀。公共选择理论分析了内部性导致政府部门扩张的五个原因:一是政府作为公共产品的提供者和外部效应消除者导致政府规模的扩张;二是政府作为国民收入和社会财富的再分配者导致政府规模的扩张;三是利益集团的存在导致政府规模的扩张;四是官僚机构的存在导致政府规模的扩张;五是财政幻觉导致政府规模的扩张。

第三,公共政策失效。政府的干预没有使社会资源配置状况变得更好,甚至反而导致资源配置状况变得更坏,或导致了资源浪费。在制定公共政策的过程中,政府常常会表现出目光短浅和行为短期化。政治家和行政官员只重视眼前的地位和未来的选择,很少看到国民的长远利益。政治家在任也是有时间限制的,所以政府官员往往重视的只是眼前的地位和未来的选票,很少看社会公众的长远利益。他们重视立刻见效的政策,回避现在花费而在未来获利的政策方案。

第四,政府活动的低效率。政府往往不能矫正市场失灵,或是干预越多,效率损失愈大。与私人部门相比,在人们的印象里,公共部门是效率低下的代表。市场失灵之处,政府干预的效果往往不佳,或是成本很高,或是代价很大。同时,政治家为了扩大权力和政府开支,有意夸大市场失灵,甚至制造市场不完全,其结果是政府越干预效率损失越多。

(三)政府失灵的原因

政府本身的缺陷是政府失灵的直接原因,斯蒂格里茨把政府失灵原因归为三方面:一是信息不完全。如同私人部门的决策面临信息不完全一样,公共部门制定和实施决策时也有信息不完全的问题。例如,政府难以确定把公共福利给那些真正需要关怀或帮助的人,它的区分成本是很高的。二是政治官员的动机。政府官员是为自己的利益工作的,没有足够的动力去制定符合公共利益的政策。更为困难的是,政府机构难以解雇不胜任的雇员,而这也削弱了激励。三是难以预计私人部门对政府计划的反应,从而使政府的行为后果具有不确定性。私人部门对政府行动的意外反应,有时使政府的计划南辕北辙。

从整个公共选择过程来看,政府失灵的原因不仅仅在于政府本身的缺陷,而是有自己的必然性。在现代民主制度下,解决公共选择的制度性安排一是直接民主,二是代议制民主。在直接民主体制下,政府决策由公民直接投票表决,但是,现代普遍使用的多数投票原则经常无法表现个人真实的偏好,而且利益集团在公共决策的制定中具有较大的操纵能力。而在代议制民主制度下,被选出的官员和政治家在本质上也是理性经济人,他们为了自身利益的最大化会利用中位投票人的战略,使个人根本无法选择出满足自己偏好最大化的政策安排。同时,由于政府可以人为地创造出稀缺,以及利益集团的存在,从而为寻租留下了余地,而大量的寻租又引发了普遍的腐败,成为政府失灵的重要原因。从理性经济人的角度看,政府组成人员同其他的组织成员一样,有利己动机与个人利益,这些自我利益进入决策后必然会造成政策的缺陷。由此可见,无论直接民主还是间接民主的制度安排,都会最终导致公共选择的失效,政府失灵也不可避免。

(四)政府失灵的矫正

公共选择学派学者的分析表明,政府失败导致了无效率和社会的种种矛盾,因此需要对政府进行再造以解决政府失灵问题。所谓政府再造就是指以提高政府组织效能、效率、回应性和服务性为目标,通过变革组织目标、组织激励和责任机制、权力结构以及组织文化等途径,对公共体制和公共组织进行根本性的改造。公共选择理论从改革公共决策体制及政治制度、引进市场竞争机制两个方面提出了纠正政府失灵的对策措施。

1. 改革公共决策体制及政治制度

公共选择理论解决政府失灵的另一种思路是,改革公共决策体制及政治制度,关键是要发明一种新的政治技术和新的表现民主的方式,来对政府权力施加制度约束或宪法约束,以便控制官员机构的蔓延滋长和国家权力的日益膨胀。公共选择学者所提出的改造现存西方民主政体的具体措施有:

首先是进行宪法改革。对政府权力施加宪法约束,重新确立一套经济和政治活动的宪法规则。布坎南区分了两种法规——高级法和普通法,由此划分了两个层次的立法结构。"宪法"是高级法,它确定了制定普通法的规则,是政治秩序和制定政治决策的基本规则。由此,布坎南等人从立宪的角度分析政府政策制定的规则和约束经济、政治活动者的限制条件,为立宪改革提供一种指导或规范建议,为政策制定提出一系列所需的规则和程序,从而减少或避免公共决策的失误。

其次是约束政府的公共支出。政府扩张既是政府失灵的表现,又是政府失灵的重要原因。要有效地抑制政府的扩张和浪费,必须通过财政立宪、税制选择、平衡预算和限制税收支出等措施来约束政府的财政过程尤其是公共支出,从根本上抑制政府的扩张。1975年,布坎南在《自由的限度:在无政府状态和利维坦之间》一书中以财政制度为主题,讨论通过制定财政政策宪法来约束政府对收入和财富征税的权力。布坎南把财政制度看成是一系列政策规则,这些规则受正义观、民主观和自由观的约束,同时这些观念也约束政府的行为。社会一旦选择了某种制度,政策就会按照这种制度所确定的政治程序来制定,这种制度有助于约束政治程序。

最后是完善民主表达方式,并发明新的政治技术。公共选择学者对西方民主制度的分析揭示了现有民主机制固有的缺陷,如投票悖论、中间投票人定理和投票冷漠等,公共选择理论主张发明新的政治技术,以便改进西方的民主政治机制,为此,公共选择学者尤其重点研究了偏好显示的新机制设计,力图以此来完善选举制度,使所有参与集体选择的个体都得到充分的激励,真实地表达自己的偏好和需求。

2. 引入市场竞争机制

用市场力量改善政府的功能,提高政府的效率。市场力量是改善政府功能的基本手段,通过在政府管理中注入一些市场因素,可以缩小非市场缺陷的影响范围。公共选择理论学者尼斯坎南提出了在公共部门恢复竞争的三个措施:一是在行政机构间引入竞争;二是重构公共部门的刺激结构;三是将私人市场办法运用扩大到公共产品的生产中去。20世纪80年代以后,更多的学者尝试借鉴现代私营企业管理的成功经验对政府进行重构。用企业家精神改革公共部门,用企业化体制取代官僚体制,使政府具备创新能力和应付各种挑战的能力,适应信息化时代迅速变化的环境,提高政府的绩效。政策分析学者韦默和维宁在20世纪90年代也提出了利用市场机制政府失败的三种方法:一是解放市场,在不存在固有的市场失灵的场合,充分让市场发挥作用;二是促进市场,通过确立现有物品的产权或者创造新的有销路的物品来促使市场运行的出现；三是模仿市场，在市场不能有效起作用的场合中，政府模仿市场过程来提供某些公共物品及服务。

【本章关键词】

公共选择	经济人范式	直接民主	代议制民主
投票悖论	阿罗不可能定理	单峰偏好	多峰偏好
中间投票人	选择性刺激手段	寻租	寻利
塔洛克四边形	设租	避租	腐败
行政官僚	政府失灵		

【本章小结】

公共选择在根本上是研究什么样的政治安排才能使个人选择转化为集体选择的一种过程或机制。从公共物品的角度讲，公共选择就是人们通过民主政治过程来决定公共物品的需求、供给与产量，从而通过非市场集体决策对资源进行配置。

公共选择理论以古典经济学的基本假设原理和方法作为分析工具，来研究和刻画政治市场上的选民、利益集团、政治官员和政治家的行为和政治市场的运行。其方法论的基本特点是：个人主义、经济人范式、交易的政治市场。

在民主社会中，公共选择有两种基本方式，一是直接民主，二是代议制民主。对于直接民主制度，公共选择理论研究了投票问题。对于代议制民主采用的公共选择理论研究了代议民主制经济理论、政党理论、利益集团理论、官僚及寻租理论等问题。

一致同意规则的投票能实现资源配置的帕累托效率，但是决策成本太高，会鼓励策略性行为，会导致威胁和敲诈。多数投票规则下会出现投票悖论和阿罗不可能定理的情况。投票悖论出现的情况与人的偏好是单峰还是多峰相关。当偏好是单峰时，会出现中间投票人。

间接民主制下选民的投票行为取决于成本与收益的比较。政治家或政党也是理性的经济人，他们要实现自身效用最大化，其行为受到效用函数的影响。

在两党制下如果选民有单峰偏好,追求选票最大化的政治家将采取中间投票人偏好的方案;间接民主制下利益集团的行动降低了经济和社会的效率。奥尔森的集体行动理论认为,只有规模小或有选择性刺激的集体才能采取有效的集体行动。

行政官僚的行为同样受到自己效用函数的控制。缺乏竞争性压力、没有降低成本的激励机制、缺乏监督信息使官僚机构效率低下。官僚效率的低下与寻租和腐败相联系。寻租是指人类社会中非生产性的追求利益的活动,它区别于寻利活动。寻租有很大的经济和社会成本,也引发了腐败问题。

市场失灵并不能说明任何政府干预都是正当的,因为政府本身也可能会失灵。要使政府缺陷尽可能降到最低限度,就要改革公共决策体制及政治制度,重新构建政府与市场之间的关系,以矫正政府失灵。

【本章复习题】

1. 简述公共选择学派的方法论特点。
2. 简述阿罗不可能定理的内容和意义。
3. 简述中间投票人产生的条件与原因。
4. 简述解决选民"投票冷漠症"的方法。
5. 简述影响政治家效用函数的因素有哪些。
6. 试述利益集团的行动对经济和社会的影响。
7. 试述寻租的危害。
8. 试述政府失灵的表现及原因。

【本章推荐阅读】

1. 肯尼斯·阿罗:《社会选择与个人价值》,丁建峰译,上海人民出版社 2010 年版。

2. 詹姆斯·M.布坎南:《赤字中的民主》,刘延安、罗光译,北京经济学院出版社 1988 年版。

3. 詹姆斯·M.布坎南、戈登·塔洛克:《同意的计算》,陈光金译,中国社会科学出版社 2000 年版。

4. 丹尼斯·C.缪勒:《公共选择理论》,杨学春、李绍荣、罗仲伟、龙超译,中国社会科学出版社1999年版。

5. 曼瑟尔·奥尔森:《集体行动的逻辑》,陈郁、郭宇峰、李崇新译,上海人民出版社1995年版。

6. 安东尼·唐斯:《官僚制内幕》,郭小聪等译,中国人民大学出版社2006年版。

7. 方福前:《公共选择理论——政治的经济学》,中国人民大学出版社2000年版。

第五章 公共支出

本章学习目标：

- 了解财政支出应坚持的基本原则和各种不同的分类方法；
- 熟悉财政支出结构的变化趋势、规模及其影响因素；
- 理解财政支出效益的含义及特性，并深入了解考察财政支出效益的方法；
- 能够熟练运用所学财政支出的基础知识，分析现实中相关的经济现象；
- 正确运用评价财政支出效益的方法，解决现实中财政支出出现的问题。

公共支出是公共部门为履行其职能而发生的一切费用的总和，也就是为弥补市场失灵而提供公共产品和服务所安排的支出。公共支出是公共财政活动的一个重要方面，这不仅是因为公共财政对经济的影响主要表现在公共支出上，而且，政府干预、调节经济的职能也主要是通过公共支出来实现的。公共支出的规模和结构反映了公共部门对经济和社会干预的力度和方向。本章主要介绍公共支出规模和结构发展变化的趋势及其原因，购买性支出和转移性支出的具体内容及其经济影响，以及评价财政支出效益的方法。

第一节 公共支出概述

在深入分析公共支出之前，首先要界定公共支出的含义，探讨安排公共支出的原则和不同标准下的分类方法。

一、公共支出的含义

公共支出又称政府支出、财政支出，是指政府为履行其职能而支出的一切费用的总和，是政府行为的成本。一方面，政府的活动是以社会公共需求为基础的,政府必须满足社会的公共需要以保证公众基本生活的需求,如满足社会对国防安全、社会秩序、行政管理、外交事务等方面的需要,满足社会对社会公益事业如社会基础性文化、教育、科技、卫生事业及社会保障等的需要,满足社会对社会公共设施如道路、桥梁、邮电通信、自然资源和生态环境保护等的需要,等等。为满足这部分公共需求而发生的支出都属于公共支出的范围。另一方面,在现代社会的市场经济体制下,市场失灵会引发一系列社会和经济问题,为了矫正市场失灵,政府也要对市场进行干预,如调节总量平衡和结构优化的支出,调节地区之间、产业之间关系等等。政府为了调节市场关系,保证经济平稳运行所产生的支出也属于公共支出。总的来说,公共支出就是为了满足社会公共需要和调节市场运行进行的资源配置活动,政府将通过财政收入集中起来的资金进行有计划的分配而发生的一切支出。

随着现代社会公共需求的不断增加和经济的不断发展,公共支出的规模也不断地扩大,同时其结构也不断地发生变化。这种变化实际上反映着政府在社会中进行的资源再分配,即在哪些物品上多花钱,为社会中的哪部分群体多花钱,为什么花钱,以及怎么花钱等,这些实际上反应的都是资源配置问题。

二、公共支出原则

公共支出所分配的是公共资源,为了不浪费公共资源,就必须把握公共支出的原则。一般来说,有效的公共支出应遵循以下原则:

(一) 公共利益原则

政府公共支出的目的是为了满足社会公共需求和弥补市场失灵,其根本目标是追求公共利益,而不是为政府成员追逐利益,尤其是经济利益,从这方面说公共支出必须遵行公共利益原则。公共支出的公共利益原则主要表现为:一是要实现社会利益的最大化。公共支出解决的是公共事务,即政府代表公众承担的具有公益性的问题,如保障国家安全、社会稳定、建设公共工程、社会福利支出等。这类公共产品关涉社会全体成员的共同利益,而又是个人或私人组织无法提供的,公共支出就必须给予满足。二是不考虑特殊个人的利益。公共支出是以换取一定的产品和劳务等形式开支的,这些产品和劳务都应是满足公共利益的,而不能去满足部分人的私欲,尤其是部门内部成员个人的私利。三是不与民争利。政府为了弥补市场失灵不可避免地要进入市场领域,但是公共支出不应进入市场可以有效运行的领域,也不应与私人组织在市场上争利。公共支出虽然会涉入市场领域,但其性质都是非营利性的,当政府依靠公共权力去追逐利润时,会导致市场机制的扭曲和破坏。

(二)公平原则

公平是政府追求的根本目标,但它也需要政府通过安排公共支出去实现。一方面,政府的公共支出要公平地对待每个人和每个群体,而不能为某些个人或群体的利益服务,更不能以牺牲公共利益的方式去满足特殊群体的利益;另一方面,公共支出又要兼顾横向公平与纵向公平,即同等对待同等情况的阶层与群体,差别对待不同情况的阶层和群体。横向公平意味着政府在公共支出的安排上要一视同仁,不能厚此薄彼,尤其不能差别地对待同等情况的人。纵向公平则意味着公共支出要考虑个人受益能力问题及社会公共利益最大化问题,如对老弱病残及失业人员的福利支出,对某些关涉公众利益的企业的补贴等,这种纵向的差别化支出可以起到维护社会稳定、扩大就业、稳定经济等作用,体现了社会公平。

(三)节约与效益原则

公共支出使用的是公共的财富,因此就必须更加注重节约的原则。私人在支配自己的财富时往往会很谨慎,厉行节约的原则,而对于公共资源的使用往往会较随意,因此就必须强调公共支出的节约原则,要求严格按照节约精神办事,防止人力、物力、财力的不必要浪费。

公共支出的效益原则是要求政府通过公共支出使资源得到最优配置。一方面,公共支出的效益体现为成本—效益的最大化,用最少的支出成本来换取最大的效益;另一方面,效益原则要求政府通过公共支出使社会资源在公共部门和私人部门之间的配置达到最优,即在两个部门中社会资源的边际效益相等,从而达到社会资源配置的帕累托状态。

三、公共支出的分类

公共支出分类,既是公共经济学的理论问题,也是公共部门实践问题,合理的分类对于经济分析和公共部门管理具有重要意义。

(一) 经常性支出和资本性支出

公共支出按照公共支出发挥效益的时间分类可以分为经常性支出和资本性支出两大类。经常性支出是维持公共部门正常运转或保障人们基本生活所必需的支出,主要包括人员经费,公用经费及社会保障支出。这种支出的特点是,它的消耗会使社会直接受益或当期受益,比如,行政管理费包含公务员的工资、办公费、差旅费和修缮费等,这些费用的消耗就会形成当期的行政管理、社会秩序、社会安定和经济信息等公共服务。

经常性支出直接构成当期公共服务的成本。按照公平原则,公共服务的受益应与本期公共服务的成本相对应,如果人们消费了本期公共服务却没有支付相应的代价,那就会违背公平原则。所以,理论上认为经常性支出的补偿方式应为税收,如果通过发行公债来为经常性支出筹资,实际上就是将本期公共服务的成本递延到未来,这样就会使公共服务的受益与公共服务的付费在时间上发生差异。

资本性支出是用于购买或生产使用年限在一年以上的耐用品所需的支出,例如,建筑厂房、购买机械设备、修建铁路和公路等生产性支出,或者建筑办公楼、购买公车和办公用品等非生产性支出。资本性支出的耗费的结果是形成一年以上的可供长期使用的固定资产,这些固定资产在当期以及以后的较长时间内发挥作用,所以根据折旧原理,资本性支出的一部分应在当期得到补偿,而大部分应分摊到未来的使用期;如果全用当年税收去补偿全部的资本性支出,就等于将未来公共商品的成本提前到本期,这样也会使公共商品的受益与公共商品的付费在时间上发生差异。这就是说,资本支出的补偿方式有两种:一是税收:本期享用的公共商品成本的补偿;二是公债:未来发挥作用的公共商品的成本分担。

(二) 购买性支出与转移性支出

公共支出按公共支出与经济活动的关系分类可以分为购买性支出与转移性支出。所有的公共支出无一例外地表现为资金从公共部门手中流出,但是,不同的公共支出对预算的约束以及国民经济的影响不同。按照公共支出是否与商品和服务相交换为标准可将全部公共支出分为购买性支出和转移性支出两类。购买性支出直接表现为公共部门购买商品和服务的活动,包括购买进行日常政务活动所需的或用于国家投资所需的商品和服务的支出,此类支出的目的和用途虽然有所不同,但却具有一个共同点:财政一手付出了资金,另一手等价地购得了商品和服务,并运用这些商品和服务实现国家的职能。可见购买性支出体现在公共部门与其他经济主体一样在市场上从事等价交换的活动,当然它所体现的是公共部门的市场性再分配活动。转移性支出则与此不同,它们直接表现为资金无偿的、单方面的转移。这类支出主要有补助支出、捐赠支出和债务利息支出。这些支出的特点就是公共部门付出了资金,却无任何所得,它所体现的是公共部门的非市场性再分配活动。

购买性支出与转移性支出的分类具有较强的经济分析意义:一是,购买性支出所起的作用,是通过支出使公共部门掌握的资金与微观经济主体提供的商品和服务相交换。在这里,公共部门直接以商品和服务的购买者身份出现在市场上,因而,对于社会的生产和就业有直接的影响。此类支出当然也影响分配,但这种影响是间接的。转移性支出所起的作用,是通过支出过程使公共部门的资金转移到领受者手中,是资金使用权的转移,微观经济主体获得这笔资金以后,究竟是否用于购买商品和服务以及购买哪些商品和服务,这已脱离了公共部门的控制,因此,此类支出直接影响收入分配,而对生产和就业的影响是间接的。二是,在安排购买性支出时,公共部门必须遵循等价交换的原则,因此,通过购买性支出体现出的政府活动对公共部门预算形成较强的效益约束。在安排转移性支出时,公共部门并没有十分明确的原则可以遵循,加之,公共支出的效益也极难精确计算,转移性支出的规模及其结构也在相当大的程度上只能根据公共部门同微观经济主体、中央政府与地方公共部门的谈判情况而定,显然,通过转移性支出体现出的财政活动对公共部门预算的效益约束是软性的。三是,微观经济主体在同公共部门的购买性支出发生联系时,也须遵循等价交换原则。对于向公共部门提供商品和服务的企业来说,它们收益的大小,取决于市场供求状况及其销售收入同生产成本的对比关系,所以,对微观经济主体的预算约束是硬性的。微观经济主体在同公共部门的转移性支出发生联系时,并无交换发生。因而,对于可以得到公共部门转移性支出的微观经济主体来说,它们收入的高低在很大程度上并不取决于自己的实力,而取决于同公共部门讨价还价的能力。显然,对微观经济主体的预算约束是软性的,因此,转移性支出分配上难免会出现"会哭的孩子有奶吃"的现象。

综上所述,在公共支出总额中,购买性支出所占的比重相对大,政府活动对生产和就业的直接影响就大些,通过政府所配置的资源的规模就大些;反之,转移性支出所占的比重大,政府活动对收入分配的直接影响就大些。

（三）支出功能划分法

我国公共支出按照支出功能分类设置,这种分类体系能更为清楚地反映公共部门各项功能活动。从分类结构来看,按公共部门管理和部门预算的要求,按支出功能设置类、款、项三级科目。类级科目是综合反映公共部门的职能活动,如国防、外交、科技、社会保障、环境保护等;款级科目是反映为完成公共部门某项活动的某一方面的工作,如"教育"类下的"普通教育";项级科目是反映为完成某一方面工作所发生的具体事项,如"水利"款下的"抗旱""水土保持"等。

《2011年公共部门收支分类科目》支出功能分类科目中类级科目现行规定有26项,包括:一般公共服务、外交、国防、公共安全、教育、科学技术、文化体育与传媒、社会保障和就业、社会保障基金支出、医疗卫生、节能环保、城乡社区事务、农林水事务、交通运输、资源勘探、电力信息等事务、商业服务业等事务、金融监管等事务、地震灾后恢复重建支出、国土资源气象等事务、住房保障支出、粮油物资管理事务、储备事务支出、预备费、国债还本付息支出、其他支出、转移性支出。

第二节 公共支出的规模与结构

公共支出的规模和结构是公共需要的具体实现,本节分析公共支出的规模和结构变化趋势及其内在原因。

一、公共支出的规模

公共支出规模体现了公共需要的满足程度,反映了政府活动的规模。衡量财政活动规模可以用公共收入和公共支出的绝对数指标来表示,也可以用它们占国民生产总值的相对数来表示,但公共支出占GDP的比重比公共收入占

GDP 的比重更能反映政府对市场的干预程度。理由有三:(1)公共收入占 GDP 的比重常常被人们视为衡量财政集中程度的指标,但实际上,公共支出占 GDP 的比重更能反映出财政的集中程度,因为,无论取何种形式的公共支出,无一例外地都表现为财政对 GDP 的实际使用和支配的规模。而公共收入则只是标示了财政可能使用和支配的规模,它常常并不代表实际发生的规模。(2)公共收入反映的是财政参与 GDP 分配过程的活动,公共支出反映的则是财政在参与 GDP 使用过程中的活动,从社会再生产过程来看,是通过公共支出的规模和结构实现资源的配置,直接影响社会再生产的规模和结构,财政分配的全过程固然始于公共收入,但最终完成于公共支出。(3)公共收入和公共支出都体现了财政对宏观经济运行的调控,但后者更能全面而准确地反映财政对宏观经济运行的调控能力。因为,财政的职能,特别是其中的配置资源职能,更主要的是通过公共支出来实现的。

(一)衡量公共支出规模的指标

上文已经说明,公共支出规模可以用绝对数指标来表示,也可以用相对数指标即公共支出占 GDP 的比重来表示,由这两个基本指标又可以衍生出反映公共支出发展变化的三个指标:

1. 公共支出增长率,以 $\Delta G(\%)$ 表示。公共支出增长率表示当年公共支出比上年同期公共支出增长的百分比(%),即所谓"同比"增长率。可用公式表示为:

$$\Delta G(\%) = \frac{\Delta G}{G_{n-1}} = \frac{G_n - G_{n-1}}{G_{n-1}}$$

公式中 ΔG 代表当年公共支出比上年增(减)额,G_n 代表当年公共支出,G_{n-1} 代表上年公共支出。

2. 公共支出增长弹性系数,以 Eg 表示。公共支出增长弹性系数是指公共支出增长率与 GDP 增长率之比。弹性(系数)大于1,表明公共支出增长速度快于 GDP 增长速度。用公式可以表示为:

$$Eg = \frac{\Delta G(\%)}{\Delta GDP(\%)}$$

式中 $\Delta \text{GDP}(\%) = \dfrac{\Delta \text{GDP}}{\text{GDP}_{n-1}} = \dfrac{\text{GDP}_n - \text{GDP}_{n-1}}{\text{GDP}_{n-1}}$ 代表 GDP 增长率，ΔGDP 代表当年 GDP 相对于上年 GDP 的增长额。

3. 公共支出增长边际倾向，以 MGP 表示。该指标表明公共支出增长额与 GDP 增长额之间的关系，即 GDP 每增加一个单位的同时公共支出增加多少，或公共支出增长额占 GDP 增长额的比例。用公式表示为：

$$MGP = \frac{\Delta G}{\Delta GDP}$$

（二）公共支出规模增长变化的一般趋势

在资本主义经济的早期，公共支出占 GDP 的比重是比较小的。作为指导理论的亚当·斯密古典经济学说提倡经济自由化，主张"廉价政府"，公共部门在经济、文化、社会发展方面很少有所作为。随着资本主义基本矛盾的发展和激化，公共部门为了维持经济发展和克服日益频繁的经济危机，加强了对经济的干预。同时，随着人均收入的不断提高和收入差距的扩大，为了防止社会动荡，公共部门通过财政的转移支付向广大群众和低收入阶层提供基本生活保障和社会保障，由此而导致公共部门公共支出的日益膨胀。另外，由于 GDP 的增长，筹措公共收入的措施加强，以及增发公债作为弥补支出的手段成为可能，也从财源方面支持了公共支出的膨胀。对于公共支出增长变化的一般趋势，许多学者作了大量的研究。

1. 瓦格纳法则

19 世纪德国经济学家阿道夫·瓦格纳最先提出公共支出扩张论，他的研究成果被后人称为"瓦格纳法则"。但瓦格纳关于公共支出增长的含义究竟是指公共支出在 GDP 中的份额上升，还是指它的绝对增长，这一点在当时并不明确。按照美国财政学家马斯格雷夫的解释，瓦格纳法则指的是公共支出的相对增长。于是，瓦格纳法则可以表述为：随着人均收入的提高，公共支出占 GDP 的比重也相应提高。根据这种解释，瓦格纳法则可以理解为图 5-1 所表示的公共支出与 GDP 之间的函数关系。

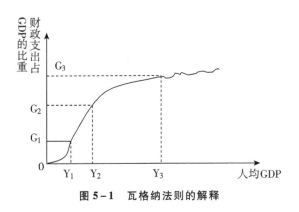

图 5-1 瓦格纳法则的解释

瓦格纳的结论是建立在经验分析基础之上的,他考察了 19 世纪的许多欧洲国家和日本、美国的公共部门的增长情况。他认为,现代工业的发展会引起社会进步的要求,社会进步必然导致国家活动的扩张。瓦格纳把导致公共部门支出增长的因素分为政治因素和经济因素。所谓政治因素,是指随着经济的工业化,正在扩张的市场与这些市场中的当事人之间的关系会更加复杂。市场关系的复杂化提高了对商业法律和契约的要求及建立司法组织以执行这些法律的要求,这样,就需要把更多的资源用于提供治安的和法律的设施。所谓经济因素,是指工业的发展推动了都市化的进程,人口的居住将密集化,由此将产生拥挤等外部性问题,这样也就需要公共部门进行管理与调节。此外,瓦格纳把对于教育、娱乐、文化、保健与福利服务的公共支出的增长归因于需求的收入弹性,即随着实际收入的上升,这些项目的公共支出的增长将会超过 GDP 的增长。

2. 皮科克和威斯曼的替代—规模效应理论

皮科克和威斯曼在瓦格纳分析的基础上,根据他们对 1890—1955 年间英国的公共部门成长情况的研究,提出了导致公共支出增长的内在因素与外在因素,并认为,外在因素是说明公共支出增长超过 GDP 增长速度的主要原因。他们对内在因素的分析是建立在这样一种假定上:公共部门喜欢多支出而公民不愿意多缴税,因此,当公共部门在决定预算支出规模时,应该密切注意公民关于赋税承受能力的反应,公民所容忍的税收水平是公共支出规模的约束条件。在正常条件下,经济发展,收入水平上升,以不变的税率所征得的税收也会上升,于是,公共部门支出上升会与 GDP 上升呈线性关系。这是内在因素作用的结果。但一旦发生了外部冲突,例如战争,公共部门会被迫提高税率,而公众在危急时期也会接受提高了的税率。这就是所谓的"替代效应",即在危急时期,公共支出会替代私人支出,公共支出的比重上升。但在危急时期过去以后,公共支出并不会退回到先前的水平。比如,一个国家在结束战争之后,总会积累大量的债务,公共支出会持续较高水平,因此,每一次较大的经济和社会动荡,都会导致公共支出水平上一个新的台阶。这种公共支出上升的规律,被称为替代—规模效应理论。

经济发达国家自18世纪末到如今100多年经济发展的实践,证明了瓦格纳以及皮科克和威斯曼等人的论述符合公共支出占GDP比重的发展变化的一般趋势。尽管由于各国的国情有所不同,因而公共支出占GDP比重的高低以及变化情况也有所不同,但却明显存在一种共同的趋势,即随着人均GDP的增长而逐步上升。但是,历史数据也说明,公共支出占GDP比重的上升不可能是无止境的,当经济发展达到一定高度,则呈现相对稳定的趋势,即稳定在一定的水平上,上下有所波动。20世纪80年代,主要经济发达国家已经达到这个发展阶段,主要经济发达国家公共支出占GDP比重的发展变化情况和趋势参见图5-2。

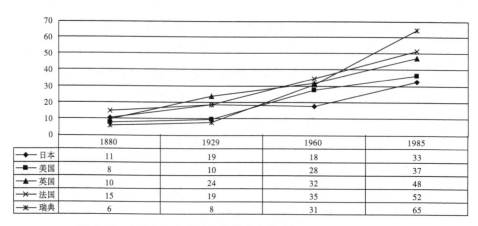

图5-2 主要经济发达国家公共支出占GDP比重变化趋势(%)

资料来源:根据中国财政经济出版社1988年9月出版的《1988年世界发展报告》第44页表2.1绘制。

发达国家的公共支出的增加与经济增长基本保持同步,公共支出占GDP的比重长期保持相对稳定,美国联邦政府公共支出占GDP的比重自1952年以来一直稳定在20%左右,英国政府公共支出从1973—1974财年以来基本稳定在35%—43%之间,澳大利亚政府公共支出从1974—1975财年开始基本稳定在36%—43%之间。

(三)我国公共支出规模发展变化的特殊性

上文的分析说明,公共支出的规模,或者说,公共支出占GDP比重的发展变化的一般趋势,是随着人均GDP的增长而上升,达到一定水平则相对稳定的。但由于各国国情的不同,不同的国家以及同一个国家的不同发展时期,这一比重的高低也是不同的,我国公共支出占GDP比重的发展变化有其本身的特殊性。

改革开放后,我国公共支出除1980、1981两年负增长外,其余年份都是增长的,而且增长速度不算很慢。但是,公共支出占GDP比重的运行状况则是另外一种情形。1995年以前这段时间内,由于公共支出增长速度慢于GDP增长速度,导致公共支出占GDP的比重一路下滑,1996年才停止下滑,1997年开始回升,而且回升速度较快。总体看来,改革开放后,我国公共支出占GDP比重的曲线呈现先逐年下滑而后又逐年回升的特征(参见图5-3)。这种发展变化的趋势明显体现了经济体制转轨时期的特征。

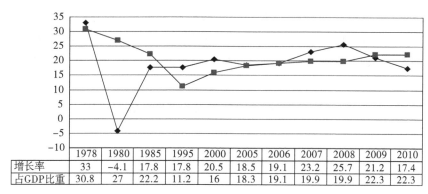

图5-3 我国公共支出的规模

资料来源:1978年—2008年根据《中国财政年鉴(2009)》相关资料编制,2009年、2010年根据当年预算执行情况报告相关资料编制。

在改革开放以前,我国公共支出占GDP的比重是比较高的,这是由当时的计划经济体制决定的。一方面,实行"低工资、高就业"政策,在GDP的初次分配中,个人收入所占的比重较小,同时,许多个人生活必需品由国家低价乃至无偿供给;另一方面,国有企业的利润乃至折旧基金几乎全部上缴国家,相应地,它们的固定资产和流动资金投资乃至更新改造投资,都由国家拨付。简言之,在改革前的社会主义经济中,国家扮演了一个总企业家和总家长的角色,这种角色在 GDP 分配上的体现,便是实行"统收统支"制度,既然要"统",公共支出占 GDP 的比重就必然较高。

改革开放以后,这种情况发生了变化。经济改革首先要解决的核心问题是调动千千万万个微观经济主体的积极性,使社会主义经济充满勃勃生机,为实现这一目标,实行放权让利政策显然是一个必要条件。所以,在改革之初,不可避免地要经历一个向国有企业放权让利和提高城乡居民收入水平的阶段,与此相对应,公共收入增长放慢了,许多项目的支出特别是预算内基本建设支出,便在公共支出账上或多或少有所缩减,有的甚至消失了,于是导致公共支出占 GDP 比重的下降。但是,公共支出占 GDP 比重的逐年下滑并不符合经济发展的一般规律。我国改革开放初期之所以逐年下滑,是经济体制转轨的必然结果,即为了改变计划经济时期公共部门包得过多、统得过死的局面,调整公共部门职能和分配格局,激发经济活力,推进经济体制改革;一旦经济体制迈上市场经济的运行轨道,随着经济改革的逐步到位和 GDP 的增长,逐年下滑趋势理应逆转,即下降的趋势会在某一时点中止,转而趋于回升。我国公共支出占 GDP 的比重于 1996 年停止下降,1997 年开始回升,特别是自 1998 年实行积极的财政政策以后,回升速度较快。2003 年转向稳健财政政策,随后几年虽然财政赤字逐年缩减,但同时公共收入增长率却是上升,因而公共支出占 GDP 的比重仍是上升趋势,特别是 2009 年由于骤然增加了 9500 亿元赤字,使公共支出占 GDP 的比重上升的幅度较大,达 22.3%。

二、公共支出的结构

公共支出的结构,简单来说,是指各项公共支出占总支出的比重,也称公共支出构成。公共支出规模与公共支出结构是紧密联系的,许多学者在研究公共支出规模增长趋势的同时也研究了公共支出结构变化的趋势。

(一)马斯格雷夫和罗斯托的经济发展阶段论

马斯格雷夫和罗斯托的经济发展阶段论就是联系公共支出结构的变化来

解释公共支出规模增长的原因。他们认为,在经济发展的早期阶段,公共部门投资在社会总投资中占有较高的比重,公共部门为经济发展提供社会基础设施,如道路、运输系统、环境卫生系统、法律与秩序、健康与教育以及其他用于人力资本的投资等。这些投资,对于经济与社会发展处于早期阶段的国家进入"起飞"以至进入发展的中期阶段是必不可少的。在发展的中期,公共部门投资还应继续进行,但这时公共部门投资将逐步转换为对私人投资的补充。马斯格雷夫认为,在整个经济发展进程中,社会总投资以及公共部门投资的绝对数会是增长的,但社会总投资占 GDP 的比重以及公共部门投资占公共支出的比重,则会趋于下降。罗斯托认为,一旦经济发展达到成熟阶段,公共支出将从基础设施支出转向不断增加的教育、保健与福利服务的支出,而且这方面支出的增长将大大超过其他方面支出的增长速度,也会快于 GDP 的增长速度。

(二) 内生增长理论

内生增长理论对公共政策在经济增长中的作用做出了新的解释。在现代经济增长理论中,新古典增长理论是最成熟也最具有代表性的,该理论将经济增长解释为生产要素(特别是物质资本)的积累过程,认为只要投资超过重置的原有机器(或者人口增长带来的人均资本下降),人均产出就会增加,经济就会增长。但是,资本积累存在收益递减趋势,当投资减少到只足以抵补折旧时,资本积累就会稳定下来,人均产出和经济增长则将停滞。尽管有的经济学家已经意识到,如果物质资本的载体在技术上更加先进,资本积累收益递减的趋势就会得以克服,即可实现人均产出和经济的持续增长。然而,该理论没有构建起相关的模型,仍然只是将技术进步视为经济增长的一种外生因素。从 20 世纪 80 年代开始,以罗默、卢卡斯为代表的一批学者,针对新古典模型的缺陷,提出了一种新的经济增长理论。该理论的基本思想是,劳动投入过程中包含着因教育、培训及职工再教育而形成的人力资本,物质资本积累过程中包含着因研究开发活动而形成的技术进步,生产性公共投资的增加也有助于提高物质资本的边际收益率,因此,生产要素积累的收益率不会出现递减趋势,长期增长率将大于"0"。显然,这一理论的贡献,是在于将原来认为是促进经济增长的外在要素内在化,据此人们将这种理论称之为内生增长理论。这一理论,对财政政策在经济增长中的作用也做出了崭新的诠释。认为生产性公共资本、人力资本和研究开发活动是一个国家长期经济增长的内在因素和内在动力,而这些因素具有明显的非竞争性、非排他性和外溢效应,具有"公共商品"的某些属性。也就是说,这些因素属于财政政策的变量的范围之内,所以,财政政策对经济增长和经济结构的调整,特别是对长期经济增长和经济结构的调整,具有重要的特殊的作用。公共支出结构不是一成不变的,不是僵化的。从客观上说,它取决于一个国家所处的经济发展阶段,公共支出结构的发展变化带有一定的规律性。但从公共部门制定财政政策的角度看,则必须根据一定时期的发展战略和政策目标以及经济形势的发展变化,推动公共支出结构的调整和优化,而内生增长理论为调整和优化公共支出结构提供了重要思路。

对于社会性公共服务的发展,发达国家普遍经历了物质财富普遍匮乏和最低限度的公共服务供给阶段,然后是物质财富快速增长但公共服务供给水平相对提高不快的阶段,二战以后,进入社会经济成熟期的发达国家才逐渐能够把相对丰裕的公共服务更均衡地分配到社会各个领域,形成政府财政支出中社会性公共支出占主体的基本格局。以美国为例(见图5-4),1968年以前,在政府支出中,用于教育、就业、医疗卫生、社会保障、收入保障等社会性公共支出的比重基本处于35%以下,1971年超过40%,1974年超过50%,1995年超过60%,2002年已经超过了65%。

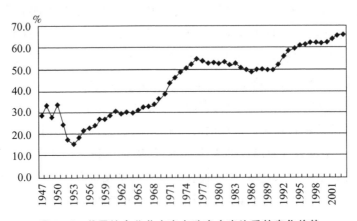

图5-4 美国社会公共支出占政府支出比重的变化趋势

资料来源:《发达国家政府公共服务支出的变化趋势及启示》,http://www.beinet.net.cn/fxyj/yjbg/200805/t228579.htm。

三、公共支出合理规模与结构的选择

（一）影响公共支出规模与结构的宏观因素分析

为探讨公共支出的合理规模,必须从分析影响公共支出规模的宏观因素入手,参照前人的规范性分析并结合本国公共支出发展变化的现实情况,寻求本国公共支出的最佳规模和结构。归纳起来,经常影响公共支出规模和结构的宏观因素有经济性因素、政治性因素和社会性因素三个方面：

1. 经济性因素

主要指经济发展的水平、经济体制以及中长期发展战略和当前经济政策等。关于经济发展的水平对公共支出规模的影响,上文讲到的马斯格雷夫和罗斯托的分析,说明了经济的不同发展阶段对公共支出规模以及支出结构变化的影响。经济发展水平决定公共支出规模的明显例证,是经济发达国家高于发展中国家。我国总的情况是,在较长的一段时期内我国是一个发展中国家,经济体制仍处于转轨过程中。从经济性因素来看,经济改革之初曾导致公共收入占 GDP 比重的下滑,这是财政为经济改革必须付出的成本和代价。随着经济体制改革的进展和经济的稳定增长,公共收入增长加快了,但为了完善社会公共服务,实现建设新农村、大力发展教育卫生事业、扩大就业和完善社会保障制度、推进产业结构优化升级、保护生态环境等任务,这就要求在一段时间内仍然需要适度提高公共支出占 GDP 的比重,因而公共收入增长的可能性和公共支出规模增长的必要性,将是今后一段时间内财政运行的主要矛盾。

2. 政治性因素

政治性因素对公共支出规模的影响主要体现在三个方面：一是政局是否稳定；二是政体结构和行政效率；三是公共部门的干预政策。关于政局稳定问题,皮科克与威斯曼的分析已略有所述,当一国发生战争或重大自然灾害等突发性事件时,公共支出的规模必然会超常规地扩大,而且事后一般难以降到原来的水平。关于政体结构和行政效率,首先是和一国的政治体制和市场经济模式有关,一般而言,倾向于集中的单一制国家,其公共支出占 GDP 的比重高一些,倾向于分权的联邦制国家则相对低一些,北欧各国由于公共部门包办高福利而导致公共支出规模最高。至于行政效率则涉及公共部门机构的设置问题,若一国

的行政机构臃肿,人浮于事,效率低下,经费开支必然增多。我国当前的关键,还是在于正确处理公共部门与市场的关系,进一步转变公共部门职能。

3. 社会性因素

如人口、就业、医疗卫生、社会救济、社会保障以及城镇化等因素,都会在很大程度上影响公共支出规模。在发展中国家人口基数大、增长快,相应的义务教育、卫生保健、社会保障、失业和贫困救济、生态环境保护以及城镇化等支出的增长压力便大。比如,我国在尚未实现工业化之前人口的老龄化已经来临,农村富余劳动力的增加迫切要求加快城镇化速度,加快经济建设与生态环境保护的矛盾日益突出,国有企业改革带来大量职工下岗失业,等等,诸如此类的许多社会问题,会对公共支出不断提出新的要求,构成扩大公共支出规模的重要因素。

(二)影响公共支出规模与结构的微观因素分析

为了寻求合理的公共支出规模,不仅需要分析影响公共支出的宏观因素,而且要分析和控制影响公共支出的微观因素。福利经济学对公共支出增长的分析主要是从微观角度进行的,它采用效用最大化的分析方法,将市场有效供给原理运用到公共部门公共商品的供应中,通过影响公共支出增长的变量,如公共商品的需求、公共商品的成本和价格、公共商品的质量、生产组织形式等,来分析和研究公共支出规模。实际上,本书所介绍的成本—效益分析法、最低成本法等分析方法,不仅是事后考核支出效用的方法,而且也是事前测定经济性支出和非经济性支出项目支出规模的方法,即从具体支出项目的支出来分析和优化公共支出的总规模和结构。

根据上述对影响公共支出规模的因素的分析,可以建立公共支出的回归分析模型,回归分析的结果对确定公共支出合理规模与结构有重要的参考价值。

第三节 购买性支出及其经济影响

购买性支出分为消耗性支出和资本性投资支出,它们都是社会再生产的正常运行所必要的社会公共需要,但消耗性支出是非生产的消耗性支出,它的使用并不形成任何资产,因此和投资性支出存在明显的差异。

一、消耗性支出

消耗性支出一般包括国防支出、行政管理支出和事业单位经常支出。

（一）国防支出

国家一经建立，必须执行的一项基本职能就是维护国家独立、领土完整、防御外敌侵犯、保障人民生活和促进世界和平，为此就需要建立军队和军事设施。国防支出是指预算中用于产生一定战斗力的消耗性支出，因而国防支出也是国家的基本支出。当然，国家在国防名义下所采取的行动以及在国防支出下安排的支出，并非都是防卫性的，如军国主义发动的侵略就是如此。

国防是一个非常特殊的部门，国防的资源配置由政治程序决定，国防的"生产任务"天然由国家组织军队生产，"安全安定"一旦产生，境内居民人人受益，而且这种受益居民个人不可能放弃也不可以转让，国防支出的最终成果通常就被认为是典型的纯公共商品，所以国防不可能按照市场交易的方式回收成本，而必须通过政府预算来补偿生产成本的消耗。

国防支出的主要项目包括国防费、民兵建设费、国防科研事业费和防空经费等，其中主要部分是直接用于部队建设的经费，包括人员经费、公用经费和装备经费等。国防费的保障范围，包括现役部队、预备役部队、民兵、国防科研事业和国防动员，以及负担部分退役军官供养、军人子女教育、支援国家经济建设等方面的社会性支出。

保持什么样的国防支出水平才能维护一个国家的安全，这是一个非常复杂的问题，这一方面取决于一国的战斗力是否足以威慑或抵御外族的入侵，另一方面取决于一国的外交能力，即取得国际舆论支持的能力是否足以化解战争的危险。战争时期与和平时期相比，国防支出的规模是大不一样的，但一般来讲国防支出规模受以下一些因素的制约：

（1）政治形势。国防支出的规模要根据国际国内形势判断战争的威胁情况，这就需要政治家根据政治、经济、文化、意识形态和世界演变趋势判读关于战争的可能对象及其战斗力水平和战争可能发生的机会大小，战争威胁增加，国防支出的规模应该提高，反之则应该降低。

（2）经济发展水平。一个国家的公共支出规模直接受制于其经济发展水平，国防支出是公共支出的一部分，最终还是受经济发展水平的制约。经济发展水平不仅仅是指一个国家GDP的产出能力，还包括产业结构和高科技的水平等因素，因为一国国防的核心震慑力是运用最先进的科学技术，因此掌握高科技和维持技术的高水平是维持一国强大战斗力的必要条件。

（3）民族凝聚力。对于战争来讲，武器是重要的，但决定性因素是"人"，是民心，民族凝聚力是一种综合因素，是综合国力的主要表现形式，是国防战斗力的潜在表现形式。

（4）国防产品的生产效率。国防公共部门是生产国防产品的生产部门，一定量的资源可以生产多少数量和质量的国防战斗力取决于国防公共部门的生产效率。国防部门的生产效率自然是制约国防支出的重要因素，如果国防战斗力的数量和质量既定，那么国防部门的生产效率越高，需要的国防支出就越少；也就是说同样的国防支出，高生产效率的国防部门就能生产数量更多或者质量更好的国防战斗力。

我国坚持走和平发展道路，统筹国内国际两个大局，妥善应对纷繁复杂的国际安全形势。我国依据发展与安全相统一的安全战略思想，对内努力构建社会主义和谐社会，对外积极推动建设和谐世界，谋求国家综合安全和世界持久和平。我国奉行防御性的国防政策，我国的国防，是维护国家安全统一、社会和平稳定的重要保障，建立强大巩固的国防是中国现代化建设的战略任务。新世纪新阶段我国的国防政策，主要包括以下内容：(1)维护国家安全统一，保障国家发展利益；(2)实现国防和军队建设全面协调可持续发展；(3)加强以信息化为主要标志的军队质量建设；(4)贯彻积极防御的军事战略方针；(5)坚持自卫防御的核战略；(6)营造有利于国家和平发展的安全环境。

2002年，我国GDP迈过10万亿元关口，军费开支也超过了1500亿元。此后，我国经济隔几年迈上一个台阶，2006年GDP超过20万亿元，2008年迈入30万亿元。我国的军费开支也相应提升，2004年超过2000亿元，2007年超过3000亿元，2008年又超过4000亿元，2009年达到4806亿元。国际上开始对我国军费的这种增长速度议论纷纷，而我国国防白皮书则把这种增长解释为"补偿性发展"。2010年我国国防费预算为5321.15亿元，比2009年增长7.5%，国防费增幅有所下降。2011年我国的国防预算约为6011亿元人民币，相比2010

年增加12.7%。2012年我国国防费预算为6702.74亿元人民币,比上年预算执行数增加676.04亿元人民币,增长11.2%。2013年,我国国防预算总额为7202亿,较2012年提升10.7%。(1999—2013年我国财政收支与国防费规模参见图5-5)

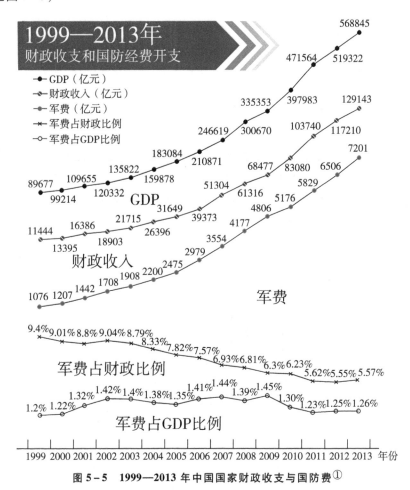

图5-5 1999—2013年中国国家财政收支与国防费[1]

图5-6显示2005年部分国家的国防费比较,图5-7显示2005年部分国家国防费占GDP的比重,两图足以说明我国当前的国防费规模,无论从绝对总额还是从相对水平来看,与几个大国相比仍处于低水平。2005年,我国国防费

---

[1] 根据网易新闻,《中国历年军费一览》,http://news.163.com/special/junfei/。

相当于美国的 6.19%,英国的 52.95%,法国的 71.45%,日本的 67.52%。特别是与军人人均数额相比,更明显偏低。2005 年我国军人人均国防费仅为 13.3 千美元,而美国为 356.6 千美元,日本为 188.5 千美元,我国是美国的 3.7%,日本的 7%。

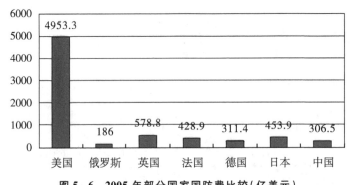

图 5-6 2005 年部分国家国防费比较(亿美元)

资料来源:《2006 年中国的国防》,《经济日报》2006 年 12 月 30 日 7 版。

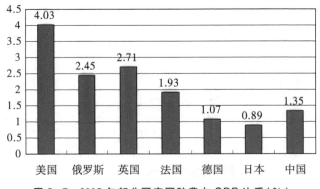

图 5-7 2005 年部分国家国防费占 GDP 比重(%)

资料来源:《2006 年中国的国防》,《经济日报》2006 年 12 月 30 日 7 版。

(二)行政管理支出

广义的行政管理支出包括现行《政府收支分类科目》中的以一般公共服务为主的三类科目:一是一般公共服务,包括人民代表大会、政协、党派团体、政府各部门等;二是公共安全,包括武装警察、公安、检察、司法等;三是外交,包括外交管理事务、驻外机构、对外援助、对外合作交流等。为了满足这类公共需要,必然形成项目众多而且数量可观的财政支出。按费用要素区分，行政管理支出包括人员经费和公用经费两大类。人员经费中主要包括工资、福利费、离退休人员费用及其他。公用经费中包括公务费、修缮费、设备购置费和业务费等。

在不同国家的不同时期，行政管理支出的规模也有所不同。自由资本主义时期，强调靠"看不见的手"调节经济，提倡"廉价政府"，因而当时的财政支出主要是行政管理支出，当时支出规模较小，占 GDP 的比重较低。行政管理既然是政府的一项基本职能，行政管理费当然不可能从财政支出中完全消失，甚至它的绝对规模不断增长也带有必然性。我们不妨对行政管理费包含的几项支出进行简略分析。一般公共服务支出的增加显然是党政机关扩大的结果，原有机关的扩大和机关新设，都会使机关经费——"人头费"和行政业务费增加。随着社会经济的发展，经济活动日趋复杂，"公共事务"也日益增多，则必然带来行政管理支出的增长。安全、检察、司法支出是维持社会经济运行秩序的保障。社会经济活动日趋复杂，社会交往的规模日益扩展，犯罪和违法事件以及经济和社会纠纷也必然增多，相应的公共安全经费的增长也是不可避免的。国际交往也会随经济发展和外事活动的频繁而增多起来，于是，驻外机构的费用、迎来送往的支出也将呈不断增加的趋势。将上述各方面总括起来看，不得不承认，行政支出不断增长是一个历史实践可以证实的不争的事实。然而，行政管理支出的绝对数是增长的，但它在财政支出总额中所占的比重却应是下降趋势，世界各国一般都是如此。马克思在谈共产主义第一阶段的社会产品分配时曾指出，与生产没有直接关系的一般管理费用"和现代社会比起来，这一部分将会立即极为显著地缩减，并将随着新社会的发展而日益减少"[①]。这里所说的减少当然是指在国民收入中所占份额的减少。

直接影响行政管理费用规模的主要因素有政府职能、机构设置、行政效率以及管理费本身的使用效率等。行政管理费是由人员经费和公用经费两部分组成的，政府职能范围的大小、机构设置的多少以及相关机关工作人员的多少，自然是决定行政管理费规模的关键因素。在较长时间内，我国政府机构和人员过分膨胀，是不争的事实。市场经济改革的目标之一，就是要转变政府职能，削

[①] 马克思、恩格斯：《马克思恩格斯全集》（第 19 卷），中共中央马克思恩格斯列宁斯大林著作编译局译，人民出版社 1965 年版，第 20 页。

减政府机构,然而,实际情况却不能令人满意。例如,与社会主义市场经济的运行有关的若干机构在扩大或者增设,而那些已与新体制运行不那么协调的机构却未及时压缩,新旧叠加的结果,自然是行政支出的增加。

改革开放以来,我国对政府机构先后进行了五次改革,但机构和人员膨胀的势头依然没有解除,由于机构设置的上下对口,中央每设一个机构,全国县以上就相应要设3000多个机构,还有庞大的乡镇一级政府机构。在削减政府机构的同时,各种仍然和政府机构尚未完全脱钩的事业单位、学会、协会和基金会等却有增无减。据有关统计资料显示,中国财政供养人口在1978年时为2015万人,至1997年初已增长到3675万人,增长了82.4%,相当于中国总人口同期增幅的3倍;1978年时为50个人供养一个财政供养人口,至1997年则要30个人供养一个财政供养人口,财政供养人口增加,直接增大了财政压力,也增大了人民的负担。

我国的行政管理费支出比例在公共支出比例中一直偏重,且各省行政管理费支出并不平衡。而且在中国的公共部门运营过程中,行政成本蕴含着许多诸如党政事业费之类的刚性支出。据相关研究,在1993—2006年间,伴随着市场化的增强,公共部门的行政成本相对支出规模和人均行政成本负担不断攀高(参见图5-8),主要原因是政治与市场结合导致了行政管理费的高涨,以至于造成了政府规模的不断扩大。

此外,行政管理费理应向公用经费倾斜,但我国的公用经费缺乏明确的界定,预算约束较弱,诸如人员、车辆、会议、电话等开支的增幅过快,以及某些变相的私人消费,如公费旅游、公款招待、大吃大喝等不正之风,屡禁不止。行政机构和人员队伍庞大,政企不分,而经费增长过快,滋长了官僚主义,助长了铺张浪费,也成为潜在的贪污腐败的温床。我国人口众多,行政事务繁杂,在传统体制下,事无巨细,政府包揽过多,而当前又处于转轨过程中,所以行政管理费的控制是一个十分棘手的问题。究竟要有一些什么样的政府部门,设置哪些机构,行政管理费应当维持多大规模,最终还是要通过正常的政治程序来完善和解决,为此首先需要进一步完善政治程序的科学化和民主化,提高透明度,公民也能得到充分的信息并实施有效的监督。

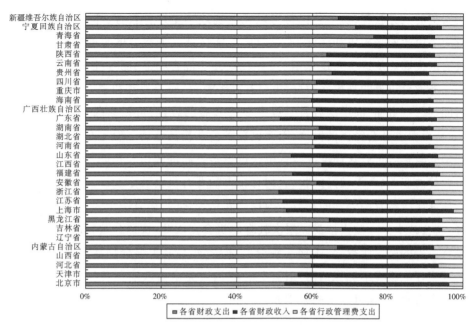

图 5-8 1993—2006 年各省行政成本与财政收支比照图

(三) 事业单位经常支出

事业单位经常支出是指政府对提供混合公共商品的生产单位的资助,事业单位提供的劳务有文化、教育、科学和卫生等。事业单位在提供的劳务中属于公共商品性质的部分政府要干预,属于市场性质的部分要遵循市场经济的法则。但混合公共商品的构成非常复杂,各种混合公共商品的私人性和公共性的构成比例是不同的,有的私人程度高些,有的公共程度高些。例如,在科学研究中,基础研究的公共性程度高些,应用研究的私人程度高些;环保、气象和防疫的公共性程度高一些;初等教育的私人受益程度大于高等教育,但初等教育是执行社会公平的重要政策工具,所以,高等教育的私人性程度高些。

1. 教育支出

(1) 教育支出的提供方式

从经济性质看,教育服务一般被看成是一种混合物品。然而,教育是分初、中、高几个层次的,而多数国家根据本国经济发展程度,通过宪法对初级教育规定若干年的义务教育。所谓义务教育,是保证公民基本素质的教育,既是每个公民的一种权力,也是每个公民的一种义务,带有强制性。既然是国家通过立法安排的义务教育,每个公民都可以无差别地享受这种教育,那么这种服务理所应当由政府来提供和保证,如果政府不能保证义务教育的足够经费,应视为政府的失职。从这个角度来看,义务教育并非混合物品,而是纯公共物品。至于义务教育以外的高层次教育,主要有高等教育、职业教育和成人教育等,具有两面性。一方面,高层次教育是提高公民素质的教育,可以为国家培养建设人才,从而促进社会经济的发展,因而也属于公共物品范畴。但还有另一个方面,就是受教育者可以从高层次教育中获得更多更高的知识和技能,为将来找到一份较好的职业、获得较高的收入、拥有较多的晋升机会奠定基础。也就是说,个人从高层次教育中得到的利益是内在化和私人化的,而且一个人接受高层次教育,就会减少另一些人接受高层次教育的机会。因此,按照公共物品理论,义务教育以外的高层次教育,不属于纯公共物品,而是属于混合物品。这也就不难解释为什么教育不能像国防和国家安全一样,完全由政府免费提供,它可以向受教育者收费,也可以由私人举办。

  但从实践来看,各国政府特别是发展中国家一般在提供教育服务方面发挥主导作用。之所以如此,是因为教育具有以下三个特点:一是,当今社会已进入知识经济时代,科技进步已成为经济增长的主要动力,而科技进步又来源于教育。二是,避免因收入差距而形成受教育机会的不公平。如果教育服务主要由私人部门提供,学费必然被抬高,则收入较低家庭的子女即使天资聪颖也会被拒于校门之外。而主要由政府提供教育服务,就可以为所有社会成员提供同等的受教育机会,从而保证教育机会的公平,并避免流失优秀的人才资源。三是,教育资本市场的不发达和不完善。对于家庭来说,用于教育的支出是一种人力资本投资,如果低收入家庭暂时无力支付学费,照理可以向金融部门申请贷款。问题是人力资本市场是一个不完全信息市场,在这个市场中,金融部门与借款者之间信息不对称,人力资本投资究竟有没有回报或者回报率有多高,事先是难以确定的,因而金融部门不愿轻易发放贷款,由政府主办教育服务并为教育贷款提供担保,则有助于弥补教育资本市场的不足。

  (2)我国教育经费的规模、结构和效率

  我国教育经费投入逐年加大,2007年全国教育经费占GDP的比重为

4.7%,国家财政性教育经费占 GDP 的比重为 3.19%。[1] 国务院于 1993 年在《中国教育改革和发展纲要》中提出了逐步将国家财政性教育经费提高到占 GDP 的 4% 的目标,财政部也提出中央本级财政支出中教育经费所占比重每年增加 1 个百分点的要求。预算内教育经费占财政支出的比重已由 2000 年的 13.1% 上升到 2007 年的 15.1%,国家财政性教育经费占 GDP 比重已由 2000 年的 2.6% 上升到 2007 年的 3.2%。

我国教育经费来源构成的基本特征,仍是以政府投入为主,但目前已经形成政府投入、民办学校、社会捐赠、事业收费(含学杂费)及其他经费等多种形式、多元化的教育资金来源结构,2007 年财政性教育经费仍占 68.2%,民办学校、社会捐赠的比重将逐步发展和扩大。即使财政性教育经费占 GDP 的比重于 2012 年达到《纲要》所要求的 4%,同世界发达国家和某些发展中国家比较,仍然存在差距。据 1995 年数据,世界平均水平为 5.2%,高收入国家为 5.5%,中等收入国家为 4.5%,低收入国家为 5.5%。若按在校学生人均教育经费来比较,显然差距更大。

理论和实践都证明,一国财政支出的规模和结构是影响教育经费效益的主要因素。目前我国不仅教育经费规模仍然偏低,而且教育经费在初等教育、中等教育和高等教育之间分布的级次结构也不尽合理。在高等教育快速发展的同时,忽视初级教育,特别是农村的普及教育长期处于落后的困境。根据《世界银行:世界发展报告》提供的数据,世界各类型国家三级教育的人均教育经费之比的共同特征是逐级升高,但级差则随着经济的发达程度呈反向关系,即经济越发达,级差越小,各级教育经费的级差在低收入国家和高收入国家之间的差距比较大,高收入国家初级教育经费与高级教育经费之比为 1∶2.2,而低收入国家则高达 1∶12.2。中国各级教育人均经费之差则远高于世界平均水平。三级教育人均教育事业费支出差距的大小与人均收入水平的高低呈反向关系,我国差距较大的这种状况,从客观方面说,和我国目前的经济实力、居民收入水平低下而且接受初级教育的生源众多有直接关系;但从政策方面说,我国教育投资体制改革迟滞以及长期忽视初级教育投入的倾向,也难辞其咎。近年来由于

---

[1] 中华人民共和国国家统计局:《中国统计年鉴 2009》,中国统计出版社 2009 年版,第 818 页。

政府加大初级教育的投入,差距已经逐步在缩小,但是,这样大的差距是长期积累的结果,需要逐步化解,短期内难以达到预期的目标。教育经费规模偏低和教育经费级次结构失调,必然影响教育经费的效率和效益。根据《世界银行:世界发展报告》提供的对我国 1997 年教育投入效益评估,当年我国人均 GNP 为 860 美元,属于中低收入国家,我国的教育投资社会收益率和个人收益率均低于同类国家的平均水平,并且低于世界平均水平。尤其是高等教育的收益率,中低收入国家平均水平为 11.4,世界平均水平为 10.7,而我国只有 5.05。主要原因在于,我国预算内教育经费占财政支出的比重仍相对较低,教育经费在各级教育之间的分布不够合理;另外,不完善的教育投资管理体制、工龄重于教育程度的工资分配制度、教育资源利用效率低下、大量高级人才外流,严重影响投入最大的高等教育投入的效益,这些因素也是教育投资效率和效益低下的重要原因。

2. 科学技术支出

(1) 把提高自主创新能力摆在突出地位

20 世纪以来,科技进步与扩散的速度和方式都发生了巨大的变化,科技对经济、社会发展的作用越来越突出,尤其是 20 世纪 90 年代以来,科技作为生产力中最关键因素的作用日益明显,知识密集型产业成为经济增长中长期稳定的主导因素。关于科技进步对于经济增长的贡献的研究有很多,在柯布—道格拉斯生产函数中,已开始考虑技术进步对产量的影响,但它无法解释科技进步的意义;在哈罗德—多马模型中,技术水平是假设不变的,只有在考虑经济长期波动时,技术进步才与人口增长一起作为影响经济波动的因素;而索洛—斯旺模型则将技术进步作为经济增长的外生因素;从 20 世纪 80 年代开始,以罗默、卢卡斯为代表的新经济增长理论突破性地将技术进步内生化,提出在技术进步条件下,资本边际效益递减规律可以避免,经济增长的持续性也可得以保持。

1929—1978 年间,美国经济增长率的 40% 来源于科技进步,到了 20 世纪 80 年代,经济发达国家的技术贡献率由世纪初的 5%—20% 提高到了 60%—80%,20 世纪 90 年代以来,高增长、低失业、低通胀的美国经济中以网络技术、生物工程技术等为代表的"知识经济"占了 60% 以上。科技进步作为一个连续不断的过程,其产生及扩散所具有的波状乘数效应,可放大其他生产要素的作用。科技进步对经济增长与社会进步的这种促进作用极大地激发了人们对科技投入、制度创新与文化转型的热情和动力。如何在不断增加科技投入的同时,界定政府投入和私人投资的边界,确定合理的政府投资规模和结构,提高投入的效益,不仅关系到科技水平和国际竞争力的提高,更关系到经济增长和社会进步的进程。

当我国开始进入"十一五"时期之际,于2006年初召开了全国科学技术大会,大会召开前夕,国务院发布了《国家中长期科学和技术发展规划纲要(2006—2020年)》。这一纲要立足国情,面向世界,以增强自主创新能力为主线,以建设创新型国家为奋斗目标,全面规划和部署了我国未来15年科学和技术的发展之路。全面落实科学发展观,构建社会主义和谐社会,要求加快转变经济增长方式,提高自主创新能力,其核心就是要尽快实现发展方式从资源依赖型向创新驱动型转变,实现从对外技术依赖型向自主创新型转变,使科技创新成为经济社会发展的内在动力和全社会的普遍行为,依赖制度创新和科技创新实现经济社会持续协调发展,从而确保实现2020年全面建设小康社会的宏伟目标。我国人口众多和资源、环境瓶颈制约的国情,决定了我国必须遵循创新型国家的发展道路。人口众多,在加快发展的过程中必然面临就业压力、城市人口迅速膨胀、社会老龄化、公共卫生与健康等一系列重大挑战;与此同时,人均能源、水资源等重要资源占有量严重不足,生态环境脆弱,成为快速发展的日益突出的制约。要克服这种客观存在的矛盾,根本的出路就是实行科技创新、建设创新型国家,否则就不可能从容应对国际竞争中所面临的机遇和挑战,甚至可能丧失科技进步和国际安全的战略主动权。

(2)国家的科技投入政策[①]和财政科技投入

国务院关于实施《国家中长期科学和技术发展规划纲要(2006—2020年)》的若干配套政策对我国科技的投入和激励政策做出了明确的阐述,其中有关财政政策的内容主要有以下三个方面:

一是完善科技投入机制。建立多元化、多渠道的科技投入体系,大幅度增加科技投入,全社会研究开发投入占GDP的比例要提高;确保财政科技投入的稳定增长,预算及其执行中超收的分配,都要体现法定增长的要求,"十一五"期间财政科技投入的增幅要明显高于财政经常性收入的增幅;财政科技投入的重点是支持基础研究、社会公益性研究和前沿技术研究;发挥财政资金对激励企

---

① 中华人民共和国国家统计局:《中国统计年鉴2009》,中国统计出版社2009年版,第820页。

业自主创新的引导作用,创新财政科技投入的管理机制。

二是税收激励。加大对企业自主创新投入的所得税税前抵扣力度,如允许企业按当年实际发生的技术开发费用的150%抵扣当年应纳税所得额;允许企业加速研究开发仪器以抵设备折旧,如单位价值在30万元以下的可一次摊入管理费,30万元以上的可采取适当缩短固定资产折旧年限或加速折旧的政策;完善促进高新技术企业发展的税收政策、完善促进转制科研机构发展的税收政策、支持创业风险投资企业的发展、扶持科技中介服务机构、鼓励社会资金捐赠创新活动。

三是政府采购。建立财政性资金采购自主创新产品制度,制定政府采购自主创新产品目录,加强预算控制,优先采购;改进政府采购评审方法,给予自主创新产品优先待遇;建立激励自主创新的政府首购和订购制度;建立本国货物认定制度和购买外国产品审核制度;发挥国防采购扶持自主创新的作用。

科研活动可以由个人或某一集体去完成,一般而言,科学研究的成果也可以有偿转让。但是,有一些情况会使科研成果的交易十分困难,因为科学研究是一种社会公共需要,科研的成本与运用科研成果所获得的利益不易通过市场交换来取得对称。所以,用于那些外部效应较强的科学研究活动,主要是基础性、公益性以及高新科技的科研经费,必须由政府来承担,而那些可以通过市场交换来充分弥补成本的科学研究,主要是应用性的科研经费,则可由微观主体来承担。

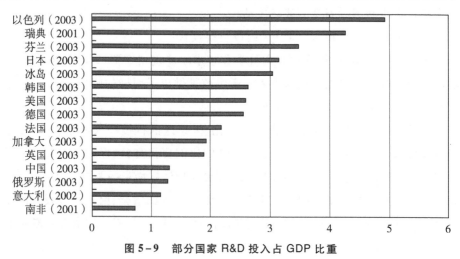

图5-9 部分国家R&D投入占GDP比重

资料来源:http://www.agpr.net,2003-05。

我国财政用于科学研究的支出是逐年增长的,特别是"十五"时期的增长幅度较大。但值得重视的是,科研经费占财政支出的比重却没有明显的提高,如1980年已达5.3%,2005年下降为3.9%,2008年为3.4%,这种现象在一定程度上反映了财政政策的指导思想,仍然没有完全从数量型增长观念的桎梏下解脱出来。当然,财政拨款的科技支出只是财政科技投入的一条渠道,财政还通过科技三项费用、税收优惠和财政补贴等多种渠道,带动和鼓励民间科技的投入,采取相应的政策激励广大企业扩大自主积累,增加科研费用,推动企业成为技术创新的主体。"十一五"期间,我国全社会的科技经费筹集和研究与试验发展经费的投入大大增加,2008年科技经费筹集额达9123.8亿元,比2005年增长73.7%,其中政府资金占20.8%,企业自筹资金占69.8%,金融机构贷款占4.4%;2008年研究与试验发展经费(R&D)占GDP的比重已由2005年的1.34%上升到1.52%。我国R&D经费占GDP的比重是逐步提高的,20世纪90年代的比值一直在0.70%左右徘徊,1999年以后这一比值开始迅速提高,2005年达到1.33%,2008年达到1.50%,"十二五"期间要求达到2.2%。但是从图5-9可以看出,我国与世界发达国家的水平相比还有较大差距。2003年,绝大多数发达国家的R&D经费占GDP的比重都在2%以上,以色列和瑞典甚至超过4%,日本为3.15%,韩国为2.64%,美国为2.60%,高水平的R&D投入强度是这些国家具有较高创新能力的重要保障。

3. 医疗卫生支出

(1) 医疗卫生支出的提供方式

据测算,1990年全球医疗卫生的花费至少17000亿美元,大约占全世界GDP的8%,因而医疗卫生事业成为全球经济中最大的产业部门。政府医疗卫生支出在卫生医疗总花费中占很大份额,各国医疗卫生总费用中平均60%是政府提供的公共支出,几乎囊括所有医疗卫生支出项目,并通过各种手段和机制干预私人医疗市场。当然,政府也不是包揽全部卫生医疗市场,而是选择政府应当介入的主要方面:一是提供医疗卫生领域的纯公共物品和部分准公共物品,保证这些公共物品的生产、提供和消费达到最优化。这些物品包括医疗服务、健康保护活动、帮助人们保持健康所利用的服务信息等。二是纠正信息不对称造成的市场缺陷,使医疗保险兼顾效率和公平。三是补助穷人,为其负担必要的保险,使其获得相应的基本医疗服务。

政府需要和能够在卫生医疗领域中提供的服务可以概括为两个方面:一是公共卫生服务。一般意义上,公共卫生项目都具有公共物品的属性,因此提供公共卫生服务项目属于政府的重要职责。根据世界银行的标准,该类服务包括以下内容:计划免疫、以学校为基础的医疗卫生服务、计划生育和营养的信息及某些服务、减少烟草和酒精消费的计划、为改善居民环境而采取的行为调控和信息服务、防治艾滋病等。就中国而言,一般概括为卫生监督、健康教育、疾病监控、卫生研究以及医疗救助等。二是基本医疗服务。从理论上说,提供基本医疗服务属于混合物品的范畴。因为基本医疗服务不具有明显的非竞争性和非排他性,但却具有很强的外部效应,同时,由于具有"拥挤性"的特点,政府在提供基本医疗服务的同时,实行一定的收费制度。根据世界银行标准,基本医疗服务至少包括5个方面的内容:妇女怀孕方面的治疗服务、计划生育服务;肺结核控制;控制传染性疾病;治疗常见的婴幼儿严重疾病,如腹泻、急性呼吸道感染、麻疹、疟疾和急性营养不良等;轻微临床上的治疗、小手术以及对不能用现有医疗技术彻底解决的健康问题提供咨询等。我国在医疗卫生改革中,对基本医疗服务应涵盖的内容,目前还没有一个统一的标准,但起码应有以下的共识:基本医疗服务应是基于政府为保障人民最基本的人权—健康权而提供的服务,是个人最迫切和急需的卫生医疗服务,是和一定的社会经济发展阶段相适应的公共部门能够负担的服务。

(2)我国卫生费用的投入情况及国际比较

20世纪80年代以前我国在卫生医疗事业上取得了举世瞩目的成就,曾经被世界卫生组织赞誉"用最低廉的成本保护了世界上最多人口的健康"(WHO,1978)。改革开放后,我国建立了遍及城乡的卫生医疗服务体系,消灭了一批危害人民健康的烈性传染疾病,居民平均期望寿命、婴儿死亡率、孕产妇死亡率等主要健康指标达到发展中国家的先进水平。然而,随着市场化改革的不断深入,中国卫生事业的发展却有所松动,滞后于经济和其他社会事业发展,其带来的诸多问题日益积累并暴露出来。从投入水平来看,中国卫生事业严重落后于世界各不同类型的国家。《金融与发展(1993年9月)》的资料反映,1992年我国人口占世界总人口的22%,而我国卫生总费用为折合130亿美元,仅占世界总卫生费用的1%,占我国当年GDP的3.5%,人均仅为11美元,不仅落后于发达国家,而且也严重落后于拉丁美洲国家和亚洲其他国家。就效率而言,尽管全社会的卫生投入有所增加,但居民综合健康指标却暴露出严重问题,特别是公共卫生领域,健康指标甚至恶化,已经被控制的部分传染病、地方病开始死灰复燃。就卫生医疗体系的公平而言,不同收入阶层之间卫生医疗需求的实际被满足程度严重分化,贫困阶层的基本医疗需求由于经济原因很难得到满足。2000年,世界卫生组织对191个成员国的卫生系统绩效进行了评估,中国政府卫生系统的综合效益评级位列第144位,而政府卫生支出的公平性评级排在第188位(WHO,2000)。

1997年《中共中央、国务院关于卫生改革与发展的决定》颁布,提出"中央和地方政府对卫生事业的投入,要随着经济的发展逐年增加,增加幅度不低于财政支出的增长幅度",特别是历经"SARS危机"之后,我国政府卫生支出规模有了明显的增加,参见表5-1。但是,从表5-2同其他国家的对比中,则可以明显看出,我国卫生医疗费用的投入仍然存在较大的差距,当前仍然处于世界的低水平。我国总卫生费用占GDP的比重仅与印度持平,低于其他国家;政府卫生支出占总卫生支出的比重和占财政支出的比重均显著低于其他国家。

表5-1 我国卫生总费用的比重

年份	卫生总费用（亿元）	占GDP的比重(%)	卫生总费用来源构成(%)		
			政府预算	社会支出	居民个人
2000	4586.6	4.6	15.5	25.5	59.0
2005	8659.9	4.7	17.9	29.9	52.2
2006	9843.3	4.6	18.1	32.1	49.3
2007	11289.5	4.4	20.3	32.6	45.2

资料来源：《中国统计年鉴(2009)》,表21-48。

注：1.本表卫生费用为测算数；

2.社会支出是指政府预算外资金投入,主要表现为社会医疗保险。

表 5-2　2003 年各国卫生支出规模比较

国别	卫生总费用占 GDP 比重	政府卫生支出占卫生总费用比重	政府卫生支出占财政支出比重
德国	11.1	78.8	18.5
瑞典	9.2	87.4	14.0
英国	7.7	83.4	14.6
美国	15.0	44.4	18.2
日本	7.9	81.5	16.9
韩国	5.6	49.4	9.0
印度	4.8	24.8	3.9
中国	4.9	17.0	4.5

资料来源：外国数据根据 WHO（2004、2005、2006）、OECD（2003、2004、2005）有关数据计算。

二、投资性支出

（一）投资性支出的特点

投资是经济增长或经济发展的主要因素和主要动力。马克思在谈到货币资本的作用时把货币资本的投入看成是经济增长的第一推动力，因为任何一项投资或生产活动首先要从货币资本的投入开始。凯恩斯不仅认为投资是经济增长的推动力，而且还论述了投资对经济增长具有乘数作用。所谓投资的乘数作用，是指每增加 1 元投资所引起的收入增长的倍数，乘数与边际消费倾向同方向变化，边际消费倾向越大，乘数越大，同边际储蓄倾向呈反方向变化。

就政府公共投资与非政府投资对比而言，政府公共投资有自身明显的特点：一是，非政府投资是由具有独立法人资格的企业或个人从事的投资，作为商品生产者，他们的目标是追求盈利，而且，他们的盈利是根据自身所能感受到的微观效益和微观成本计量的，就是说，追求微观上的营利性，是非政府投资的第一个特点。由于政府居于宏观调控主体的地位，它可以从社会效益和社会成本角度来评价和安排自己的投资，政府公共投资可以微利甚至不盈利，但是，政府公共投资建成的项目,如社会基础设施等,可以极大地提高国民经济的整体效益。二是,企业或个人主要依靠自身的积累和社会筹资来为投资提供资金,自身积累规模和社会筹资都受到种种限制,一般难以承担规模宏大的建设项目,而且要追求盈利,一般主要从事周期短、见效快的短期性投资。而政府财力雄厚,而且资金来源多半是无偿的,可以投资于大型项目和长期项目。三是,企业囿于某些行业,投资不可能顾及社会效益,如果一个经济社会完全依靠非政府投资,投资结构是很难优化的。政府由于在国民经济中居于特殊地位,可以从事社会效益好而经济效益一般的投资,可以而且应该将自己的投资集中于那些"外部效应"较大的公用设施、能源、通信、交通、农业以及治理大江大河和治理污染等有关国计民生的产业和领域,换言之,在投资主体多元化的经济社会中,如果政府不承担这些方面的投资或投资不足,就会导致经济结构失调,经济发展速度就会遇到"瓶颈"制约。

各国政府投资在社会总投资中所占的比重存在着相当大的差异,影响这个比重的因素主要有二:一是,经济体制的不同。一般地说,实行市场经济体制,非政府投资在社会投资总额中所占的比重较大;实行计划经济体制或政府主导型的市场经济体制,政府投资所占比重较大。二是,经济发展阶段的不同。一般说来,发达国家的非政府投资占社会总投资的比重较大,欠发达国家和中等发达国家的政府投资所占的比重较大。由于存在上述差异,政府投资和非政府投资在一国投资活动中发挥作用的主从次序便有不同,但在市场经济体制下,属于市场活动的非政府投资在资源配置中起基础性作用,而政府投资主要在基础设施、关系国计民生的基础产业、支柱产业和高新产业领域发挥作用。形成这种投资格局的差异,主要不在于政府投资规模的大小,而在于经济运行机制的不同。

(二)投资性支出的主要领域

1. 基础设施投资

(1)基础设施公共投资的理由

基础设施是支撑一国经济运行的基础部门,它决定着工业、农业、商业等直接生产活动的发展水平。一国的基础设施越发达,该国的国民经济运行就越顺畅、越有效,人民的生活也越便利,生活质量相对来说也就越高。基础设施的内涵，有广义和狭义之分。狭义的基础设施，是指经济社会活动的公共设施，主要包括交通运输、通信、水利、供电、机场、港口、桥梁和城市供排水、供气等。广义的基础设施，还包括提供无形产品或服务的科学、文化、教育、卫生等部门。这里讨论的是狭义的基础设施，而狭义的基础设施是政府（财政）资本性投资的主要领域。

在社会经济活动中，基础设施与其他产业相比，具有不同的特征。从整个生产过程来看，基础设施为整个生产过程提供"共同生产条件"。基础设施特别是大型基础设施，大多属于资本密集型行业，需要大量的资本投入，而且它们的建设周期比较长，投资后形成生产能力和回收投资的时间往往需要许多年，这些特点决定了大型的基础设施很难由个别企业的独立投资来完成，尤其在经济发展的初期阶段，没有政府的强有力支持，很难有效地推动基础设施的发展。在经济发展过程中各国政府均对基础设施实行强有力的干预政策，不过干预的程度在发展的不同阶段有较大的差别。由于经济发达的国家经历了工业化的发展过程，基础设施已有了相当的基础，因而政府的干预程度相对较弱。而经济欠发达国家在经济增长过程中常常经受基础"瓶颈"的困扰，由于民间经济的财力有限，政府只能通过财政集中动员一部分资源，以加快基础"瓶颈"部门的发展。实际上，发展中国家的财政，除具有一般弥补"市场失灵"的作用外，还部分地充当着社会资本原始积累的角色。在我国经济发展过程中，长时间存在着结构性矛盾，基础设施的短缺长期成为社会经济发展的主要制约因素。随着经济的快速增长，供给增长滞后于 GDP 的增长，"瓶颈"作用曾经十分突出，至今仍然存在。1998 年我国实施积极的财政政策，主要是通过增发国债的方式，重点用于大江大河的治理、农林水利、交通通信、环境保护、城乡电网改造、粮食仓库和城市公用事业等基础设施建设，目前公共设施的滞后状态已经大为改观。

（2）基础设施的提供方式

从经济性质看，基础设施从总体上说可以归类为混合物品，可以由政府提供，可以由市场提供，也可以采取混合提供方式。但在发展中国家，关系国计民生的大型工程一般是采取以政府为主、吸收社会资本参与的多种形式的混合提供方式。政府在确定基础设施投资之后，通常要就基础设施项目的特点进行具体分析,比如,是否关系国计民生,是否关系到国家安全,是否具有自然垄断性质,是否具有外部效应等等。如农村公路、城市街道具有很强的外溢性,难以通过收费弥补成本,私人部门通常不会投资于这类基础设施,一般要由政府承担。但像电信业中的长话服务,具有明显的排他性,可以通过收费弥补成本,也不存在外溢性,因而适宜于民间部门投资。

从我国的实践来看,基础设施投资的提供方式主要有以下几种形式:

① 政府筹资建设,或免费提供,或收取使用费。由政府独资建设的项目主要出于三种考虑:一是关系国计民生的重大项目,诸如长江三峡工程、青藏公路、南水北调之类的关系国家社会经济发展以及人民的当前和长远利益的重大项目,只能由政府采取多种渠道集资来提供;二是维护国家安全的需要,如宇航事业、核电站、战备公路等;三是反垄断的需要,垄断排斥竞争,垄断利润可能是以损害社会福利为代价的,例如垄断行业可能提供高的垄断价格和低质的服务,因此对垄断行业,政府可以通过公共定价严加管理,也可以由政府直接承担投资责任。还有一些基础设施,诸如市区道路、上下水道、过街天桥等,具有明显的非排他性或很高的排他成本,单项投资不大,数量众多,也适于作为纯公共物品由政府投资提供。

② 私人出资、定期收费补偿成本并适当盈利,或地方主管部门筹资、定期收费补偿成本。典型的例子是地方性公路和桥梁等公共设施的建设,如"贷款修路,收费还贷",就是这种提供方式。

③ 政府与民间资本共同投资。对于具有一定的外部效应、盈利率较低或风险较大的项目,政府可以采用投资参股、优惠贷款、提供借款担保、低价提供土地使用权、部分补贴和减免税收等方式,与民间资本共同投资,混合提供。如高速公路、集装箱码头及高新技术产业等基础设施建设,适于采取这种提供方式,政府在其中主要发挥资金诱导和政策支持作用。

④ 政府投资,法人团体经营运作。这种提供方式有几个优点:一是政府拥有最终的决策权,又可以使政府从具体的经营活动中解脱出来;二是法人团体拥有经营自主权,责任明确,可以提高成本效益的透明度,提高服务质量,道路、港口甚至中小型机场等都适于采用这种提供方式。

⑤ BOT 投资方式(建设—经营—转让投资方式)。BOT 投资方式是近年发展兴起的一种基础设施提供方式,是指政府将一些拟建的基础设施建设项目通

过招商转让给某一财团或公司,组建项目经营公司进行建设经营,并在双方协定的一定时期内,由项目经营公司通过经营,偿还债务,收回投资并盈利,协议期满,项目产权收归政府。这种投资方式的最大特点,是鼓励和吸引私人投资者特别是国外直接投资者对发电厂(站)、高速公路、能源开发等基础设施进行投资。

(3)基础设施公共投资的典型案例

长江三峡水利工程投资的来源和构成是政府筹资建设重大工程的典型案例。三峡工程是一座具有防洪、发电、航运、养殖、旅游、保护生态、净化环境、开发性移民、供水灌溉等巨大综合效益的宏伟工程,建设资金量之大、调动资源之多,是中华人民共和国成立以来绝无仅有的。三峡工程的静态总投资(未含物价上涨及施工期贷款利息),按1993年5月末的价格计算,为900.9亿元人民币,其中枢纽工程投资为500.9亿元,水库淹没处理及移民安置费用为400亿元。三峡工程施工期17年,全部完成建设约需20年,第11年(2003年)开始发电受益,后期工程投资较易解决。因此,工程投资的关键是发电前11年的资金,按1993年5月末价格计约650亿元。三峡水利工程的资金来源,采用多元化的集资办法,主要有:①三峡工程建设基金。国务院确定自1992年开始在全国电网征收0.3分/度的三峡工程建设基金(扶贫地区及农业排灌用电除外),1994年起征收标准改为0.4分/度,1996年起,在原征收基金的基础上,对三峡工程直接受益地区及经济发达地区,提高征收标准至0.7分/度。截止到1995年底,三峡建设基金为工程提供的建设资金,约占整个工程建设资金总需量的一半左右,是三峡工程建设最主要的资金来源。②自有资金,包括葛洲坝水电厂和三峡电站施工期的发电收入。③国内外贷款、发行债券及股份化集资。上述三项资金来源作为国家注入三峡工程建设的资本金,是工程筹资的基础。但三峡工程资金需求量巨大,上述资金不能完全满足工程建设的需求,仍留有较大缺口。不足的资金拟采取下列方式筹资:利用中国开发银行的贷款,每年约30亿元;根据实际情况,对国外设备采购采取出口信贷方式,选用国外政府贷款、国际金融组织和机构的贷款和商业贷款;在国外发行三峡工程债券及三峡工程自身的股份化集资等。

2."三农"投资

(1)"三农"公共投资的理由

在市场经济体制下,财政履行政府弥补"市场失灵"的功能,提供那些市场不能满足的具有"外部效应"的公共物品和公共服务,对"三农"的投入也是如此。对农业和农村来说,政府主要是提供以农田水利为核心的基础设施和农民急需的生活设施建设、农业科研和科技推广、环境保护、义务教育、技能培训、公共卫生等。

从根本上说,政府对农业和农村投入的必要性,不仅在于农业部门生产率较低下,自身难以产生足够的积累,更在于某些农业投入只适于由政府来提供,或理应由政府来提供。如大江大河的治理、大型水库和各种灌溉工程等,其特点是投资额大,投资期限长,牵涉面广,投资以后产生的效益不易分割,而且投资的成本及其效益之间的关系不十分明显。由于具有上述特点,农业固定资产投资不可能由分散的农户独立进行。在理论上,似乎存在着一种按"谁受益,谁投资"的原则来组织农户集资投资的可能,但由于衡量农户的受益程度十分困难,集资安排多半很难贯彻。对于此类大型固定资产投资项目来说,按地区来度量受益程度,从而分地区来负担项目费用似乎是可以做到的。但在这种安排下,地区应负担的费用多半要由地方财政来安排,而这在概念上就已属于政府投资了。又如农业科研活动和农业技术推广,也具有同样的特点。改造传统农业的关键在于引进新的农业生产要素,新的农业生产要素必须来自农业科研活动,科研成果应用于农业生产,必须经过推广的过程,为了使农户接受新的生产要素,还需要对农户进行宣传、教育和培训,为完成这一系列任务,需要筹集大批资金。在这里,我们遇到了一种典型的"外部效应"的案例。一项科研成果的推出,将会使全部使用的农户受益,但从事这项科研活动的单位却无论如何不可能将这项科研成果所产生的全部收益据为己有。农业科研单位的研究成果所产生的利益是"外溢"的,但是,进行这项科研活动所需的一切费用却只能由科研单位自己承担。不仅如此,科研活动存在着风险,而这些风险也只能由科研单位独力承担。在这里不必列出适于由财政进行"三农"投入的详细清单,但是,基本原则却是可以确定的,即凡是具有"外部效应"的、牵涉面广、规模巨大的农业投入,原则上都应由政府承担。

(2)"三农"公共投资的重点

为提高农业综合生产能力,促进现代农业发展,中央财政不断加大投入力度,完善政策措施,着力加强农业基础设施"硬件",提升农业科技水平"软件",改善农林生态环境,为探索中国特色农业现代化道路发挥了积极的作用。表5-3反映了"十一五"期间中央财政"三农"投入的情况,中央财政用于这一方面的投入始终保持快速增长态势。

表5-3 "十一五"期间中央财政"三农"投入(亿元)

	2006	2007	2008	2009	2010
财政"三农"投入	3517.0	4318.0	5955.5	7253.1	8579.7
增长率(%)	18.2	22.8	37.9	21.8	18.3

资料来源:根据2008年国民经济和社会发展计划执行情况报告、2009和2010年中央和地方预算执行情况报告资料编制。

"三农"公共投资的重点主要在以下几个方面:

① 加强农业基础设施建设。大力支持农村小型农田水利建设,实施小农水利重点县建设,基本覆盖了农业大县和产粮大县;进行重点中小河流重要河段治理;安排小型病险水库加固;支持耕地开发和土地整理、整治、复垦,加快中型灌区节水配套改造,开展中低产田改造、高标准农田建设,加强重点商品粮棉油基地建设,促进粮食等优势特色农业主导产业发展。

② 促进农业科技进步。积极支持农业领域科研工作,促进农业科技成果转化,加快农业技术推广,启动现代农业产业技术体系建设,开展农村劳动力转移培训,实施科普惠农兴村计划,建立起符合农业科研活动规律、农业科技工作特点和财政预算管理要求的财政农业科技投入体系。

③ 调动主要农副产品生产大县积极性。出台产粮大县奖励政策,逐步推出产油大县、超级产粮大县和超级产粮大省奖励政策,有效缓解产粮(油)大县的财政困难。

④ 大力支持农林生态保护和建设。分期实施天然林资源保护工程,全面启动退耕还林工程;正式建立森林生态效益补偿基金,结束森林生态效益无偿使用的历史;严格规范育林基金、森林植被恢复费的征收、使用、管理,促进林业可持续发展;支持实施国家重点水土保持建设工程。

⑤ 支持农业抗灾减灾救灾。陆续出台粮食主产区抗旱浇水、冬小麦"一喷三防"等措施;支持防汛抗旱抢险、应急度汛及水利设施修复;开展重大农作物病虫害防治、基层动物防疫;推动气象服务直接服务"三农";实施全国山洪灾害防治县级非工程措施建设;落实蓄滞洪区运用补偿政策;多次提高自然灾害生活救助标准。

3. 国有企业流动资金

随着政府对国有企业改革的深化,竞争性的国有企业逐渐改制,营利性国有企业自主权得到不断扩大。但国有企业很多时候是政府意图的贯彻者,国有企业扩大再生产的权利掌握在政府手中,不论是内涵式还是外延式企业;扩大再生产都需要增加资金投入,营利性企业可以通过市场方式获得资金来源,因此扩大再生产的资金也由政府预算安排,目前我国主要对新建企业的投产和自然垄断企业安排一部分预算资金。

三、购买性支出的经济影响

(一) 对流通领域的影响

政府的购买性支出,首先影响到物品或服务的销售市场。众所周知,在市场经济条件下,物品或服务必须通过市场销售后才能被使用;市场上必须有足够的有支付能力的需求,销售才能实现。

在现代经济条件下,社会总需求是由消费需求、投资需求和政府购买性需求构成的。政府的购买性支出显然对社会总需求的形成有重大影响。在社会总需求中占主要地位的消费需求,包括政府雇员、军事人员及其家庭的消费需求,而这些显然也是必须通过政府的购买性支出才能形成的。投资需求,主要是资本品的投资。私人部门只有在市场情况对它们有利的情况下才会进行这种投资,而只有在政府大量订货的刺激诱导下,市场情况才能满足其追求最大利润的欲望。所以,没有相应的政府购买性支出,私人部门的生产投资必然不能达到这样的规模。至于政府部门本身的购买性需求,更是社会总需求的一个组成部分,它的增减变动会直接制约社会总需求的形成。简言之,政府的购买性支出是各种物品或服务的销售得以实现的一个不可或缺的条件。

(二) 对生产领域的影响

政府的购买性支出,既然能够影响流通,自然也会在一定程度上影响生产。

政府购买性支出对生产领域的影响,可以从两个方面来分析,即购买性支出的增加和购买性支出的减少。

政府的购买性需求是社会总需求的一个重要组成部分。当购买性支出增加时,政府对物品或服务的需求增长,这就会导致市场价格水平上升,企业利润提高,企业会因利润率提高而扩大生产,所需的资本品和劳动力亦将随之增多。所需资本品的增多,又可以推动生产资本品的企业进一步扩大生产。扩大生产所需劳动力的增多,会引起就业人数的增多,从而引起消费品的社会需求膨胀,生产消费品的企业的生产规模扩大。在各部门企业相互刺激和相互推动的情况下,购买性支出的增加有可能在全社会范围内引起一系列企业的生产增长。随着社会生产的增长,对资本和劳动力的需求就可能增加,从而出现下述情况:在资本市场方面,由于投资的利润率有所提高,原来不愿投资的市场游资会转向生产,或者个人将储蓄资金的一部分用于投资;在劳动力市场方面,失业者会被吸收到生产中去,或者新生劳动力会获得就业的机会。资本和劳动力供给的增加,均为继续扩大社会生产提供了所需的物质条件。因此,政府购买性支出的增加,往往会通过直接或间接刺激社会总需求的增加,形成经济繁荣的局面。

当购买性支出减少时,则会出现相反的情况,即政府对物品或服务的需求减少,市场价格下降,利润率下降,企业收缩生产,所需资本品和劳动力减少。同样的道理,在各部门企业之间出现连锁反应、相互影响的情况下,政府购买性支出的减少可能导致社会生产普遍萎缩。随之,资本市场和劳动力市场亦将有相应的反应,一方面出现游离的闲散资本,另一方面出现失业的劳动力。由此而引起的投资和消费需求的减少,都会导致社会生产的继续萎缩。因此,政府购买性支出的减少,往往会通过直接或间接减少社会总需求,导致社会生产萎缩,形成经济衰退的局面。

(三) 对分配领域的影响

如果政府购买性支出的总额不变,而只是所消耗的物品或服务的种类发生变化,那么,为政府提供所需物品或服务的各个企业分别从政府购买性支出中所获得的收益额便会因此而发生变化。相应地,这些企业对各种生产要素的报酬也会有增有减。如果政府决定增加某种物品或服务的购置,同时减少另一种物品或服务的购置,那么,后者的生产企业或部门从政府购买性支出中所获得的利润以及对各种生产要素所支付的报酬,肯定会随之减少。被减少的这部分利润将转入政府增购物品或服务的生产企业或部门,并使这些企业或部门有可能对其所使用的各种生产要素支付较高的报酬。其结果是,各有关企业或部门从政府购买性支出中所获得的利润在比例上发生变化,有的增加,有的减少,整个社会的收入分配状况将因政府购买性支出结构的变化而受到相应的影响。

如果政府购买性支出不是在结构上发生变化,而是普遍增加或减少,那么,为政府提供所需物品或服务的各个企业或部门从政府购买性支出中所获得的收益额也会随之增减,当购买性支出普遍增加时,由于促使社会生产增长,特别是政府提供所需物品或服务的企业或部门的生产增长,资本的利润率和劳动力的工资率都会有所提高。而当购买性支出普遍减少时,由于社会生产因此而萎缩,特别是为政府提供所需物品或服务的企业或部门的生产萎缩,资本的利润率和劳动力的工资率都会有所下降。

第四节 转移性支出及其经济影响

本节在梳理转移性支出主要项目的基础上讨论转移性支出对流通和分配等领域的经济影响。

一、转移性支出的主要项目

(一) 财政补贴

1. 财政补贴的概念与特征

财政补贴总是和相对价格的变动联系在一起,或者是补贴引起价格变动,或者是价格变动导致财政补贴。因为有这种联系,很多人索性就把财政补贴称为价格补贴,因为与相对价格结构有直接关联,财政补贴便具有改变资源配置结构、供给结构与需求结构的影响。从理论研究的角度,可以把财政补贴定义为一种影响相对价格结构,从而可以改变资源配置结构、供给结构和需求结构的公共部门无偿支出。

WTO 组织为了维护世界贸易中非歧视、自由透明和公平竞争的秩序,专门制定了《补贴与反补贴措施协议》(简称 SCM),该协议对财政补贴的定义是指公共部门或任何公共机构向某一企业或某一产业提供财政补助或对价格或收入的支持,结果直接或间接增加从其领土输出某种产品或减少向其领土内输入某种产品,或者因此对其他成员利益造成损害的公共部门性行为或措施,是一种促进出口限制进口的国际贸易手段。"补贴"具有的特征是:(1)补贴是一种公共部门的行为,也包括公共部门干预的私人机构的补贴行为;(2)补贴的对象主要是国内生产与销售企业,但不一定仅指出口补贴,也包括对国内各产业部门、行业、企业或地区、科研部门的财政补助;(3)补贴的方式可以是多种多样的,既可以通过行政行为,也可以通过立法方式,既可以是金钱货物的直接给付,也可以通过免税、优惠贷款等间接渠道,既可以是现金的支付,也可以是货物的转移;(4)补贴的结果是利益的得失,对补贴方而言,表现为授予受补贴方某种利益,就受补贴方而言,则表现为从收入、成本或税额的增减中产生利益;(5)补贴的根本目的是增强有关产品在国内外市场上的竞争力;(6)补贴应具有专项性,根据《协议》第 2 条的规定,专向性补贴,是指成员方公共部门有选择地、有差别地而非普遍性地给予某一个(组)企业或产业提供的补贴。

2. 财政补贴的分类

(1)按照补贴的主体划分,财政补贴分为中央财政补贴和地方财政补贴。中央财政补贴列入中央财政预算。中央财政负责对中央所属国有企业由于政策原因发生的亏损予以补贴,同时对一部分主要农副产品和工业品的销售价格低于购价或成本价的部分予以补贴。地方财政补贴列入地方财政预算。地方财政负责对地方所属的国有企业由于政策原因而发生的亏损予以补贴,也对一部分农副产品销售价格低于购价的部分予以补贴。

(2)按照经济性质,可分为价格补贴、财政贴息和企业亏损补贴等。其中,价格补贴是指政府为了稳定人民生活,由财政向企业或居民支付的、与人民生活必需品和农业生产资料的市场价格政策有关的补贴。按产品类别不同划分,价格补贴具体包括粮油价格补贴、平抑物价补贴和其他价格补贴等。财政贴息是指政府财政对使用某些规定用途的银行贷款的企业,就其支付的贷款利息提供的补贴,即财政代企业向银行支付一部分利息。企业亏损补贴是指政府为使国有企业能按政府政策或计划生产经营一些社会需要的,但因客观原因导致产品亏损而拨付给企业的财政补贴。导致企业政策性亏损的原因,主要是由于产品计划价格水平偏低,不足以抵补产品的生产成本。此外,企业的技术设备落后和供销条件不利等因素,也是造成企业亏损的重要原因。企业亏损补贴按企业经营性质不同划分,可分为国内企业亏损补贴和外贸企业亏损补贴。

（3）按照再生产环节,可分为生产补贴、流通补贴和消费补贴。

生产补贴,又称生产性补贴,是指对社会再生产的生产环节进行的补贴。其补贴的项目主要有粮、棉、油加价款补贴,农用生产资料价格补贴和工业生产企业亏损补贴等。流通补贴,又称商业经营性补贴,是指对社会再生产的流通环节进行的补贴。其补贴项目主要有粮、棉、油价差补贴,平抑市场肉食、蔬菜价差补贴,民用煤销售价差补贴以及国家储备粮、棉、油等利息费用补贴。消费补贴,又称消费性补贴,是指对社会再生产的消费环节进行的补贴。其补贴项目主要有房租补贴、副食品价格补贴、水电煤补贴和职工交通补贴等。

（4）按透明程度,可分为明补和暗补。其中,明补是指将财政补贴作为预算的支出项目按照正常的支出程序直接支付给受补者。其优点是收支分明,受补贴单位应上缴财政的依法上缴,应获得的补贴由财政直接拨付。暗补是指财政补贴不构成预算支出项目,受补者也不直接获得补贴收入,只是从减少上缴和节约支出上受益。其优点是手续简便,工作量少,具有隐蔽性,实际上是一种坐支,但缺点是权责利关系不明确。

（5）按存续时间,可分为经常性补贴和临时性补贴。其中,经常性补贴是指因政策性原因在较长时间内给予的补贴,该补贴往往具有自我增长的特点。临时性补贴是指因某些临时性原因,一般给予一次性补贴。经常性补贴和临时性补贴只是相对而言的,如对国家规定的政策性亏损给予的补贴即为经常性补贴,在国家规定扭亏计划限期内给予的亏损补贴即为临时性补贴。

（6）按照补贴的透明性可以分为"明补"和"暗补"。由于对生产、流通环节的补贴,在一定程度上掩盖了价格与价值背离的关系,消费者往往看不见、摸不着,故称之为"暗补",而对于消费环节的补贴,群众看得见,摸得着,故称之为"明补"。

3. 财政补贴的确定

财政补贴是在特定的条件下,为了发展社会主义经济和保障劳动者的福利而采取的一项财政措施。它具有双重作用：一方面，财政补贴是国家调节国民经济和社会生活的重要杠杆。运用财政补贴特别是价格补贴，能够保持市场销售价格的基本稳定，保证城乡居民的基本生活水平，有利于合理分配国民收入，有利于合理利用和开发资源。另一方面，补贴范围过广项目过多也会扭曲比价关系，削弱价格作为经济杠杆的作用，妨碍正确核算成本和效益，掩盖企业的经营性亏损，不利于促使企业改善经营管理；如果补贴数额过大，超越国家财力所能，就会成为国家财政的沉重负担，影响经济建设规模，阻滞经济发展速度。一般而言，一种受补贴商品或产品只补贴一个环节，但有的商品同时补贴两个或三个环节。补贴环节不是固定不变的，要依据更有利于发挥财政补贴杠杆作用的要求而进行改革和调整。

（二）税式支出

1. 税式支出的概念

税式支出作为一个财税概念和一项行政措施是20世纪60年代以后出现的。1968年，美国财政部根据美国税收实践，首次提出税式支出概念。1973年，担任美国财政部长助理的斯坦尼·S.萨里在《税收改革的途径一书》中正式使用了"税式支出"一词，论述了有关税式支出的许多理论与实践问题。1974年，美国联邦预算法案将这一概念作为新的联邦预算中的一部分，应用于预算政策分析。1975年以后，美国各级预算都包含税式支出项目，并从法律上规定把税式支出作为美国国会预算编制的正式组成部分。美国的税式支出理论与实践引起了许多国家的重视，建立科学规范的税式支出制度已被列入我国财政体制改革总体规划。

目前各国就税式支出概念的表达方式不尽相同。有的国家，如美国和前联邦德国，从税收收入的损失角度出发，把税式支出定义为：联邦税法条款所允许的从毛收入中不予计列、豁免、扣除、特别抵免、优惠税率、纳税义务延期等而形成的收入损失；有的国家则强调以是否减轻了纳税人的税负来定义税式支出，如法国将税式支出定义为：税收制度的任何立法或行政措施所规定的优惠项目，只要减少了国家的税收收入，并减轻了纳税人的税收负担（与法国税法一般原则所规定的税负相比），就可以视其为税式支出。而有的国家则是从与直接支出相比较的角度来下定义，如澳大利亚把税式支出定义为：原则上可以由直接支出代替的那些特殊的税收立法。所有这些定义的共同点是:税式支出是与"正规"的、"标准"的、"基础"的或"一般可接受"的税制结构的背离,是以特殊的法律条款规定的、给予特定类型的活动或纳税人以各种税收优惠待遇而形成的税收收入损失或政府放弃的收入。可见,税式支出是公共部门的一种间接性支出,属于财政补贴性支出。

2. 税式支出分类

从税式支出设计的目的或者所发挥的作用的角度,可分为照顾性税式支出和刺激性税式支出。

照顾性税式支出,主要是针对纳税人由于客观原因在生产经营上发生临时困难而无力纳税所采取的照顾性措施。例如,某些国有企业由于受到扭曲的价格等因素的干扰,造成政策性亏损,或纳税人由于自然灾害造成暂时性的财务困难,公共部门除了用预算手段直接给予财政补贴外,还可以采取税式支出的办法,减少或免除这类纳税人的纳税义务。可见,这类税式支出明显带有财政补贴性质,目的在于扶植国家希望发展的但又处于亏损或微利的各类企业,不得不注意的是,在采取这种照顾性质的税式支出时,必须严格区分经营性亏损和政策性亏损,要尽可能地避免用税式支出的手段去支持因主观经营管理不善所造成的财务困难。

刺激性税式支出,主要是指用来改善资源配置、提高经济效益的特殊减免规定,主要目的在于正确引导产业结构、产品结构、进出口结构以及市场供求,促进纳税人开发新产品、新技术以及积极安排劳动就业等。刺激性税式支出又可分为两类:一是针对特定纳税人的税式支出;二是针对特定课税对象的税式支出。前者主要是那些享受税式支出的特定纳税人,不论其经营业务的性质如何,都可以依法得到优惠照顾;而后者则主要是从行业和产品的性质来考虑,不论经营者是什么性质的纳税人,都可以享受优惠待遇。

3. 税式支出的具体形式

尽管各国对税式支出已有明确的定义,但在实践中,真正把税式支出项目与正规的税制结构截然区别开来,并非易事。许多国家一般把是否能用直接支出作为区分标准:如果能用直接支出替代的减免项目就列为税式支出,否则,就不能算是税式支出。例如,根据所得税制的构成原则,本不属于课税范围的一些扣除和减免项目,诸如个人生活费用的扣除,为取得所得而支出的成本扣除等,就不能列入税式支出的范围。税式支出项目的具体确定虽然困难重重,但还是有一定规律可循。就刺激经济活动和调节社会生活的税式支出而言,其一般形式大致有税收豁免、纳税扣除、税收抵免、优惠税率、延期纳税、盈亏相抵等。

(1) 税收豁免。是指在一定期间内,对纳税人的某些所得项目或所得来源不予课税,或不将其某些活动列入课税范围等,以豁免其税收负担。至于豁免期和豁免税收项目,应视当时的经济环境和政策而定。最常见的税收豁免项目有两类:一类是免除关税与货物税,另一类是免除所得税。免除机器或建筑材料的进口关税,可使企业降低固定成本;免除原材料以及半成品的进口关税,可增强企业在国内外市场的竞争能力;免除货物税同样也可降低生产成本,增强市场的价格竞争力。至于免除所得税,一方面可以增加新投资的利润,使企业更快地收回所投资本,减少投资风险,以刺激投资,例如,对企业从治理污染中取得的所得不计入应税所得中,激发企业治理污染的积极性;另一方面可以促进社会政策的顺利实施,以稳定社会正常生活秩序,诸如对慈善机构、宗教团体等的收入不予课税。

(2) 纳税扣除。是指准许企业把一些合乎规定的特殊支出,以一定的比率或全部从应税所得中扣除,以减轻其税负。换言之,纳税扣除是指在计算应课税所得时,从毛所得额中扣除一定数额或以一定的比率减少纳税人的应课税所得额。在累进税制下,纳税人的所得额越高,这种扣除的实际价值就越大。因为,一方面,有些国家的纳税扣除,是按照纳税人的总所得,以一定的百分比扣除,这样,在扣除比率一定的情况下,纳税人的所得额越大,其扣除额就越大;另一方面,就某些纳税人来说,由于在其总所得中扣除了一部分数额,使得原较高税率档次降低到低一级或几级的税率档次,这等于降低了这部分纳税人的课征税率。

(3) 税收抵免。是指允许纳税人从其某种合乎奖励规定的支出中,以一定比率从其应纳税额中扣除,以减轻其税负。对于这种从应纳税额中扣除的数额,税务当局可能允许也可能不允许超过应纳税额。后者被称为"有剩余的抵免";若是前者,即将没有抵尽的抵免额返还给纳税人,就称之为"没有剩余的抵免"。在西方国家,税收抵免的形式多种多样,其中主要的有两种形式,即投资抵免和国外税收抵免。投资抵免,因其性质类似于公共部门对私人投资的一种补助,故亦称之为投资津贴。其大概意义是指,公共部门规定凡对可折旧性资产投资者,其可由当年应付公司所得税税额中,扣除相当于新投资设备某一比率的税额,以减轻其税负,借以促进资本形成并增强经济增长的潜力。通常,投资抵免是鼓励投资以刺激经济复苏的短期税收措施。国外税收抵免,常见于国际税收业务中,即纳税人在居住国汇总计算国外的收入所得税时,准予扣除其在国外的已纳税款。国外税收抵免与投资抵免的主要区别在于,前者是为了避免国际双重征税,使纳税人的税收负担公平;后者是为了刺激投资,促进国民经济增长与发展,它恰恰是通过造成纳税人的税收负担不平等来实现的。

税收抵免与税收扣除的不同之处在于,前者是在计算出应纳税额后,从中减去一定数额,后者则是从应税收入中减去一定金额。由于税收抵免可以减轻纳税人的税收负担,增加其税后所得,它通常作为一种公共部门的政策工具在实践中加以应用,以实现公共部门的某些政策目标。因此,美国的外交政策影响税收规定也就不足为奇了。比如,美国的税收抵免与"反恐"挂钩,税收抵免制度明确规定,美国纳税人在支持恐怖主义的国家缴纳的税收,一概不得进行税收抵免,而且,即使纳税人的收入是在第三国获得的,但若该笔收入的原始来源地是支持恐怖主义的国家,那么这笔收入在第三国所缴纳的税收也不能得到抵免。

(4)优惠税率。乃是对合乎规定的企业课以较一般为低的税率。其适用的范围,可视实际需要而予以缩放。这种方法,既可以是有期限的限制,也可以是长期优待。一般来说,长期优惠税率的鼓励程度大于有期限的优惠税率,尤其是那些需要巨额投资且获利较迟的企业,常可从长期优惠税率中得到较大的利益。在实践中,优惠税率的表现形式很多,例如,纳税限额即规定总税负的最高限额,事实上就是优惠税率的方式之一。

(5)延期纳税。这种方式亦称"税负延迟缴纳",即允许纳税人对那些合乎规定的税收,延迟缴纳或分期缴纳其应负担的税额。这种方式一般可适用于各种税,且通常都应用于税额较大的税收上。在施以这种办法的场合,因可延期纳税,纳税人等于得到一笔无息贷款,能在一定程度上帮助纳税人解除财务上的困难。采取这种办法,公共部门的负担也较轻微,因为公共部门只是延后收款而已,充其量只是损失一点利息。

(6)盈亏相抵。这种方式是指准许企业以某一年度的亏损,抵消以后年度的盈余,以减少其以后年度的应纳税款;或是冲抵以前年度的盈余,申请退还以前年度已纳的部分税款。一般而言,抵消或冲抵前后年度的盈余,都有一定的时间限制,例如,美国税法曾规定,前后可以抵冲的时间范围是前3年后7年内;我国台湾地区则有前4年后5年的规定。这种方式对具有高度冒险性的投资有相当大的刺激效果。因为,在这种方式下,如果企业发生亏损,按照规定就可从以前或以后年度的盈余中得到补偿。当然,正因为这种方式是以企业发生亏损为前提,它对于一个从未发生过亏损但利润很小的企业来说,没有丝毫鼓励效果,而且就其应用的范围来看,盈亏相抵办法通常只能适用于所得税方面。

(7)加速折旧。这种方式指在固定资产使用年限的初期提列较多的折旧。采用这种折旧方法,可以在固定资产的使用年限内早一些得到折旧费和减免税的税款。例如,1954年美国税法规定企业可按放宽了的条款来计算折旧费,使得企业在一项新的固定资产使用年限的前一半时间内收回的投资,要比按直线法收回的投资多出将近50%。加速折旧,是一种特殊的税式支出形式。虽然它可在固定资产使用年限的初期提出较高的折旧,但由于折旧累计的总额不能超过固定资产的可折旧成本,所以,其总折旧额并不会比一般折旧高。折旧是企业的一项费用,折旧额越大,企业的应课税所得越小,税负就越轻。从总数上看,加速折旧并不能减轻企业的税负,公共部门在税收上似乎也没损失什么。但是,由于后期企业所提的折旧额大大小于前期,故税负较重。对企业来说,虽然总税负未变,但税负前轻后重,有税收递延缴纳之利,亦同公共部门给予一笔无息贷款之效;对公共部门而言,在一定时期内,虽然来自这方面的总税收收入未变,但税收收入前少后多,有收入迟滞之弊。公共部门损失了一部分收入的"时间价值"。因此,这种方式同延期纳税方式一样,都是税式支出的特殊形式。

(8)退税。是指国家按规定对纳税人已纳税款的退还。退税的情况有很多,诸如多征误征的税款、按规定提取的地方附加、按规定提取代征手续费等方面的退税。这些退税都属于"正规税制结构"范围。作为税式支出形成的退税是指优惠退税,系国家为鼓励纳税人从事或扩大某种经济活动而给予的税款退还。其中包括两种形式:出口退税和再投资退税。出口退税是指为鼓励出口而给予纳税人的税款退还:(1)退还进口税,即用进口原料或半制成品,加工制成成品后,出口时退还其已纳的进口税;(2)退还已纳的国内销售税、消费税、增值税等。再投资退税是指为鼓励投资者将分得的利润进行再投资,而退还纳税人再投资部分已纳税款。

综上所述,用来贯彻国家政治经济政策的税收减免,之所以逐渐被称为"税式支出",一方面是强调在鼓励效果上各项税收减免措施与直接公共部门支出相类似;另一方面是确认各项税收减免措施和其他公共部门支出一样,必须经过国家预算控制程序方可实施。因此,早在70年代初,萨里提出"税式支出"概念之时,目的就在于把大量的税收优惠以预算形式管理控制起来,将各种税式支出列入国家预算,以明其得失,并赋予其同直接预算支出一样的评估和控制程序。接下来的问题是,如何对税式支出进行预算控制?或者说税式支出预算控制采取哪些方式?综观世界各个国家的实践,尽管做法不一,但仍可归纳为三种类型,即非制度化的临时监督与控制、建造统一的税式支出账户以及临时性与制度化相结合的控制方法。

(三) 社会保障支出

1. 社会保障支出的含义

社会保障是指当参加社会保障的居民遇到医疗、失业、养老等经济困难时可获得政府社会保障预算的资助。① 当然,社会保障的参加者是政府指定、制度强制的,符合规定条件的居民必须参加,所以社会保障制度是政府强制实施的一种制度安排。社会保障制度在各个国家是不一样的,在一些"福利"国家,实行从"摇篮"到"坟墓"的保障,而多数国家主要对居民的养老、医疗、失业和工伤等方面进行保障。

2. 社会保障政府干预的理由

(1) 效率要求。在市场经济体制下,劳动者就业岗位的变化是经常发生的,这是资源配置效率的必然要求,疾病和丧失劳动能力等风险是每个人必然

---

① 吴俊培:《现代财政理论与实践》,经济科学出版社2005年版,第6页。

会遇到的问题,但这些风险发生的概率对于企业而言不是平均的,因此企业保障方式很难实现资源配置的效率。

(2)纠正非理性行为的要求。如果假定劳动者都能正确预期自己的收入并按照收入水平来安排自己一生的生活,劳动者一生的可支配收入理论上能够维持其一生的生存需求。但事实上完全理性的假设前提是不存在的,例如劳动者一般会将大部分收入用于当前的消费,或者劳动者对投资受益的预期偏高,结果实际的可支配收入达不到预期收入,又或者对自己出现疾病等风险的预期估计过低等,凡此种种很容易导致老年收入的不足而出现养老费的紧张。因此,靠个人或者家庭保障也不可靠,政府强制保障有利于纠正个人的非理性行为。

(3)社会统筹的要求。对于市场经济体制而言,劳动者都有可能因暂时或永久性丧失劳动能力、失去工作机会等而出现生活面临困难的情况,但对每一个劳动者而言这些风险发生的概率是不同的,因此靠个人或者家庭保障不可能解决每个人的问题,因此必须依靠社会互助的保障方式。

3. 社会保障支出的分类

(1)社会保险。社会保险是现代社会保障的核心内容,是一国居民的基本保障,即保障劳动者在失去劳动能力、失去工资收入之后仍然能够享有基本的生活保障。社会保险的项目在不同国家有所不同,在我国,社会保险的主要项目有老年保险、失业保险(待业保险)、医疗保险、疾病保险、生育保险、工伤保险、伤残保险。实施社会保险的主要目的,一是为了防止个人在现在与将来的安排上因选择不当而造成贫困,如退休养老问题;二是防范某些不可预见的风险,如事故、疾病等;三是减少由于市场经济的不确定性而产生的风险和困难,如失业等。

(2)社会救济。社会救济是对贫困者和遭受不可抗拒的"自然"风险者如遭遇自然灾害、丧失劳动能力而又无人抚养、战争等,提供无偿的物质援助,主要包括贫困救济、灾害救济和特殊救济等。社会救济一般以保障救助对象的最低生活为标准。

(3)社会福利。社会福利是指国家和社会通过各种福利事业、福利设施、福利服务为社会成员提供基本生活保障,并使其基本生活状况不断得到改善的社会政策和制度的总称。它是社会保障的高级阶段。

（4）社会优抚。社会优抚是国家按规定对法定的优抚对象,如现役军人及其家属、退休和退伍军人、烈属等,为保证其一定的生活水平而提供的资助和服务。

4. 我国社会保障支出的现状与问题

近几年来,随着国家财力的不断增加,财政对社会保障的投入总量不断增加。据统计,我国财政用于社会保障的支出从2001年的1987.4亿元增加到2010年的9081亿元,十年增加近4.6倍(见图5-10)。特别是新农保试点工作的展开,标志着我国覆盖城乡的社会保障体系正在逐步形成。但由于目前我国财政社会保障支出水平偏低且城乡间分配不合理,致使我国社会保障体系仍不健全。一是我国社会保障支出占财政支出的比重较低。世界各国社会保障制度建设的实践表明,社会保障制度的建设及完善和政府的财力支持密不可分。目前我国财政虽然对社会保障给予一定的财力支持,但力度偏小,即我国社会保障支出占财政支出的比重较低(见图5-10)。可以看出,2001年—2010年我国社会保障支出占财政支出的比重大体维持在10%—12%左右。而2006年社会保障支出占财政支出的比重,美国为18.6%,法国为42.4%,德国为46.5%,英国为35.9%,日本为33.9%(中国社会科学院财贸所课题组,2010)。显然我国财政社会保障支出水平远低于其他国家,正是如此,使得当前我国社会保障水平偏低,不能满足国民对社会保障日益增长的需求。二是财政社会保障支出在城乡间分配不合理。我国财政用于社会保障的资金投入本就有限,再加上受城乡二元结构的影响,财政把本就不多的社会保障资金大多投向城市,用于农村社会保障的公共支出较少。以农村社会养老保险为例,2009年以前中央财政对农村社会养老保险几乎没有任何支持,绝大部分的省(自治区、直辖市)级财政对农村社会养老保险也无任何补助,仅仅是县(市、区)级财政给予一定的财政补贴。直到2009年9月国务院颁发了"新农保试点指导意见",中央财政和省(市、自治区)级财政才对农村社会养老保险进行财力支持,但与城市相比差距仍然较大。正是由于财政社会保障支出过于偏向城市,造成目前我国农村社会保障制度很不健全,城乡居民收入差距不断扩大。

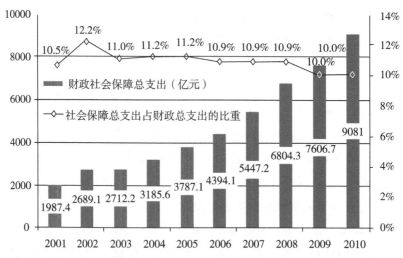

图 5-10 财政社会保障总支出及其占财政总支出的比重(2001—2010 年)

资料来源:《财政支出结构的优化路径:以改善民生为基调》,http://thesis.cei.gov.cn/modules/ShowDoc.aspx? DocGUID = e907649b2344ac9b0d6ee75d14b2936。

二、转移性支出的经济影响

(一)对流通领域的影响

政府的转移性支出对流通领域的影响,是通过其对社会总需求构成中的消费需求和投资需求的作用来实现的。

如前所述,政府的转移性支出,主要是由养老金、补贴、债务利息和失业救济金等方面的支出构成的。这些支出的结果,是政府的一部分财政资金无偿地注入私人部门之中。如果转移性支出的对象是居民,这些支出会直接转化为居民的可支配收入,并按这些居民的边际消费倾向的大小形成消费需求。如果转移性支出的对象是企业,这些支出会直接转化为企业的可支配收入。其中一部分有可能形成企业的投资支出,另一部分则通过增加资本和劳动报酬的途径转化为居民的可支配收入,从而进一步形成消费需求。这就是说,政府的转移性支出的相当部分会通过各种途径直接或间接地转化为消费支出和投资支出,从而制约社会总需求的形成。毋庸赘言,政府的转移性支出也是各种物品或服务的销售得以实现的一个重要条件。

（二）对生产领域的影响

政府的转移性支出对生产的影响，视转移性支出的对象是居民还是企业而有所不同。

如果转移性支出的对象是居民，如居民生活补贴，其对生产的影响就是间接的。它是通过受补贴的居民将受领的补贴用于购买物品或服务之后才实现的。享受补贴的居民大多属于低收入阶层，他们所购买的一般都是大众消费品或服务，其购买量是这类物品或服务的销售总量的一个重要组成部分，对这类物品或服务的生产有相当大的影响。当享受补贴的居民领取到补贴金时，就形成了一定数量的货币购买力，从而增加对大众消费品的需求，并导致这类物品或服务产量的相应增加。也就是说，随着居民生活补贴规模的变化，大众消费品或服务的产量会随之发生相应变化，增则亦增，减则亦减。进一步看，生产大众消费品所需原材料的各种企业，也可能受到居民生活补贴的影响，其生产规模随之扩张或收缩。

如果转移性支出的对象是企业，如企业生产补贴，其对生产的影响就是直接的。向企业发放补贴的目的，就是保障其所得利润不低于应有的水平，以鼓励企业对利润较低或风险较大的行业进行投资，或者使有亏损的企业得以维持其原有的生产规模，继续经营。所以，企业生产补贴通过对一些在国民经济中占有重要地位的企业给予支持，帮助其克服生产经营中的各种困难，可以在促进生产发展或遏制生产规模萎缩方面发挥重要作用。

（三）对分配领域的影响

政府的转移性支出有可能改变在初次分配中形成的收入分配格局。就以居民为对象的转移性支出如居民生活补贴来说，它实质上是在GDP已经完成了初次分配的基础上进行的再分配。一方面，转移性支出的资金来源于各种纳税人在初次分配中所分得的各种收入，如利润、利息、地租和工资。另一方面，转移性支出的对象又是特定的，且主要限于那些收入低于维持正常生活标准（即在所谓贫困线或收入保障线以下）的居民。于是，通过转移性支出这一渠道，收入的分配格局会发生有利于享受居民生活补贴的居民。

就以企业为对象的转移性支出如企业生活补贴来说，其资金来源当然也是政府的税收收入，而税收收入又是政府取自各纳税人在GDP初次分配中所分得的收入。通过课税和转移性支出的过程,收入中的一部分便会由纳税人的手中转移到享受补贴的企业手中,从而导致纳税人和享受补贴企业在 GDP 分配中所占份额的相应变化。很显然,这种变化不利于前者,但有利于后者。

第五节 公共支出的效率

公共支出的效率与效益影响到市场经济的效率、社会公平与发展等,提高公共支出效率与效益意义重大。

一、公共支出的效率

公共支出效率由公共资源配置效率和公共商品(包括准公共商品)的"生产效率"组成,这实际上是研究公共支出效率的两个方面。

(一)公共支出的配置效率

公共支出的配置效率与财政配置职能密切相关。谈到资源配置的效率问题,首先需要选定一个更为可行的效率标准。这样的效率标准就是社会净所得最大化标准,即当改变资源配置时,社会的所得要大于社会的所失,其差额越大越好。公共支出所取得的各种效益,包括经济效益和社会效益的总计,应当大于聚集公共收入过程中对经济所形成的代价或成本,也就是要取得效益剩余或净效益。

如前所说,在市场经济条件下,提供私人物品满足个人需要,是通过价格机制经由民间部门的资源配置实现的,而提供公共商品满足社会公共需要,只能通过特定的预算安排或政治程序,经由财政的资源配置来实现,这样,资源配置的组合就在民间部门和财政部门之间进行。所以,公共支出的配置效率首先是公共支出占 GDP 的比重适度的问题,也就是公共部门的资源配置与市场的资源配置的恰当结合的问题。

(二)公共支出的生产效率

公共支出的生产效率是指,如果把公共部门机关和公共部门视为提供公共商品的"生产部门",那么,在资源配置既定的前提下,公共部门内部的组织管理状况决定着提供公共商品的数量和质量,从而决定公共支出的效率。公共部门内部的组织管理蕴藏着提高公共支出效率的巨大的效率潜力,如精兵简政、倡廉反腐、加强审计和监督、实行国库集中收付和公共采购、公共设施建设的多渠道集资等等,都是提高公共支出效率的重大举措。尽管如此,公共部门的管理状况的评价历来是一个难题,它们的潜在效率如同未知数 X 一样无法确定,所以,通常把公共支出的生产效率称为公共部门的 X 效率。

事实上,社会经济的稳定和发展是公共支出效率的集中体现。在财政决策中,无论如何安排公共支出的规模和结构,无论如何兼顾公平与效率原则,无论如何考虑财政与市场的有效结合,一旦纳入宏观经济的分析视野,它的运行结果和评价都可以与社会经济的稳定和发展联系在一起。因为,社会经济的稳定与发展态势是社会资源有效配置,包括财政资源配置效率的综合结果,也是评价公共支出配置效率和生产效率的综合性指标。

二、公共支出效益的分析

(一) 公共支出的效益

如前所说,财政收支过程,就是将资源集中到公共部门手中并由公共部门支配使用。由于资源是有限的,公共部门在集中资源时,首先应当考虑将有限的资源集中由公共部门支配或者交给微观经济主体支配,何者更能促进经济的发展和社会财富的增加,即何者更有效率,这就产生了一个效率的衡量问题。而公共支出效率具体表现为公共支出效益,所以衡量公共支出效率也就是分析和评价公共支出效益。不言而喻,只有当资源集中在公共部门手中能够发挥更大的效益时,公共部门占有资源才是对社会有益的。通常说,公共支出的规模应当适当,结构应当合理,要完善支出制度并加强管理,根本目标就是提高公共支出效益。从这个意义上说,提高公共支出的使用效益是公共支出管理的核心问题。

所谓效益,就是人们在有目的的实践活动中"所费"和"所得"的对比关系,所谓提高经济效益,就是"少花钱、多办事、办好事"。对于微观经济主体来说,提高经济效益,有着十分明确且易于把握的标准,花了一笔钱,赚回了更多的钱,这项活动便是有效益的。从原则上说,公共支出效益与微观经济主体的支出效益是一样的,但是,由于公共部门处于宏观调控主体的地位,支出项目在性质上也千差万别,同微观经济主体支出的效益有重大差别:(1)两者计算的所费与所得的范围大相径庭。微观经济主体只需分析发生在自身范围内的直接的和有形的所费与所得;公共部门则不仅要分析直接的和有形的所费与所得,还需分析长期的、间接的和无形的所费与所得。(2)两者的选优标准不同。微观经济主体的目标是追求利润,绝不可能选择赔钱的方案;公共部门追求的则是整个社会的最大效益,为达此目标,力求少花钱多办事的同时,局部的亏损也是可行的,也是必要的。所以,公共部门在提高公共支出效益的过程中,面临需要处理的各种复杂的问题。从全社会的角度看,资源永远是稀缺的,资源的稀缺性是财政收支研究的理论支点。所以财政对公共商品的资源配置是否达到了最优化,提供成本是否最低,提供的水平和结构是否合理,是否达到社会福利最大化的目标,这是财政收支活动所追寻的永恒主题。资源稀缺性往往会表现为公共收入不能满足公共支出,公共支出又不能满足公共需要,这就要求公共支出的安排和使用,必须效率优先,保证重点,照顾一般,厉行节约,提高效益。

(二)公共支出效益的内涵和范围[①]

公共支出效益的内涵和范围包括三个层次的内容:

1. 公共支出内源性效益

内源性效益是指公共支出本身所产生的效益,包括直接效益和间接效益。直接效益是指某些财政项目直接产生的可计量的经济效益,如经济建设支出项目,支农支出项目等。间接效益指某些项目不直接产生经济效益但却存在社会效益,有些可以量化,有些难以量化,如事业性支出项目、行政性支出项目等。

内源性效益又可分为三个方面。(1)公共支出总量效益,是指对公共支出总规模所产生效益,包括公共支出规模与国民经济发展是否相匹配,如公共支出占GDP的比重是否存在一个最优区间的问题。在经济发展的不同阶段,这个区间的移动是否有其规律性,还包括公共支出对国民生产总值的贡献率、公共支出的公共产品产出率等。对公共支出总量效益的评价,是一个较为复杂的问题,由于各国社会制度和经济体制的差异,即使同一国家在不同发展时期的社会经济发展目标也不同,因而对公共支出总量的影响因素具有不确定性。(2)公

[①] 申书海主编:《财政支出效益评价》,中国财政经济出版社2002年版,第183页。

共支出结构效益,是指对公共支出项目间的组合效益。支出结构是否科学合理,对公共支出的整体效益发挥至关重要,因而,公共支出结构效益主要是评价各类支出占总支出的比重是否合理,以期寻求一种最优的结构模式。衡量结构效益可选择直接经济效益指标、间接经济效益指标、直接社会效益指标和间接社会效益指标,既不能一味强调经济效益,也不能单纯地追求社会效益,寻求结构效益的平衡点尤为重要。(3)公共支出项目效益,是指具体支出项目所产生的效益,是支出效益的细化。按照我国现行的公共支出功能分类,公共支出分为一般公共服务、教育、医疗卫生、科学技术、农林水、交通运输等。对上述具体项目所产生的效益进行评价,其主要难点在于:项目之间具有不可比性,难以寻求一种共同的评价指标;项目隐含的效益有的可量化,如农林水项目,有的不可量化,如教育项目;以社会效益为主的项目的最优值难以计量,难以建立一个衡量标准体系。尽管如此,我们仍然可以根据某一类项目的特点建立具体的评价指标,得出某一类项目的支出—产出率。比如,教育支出的经济效益指标可以通过新增的国内生产总值与教育经费支出总数之比求得,而其社会效益可以通过入学率、毕业率等进行评价,等等。

2. 公共支出的部门绩效评价

部门绩效是指对使用(管理)公共支出的公共部门(如教育、文化、农业等)财政年度内的工作绩效。它包含两层含义:一是部门在财政资源的配置上是否合理并得以优化,财政资源使用是否得到相应的产出或成果,也就是对部门资源配置的总体状况进行评价;二是部门本身的工作绩效评价,如是否完成了既定的社会经济发展指标,完成预算目标的财力保证程度,部门内资金使用的效率等等。公共部门对使用财政资金的状况应增强其透明度,除特殊部门外,应向社会大众公开,年度终结后应向财政部门报告部门绩效。财政部门则应根据国民经济及社会发展总体目标制定公共部门绩效评价体系,分部门确定相应的评价指标,对公共部门的绩效进行评价和考核。

3. 公共支出的单位绩效评价

任何一项公共支出最终要通过公共部门分配到具体的使用单位,因而,资金使用单位既是支出链中的最终环节,又是资金使用效益的直接体现者。公共支出能否得到相应的产出,能否发挥最大的效益,最终取决于使用单位。对单位绩效的评价应着重于以下几个方面:一是预算及相关决策的执行情况,如果执行结果与预算发生偏差,要有足够的理由说明其原因,还要注意在资金的使用过程中,是否始终保持与国家的财政经济政策的一致性等等;二是单位的资金管理机制是否完备,有无违反财政法规的现象存在;三是资金使用的最终效益(包括当期效益和周期性效益)是否得到完全体现,即对资金使用效益进行评价;四是要对同类型项目进行历史的、区域性的比较分析,建立一个最优的控制模型,也就是项目支出效益的标准模型,以此作为支出或项目评价的"标准值"。单位绩效评价工作应由其主管的公共部门实施。每年度结束后,主管部门应对所属承载公共支出的单位的支出效益状况进行评价,其评价结果抄报同级财政部门,以利于财政部门对支出效益的全过程监控。

三、公共支出效益评价方法和评价体系

(一) 公共支出效益评价方法

如上所述,对公共支出的效益进行评价是一项比较困难的工作,原因在于:一是效益或成本很多难以用市场价格或货币单位计量,即缺乏共同性;二是效益或成本往往不是直接地体现出来,有些效益是无形的,即存在隐性;三是效益或成本往往具有长期性,甚至会影响到下一代;四是不同的支出项目有不同的短期、长期效益。因此,对公共支出项目的效益实施评估时,应采用静态分析与动态分析结合、单项分析与综合分析结合、定性与定量结合的分析方法。

由于公共支出项目繁多,而且性质各异,对不同项目必须采取不同的评价方法,下面只是简略地介绍通常应用的两种评价方法。

1. 成本—效益分析法[①]

成本—效益分析法,也称为成本—收入分析法,最早产生于美国《1936年防洪法案》,目前在许多国家的中央公共部门、地方公共部门和世界银行等国际组织得到了广泛应用。这种方法是将一定时期内项目的总成本与总效益进行对比分析,更多地用在公共支出决策程序中。它通过对多个预选方案进行成本—效益分析,根据对边际社会效益和边际社会成本的对比,选择最优的支出方案。

[①] 郭庆旺、赵志耘:《财政学》,中国人民大学出版社2002年版,第255—275页。

而成本—收益分析法试图通过项目的成本计算,由不可比转向可比,从而为决策部门提供一个量化的评估结果。这一方法的要求是,必须将项目的收益,包括内部收益和外部收益全部量化,同时也将成本,包括内部成本和外部成本全部量化,然后再比较其效果。

该分析法是将项目的受益收入与支出成本、经营成本相对比,用净收入和收入成本率来评价项目经济效益的一种方法,适用于项目发生的收益能用货币计量的情况。

假设一个项目的寿命为 n 年,第 i 年的折现率为 r,第 i 年的效益和成本分别为 B_i 和 C_i, $i=0,1,2,3,\cdots n$,则第 i 年的净收益为 $B_i - C_i$。那么该项目的未来净效益的现值(NPV)为:

$$NPV = \sum_{i=0}^{n} \frac{B_i - C_i}{(1+r)^i}$$

式中,B_i 为第 i 年的收益,C_i 为第 n 年的成本,n 为该项目使用年限。

根据上式计算出来的结果,我们就可以对某一项目的投资可行性做出判断:如果 NPV>0,该项目可行;如果 NPV=0,计算内部收益率(净现值等于零的贴现率),如果内部收益率大于银行贷款利率,该项目可行;如果 NPV<0,该项目不可行。对于不同项目进行选择时,则比较它们的 NPV 取值大小,同等条件下选择 NPV 高的项目。

假定某一公共部门项目持续 4 年,把实施的当年作为第 0 年。当年没有收益,只有成本 1000 元,而且以后各年不再有成本;下一年开始有收益 350 元,而且以后每年都有这笔数额相同的收益。表 2-1 说明 NPV 的计算程序,其中第一行是适用于各年成本和收益的贴现系数,假定社会贴现率为 5%。也就是说,第 t 年的贴现系数为 $\frac{1}{(1+0.05)^t}$。

从表 5-4 可以看出,尽管收益总额(1050 亿元)超过成本总额(1000 亿元),但贴现后的收益(PVB)小于贴现后的成本(PVC),因此,净现值(NPV=NPB-PVC)是负数(-46.86 亿元)。这表明,公共部门不应当实施该项目。

采用成本—效益分析法进行评估时要注意两点:(1)对折现率 r 的选择,应采用社会折现率。这种折现率值一般比私人企业的投资收益率要高。这是因为社会折现率是站在国家宏观经济角度,对其投资所应达到的收益率标准,不但要考虑该项投资在当代的收益,还要考虑下一代人的获益,即使不考虑下一代的因素,私营部门也往往较为短视,将投资的收益率估计过低。公共支出项目往往会带来外部效应,这种外部效应也要纳入项目效益之中。(2)对公共项目的投入、产出物的价格应采用影子价格,所谓影子价格是指当社会经济处于某种状态下,能够反映社会劳动消耗、资源稀缺程度和最终产品需求情况的价格。将影子价格应用于公共支出项目评价中,有利于促使资源配置的优化。

表 5-4 NPV 计算的程序和结果

项目	第 0 年	第 1 年	第 2 年	第 3 年	总额
t 年的贴现系数(当社会贴现率为5%时)	1	0.952	0.907	0.806	
t 年的收益(亿元)	0	350	350	350	1050
t 年的收益乘以贴现系数(亿元)	0	333.33	317.46	302.34	953.14
t 年的成本(亿元)	1000	0	0	0	1000
t 年的成本乘以贴现系数(亿元)	1000	0	0	0	1000
NPV(亿元)					-46.86

成本—效益分析法可以广泛应用于成本和收益都能准确计量的项目的评价,如公共工程项目等,但其局限性也显而易见,即不能应用于成本和收益无法用货币计量的以社会效益为主的支出项目的评价。

2. 最低成本法

最低成本法,也称最低费用选择法。这种评价方法与成本—效益分析法的主要区别,是不用货币单位计量备选项目的社会效益,只计算项目的有形成本,并以成本最低作为择优的标准。因而,最低成本法是适用于评价那些成本易于计算而效益不易计量的支出项目。

运用最低成本法来选择支出项目,其基本原理与成本—效益分析法大体相同,只是由于免去计算支出效益和无形成本的麻烦,操作程序要简化得多。首先是根据已确定的建设目标提出几种备选方案,而后是分别计算各种备选方案的有形费用,如果是多年持续的支出项目,还要采取贴现法折算出"费用流"的现值,最后是按费用的高低排列顺序,供决策者选择。

最低成本法多被用于教育、卫生、文化以及政治、军事等支出项目,下面举一例加以说明。假定公共部门为适应"三农"建设要求,今后每年要多培养1万名农学专业的大学生,经专家论证提出可以达到这一目标的四种方案:方案之一,新建5所农学院,各校招生2000人,这就要求兴建校舍,招聘教师和管理人员;方案之二,现有农学院扩大招生规模,这要新建部分校舍,增聘部分教授和管理人员;方案之三,兴办广播电视大学,这就不仅要求新建校舍和新聘教授和管理人员,而且要购置与广播电视教学的有关的各种设备;方案之四,组织农学专业自学考试,这仅要求增加辅导、考试等一系列的工作量。我们假定四种方案都可以培养出1万名质量相同的农学专业大学生,但四种方案之间的成本费用肯定存在相当大的差距,显然以成本费用最低者为最优选择。这个例子是十分浅显的,它旨在说明当确定每一个支出项目特别是重大的支出项目时,应当认真仔细地掂量这项支出的成本和效益,这是一个财政工作者应有的职责。

(二)公共支出效益评价体系

1. 评价指标体系设置的基本原则

公共支出效益必须通过评价指标予以体现,科学、完整的评价指标体系是取得正确评价结果的先决条件,因而在指标体系的设计上应体现完整性、科学性及易操作性等特点。一般而言,评价指标体系的设置上要遵循以下几项原则:(1)经济性、效率性和有效性兼顾的原则,即所谓"3E原则"。"3E原则"是为许多西方国家的实践所证实了的公共支出评价的有效原则,应当结合我国的实际充分借鉴这一原则,使我国的公共支出效绩评价工作一开始就有一个正确的方向和一个高的起点。(2)针对性与兼容性相结合的原则。评价指标的设置是对公共支出管理关注重点的直接体现,为此,指标设置的选取必须具有较强的针对性,但又要注意指标选取的兼容性,也就是把握好共性与个性指标的衔接问题。(3)定量指标与定性指标相结合和相衔接的原则。定性分析就是对公共支出效益做出判断,而定量分析则是判断的客观依据。定量分析可以使定性分析更加准确、层次分明,因此,在评价工作中应当十分重视定量分析,力求定性分析以定量分析为依据,使评价结果更加客观、合理、准确。但是,如上所说,公共支出项目执行的结果,有的不能用量化标准进行衡量,或者量化指标难以明确显示效益的状况及其程度,如公众对项目实施的满意度等,对这类支出项目不必勉强依靠定量分析,而要通过深入调查研究做出判断。(4)工作需要与可操作性相结合的原则。从一项评价工作的开展来看,指标设置越细,评价结果越趋于合理,但由于受各种主客观因素的制约,如有些数据无法取得,有些数据受时间限制无法完成等,所以设置具体评价指标以及选取指标的数量还要考虑现实性及可操作性。

2. 评价指标体系的设计

由于公共支出效益评价的复杂性,公共支出评价指标的设置必须遵从公共部门的宏观性方案以及部门既定的工作目标,一个单独的评价指标应该与具体目标的实现相联系,而且通常每个工作目标都应该有相应的评价指标。

根据前面所讲的公共支出效益的内涵和范围,可以考虑设计支出规模、支出结构、项目及部门(单位)效益四个指标体系。在实践中,可根据具体情况建立相应的子指标体系。一般而言,可设置如下指标体系:

规模效益指标体系:公共支出(分类别支出)占 GDP 的比重 = 当期公共支出(分类别支出)/当期 GDP ×100%;公共支出(分类别支出)贡献率 = 当期 GDP 的增加值/当期公共支出(分类别支出)总额 ×100%;公共支出(分类别支出)公共商品产出率 = 当期公共产品总额/当期公共支出(分类别支出) ×100%。

结构效益指标体系:本级公共支出占本区域比重 = 当期本级公共支出总额/当期本区域公共支出总额 ×100%;各类支出占财政总支出比重 = 当期某类支出总额/当期财政总支出 ×100%;各项目支出类别的比重 = 当期某项目支出总额/当期类别支出总额 ×100%。

支出项目效益指标体系:支出项目的成本收益率 = 期间支出项目的经济收益/期间项目支出总额 ×100%;财政资源使用成果率 = 公共支出项目成果/财政项目支出总额 ×100%。这两个指标仅提供了一种思路,在具体的指标设计中,还需综合考虑多重因素的影响,如对社会经济可持续发展能力、生态环境的保护、社会收入公平分配、区域性经济发展战略等,针对不同支出项目设立相应的评价指标。与此同时,还要寻找出各有关支出项目的外源性制约因素,以期能提供公共支出效益最大化的模式,建立起科学的支出项目评价指标子系统。

公共部门(单位)效益指标体系：履行职能的标准成本率＝履行某项职能的实际成本/履行某项职能的标准成本×100%；政策目标(计划)完成率＝政策目标(计划)数量/政策目标(计划)完成数量×100%。对公共部门(单位)的评价是一项较为复杂的工作,无论是行政管理成本的高低还是政策目标(计划)的完成情况,其影响因素多种多样,且具有不确定性。"标准成本"的制定也只能是一个大致的状况,因而要进行准确的评价,难度是相当大的。

【本章关键词】

公共支出	购买性支出	转移性支出	瓦格纳定律
消耗性支出	投资性支出	国防支出	行政管理费支出
社会保障支出	财政补贴	税式支出	

【本章小结】

公共支出是公共部门为履行其职能而发生的一切费用的总和,也就是为弥补市场失灵而提供公共商品和服务所安排的支出。公共支出是公共财政活动的一个重要方面,这不仅是因为公共财政对经济的影响作用主要表现在公共支出上,而且,政府干预、调节经济职能也主要是通过公共支出来实现的。

公共支出的规模和结构反映了公共部门对经济和社会干预的力度和方向,随着经济的发展和人均收入水平的提高,公共支出规模呈现出不断上升的趋势,转移性支出的比重相应提高。

公共支出按照经济性质分为购买性支出和转移性支出,购买性支出分为消耗性支出和资本性投资支出,它们都是社会再生产的正常运行所必要的社会公共需要,但消耗性支出是非生产性的消耗性支出,它的使用并不形成任何资产,故和投资性支出存在明显的差异。

公共支出的效率与效益影响到市场经济的效率、社会公平与发展等,提高公共支出效率与效益意义重大。

【本章复习题】

1.简述公共支出定义及其分类。

2. 试述公共支出的规模与结构变化的趋势及原因。
3. 我国公共支出有没有遵循瓦格纳法则？
4. 简述税式支出的类型和作用。
5. 怎样完善我国的社会保障制度？
6. 如何评价公共支出的效益？

【本章推荐阅读】

1. 理查·A.穆斯格雷夫、皮吉·B.穆斯格雷夫:《美国财政理论与实践》,邓子基、邓力平译,中国财政经济出版社1987年版。
2. 普雷姆詹德:《公共支出管理》,王卫星、王如琪、王绍双等译,中国金融出版社1995年版。
3. 桑贾伊·普拉丹:《公共支出分析的基本方法》,蒋洪、魏陆、赵海莉译,中国财政经济出版社2000年版。
4. 维托·坦齐、卢德格尔·舒克内希特:《20世纪的公共支出》,胡加勇译,商务印书馆2005年版。
5. 张通:《中国公共支出管理与改革》,经济科学出版社2010年版。
6. 雷良海:《财政支出增长与控制研究》,上海财经大学出版社1997年版。
7. 刘勇政、冯海波:《腐败、公共支出效率与长期经济增长》,《经济研究》2011年第9期。
8. 龚锋、卢洪友:《公共支出结构、偏好匹配与财政分权》,《管理世界》2009年第1期。

第六章 公共收入

本章学习目标：

- 掌握公共收入的基本含义、分类，公共收入结构的主要分类方法和内容；
- 熟悉公共收入规模的含义，以及制约公共收入规模的因素；
- 能够通过分析公共收入的结构和规模，处理组织公共收入过程中各方面的利益关系，确定增加公共收入的合理途径；
- 可以通过对各种公共收入形式特征的讨论，分析公共收入的各种形式及其经济效应。

公共部门必须有收入才能保证其正常履行职能，提供充足的公共产品和公共服务，因此，公共收入是公共部门正常运转的基础。政府可以通过运用收入手段，调节市场经济中各经济主体的利益，从而达到宏观经济调控的目的。因此说，公共收入是公共经济学的核心内容之一。

第一节　公共收入概述

本节将重点介绍公共收入的含义、分类，并对影响公共收入规模的各种因素进行分析。

一、公共收入的含义

公共收入亦称为政府收入或财政收入，是公共部门为履行其职能、实施公共政策以及提供公共产品而取得的所有社会资源的总和。取得公共收入的过程实际上是政府将私人部门的一部分社会资源转移到公共部门的过程。公共收入是一个经济范畴，它不仅可以被当成公共支出的源泉，也是贯彻政府各项经济政策的手段和工具。

公共收入包含了以下几方面的含义:第一,公共收入的主体是公共部门。公共收入是用来保证公共部门正常履行其职能的收入,由公共部门通过税收、收费等形式获得,并由公共部门支配。第二,公共收入的形式具有多样性。公共收入是指公共部门获得社会资源的总和,其形式是多样的,主要包括税收、公债、公共收费、国有资产投资收益、租金收入、罚没收入和其他收入等。第三,公共收入的手段具有双重性。一部分公共收入具有强制性和无偿性,如税收的获得,是政府凭借公共权力获得的,具有强制性、无偿性和固定性的特点;一部分公共收入具有自愿性和补偿性的特点,如国有资产投入的国有企业的经营是遵循市场的平等、自愿原则的;一部分公共收入是为了补偿接受公共服务的成本。第四,公共收入的来源是私人部门。公共收入是把企业、家庭和个人的资源向公共部门转移,因此,它的来源是私人部门。第五,公共收入的目的是满足社会公共需要。与私人部门收入最大的不同是,公共收入不是为了满足某部分特殊群体的利益的,而是为了满足社会公共需要、解决公共问题而产生的。

二、公共收入的分类

根据不同的标准,公共收入有不同的分类方式:

(1)按收入形式分类。按财政收入形式分类包括税收、收费、公债收入、其他收入四类。按收入形式的持续性又通常将公共收入分为经常性收入和非经常性收入(或临时性收入),经常性收入主要是税收和各类收费,而债务收入和其他收入属于非经常性收入。

(2)按收入来源分类。按公共收入来源中的所有制结构,可将公共收入分为国有经济收入、集体经济收入、中外合营经济收入、私营经济或外商独资经济收入、个体经济收入等;按公共收入来源中的部门结构,可将公共收入分为第一产业部门收入、第二产业部门收入和第三产业部门收入等。收入来源的分类有助于研究公共收入与经济之间的制衡关系,并建立经济决定公共收入规模、公共收入影响经济的和谐运行机制,还有助于分析公共收入来源结构,从而寻求增加公共收入的主要途径。

(3)按公共资金的管理方式分类。由于我国仍处于经济体制改革时期,财政收入项目经常有所变动,特别是收费项目繁多,管理方式不一,政府统计也还不够规范,于是形成收取依据不同、使用权归属不同以及称谓(名词)也不同的多种收入,如政府收入、财政收入、中央政府性基金收入、预算外收入、制度外收入等。因而为了对公共收入进行科学和准确的分析,有必要明确这些称谓不同的收入的实质,并将这些称谓不同的收入按管理方式的不同划分为预算内、预算外和制度外三大类。

目前我国财政统计中的"财政收入",属于预算内收入,它的特征是统一纳入国家预算,按国家预算立法程序实行规范管理,由各级政府统筹安排使用。应当指出,各国的财政收入,从国家预算的统一性和完整性原则的要求来看,理应就是公共收入,而我国的财政收入按其统计口径来看并非全部公共收入,实际上只是预算内收入,其中包括税收和预算内的收费。具体收入项目包括:(1)各项税收:增值税、营业税、消费税、土地增值税、城市维护建设税、资源税、城市土地使用税、印花税、个人所得税、企业所得税、关税、农牧业税和耕地占用税。(2)专项收入:征收排污费、征收城市水资源费、教育费附加收入等。(3)其他收入:基建贷款归还收入、基本建设收入、捐赠收入等。(4)国有企业亏损补贴:这项为负收入,冲减财政收入。预算外公共收入是指各级政府依据具有法律效力的法规,采取收费形式而获得的专项资金或专项基金,他们的共同特征是,在使用上由各收费部门安排使用,在统计上未纳入"财政收入"统计。此外,在分析财政收入时还经常使用"制度外收入"一词。制度外收入是同预算外收入相对应而言的,如果将预算外收入视为制度内收入,那么,制度外收入就是预算之外的乱加费、乱罚款、乱摊派,制度外收入目前没有政府公布的统计数字,政府正在加强对制度外收入的清理整顿。归纳起来,各种收入形式的关系是:公共收入 = 预算内收入 + 预算外收入 + 制度外收入。

公共收入的形式以及规模和结构随着历史的发展而变化。目前国际上常用的方法是按照收入取得形式的不同把公共收入划分为税收收入、公共收费收入、公债收入和其他收入等,本章按照这一分类方式依次阐述税收、公共收费、公债和其他形式的经济效应。

三、公共收入的影响因素

影响公共收入的主要因素有以下几个:

（一）经济发展水平和生产技术水平

从历史上看,保证公共收入持续稳定增长始终是世界各国的主要财政目标,而在财政赤字笼罩世界的现代社会,谋求公共收入增长更为各国政府所重视。但是,公共收入规模多大、公共收入增长速度多快,不是或不仅仅是以政府的意愿为转移的。从上面的分析我们可以看到,它是由经济、政治、社会以及历史文化传统等多种因素综合决定的,但从根本上说,首先还是受经济条件的制约和影响。这里所讲的经济因素,不仅决定一个国家长远的公共收入规模的基本因素,而且当一个国家公共收入规模稳定在一定水平上,而在一定区间内上下波动时,它也是主要影响因素。这些条件包括经济发展水平、生产技术水平、收入分配体制和价格水平等,其中最主要的是经济发展水平和生产技术水平。

经济发展水平反映一个国家的社会产品的丰富程度和经济效益的高低。经济发展水平高,社会产品丰富及其净值——国民生产总值就多,一般而言,则该国的公共收入总额就较大,占国民生产总值的比重也较高。当然,一个国家的公共收入规模还受其他各种主客观因素的影响,但有一点是清楚的,就是经济增长水平对公共收入的影响表现为基础性的制约,两者之间存在源与流、根与叶的关系,源远则流长,根深则叶茂。

从世界各国的现实状况来看,发达国家的公共收入规模大多高于发展中国家,而在发展中国家中,中等收入国家又大多高于低收入国家,绝对额是如此,相对数亦是如此。再从几个发达国家的历史发展的纵向比较来看,英、法、美三国1880年全部公共收入只相当于国民生产总值的10%左右,到20世纪80年代已上升为20%—40%。这种情况证明了一个经济原理:经济决定公共收入规模,没有经济不发达国家公共收入丰裕的,参见表6-1。

生产技术水平也是影响公共收入规模的重要因素,但生产技术水平是内含于经济发展水平之中的,因为一定的经济发展水平总是与一定的生产技术水平相适应,较高的经济发展水平往往是以较高的生产技术水平为支柱。所以,对生产技术水平制约公共收入规模的分析,事实上是对经济发展水平制约公共收入规模的研究的深化。简单地说,生产技术水平是指生产中采用先进技术的程度,又可称之为技术进步。技术进步对公共收入规模的制约可以从两个方面来分析:一是技术进步往往以生产速度加快、生产质量提高为结果,技术进步速度较快,GDP 的增长也较快,公共收入的增长就有了充分的财源;二是技术进步必然带来物耗比例降低,经济效益提高,产品附加值所占的比例扩大。由于公共收入主要来自产品附加值,所以技术进步对公共收入的影响更为直接和明显。因此,促进技术进步,提高经济效益,是增加公共收入的首要的有效途径。

表 6-1 主要国家公共收入情况

国家	年度	公共收入（亿本币）	公共收入（亿美元）	人均公共收入（美元）	公共收入占 GDP 比重(%)
美国	2009	43525	43525	14078	30.5
日本	2008 财年	1667758	16597	13017	33.0
德国	2009	10660	14814	18065	44.3
法国	2009	9224	12819	19916	48.1
意大利	2009	7091	9854	16413	46.6
英国	2009	5627	8777	14250	40.3
中国(1)	2009	68518	10030	751	20.1
中国(2)	2009	86384	12646	947	25.4
中国(3)	2009	100638	14732	1104	29.6

资料来源:中华人民共和国财政部官网,http://www.mof.gov.cn/zhuantihuigu/czjbqk/czsr/201011/t20101101_345416.html。其中:中国(1)为公共收入;中国(2)为包括公共收入、政府性基金收入(扣除国有土地使用权出让收入)、国有资本经营预算收入和社会保险基金收入的政府公共收入,与 IMF 的统计口径相当;中国(3)为包括公共收入、政府性基金收入、国有资本经营预算收入和社会保险基金收入的政府收入,比 IMF 统计口径多了国有土地使用权出让收入。

(二) 分配政策和分配制度

制约公共收入规模的另一个重要因素是政府的分配政策和分配体制。经济发展水平是分配的客观条件,而在客观条件既定的情况下,还存在通过分配进行调节的可能性。所以在不同的国家(即使经济发展水平是相同的)和一个国家的不同时期,公共收入规模也是不同的。分配体制和政治体制的集权和分权关系有直接的联系,比如,英、法两国的公共收入规模之所以较高,是由于政治体制倾向于集权;瑞典等北欧国家的公共收入规模之所以最高,是因为这些国家由政府包办的社会福利范围最大;而美国之所以相对较低,是因为美国为联邦制,政治体制倾向于分权,而且政府拨付的社会福利水平较低。

  我国改革开放初期,公共收入占 GDP 的比重出现逐年下滑的趋势,直接原因是经济转轨过程中 GDP 分配格局的急剧变化。据有关部门统计,从最终收入分配格局分析,政府收入的比重在 1978 年为 31.3%,到 1994 年下降为 12.0%,下降了 19.3 个百分点;企业收入所占比重在 1978 年为 18.2%,在 1994 年为 21.5%,上升了 3.3 个百分点,个人收入比在 1978 年为 50.5%,在 1994 年为 66.5%,上升了 16 个百分点。当时 GDP 分配格局变化的显著特征是向居民个人倾斜,而改革初期这种倾斜带有补偿性质。过去在计划经济体制下,分配模式是"先扣除,后分配",实行低工资、低收入制度。当时,公共收入占 GDP 比重最高的年份曾高达 39.3%(1960 年)。变化是 1979 年开始的,当年,同时采取了三大措施,即大幅度提高农副产品价格、提高职工工资水平和对企业减税让利。三大措施的实施对公共收入产生了巨大影响,1979 年、1980 年公共收入平均只增长 1.2%,公共收入占 GDP 的比重急剧下降。1980 年比 1978 年下降了 5.6 个百分点,是下降幅度最大的一年。此后继续实行减税让利政策,公共收入占 GDP 的比重继续下滑。

  GDP 分配格局变化的原因是复杂的,是国民经济运行中各种因素综合作用的结果。首先是经济体制改革的必然结果。分配体制和分配模式是与经济体制不相称的,经济体制改革带来分配体制的转换是必然的。实际上,我国经济体制改革是以分配体制改革为突破口的。实践证明,分配体制的改革促进了经济体制的改革,促进了经济的快速增长。问题在于,一开始步子迈得大了一些,有序性差了一些,以后在较长的时期内继续减税让利,政府也曾做出一些调整,但多是临时性、非规范性措施,没有从根本方针上加以解决,直到 1995 年,公共收入占 GDP 的比重一直是下滑趋势。1993 年中央采取整顿措施以后,公共收入占 GDP 的比重才相对稳定,到 1996 年开始停止下滑,1997 年开始回升。其次,GDP 分配向个人倾斜,公共收入比重的不断下滑,与分配制度不健全以及分配秩序混乱有直接关系。党和政府的分配制度和分配政策是明确的,即以按劳分配为主,多种分配形式并存,效率优先,兼顾公平,保护合法收入,取缔非法收入,调节过高收入。但在改革过程中,特别是改革初期,对这个分配政策的贯彻不是十分有力。居民收入可分为两部分:一是制度内收入或正常收入,主要是工资、奖金、经营收入和财产收入,这部分收入特别是工资收入还处于相对平均状态;二是制度外收入,即所谓灰色收入和黑色收入,这部分收入的特征是透明度差,通过哪些渠道、采取哪些形式、比重有多大,情况是若明若暗。比如,大家都说通过利用价差、利率差、汇率差、投机证券、权钱交易而致富的人不少,但这些收入都带有很大的隐蔽性。后一部分收入的急剧增长,是居民收入差距急剧扩大并形成分配不公的主要原因,而且通过再分配进行调节的难度很大。

从以上分析可以看出,在经济体制改革中调整分配政策和分配体制是必需的,但必须有缜密的整体设计,并要考虑国家财政的承受能力。改革多年来对分配政策和分配体制的调整缺乏有序性,存在过急、过度的弊病,削弱了财政宏观调控能力,造成资金分散与保证国家重点建设的严重矛盾。因此,从1993年开始,在提高经济效益的基础上,整顿市场秩序,调整分配格局,适当提高公共收入占国民收入的比重,是当时深化改革过程中应有的课题。

(三)价格对公共收入的影响

公共收入是一定量的货币收入,它是在一定的价格体系下形成的,又是按一定时点的现价计算的,所以,由于价格变动引起的GDP分配的变化也是影响公共收入增减的一个不容忽视的因素。针对我国曾一度出现物价上涨幅度较大的情况,学术界曾讨论公共收入的"虚增"或名义上增长而实际上负增长的问题,它实际上就是指由物价上涨导致的公共收入的"贬值"现象。

价格变动对公共收入的影响,首先表现在对价格总水平升降的影响。在市场经济条件下,价格总水平一般呈上升趋势,一定范围内的上涨是正常现象,持续地、大幅度地上涨就是通货膨胀。随着物价总水平的上升而公共收入同比例地增长,则表现为公共收入的"虚增",即名义上增长而实际上并无增长。在现实经济生活中,价格分配对公共收入的影响可能出现各种不同的情况。

只有因物价上升形成名义上的增长而无实际增长的情况下,公共收入的增长就是通过价格再分配机制实现的。因此,这时的公共收入的增量通常可分为两部分:一部分是GDP正常增量的分配所得;而另一部分是价格再分配所得。后者即为通常所说的通货膨胀税。通货膨胀税是和铸币税相联系的,本书将在讲授财政赤字问题时加以说明。在许多经济发达的西方国家,过去长期实行赤字财政政策，并通过市场机制形成有利于国家的再分配，所以"通货膨胀税"是国家财政的一项经常性收入来源。在我国的社会主义经济制度下，则要进行具体分析。通货膨胀是一种货币现象，即流通中实际的货币量超过客观必要量。从宏观上分析，过多的货币量是由财政赤字和信用膨胀两条渠道共同形成的，而且信用膨胀也可能是主要原因之一。

决定价格对公共收入影响的另一个因素是现行税收制度。如果是以累进所得税为主体的税制，纳税人适用的税率会随着名义收入增长而提高，出现所谓"档次爬升"效应，也会随着名义收入下降而降低档次，从而在价格再分配中所得份额将有所增减。如果实行的是以比例税率的流转税为主体的税制，这就意味着税收收入的增长率等同于物价上涨率，公共收入只有名义上的增长，而不会有实际增长。如果实行的是定额税，在这种税制下，税收收入的增长总要低于物价上涨率，所以公共收入即使有名义上的增长，而实际上必然是下降的。我国现行税制是以比例税率的流转税为主，同时曾经对所得税的主要部分——国有企业所得税实行承包制，大体相当于定额税，因而某些年份在物价大幅度上涨的情况下，公共收入出现名义上正增长而实际上负增长的现象，和现行的税制有极大的关系。

价格总水平的变动往往是和产品比价的变动同时发生的，而产品比价关系变动以另一种形式影响公共收入。产品比价关系变动之所以会影响公共收入缘于两个原因：一是产品比价变动会引起货币收入在企业、部门和个人各经济主体之间的转移，形成再分配，使财源分布结构发生变化。二是公共收入在企业、部门和个人之间的分布呈非均衡状态，或者说，各经济主体上缴财政的税收比例是不同的，这样产品比价变动导致财源分布结构改变时，相关企业、部门和个人上缴的税收就会有增有减，而增减的综合结果就是对公共收入的最终影响。

第二节 税收收入

现代经济中，税收是国家公共收入最重要的来源。税收是政府凭借其政治权力，依据相关法律向处于本国税收管辖范围内的居民和企业组织强制无偿征收的收入，所以税收具有强制性、无偿性和固定性的特征。公共部门多属于非生产部门,一般不会直接创造财富,政府凭借政治权利通过强制和无偿的税收收入提供市场失灵的公共产品,因此税收的固定性可以保证政府取得连续而充足的公共收入,而且在市场经济体制下,税收还是政府宏观调控最有效的财政政策工具。

一、税收的基本术语

(一)纳税人

纳税人又称为纳税主体,是指税法规定的负有纳税义务的单位和个人。纳税人可以是自然人,也可以是法人。所谓自然人,一般是指公民或居民个人,如月工资达到应税所得额的我国公民,就是个人所得税的纳税人。所谓法人,是指依法成立并能独立行使法定权利和承担法定义务的社会组织,主要是各类企业,如我国的国有企业、集体企业和私人企业等都是企业所得税的纳税人。与纳税人相关的一个概念是负税人。负税人是指最终负担税款的单位和个人,它与纳税人有时是一致的,如在税负不能转嫁的条件下;有时是分离的,如在税负可以转嫁的条件下。

(二)课税对象

课税对象又称为课税客体,它是指税法规定的征税的目的物,是征税的根据。每一种税都必须明确对什么征税,每种税的课税对象都不会完全一致。课税对象是一种税区别于另一种税的主要标志。在现代社会,国家的征税对象主要包括所得、商品和财产三大类,国家的税制往往也是以对应于课税对象的所得税、商品税和财产税为主体。与课税对象相关的是税源。税源是指税收的经济来源或最终出处,各种税有不同的经济来源。有的税种的课税对象与税源是一致的,如所得税的课税对象和税源都是纳税人所得。有的税种课税对象与税源不同,如财产税的课税对象是纳税人的财产,但税源往往是纳税人的收入。由于税源是否丰裕直接制约着税收收入的规模,因而积极培育税源始终是税收征管工作的一项重要任务。

与课税对象相联系的另一个概念是税目。税目是课税对象的具体项目或课税对象的具体划分。税目规定了一个税种的征税范围,反映了征税的广度。一般来说,一个课税对象往往包括多个税目,如关税就有近百个税目,当然也有的课税对象是十分简单的,不再划分税目。税目的划分,可以使纳税人更清楚地了解税收制度,也可以使国家灵活地运用税收调节经济,如对各个税目规定不同的税率,就是调节经济的方式之一。

(三) 课税标准

课税标准,指的是国家征税时的实际依据,或称课税依据。如纯所得额、商品流转税、财产净值等。征税对象形态各异,有的是商品,有的是所得,有的是财产,而仅就商品而言,又有不同的种类。国家征税必须以统一的标准对课税对象进行计量,如将商品按其货币价值统一衡量,否则便无法进行。同时,国家出于政治和经济政策的考虑,并不是对课税对象全部课税,而是往往允许纳税人在税前扣除某些项目,如个人所得中的基本生计费用部分,因而也需要对课税对象予以计量,核算出实际征税的依据。确定课税标准,是国家实际征税的重要步骤。

(四) 税率

税率,是指课税对象征税的比率。课税对象与税率的乘积就是应征税额,反过来说,税额与课税对象之比即为税率。税率是国家税收制度的核心,它反映征税的深度,体现国家的税收政策。一般来说,税率可划分为比例税率、定额税率和累进税率三类(参见图6-1)。

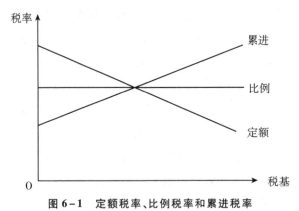

图6-1 定额税率、比例税率和累进税率

(1) 比例税率。比例税率是对同一课税对象,不论其数额大小,统一按一个比例征税。在具体运用上又分为几种类型:行业比例税率,即按行业的差别规定不同的税率;产品比例税率,即为不同的产品规定不同的税率;地区差别比例税率,即对不同地区实行不同的税率。在比例税率下,同一课税对象的不同纳税人的负担相同,具有鼓励生产、计算简便和有利于征管的优点,一般应用于商品课税。比例税率的缺点是有悖于量能纳税原则,而我国大部分税种采用的都是比例税率。

(2)定额税率,亦称固定税额,它是按课税对象的一定计量单位直接规定一个固定的税额,而不规定征收比例。定额税率在计算上更为便利,而且由于采用从量计征的办法,不受价格变动的影响。但是,由于它是一个固定的数额,随着税基规模的增大,纳税的比例会变小,故税率具有累退的性质。它的缺点是负担不尽合理,因而只适用于特殊的税种,如我国的资源税、车船牌照税等。

(3)累进税率,是按课税对象数额的大小,划分若干等级,每个等级由低到高规定相应的税率,课税对象数额越大税率越高,数额越小税率越低。累进税率因计算方法的不同,又分为全额累进税率和超额累进税率两种:全额累进税率是把课税对象的全部按照与之相对的税率征税,即按课税对象适应的最高级次的税率统一征收;超额累进税率是把课税对象按数额大小划分为不同的等级,每个等级由低到高分别规定税率,各等级分别计算税额,一定数额的课税对象同时使用几个税率。

全额累进税率与超额累进税率都是按照量能纳税的原则设计的,但两者又有不同的特点。其一,全额累进税率的累进程度高,超额累进税率的累进程度低,在税率级次和比例相同时,前者的负担重,后者的负担轻;其二,在所得额级距的临界点处,全额累进会出现税额增长超过所得额增长的不合理情况,超额累进则不存在这种问题;其三,全额累进税率在计算上简便,超额累进税率计算复杂。为了更清楚地说明两者的差异,试以表6-2为例。

表6-2 全额累进税与超额累进税比较(单位:元)

税级	税率(%)	适用全额累进税率的应税所得	适用超额累进税率的应税所得	全额累进税额	超额累进税额
1500	3	1500	1500	45	45
1500—4500	10	4500	3000	450	345

续表

税级	税率(%)	适用全额累进税率的应税所得	适用超额累进税率的应税所得	全额累进税额	超额累进税额
4500—9000	20	9000	4500	1800	1245
9000—35000	25	35000	26000	8750	7745
35000—55000	30	55000	20000	16500	13745
55000—80000	35	80000	25000	28000	22495
80000 以上	45	—	—		

从表6-2中可以看出两种税率在累进程度上的差异和计算方法上的不同。进一步分析,若该纳税人的应税所得为1501元,按照全额累进税率纳税为150.1元(即1501×10%),而当应税所得为1500元时,仅需纳税45元(1500×3%),即应税所得额增长1元,税额却增长104.9元。同一笔应税所得1501元,如按超额累进税率计算,则纳税额为:1500×3% +1×10% =45.1(元)。正是因为全额累进税率有上述缺点,所以在实际税制中很少应用,一般是实行超额累进税率。

应当指出,比例税率、定额税率、累进税率都是法律上的税率形式,即税法中可能采用的税率。若从经济分析的角度考察税率,则有另外的种类或形式,主要包括名义税率、实际税率、边际税率、平均税率等。名义税率即为税率表所列的税率,是纳税人实际纳税时适用的税率。实际税率是纳税人真实负担的有效税率,在没有税负转嫁的情况下,它等于税收负担率。有些税种由于实行免税额、税前扣除和超额累进征收制度,纳税人负担的税款低于按税率表上所列税率计算的税款,形成名义税率与实际税率偏离。边际税率本来是按照边际效用相等原则设计的一种理论化税率模式,其主要功能是使社会福利牺牲最小,实质上是按照纳税人受益多寡分等级课税的税率。由于累进税率大体上符合边际税率的设计原则,因而西方国家在经济分析中往往就是指累进税率。平均税率是实纳税额与课税对象的比例,它往往低于边际税率,比较两者之间的差额,是分析税率设计是否合理、税制是否科学的主要方法。一般来说,平均税率接近于实际税额,而边际税率类似于名义税率。

(五) 起征点与免征额

起征点指税法规定的对课税对象开始征税的最低界限。免征额指税法规定的课税对象全部数额中免予征税的数额。起征点与免征额有相同点,即当课税对象小于起征点和免征额时,都不予以征税。两者也有不同点,即当课税对象大于起征点和免征额时,采用起征点制度的要对课税对象的全部数额征税,采用免征额制度的仅对课税对象超过免征额部分征税。在税法中规定起征点和免征额是对纳税人的一种照顾,但两者照顾的侧重点显然不同,前者照顾的是低收入者,后者则是对所有纳税人的照顾。

(六) 课税基础

课税基础又简称税基,是源于西方的一个概念,指建立某种税或一种税制的经济基础或依据。它不同于课税对象,如商品课税的课税对象是商品,但其税基则是厂家的销售收入或消费的货币支出。它也不同于税源,税源总是以收入的形式存在的,但税基却可能是支出。税基、课税对象、税源在一定情况下可能是一致的,但这三个概念在含义上的差别是明显的。税基选择是税制设计的重要内容,它包括两个方面的问题:其一是以什么为税基,现代税收理论认为以收益、财产为税基是合理的,但也有一种观点认为以支出为税基更为科学;其二是税基的宽窄问题,税基宽则税源厚,税款多,但也会造成较大的副作用;税基窄则税源薄,税款少,但对经济的不利影响也较小。正确界定税基是保证税收作用充分发挥的必要条件。如果仅从税基宽窄角度考虑问题,税基大体相当于征税范围,即征税广度。

二、税负的转嫁与归宿

(一) 税负转嫁与归宿的含义

我们常常听到这样的说法:吸烟和喝酒的人对国家贡献大,因为烟酒税高利大,吸烟喝酒就等于向国家纳税。这种说法事实上就是在说明税负转嫁问题。稍有税收知识的人都知道,烟酒税是对生产者和销售者课税的,但生产者与销售者可以通过一定的方式将他们负担的税收转移给消费者,这就是税负转嫁现象。概括地说,税负转嫁是指商品交换过程中,纳税人通过提高销售价格或压低购进价格的方法,将税负转嫁给购买者或供应者的一种经济现象。

税负转嫁机制的特征是:(1)税负转嫁是和价格的升降有直接联系的,而且价格的升降是由税负转移引起的;(2)税负转嫁是各经济主体之间税负的再分配,也就是经济利益的再分配,税负转嫁的结果必然导致纳税人与负税人的不一致;(3)税负转嫁是纳税人的一般行为倾向,是纳税人的主动行为,因为课税是对纳税人经济利益的侵犯,在利益机制的驱动下,纳税人必然千方百计地将税负转嫁给他人,以维护和增加自身的利益。

与税负转嫁密切相关的一个概念是税负归宿。税收归宿一般指处于转嫁中的税负的最终落脚点。税负转嫁往往不是一次的,如同一笔税款,厂家转嫁给批发商,批发商转嫁给零售商,零售商再转嫁给消费者,从而形成一个经济过程。但税负转嫁也并不是无穷的,总存在一个不可能再转嫁而要自己负担税款的阶层,如消费者,这一阶层即为税收归宿。税收归宿是一种理论抽象,如果分析具体的企业、个人之间的税负转嫁过程,它等同于负税人。与税负转嫁相联系的另一个范畴是逃税。逃税指个人或企业以不合法的方式逃避纳税义务,包括偷税、漏税和抗税。逃税与税负转嫁不同,税负转嫁只会导致税收归宿的变化,引致纳税人与负税人的不一般,税收并未减少或损失。但逃税的结果是无人承担纳税义务,即无负税人,必然造成税收的减少或损失,是一种不正常的违法行为。

(二) 税负转嫁方式

税负转嫁的基本方式有两种,即前转和后转。此外,还有一些其他转嫁方式。

(1)前转方式。前转又称为顺转,指纳税人通过抬高销售价格将税负转嫁给购买者。在商品经济条件下,很多税种都与商品或商品价格密切相关,大量的税收以价内税或价外税的方式课征。作为从事特定经营活动的纳税人,往往可以抬高已税商品的价格并把这类商品销售出去,从而把该商品所负税收转嫁给下一个环节的经营者或消费者。如果加价的额度等于税款,则商品售出后即实现了充分的转嫁。如果加价额度大于税款,则不仅实现了税负转嫁,纳税人还可以得到额外的利润,谓之超额转嫁。如果加价的额度小于税款,则纳税人自身仍负担部分税收,称为不完全转嫁。

(2)后转方式。后转又称为逆转,指在纳税人无法实现前转时,通过压低进货的价格以转嫁税负,如汽车销售商如果无法提高销售,就只好压低汽车进货价格,将税款全部或者部分地转给汽车制造者。后转往往是通过厂商和销售商以谈判的方式解决的。

(3)其他转嫁方式。在现实生活中,往往是前转和后转并行,即一种商品的税负通过提高销价转移一部分,又通过压低进价转移一部分,这种转嫁方式称为混转或散转。在税收理论中还有消转和税收资本化之说。所谓消转,是指纳税人通过改进生产工艺,提高劳动生产率,自我消化税款。从税收转嫁的本意上说,消转并不成为一种税负转嫁方式。所谓税收资本化,指对某些能够增值的商品(如土地、房屋、股票)的课税,预先从商品价格中扣除,然后再从事交易。

(三)税负转嫁与归宿的一般规律

任何纳税人都存在税负转嫁的愿望,这是毫无疑义的,但要把这种愿望转化为现实,却并不容易。问题在于,税负转嫁是有条件的。根据税负转嫁的定义可以得知。税负转嫁的基本条件是商品价格随供求关系而自由浮动。因为税负转嫁是通过价格升级实现的,如果价格不能自由浮动,纳税人虽有转嫁的动机,却不存在转嫁的条件,税负的转嫁也是不可能的。在价格可以自由浮动的前提下,税负转嫁的程度,还受诸多因素的制约,常因供求弹性的大小、税种的不同、课税标准不同、课税范围的宽窄以及企业所处行业地位等不同而各异,但是也存在一般性的规律。

(1)商品课税较易转嫁,所得课税一般不易转嫁。从前边的讨论可以看出,税负转嫁的最主要方式是变动商品的价格,因而,以商品为课税对象,与商品价格关系密切的增值税、消费税、关税等比较容易转嫁是明显的;而与商品及商品价格关系不密切或距离较远的所得课税往往难以转嫁。如对个人财产和劳动所得课征的税收一般只能降低个人的消费水平,无法转嫁出去。对各类企业课征的法人所得税尽管存在转嫁的渠道,如提高本公司商品的售价,降低或延迟增长雇员的工资或增加劳动强度,以及降低股息和红利等等。但这些渠道并不畅通,或者会受到企业雇员和股东的强烈反对,或者受制于社会供求关系变化情况,从而难以实现。

(2)供给弹性较大、需求弹性较小的商品的课税较易转嫁,供求弹性较小、需求弹性较大的商品的课税不易转嫁。社会中大量的商品生产和销售都处于竞争状态中,商品价格的确定最终取决于供求关系,而税负转嫁自然与供求弹性有关。一般来说,供给弹性较大的商品,生产者可灵活调整生产数量,最终得以在所期望的价格水平上销售出去,因而所纳税款完全可以作为价格的一个组成部分转嫁出去;而供给弹性较小的商品,生产者调整生产数量的可行性较小,从而难以控制价格水平,税负转嫁困难。同理,需求弹性较小的商品,其价格最终决定于卖方,也可以顺利地实现税负转嫁;但需求弹性较大的商品,买方可以通过调整购买数量影响价格,税负转嫁比较困难。如果把供给和需求结合起来考虑,则供给弹性大于需求弹性时,税负容易转嫁;供给弹性小于需求弹性时,税负转嫁困难。在极特殊的情况下,供给弹性等于需求弹性,则往往由供给和需求两方共同负担税款,税负转嫁只能部分实现。

在商品价格和供求关系变动的影响下,税负转嫁与归宿的一般规律可用图6-2和图6-3来表示。图中的符号S代表税前供给曲线,S′代表税后供给曲线,D代表需求曲线,P代表价格,Q代表供给或需求量。图6-2是说明供给弹性大于需求弹性情况下税负转嫁和归宿的情况。由于供给弹性大于需求弹性,税后的购买者支付价格由P_1上升到P_2,供给者所得价格由P_1下降到P_3,P_2-P_3为全部税收,且$P_2-P_3=(P_2-P_1)+(P_1-P_3)$。这时税收由购买者和供给者共同负担,即消费者负担$P_2-P_1$,供给者负担$P_1-P_3$,说明由于供给弹性大于需求弹性,税收的大部分向前转移给消费者负担,小部分由供给者本身负担。图6-3说明需求弹性大于供给弹性条件下税负转嫁和归宿的情况。由于需求弹性大于供给弹性,税后的均衡价格由P_1上升到P_2,P_2-P_1为购买者承担的税收,供给者所得价格由P_1下降到P_3,P_1-P_3为供给者承担的,说明由于需求弹性大于税收供给弹性,税收的小部分转嫁给消费者,而大部分由供给者自己负担。

(3) 课税范围广的商品较易转嫁,课税范围狭窄的难以转嫁。税负转嫁必然引致商品价格的升高,若另外的商品可以替代加价的商品,消费者往往会转买别家,从而使税负转嫁失效。但若一种税收课税范围很广,甚至覆盖同类商品的全部,消费者无法找到价格不变的代用品时,只好承受税负转嫁的损失。

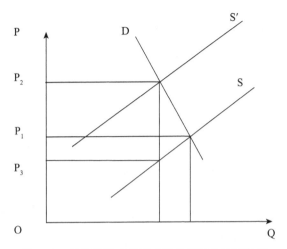

图6-2 供给弹性大于需求弹性的税负转嫁归宿

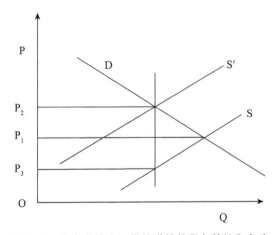

图6-3 需求弹性大于供给弹性的税负转嫁和归宿

（4）对垄断性商品课征的税容易转嫁，对竞争性商品课征的税较难转嫁。因为垄断性商品在较大的市场范围内具有独占性，生产者和经营者基本上掌握价格的控制权，提价转嫁税收的能力强。竞争性商品要根据市场供求状况调整价格，提高转嫁税负的能力较弱。

（5）从价课税的税负容易转嫁，从量课税的税负不容易转嫁。从量课税是按课税对象的数量、重量、容积、面积、体积征税，税额不受价格变动的影响，购买者对提价转嫁比较敏感，纳税人担心转嫁税负得少失多。从价课税条件下，价格随税负转嫁而上升，购买者不易察觉，相对说来比较容易转嫁。

三、税收的设计与合理规模的选择

（一）税收中性：税收设计的目标

所谓税收中性,是指政府课税不扭曲市场机制的正常运行,或者说,不影响私人部门原有的资源配置状况。税收效率会涉及税收中性问题。如果政府课税改变了消费者以获取最大效用为目的的消费行为,或改变了生产者以获取最大利润为目的的市场行为,就会改变私人部门原来（税前）的资源配置状况,这种改变就被视为税收的非中性。税收中性包含两种含义：一是国家征税使社会所付出的代价以税款为限,尽可能不给纳税人或者社会带来其他的额外损失或负担;二是国家征收应避免对市场经济正常运行的干扰,特别是不能使税收超越市场机制而成为资源配置的决定因素。只要国家征收就必然对商品购买、劳动投入和储蓄以及投资等诸多方面产生不同程度的影响,在现实生活中保持完全税收中性是不可能的。因此,提出税收中性原则的实践意义,在于尽量减少税收对市场经济正常运行的干扰,使市场机制在资源配置中发挥基础性作用,在这个前提下,掌握好税收超额负担的量和度,有效地发挥税收的调节作用,使税收机制与市场机制两者取得最优的结合,正如英国的哥尔柏所说:"税收这种技术,就是拔最多的鹅毛,听最少的鹅叫。"

公元 1624 年,荷兰政府发生经济危机,财政困难。当时执掌政权的统治者摩里斯为了解决财政上的需要,拟提出要用增加税收的办法来解决支出的困难,但又怕人民反对,便要求大臣们出谋献策。众大臣议来议去,就是想不出两全其美的妙法来。于是,荷兰的统治阶级就采用公开招标办法,以重赏来寻求新税设计方案,谋求敛财之妙策。印花税,就是从千万个应征者设计的方案中精选出来的"杰作"。可见,印花税的产生较之其他税种,更具有传奇色彩。印花税的设计者可谓独具匠心。他观察到人们在日常生活中使用契约、借贷凭证之类的单据很多,一旦征税,税源将很大,而且人们还有一个心理,认为凭证单据上由政府盖个印,就成为合法凭证,在诉讼时可以有法律保障,因而对缴纳印花税也乐于接受。正是这样,印花税被资产阶级经济学家誉为税负轻微、税源畅旺、手续简便、成本低廉的"良税"。

应当指出,体现税收的中性原则,并不意味着取消或忽视税收对经济的调节作用。一般是将增值税视为一种中性税收,我国1994年税制改革也体现了税收中性原则。但增值税也不是纯中性税收,这是因为:(1)增值税本身也不是完全中性的。从理论上说,商品课税的税负最终是由消费者负担的,但从实际来看,税负即使不构成产品成本,也是由企业首先垫支的。所以,政府课税以后,作为直接纳税人的企业必定想方设法把税负转嫁出去。但税负的转嫁不是一厢情愿的,而是和价格的浮动相联系,并由产品的供求弹性来决定。由于不同商品的供求弹性不同,税负转嫁的条件也就不同,这就势必影响商品的相对价格,从而影响消费者的选择和生产者的决策。就这个意义上说,增值税就失去中性作用,而对资源配置发挥调节作用。(2)增值税的中性化是以单一税率为前提的,世界上多数国家的增值税都是设置2—3个税率,不同的税率就体现了对居民生活基本用品和农业生产资料的鼓励作用。(3)我国1994年税制改革时实行的是生产型增值税,税基中包括固定资产投资,目的是防止投资膨胀,这也体现了对投资的调节作用。(4)全面推行增值税实行普通征收的同时,世界各国一般都选择若干商品,再征一道按不同产品设置不同税率的消费税。我国在全面推行增值税的同时,选择11类商品分别设置12档税率或税额征收消费税,实行特殊调节。这是新税制中发挥税收调节产业结构的主要税种和措施。

应当强调的是,税收效应或税收对经济及经济结构的调节作用是毋庸置疑的。但是,在社会主义市场经济体制下,对资源配置起基础性作用的是市场和价格,税收必须是在使市场起基础性作用的前提下发挥调节作用。传统体制下那种税收替代价格甚至超越价格对经济和经济结构发生调节作用的思路和做法必须彻底改变,以还价格和税收本来面目。

(二)税收超额负担或无谓负担:税收的现实

税收中性和税收超额负担相关,或者说,税收中性就是针对税收超额负担而提出的。税收超额负担,是指政府通过征税将社会资源从纳税人手中转向政府部门手中,给纳税人造成相当于纳税税款以外的负担。超额负担主要表现为两个方面:一是国家征税一方面减少纳税人支出,一方面增加政府部门支出,若因征税而导致纳税人的经济利益损失大于因征税而增加的社会经济效益,则发生资源配置方面的超额负担;二是由于征税改变了商品的相对价格,对纳税人的消费和生产行为产生不良影响,则发生经济运行方面的超额负担。税收理论认为,税收的超额负担降低税收的效率,而减少税收的超额负担以提高税收效率的重要途径在于尽可能保持税收的中性原则。一般而言,所得课税只产生收入效应,对市场的干预程度较小,商品课税也因税种和税率的设置不同而有所不同,如避免重复课征的税种和税率档次较少,对市场的干预程度也较轻。

税收超额负担是哈伯格运用马歇尔的基数效用理论作为基础理论提出的,所以称为马歇尔-哈伯格超额负担理论。这种理论使用了消费者剩余和生产者剩余概念,并以消费者剩余的大小作为衡量消费者在消费某种商品时获得净福利的多少,参见图6-4。

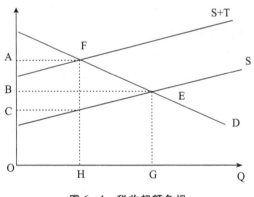

图6-4 税收超额负担

图6-4说明的是一种商品的市场,D是商品的需求曲线,S是供给曲线。征税前的均衡点是E,产量是OG,价格为OB。假定政府对这种商品课征FD的从量税,供给曲线S将向左上方移动至S+T,税后均衡点为F,产量减少至OH,价格上升至OA。这种税的税收收入是CD(销售量)乘以DF(税率),即ACDF的面积。消费者因课税而损失的消费者剩余是ABEF的面积,生产者因课税而损失的生产者剩余BCDE的面积。这两种损失合计为ACDEF的面积,显然大于政府的课税收入(ACDF的面积)。二者的差额FDE就是课税的超额负担。这说明,纳税人的负担不仅是向政府纳税ACDF,而且因政府课税带来价格上升导致产量(消费量)的减少,即带来税额之外的超额负担。这里的税收超额负担理论,以消费者剩余为根据说明了超额负担扭曲了课税商品与其他关联商品的消费选择,对此有三种减少超额负担的方法:对需求弹性为零的商品征税、对所

有商品等量征税、对所有商品从价征税。这里只是介绍了税收超额负担的简单概念,至于对超额负担还存在一些争论的问题,这属于需要进一步研究的问题。

(三)税收合理规模的选择

税收是公共收入的最主要形式,税收收入的规模是否合理关系到一国公共收入规模是否合理。确定一国税收的合理规模,主要就是确定其合理的宏观税负水平,即税收收入占 GNP 的比重。大多数发达国家,税收收入占 GNP 的比重为 30%—45%,而一般的发展中国家也达到了 15%—30%。

影响税收规模的因素有:(1)社会经济发展水平以及政府职能范围的大小。在前面我们已经分析,影响一国公共收入规模的主要因素有社会经济发展水平和政府职能范围的大小,作为公共收入的主要形式,税收也不例外。因为一国经济发展水平越高,其公民和经济组织的应税能力也就越强,税基相对来说也就越大,税收的规模也就可以相应地扩大。而随着政府职能范围的拓展,其支出的规模也不断扩大,作为政府收入的最主要形式的税收也必须随之相应扩大。反之,税收的规模则相对较小。(2)政府的收入结构。总的来说,政府的收入可以分为税收收入和非税收收入两大部分。在政府收入规模既定的情况下,两者呈现互为消长的关系,如果非税收收入的规模扩大了,则税收收入就会相应地减少;反之亦然。(3)税制结构因素。它是直接影响税收规模的因素。主体税制的不同及其变化将对税收规模带来直接影响。如一国以流转课税为主体税种,则其税收收入受商品流转额的影响就越大;而一国如果以所得课税为主体税种,则其税收收入受所得额的影响就越大。(4)税收征管的水平。如果税务部门的征管水平较高,执法严格,能够有效打击偷漏骗欠税行为,在一定时期内税收收入就会增加。比如我国在近几年来,通过打击偷漏税和清理陈欠税的行为就增加了近千亿元的税收收入。反之,如果一国的税收征管手段较弱,无法有效遏止偷漏税的行为,尽管其税制比较合理,但其税收收入也将会大大减少。

关于税收合理规模的确定,主要有三个不同的角度。一是从税收对经济发展的影响角度,主张税收对经济活动的负面影响应当最小,并应有利于刺激投资和经济发展,此时的税收规模是最适度的。代表的观点有亚当·斯密的税收四原则和供给学派的代表人物拉弗提出的拉弗曲线。二是从税收与经济发展水平及实现政府职能需要的关系的角度,主张税收规模应当与一定时期的经济发展水平相适应,并随着经济的发展而增大。代表性的观点是瓦格纳法则。三是从税收是公共产品的"价格"的角度,主张税收的规模应当与政府提供的公共产品的数量相适应。代表性的观点有林达尔均衡、萨缪尔森均衡等。

1. 亚当·斯密的税收四原则

亚当·斯密从"看不见的手"的理论出发,主张对经济活动自由放任,政府只应扮演"守夜人"的角色。他认为政府的主要职能有国防、司法和兴建公共工程及维护公共机关的运转。税收规模也应保持在一个较低的水平以减少对经济活动的阻碍。他提出了著名的税收四原则:(1)公平原则,即人们应当按照各自的纳税能力来负担相应的税收;(2)确定原则,即纳税时间、纳税方式及纳税金额必须简单明了,不得随意改变;(3)便利原则,即收税官必须按照纳税者认为最方便的时间和方法进行征税;(4)征收费用最小原则,即纳税人支付的税额与国库实收金额之间的差额应当最小。在此基础上的税收规模才是最适宜的。

2. 拉弗曲线

供给学派的税收观点可归结为三个基本命题:

(1)高边际税率会降低人们的工作积极性,而低边际税率会提高人们的工作积极性。边际税率是指增加的收入中要向政府纳税的数额所占的比例,比如,当你增加100元收入,要向政府纳税50元,则边际税率为50%。从劳动供给的角度看,如果边际税率过高,就会降低劳动人员的税后工资率,人们就会选择不工作、少工作或不努力工作,即减少劳动供给;如果实行低边际税率,就可以增强人们的工作积极性,从而增加劳动供给。从劳动需求的角度看,如果实行税率过高,企业会因为纳税后从劳动赚得的收益减少而减少劳动需求;如果实行低边际税率,企业就会增加劳动需求。因此,供给学派认为,降低边际税率可以增加劳动的供给和需求,从而增加税后总供给。

(2)高边际税率会阻碍投资,减少资本存量,而低边际税率会鼓励投资,增加资本存量。这里的投资包括物质投资和人力投资。因为过高的边际税率会降低税后的投资收益,人们会根据边际税率的情况酌情减少投资;反之,降低边际税率则会增强人们的投资积极性。因此,供给学派认为,降低边际税率,可以刺激投资的增加,从而增加税后总供给。

(3) 边际税率的高低和税收收入的多少不一定朝同一方向变化,甚至可能朝反方向变化。供给学派认为,高边际税率助长地下的"黑色经济"泛滥,助长纳税人逃税的动机,反而会减少税收收入;降低边际税率,会使纳税人心安理得地纳税,从而增加税收收入。

供给学派的三个基本命题可以从供给学派的代表人物拉弗设计的"拉弗曲线"得到说明,拉弗曲线是说明税率与税收收入和经济增长之间的函数关系的一条曲线。下面以图6-5来说明。

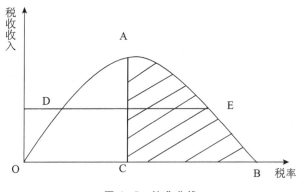

图6-5 拉弗曲线

图中横轴代表税率,纵轴代表税收收入或经济增长。税率从原点开始为0,然后逐级增加至B点时为100%;税收收入从原点向上计算,随着税率的变化而变化。税收收入与税率的函数关系呈曲线OAB状态(抛物线形),当税率逐级提高时,税收收入随之增加,税率提高至OC时,税收收入达到最大,即AC;税率一旦超过OC,税收收入反而会呈减少趋势,当税率上升到OB(100%)时,税收收入将因无人愿意从事工作和投资而降为零。供给学派把"CAB"区域,即图中的阴影部分,称为税率"禁区"。当税率进入禁区后,税率越提高,税收收入越减少。供给学派认为,美国20世纪80年代初期的税率处于禁区,要恢复经济增长势头,就必须降低边际税率。此后,在美国的带动下,全世界曾掀起一阵以减税为核心的税制改革浪潮。

拉弗曲线至少阐明了以下三方面的经济含义:

(1) 高税率不一定取得高的公共收入,而高公共收入也不一定要实行高税率。因为高税率会挫伤生产者和经营者的积极性,削弱经济行为主体的活力,导致生产停滞或下降。

（2）取得同样多的税收收入，可以采取两种不同的税率，如图中的 D 点和 E 点，税收收入是相等的，但 D 点的税收负担很轻。低税负刺激了工作意愿、储蓄意愿和投资意愿，促进经济增长，随着经济的增长，税基扩大，税收收入自然增加。

（3）税率、税收收入和经济增长之间存在着相互依存、相互制约的关系，从理论上说应当存在一种兼顾税收收入与经济增长的最优税率。因此，保持适度的宏观税负水平是促进经济增长的一个重要条件。

3. 瓦格纳法则

19 世纪末，德国经济学家瓦格纳通过对几个先进国家财政支出的增长情况的比较，得出了"国家活动持续增长的规律"，后来被人们称为"公共支出不断增长的规律"，即随着生产力的发展及经济的增长，国家的财政支出不断扩大，因此公共收入的规模也应随之扩大。他的基本思想是国家利用税收不应该以满足财政需要为唯一的目的，而应运用税收来解决社会问题。他的税收思想主要有四个方面：

（1）财政政策原则。即税收能够充足灵活地保证国家财政支出的需要。具体为：一是收入充分原则，即税收应该充分满足国家财政的需要，以避免产生赤字；二是收入弹性原则，即税收应随着财政支出的增长而适当地增加。

（2）国民经济原则。国家在征税时不能够阻碍国民经济的发展以免危及税源。它又分为：第一，选择税源原则，即税源必须适当，以利于发展国民经济；第二，选择税种原则，即税种的选择要考虑税负的转嫁问题，将税收负担于应该负担税收的人。

（3）社会公平原则。社会负担应该在各个人之间和社会各阶层之间实行公平的分配，从而矫正社会财富分配不公的弊端。具体要求为：一是普遍原则，对一切有收入的国民都要征税；二是平等原则，根据纳税人的能力征税，使其纳税能力与收入水平相适应，采用累进税制。

（4）税收行政原则。在征税时要按照确实、便利、节省的原则，减少征税成本，提高征税效率。

4. 萨缪尔森均衡

萨缪尔森从公共产品供求均衡的角度出发，寻求税收合理规模的判定机制。如图6-6所示,横轴表示私人产品的供给量,纵轴表示公共产品的供给量。AA为既定资源量生产公共产品和私人产品量的可能线,II为社会对公共和私人产品需求的无差异曲线。无差异曲线与生产可能线相交于E点,E点为效用最大点。在这点上的公共产品量OC即为最佳税收规模。

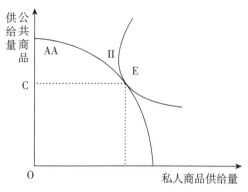

图6-6 萨缪尔森均衡

总的来说,税收的规模不是越大越好,而是应当随着社会经济的发展而不断变化。一个合理的税收水平,一方面要保证公共部门正常运转以及公共产品供给的需要,另一方面也要考虑到纳税人的承受能力以及对社会生产、投资的影响。同时,与其他公共收入的形式相比,税收最为规范,因此,在公共收入的结构上可以逐步提高税收来源的比例。

四、税收的经济效应

(一)税收的效应机制

1. 税收的收入效应作用机制

所谓税收的经济效应,是指纳税人因国家课税而在其经济选择或经济行为方面做出的反应,或者从另一个角度说,是指国家征税对消费者的选择及生产者决策的影响,也就是通常所说的税收调节作用。税收的经济效应表现为收入效应和替代效应两方面,各个税种对经济的影响都可以分解成这两种效应,或者说,税收对相关经济变量的影响都可以从这两个方面进行分析。

税收的收入效应,是指税收将纳税人的一部分收入转移到政府手中,使纳税人的收入下降,从而降低商品购买量和消费水平。下面以图6-7来说明。

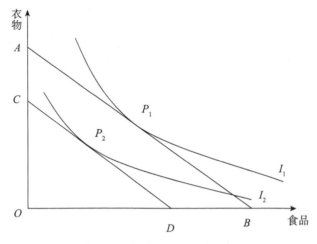

图 6-7 税收的收入效应机制

图 6-7 中,水平轴和垂直轴分别计量食品和衣物两种商品的数量。假定纳税人的收入是固定的,而且收入全部用于购买食品和衣物,两种商品的价格也是不变的,则将纳税人购买两种商品的数量结合连成一条直线,即图中 AB 线,此时纳税人对衣物和食品的需要都可以得到满足。纳税人的消费偏好可以由一组无差异曲线来表示,每条曲线表示个人在得到同等满足程度下在两种商品之间选择不同组合的轨迹。由于边际效应随数量递减,无差异曲线呈下凹状。AB 线与无数的无差异曲线相遇,但只与其中一条相切,即图中的 I_1,切点为 P_1,在这一切点上,纳税人以其限定的收入购买两种商品所得到的效用或满足程度最大,即用于衣物的支出为 P_1 与轴线的垂直距离乘以衣物的价格,用于食品的支出为 P_1 与轴线的水平距离乘以食品价格。

若政府决定对纳税人课征一次性税收(如个人所得税),税款相当于 AC 乘以衣物价格或 BD 乘以食品价格,那么,该纳税人购买两种商品的组合线由 AB 移至 CD。CD 与另一条无差异曲线 I_2 相切,切点为 P_2。在这一切点上,纳税人以其税后收入购买两种商品所得到的效用或满足程度最大,即用于衣物的支出为 P_2 与轴线的垂直距离乘以衣物价格,用于食品的支出为 P_2 与轴线的水平距离乘以食品价格。

由以上分析可以看出,由于政府课征一次性税收而使纳税人在购买水平的最佳选择点由 P_1 移至 P_2,这说明在政府课税后对纳税人的影响,表现为因收入水平下降而减少商品购买量或降低消费水平,而不改变购买两种商品的数量组合。

2. 税收的替代效应作用机制

税收的替代效应,是指税收对纳税人在商品购买方面的影响,表现为当政府对不同的商品实行征税或不征税、重税或轻税的区别对待时,会影响商品的相对价格,使纳税人减少征税或重税商品的购买量,而增加无税或轻税商品的购买量,即以无税或轻税商品替代征税或重税商品。以图6-8来说明。

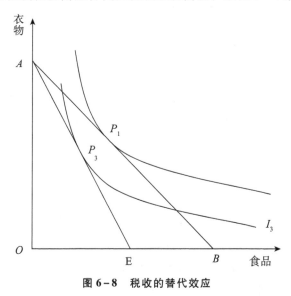

图6-8 税收的替代效应

仍假定政府不征税或征税前纳税人购买两种商品的组合线为AB,最佳选择点仍为P_1。现假定只对食品征税,税款为BE乘以食品价格,对衣物不征税。在这种情况下,该纳税人则会减少食品的购买量,对购买两种商品的组合线便由AB移至AE,与其相切的无差异曲线则为I_3,切点为P_3。在这一切点上,纳税人以税后收入购买商品所得效用或满足程度最大,即用于衣物的支出为P_3与轴线的垂直距离乘以衣物价格,用于食品的支出为P_3与轴线的水平距离乘以食品价格。

由此可见,由于政府对食品征税而对衣物不征税,改变了纳税人购买商品的选择,其最佳点由P_1移至P_3,这意味着纳税人减少了食品的购买量,相对增加衣物的购买量,从而改变了购买两种商品的数量组合,也使消费者的满足程度下降。

(二) 宏观经济效应

1. 税收对经济发展的影响

税收与经济发展之间存在着密切的关系,这是不争的事实,但关于税收对经济发展的作用,不同的学派却有不同的看法。

早在18世纪的自由资本时代,以亚当·斯密为代表的古典经济学认为社会的中心问题是增加社会财富,但不需要政府干预,税收不过是为了维持"廉价政府"而取得收入的手段。斯密甚至认为,一切税收都是减少社会各阶层的收入、影响资本积累或直接减少投资资本、阻碍资本主义经济发展的因素,因而主张"税不重(zhòng)征"。

19世纪下半叶和20世纪初,自由资本主义向垄断资本主义转变,出现资本的积累和集中,贫富的两极分化加剧,阶级矛盾激化。在这种形势下,以阿道夫·瓦格纳为代表的社会政策学派,打着社会政策和讲坛社会主义的旗号,一方面反对自由主义经济政策,承认国家具有干预经济的作用,另一方面谋求矫正收入分配不公的社会问题。他明确指出,从社会政策的意义上来看,赋税不仅是满足财政的需要,同时,也是为了纠正和调整国民所得的分配和国民财产的分配。也就是说,瓦格纳突破了税收仅仅是公共收入手段的传统观点,认为税收也是一种经济调节手段,因而主张扩大消费税,对奢侈品和财产的课税要重于对劳动所得的课税,同时对劳动所得实行累进税制,以缩小正在扩大的收入分配差距。20世纪30年代资本主义经济遭遇空前的大危机,熨平经济的周期波动并促进经济增长成为经济学界最关注的问题,于是爆发了"凯恩斯革命"。凯恩斯学派认为,资本主义经济危机的根源在于有效需求不足,主张政府干预,实施需求管理政策,而且以财政为主要手段。美国经济学家汉森认为,税收是调节经济、避免经济危机、保持经济发展的有效手段,并预言"税收的变动是调节短期波动的很有效的武器,在将来,反商业循环措施的税率的调节,也许将取代利率变动过去所占的地位"。萨缪尔森强调税收既是经济本身的"自动稳定器",又是政府可运用的稳定经济的"人为稳定器"。

进入20世纪70年代,美国经济出现前所未有的经济停滞和通货膨胀并存的"滞胀"现象。而凯恩斯主义在"滞胀"面前束手无策,于是凯恩斯主义威信扫地,反对凯恩斯主义的供给学派应运而生。供给学派认为,需求管理政策不能解决经济的"滞涨",只有从资本和劳动力投入的数量和质量及其使用效率着手,才能恢复经济的活力,因而主张实行"供给管理政策",而主要载体则是减税政策。

2. 税收对收入分配的影响

收入分配是否公平是现代社会普遍关注的一个社会问题,税收作为一种调整收入分配的有力工具,已经越来越受到关注。因为政府通过征税,不仅可以对高收入者课以高税,抑制高收入者的收入,而且还可以通过转移支付提高低收入者的收入,改善收入分配状况。

(1) 个人所得税是调节收入分配最有力工具。在各种收入来源既定的情况下,个人之间收入分配的结果及其差距在很大程度上取决于个人所得税的征税状况。因为个人所得税具有两大特点:一是个人所得税直接对纳税人的所得综合或分类进行征税,即使实行比例税率也体现了支付能力原则,即高收入者多征、低收入者少征;二是可以实行累进税率制度,税率随着收入级次提高而提高,收入水平越高,适用税率越高,从而具有较强的再分配作用。因此,个人所得税对个人之间的收入分配,特别是对抑制收入差距的扩大具有特殊的作用。

(2) 税收支出也是影响收入分配的重要工具。政府可以通过对许多项目做出不予课税、税额抵免、所得扣除等特殊规定,增加低收入阶层的实际收入。实现这一目标的途径有两条:一是直接对低收入阶层的许多纳税项目给予税收优惠照顾,这些项目包括:医疗费用扣除、儿童抚养费用扣除、劳动所得抵免、老年人和残疾人所得扣除、失业福利扣除、社会保险扣除等等;二是对有助于间接增加低收入阶层收入或减少低收入者消费支出的行为给予税收优惠照顾,如对高收入者向慈善机构、公益事业机构等单位的捐款,给予免税待遇,以鼓励其慷慨解囊兴办社会福利事业。

(3) 社会保险税是实现收入再分配的良好手段。社会保险税是以纳税人的工薪所得作为征税对象的一种税收,在为全体居民提供社会保障基金的同时,也发挥了高收入群体和低收入群体之间的再分配作用。

(4) 所得税指数化是减轻通货膨胀的收入分配扭曲效应的一种方法。所谓税收指数化,即按照每年物价指数,调整应税所得的适用税率和纳税扣除额,以便剔除通货膨胀所造成的名义所得上涨的影响。在实行累进个人所得税制的情况下,通货膨胀对个人收入的再分配将产生重大的影响。比如,通货膨胀使所有纳税人一律产生"档次爬升"现象,相对而言,就加重了低收入阶层的税收负担。从各国实践来看,所得税指数化是消除通货膨胀以及累进税率机制产生的扭曲收入的有力措施,税收指数化主要有四种方法:一是特别扣除法,即从纳税人的应税所得额中,按一定比例扣除因通货膨胀所增加的名义所得部分。二是税率调整,即按通货膨胀上涨指数,降低各级距的边际税率,使调整后的税率级距维持在原有效税率的实际水平上。三是指数调整法,即依据物价指数或相关的指定指标指数,调整个人所得税中的免税额、扣除额以及课税级距等,以消除通货膨胀的名义所得增加部分。四是实际所得调整法,即将各年应税所得还原为基年的实际所得,适用基年的免税额、扣除额以及课税级距,再以物价指数还原计算应纳税额。

(三) 微观经济效应

1. 税收对劳动供给的影响

在市场经济中,劳动者对劳动和收入的选择包括是否工作、是否努力工作,这就是通常所说的人们对工作和休闲之间进行的选择。通常我们用收入表示人们拥有的产品或服务的数量和份额,休闲表示人们拥有的闲暇时间。当然,工作时间越多和工作质量越高,收入就越多,生活就越富裕,但要取得收入就要放弃闲暇,要取得更多的收入就要放弃更多的闲暇。人们对两者之间的取舍取决于许多因素,诸如个人的偏好、工资率的高低(即闲暇的机会成本)、其他人收入水平的高低等,此外还有政府征税的因素。税收对劳动供给的影响,是通过税收收入效应和替代效应来实现的。

(1) 税收对劳动供给的收入效应。税收对劳动供给的收入效应,是指征税后减少了个人可支配收入,促使其为维持既定的收入水平和消费水平,而减少或放弃闲暇,增加工作时间。税收的替代效应是指由于征税使劳动和闲暇的相对价格发生变化,劳动收入下降,闲暇的相对价格降低,促使人们选择闲暇以替代工作。如果是收入效应大于替代效应,征税对于劳动供给主要是激励作用,它促使人们增加工作;如果收入效应小于替代效应,征税对于劳动供给就会形成超额负担,人们可能会选择闲暇来替代劳动。在各税种中,个人所得税对劳动供给的影响较大,在个人收入主要来源于工资收入且工资水平基本不变的前提下,征收个人所得税通过对人们实际收入的影响,改变人们对工作和闲暇的选择。

我们以简单比例所得税为例,以图6-9来描述。

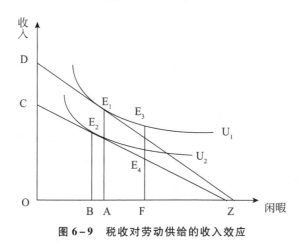

图6-9 税收对劳动供给的收入效应

在不征收个人所得税的条件下,个人的收入线是 DZ。其斜率是由放弃1小时的闲暇而增加的净收入决定的,即所谓净工资率(以 W 表示),假定它是既定的,数量 Z 是个人所能占有的最大的闲暇量,即完全不工作,也就没有任何收入。在这个无差别曲线中,个人的最大化效用点是无差异曲线 U_1 与收入线的相切点 E_1,该点所决定的闲暇时间是 OA。既然工作就等于没有闲暇,这表明劳动供给的数量等于 AZ。假定对全部劳动所得征收比例所得税,税率为 t,工资率固定为 W。因征税收入线向内转移到 CZ,其斜率为 W(1-t),新的收入线与新的无差异曲线 U_2 相交于 E_2 点,该点所决定的工作时间为 ZB。与 E_1 点相比,E_2 点表明劳动供给增加了,增加的数量为 BA(ZB - ZA),这是征收比例所得税的总效应。从 E_1 点到 E_2 点的移动可以分解为税收对劳动供给的替代效应和收入效应。

(2)税收对劳动供给的替代效应。如前所说,税收对劳动的替代效应指的是,政府征税会使闲暇与劳动的相对价格发生变化,闲暇价格相对降低了,因而个人以闲暇代替劳动,它表明的是纯粹的价格变化效应,这种效应可用图6-9中的 E_3 点来说明。该点是平行于收入线 CZ 的新收入线与原无差异曲线 U_1 相切的点。由于闲暇的价格已经下降了,个人会享用更多的闲暇时间。从图6-9可以看出,多出的闲暇时间或劳动供给减少是AF,这就是税收对劳动供给的替代效应。税收对劳动供给的收入效应指的是,政府征税会直接减少个人的可支配收入,从而促使纳税人为维持既定的收入水平而增加工作时间、减少闲暇时间。它表明只是减少了个人收入,而并未改变闲暇与劳动的相对价格。由于说的是效用降低,也可以说无差别曲线 U_1 向下平行移至 U_2,表现在图中是从 E_3 点移至 E_4 点。可见,收入效用使闲暇减少或劳动供给增加的数量为FB。

从图6-9可知,收入效用与替代效用呈反方向运动,前者刺激人们更加努力工作,后者促使人们减少劳动供给。后者使劳动供给减少的数量为AF,与BF比较,净效用是增加劳动供给BA(BF-AF),但是,这是本例的情况。个人工作时间是减少还是增加,最终取决于收入效应与替代效应的对比,本例是收入效应大于替代效应,也可以是两种效应相互抵消,或替代效应占优势。

(3) 中国的实际情况。由于中国是一个劳动力供给十分充裕的大国,目前又处于经济转轨时期,劳动力供需状况具有一定的特殊性,因而要结合我国的实际情况来看待关于税收对劳动供给影响的理论对我国的实践意义。对我国现实情况而言,可以说税收几乎不影响劳动的供给,而且个人所得税在短期内也不会成为主体税种,因此中国目前和今后相当长的时期内需要解决的不是如何增加劳动供给,而是如何消化劳动力过剩问题。就业问题的解决不仅需要增加劳动总需求,而且需要调整劳动需求结构,以增加就业岗位和就业机会。目前严峻的就业形势,尤其是下岗职工再就业和高等院校毕业生就业难问题,主要是结构性失业造成的,一方面有闲置的劳动力,另一方面有空闲的岗位却无人问津或有人不能胜任。解决结构性失业,提高就业率,需要从三方面入手:一是要求调整和改变人们的就业观念;二是从提高劳动力素质和技能入手改变劳动供给结构;三是调整需求结构,在重视科技进步的同时,不可忽视能够容纳较多劳动力的劳动密集的产业和部门,甚至必要时可以考虑给予一定的税收优惠。

2. 税收对居民储蓄的影响

影响居民储蓄行为的两个主要因素是个人收入总水平和储蓄利率水平。个人收入水平越高,储蓄的边际倾向越大,储蓄率越高;储蓄利率水平越高,对人们储蓄的吸引越大,个人储蓄意愿越强。税收对居民储蓄的影响,主要是通过个人所得税、利息税和间接税影响居民的储蓄倾向及全社会的储蓄率。

对个人所得是否征税及征税多少,会影响个人实际可支配收入,并最终影响个人的储蓄率。在对储蓄的利息所得不征税的情况下,征收个人所得税对居民储蓄只有收入效应,即征税个人所得税会减少纳税人的可支配收入,迫使纳税人降低当前的消费和储蓄水平。由于征收个人所得税,个人的消费与储蓄水平同时下降了。因此,税收对储蓄的收入效应是指对个人所得征收后,个人的实际收入(或购买力)下降,会按他既定的收入减少当前消费。对储蓄利息(收益)征利息税,会减少储蓄人的收益,从而降低储蓄报酬率,影响个人的储蓄和消费倾向。具体来说,当对储蓄利息征税时,当前的消费与未来消费的相对价格发生了改变,即未来消费的价格变得昂贵,而当前的消费价格相对下降,因此个人将增加当前的消费,于是产生了收入效应和替代效应。此时的收入效应在于对利息征税降低了个人的实际收入,他会用他既定的收入减少当前或未来的消费。而替代效应是指在对利息所得征税后,减少了纳税人的实际税后收益率,使未来的消费价格变得昂贵了,降低了人们储蓄的意愿,从而引起纳税人以消费代替储蓄。

总之,所得税与储蓄之间的关系可以归纳为以下几点:(1)税收对储蓄的收入效应的大小取决于所得税的平均税率水平,而替代效应的大小取决于所得税的边际税率高低;(2)边际税率的高低决定了替代效应的强弱,所得税的累进程度越高,对个人储蓄行为的抑制作用越大;(3)高收入者的边际储蓄倾向一般较高,对高收入者征税有碍于储蓄增加;(4)减征或免征利息所得税将提高储蓄的收益率,有利于储蓄。

近年来,中国家庭储蓄规模比较大,税收对储蓄的影响并不明显,这说明人们对储蓄的态度还取决于税收以外的诸多因素,如居民未来消费的预期、其他投资渠道等,因此,应该适当地运用税收杠杆促进储蓄向投资转化。这方面,我国曾有很多成功的案例。如1994年借鉴新加坡经验,开始推动住房公积金制度,公积金缴费免征所得税;2000年中国人民银行推出教育储蓄,并免征利息税;证券投资基金试点五年来,基金分红暂免征所得税的政策一直延续至今。表面上看,税收优惠政策会减少政府的近期收入,但实际上,随着居民投资的发展,资本市场日益繁荣,居民金融资产不断升值,反过来能够促进远期消费向近期消费转化,从而推动经济增长和政府财力的不断增强。

3. 税收对投资的影响

税收对投资的影响,同样是通过代替效应和收入效应来实现的,可以采取同样的分析方法。课征公司所得税,会降低纳税人的投资收益率,如果因此而降低了投资对纳税人的吸引力,导致投资者减少投资而以消费替代投资,就是发生了税收对投资的替代效应。税收对投资的替代效应可以图6-10来说明。

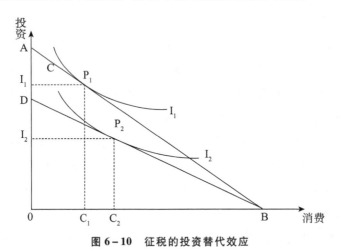

图 6-10 征税的投资替代效应

在图6-10中,纵轴代表纳税人对投资的选择,横轴代表对消费的选择。政府课税前,纳税人对投资和消费的组合用 AB 线表示。AB 与无差异曲线 I_1 在 P_1 点相切,表明 P_1 点所决定的投资和消费组合可给纳税人带来最大的效用。现假定政府对企业征收企业所得税,若纳税人因此而减少投资,其对投资和消费的选择组合线会从 AB 向内旋转至 DB,DB 与新的无差异曲线 I_2 在 P_2 点相切,此切点决定了纳税人税后可获得最大效用的最佳组合。即投资额变为 I_2,小于税前的 I_1,消费额为 C_2,大于税前的 C_1,说明投资者因政府课税企业所得税而减少了投资,增加消费替代了投资。征税和提高税率减少了投资者的税后净收益,而投资者为了维持过去的收益水平趋向于增加投资,这就是税收对投资的收入的影响。

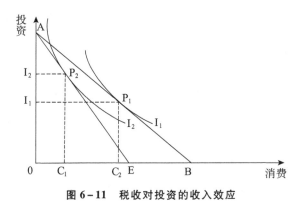

图 6-11 税收对投资的收入效应

图 6-11 表明,若纳税人因政府课税而倾向于增加投资,对投资和消费的选择组合会从 AB 向内旋转至 AE。AE 与新无差异曲线 I_2 在 P_2 点相切,这一切点决定了纳税人税后对投资与消费选择的最佳组合点,即他选择 I_2 为投资额,大于税前的 I_1,选择 C_2 为消费额,小于税前的 C_1,说明纳税人因政府征税而增加了投资。

第三节 公共收费收入

公共收费是政府在提供公共服务、公用设施或实施行政管理的过程中,向受益或管理对象收取的费用,目前公共收费是公共收入的一种有效来源。政府收费的依据有:规范社会秩序、保障公众利益的需要、提供公共产品并调节其供求关系的需要、消除"负外部效应"的需要、提高公共服务质量的需要。

一、公共收费的分类

在现代公共经济学理论中,公共收费的形式主要是规费和使用费。

规费是指政府公共部门为个人或者企业提供某种特定服务或实施行政管理所收取的手续费和工本费,如工商执照费、商标注册费、户口证书费、结婚证书费等。政府征收规费的目的不在于获取收入,而是为了对某些行为进行管理和统计。

使用费是政府提供特定的公共产品或服务而对使用者按照一定的标准收取的费用,如自来水费、电力费、燃气费等,政府征收使用费的目的也不应该是为了筹集公共收入,而是为了弥补市场失灵,补偿公共产品生产成本。

但通常政府收费的范围不止于此,从广义上讲,凡是以公共部门为主体的收费,都可以被称为公共收费,所以还包括罚没收入和特许金等。罚没收入是指工商、税务、海关、公安、司法等国家管理部门,按规定依法处理违法行为时所获得的罚款收入、没收品收入,以及追回的赃款收入。罚没的目的主要是为了对违法行为进行惩处,以维持社会秩序。特许金,是指政府对某种行为给予特许时收取的费用,如矿山开采权、某些特种行业经营权等。特许金收费与规费相比,大大超过了办理特许证时所应收取的工本费手续费。特许金与税收的区别在于征收不固定,并且是由各特定的行业管理部门来征收的。

二、公共收费的性质

公共收费主要是使用费,按世界银行有关文件的说法,使用费是指"为交换公共部门所提供特殊商品和服务而进行的支付"。此外,政府收费还有少量的其他收费,如罚没收入和捐赠收入等。使用费实际上是政府模拟私人物品的定价方式收取的公共物品的价格,以便回收提供特殊商品和服务的全部或部分成本。使用费模拟市场价格,但又不同于市场价格,因为政府对公共物品定价不能采取利润最大化原则,所以,使用费一般不能弥补提供特殊商品和服务的全部成本。

公共收费有时与税收难以截然区分,因为有时一项收入可以采取税收形式也可以采取收费形式,如使用公路可以收取公路费,也可以征收燃油税,但二者也确实存在着差别,主要表现在四个方面:一是,税收与政府提供的商品和服务没有直接联系,税收收入一般不规定特定用途,由政府统筹安排使用,而收费与政府提供的特定商品和服务有直接联系,专项收入,专项使用;二是,税收是政府一般的筹资手段,而收费往往是部门和地方特定用途的筹资手段;三是,税收收入是政府的主要收入,必须纳入预算内统筹使用,而收费则可以有所不同,全国性收费要纳入预算内,部门性收费或地方性收费则可以作为预算外收入,按预算程序管理,形成政府性基金或由部门和地方自收自支;四是,一般而言,税收的法治性和规范性强,有利于立法监督和行政管理,而收费的法治性和规范性相对较弱,容易诱发滥收费现象,因而法治性不强的发展中国家应避免收费项目过多,并力求加强管理。

三、公共收费的特殊作用

既然税收与收费难以截然区分,那么,政府为什么要采取收费形式呢?(1)因为收取使用费在弥补市场失灵方面,如矫正私人物品的外部效应上有特殊的作用。比如:假定某一工厂对周围的环境带来污染而又没有采取治理措施,那么,他的私人成本将小于社会成本,获取额外利润,政府使用费可以定在等于甚至高于额外利润的水平上,运用经济手段迫使企业治理污染,或者运用这笔使用费来治理污染。(2)收取使用费有利于提高公共物品的配置效率。使用费遵循的是受益原则,谁受益谁支付,合情合理,同时吸收了价格机制的优点,至少要支付相当于成本水平的使用费,显示了提供特殊商品和服务的价格信息,有利于避免公共物品的过度需求,提高公共物品的配置效率。

税收和公共收费都是国家筹集公共收入的重要手段,都是为了弥补公共部门提供公共产品或服务的成本。在市场经济条件下,两者之间在一定条件下存在替代关系。政府选择以何种方式筹集公共收入应该建立在比较筹集收入的成本和收益的基础上,税收纯收益 = 税收收入 − 税收的征管成本 − 税收的效率损失;公共收费的纯收益 = 公共收费收入 − 公共收费的征管成本 − 公共收费的效率损失。如果税收的纯收益 > 公共收费的纯收益,那么税收方式优于公共收费;如果税收的纯收益 = 公共收费的纯收益,那么两种方式效果相同;如果税收的纯收益 < 公共收费的纯收益,那么公共收费优于税收。

那么,若某一项收入可以采取税收形式也可以采取收费形式,如何合理选择呢?这可以根据政策目标和效率原则进行抉择,比如如果公路使用费不是在全国统一征收,即有的公路收取使用费,有的公路不收取使用费,车主就会选择不收费的公路,甚至绕道而行。在这种情况下,选择征收燃油税更有效率;如果公共收入奉行受益原则,则选择使用费更为公平;如果奉行支付能力原则,则选择燃油税更为公平;如果为了防止诱发滥收费现象,无疑采取多种税收形式更为恰当等。

由于税收和收费的征收成本和效率损失很难用货币来计量,因此,在财政实践中,税费的选择更多地依赖于各种现实原因,一般来说,纯公共产品的资金需求适用于以税收方式筹集,而混合公共产品的资金需求适合于用收费与税收相结合的方式筹集,因为混合公共产品具有一定的可排斥性,运用收费方式筹集资金可以提高产品的使用效率。

四、公共收费的原则

（一）支付能力原则

政府收费的目的在于通过管理和收费来规范社会秩序、保障公众利益,从性质上来看,它不应作为取得政府公共收入的主要手段,同时,从范围来看,它也不足以取得充裕的公共收入。因此,政府在制定收费标准时,必须坚持将社会承受能力置于首位,而不应该采取简单的"以支定收"的办法,还应切实防止将收费转化为单位"小金库""小钱柜"的资金来源。

（二）补偿原则

鉴于政府管理活动的目的在于维护社会秩序、保障公众利益,具有很高的正外部效应,因此,政府收费不应以营利为目的,而应该确定较低的收费标准,即不能超过社会管理所耗费的直接成本水平。

（三）受益原则

这一原则是针对一些行政许可、签证等收费项目的。如果被管理者在获得政府的认可和保护后,能获取一定的经济利益,政府就可以参考这一经济利益的多寡,制定相应的收费标准。

（四）对等原则

对于一些诸如护照签证、海关报单等涉外活动中的收费,因关系到国家的主权尊严和政府意志,应主要参照国际惯例对等地向外国公民、法人收取,其收费标准的制定并不与政府的管理费用支出的大小挂钩。

（五）管理原则

管理原则就是一方面要强调政府收费项目、标准等要素的相对稳定性,切实防止政府权力的滥用;另一方面就是要强调收费程序的规范、透明与高效。

五、公共收费规模的确定

确定公共收费合理规模的前提,是对收费行为和种类进行清理和规范,即对各种乱收费进行治理,并使收费的行为规范化。判断收费是否合理的标准有:(1)收费与受益是否有直接对称性,这也是公共收费与其他公共收入形式相区别的显著标志。如果交费人并没有从中获益或者其交纳的费用远远高于正常水平,这种收费就是乱收费,应予以处理。(2)它是否与市场机制相冲突,阻碍市场机制的正常发挥。公共收费的主要原因就是为了增强公共产品的有效供给,弥补市场失灵。如果收费过高,超过了公共产品或服务的成本,则破坏了市场正常运行的秩序,此时就必须对相关的收费予以清理整顿。如一些自然垄断的行业的收费就是如此。(3)它是否违反有关的法律规定。如果它与现行的法律相冲突,则应予以取缔。(4)它是否用于公共目的。如果公共部门收费并非用于公共支出,而只是为了部门的自利性需要,则这种收费就是不合理的。

在对乱收费进行清理的基础上,应将公共收费规范化,收费的程序和收费资金的使用都应纳入法制化的轨道,对其进行有效的监督。此外,对于有固定收入来源和一定收入规模的项目可以考虑改费为税。

在对公共收费进行清理和整顿的基础上,应根据收费的类别和层级,对其规模分别予以确定。对于规费收入,应当严格按照其成本予以收取,并制定相应的规范,防止有关部门出于部门的自利性而搭车乱收费。

对于使用费的收入则可以根据收费与受益直接对称性的原则,按照以下两点加以确定:(1)使用费对应的公共产品或服务的外溢性的大小及起作用的有效范围;(2)使用费的类型和作用。从其提高的公共产品和财务的外溢性的大小,公共收费可以分为全国性、地方性的和社区性等不同层级的收费,相应的受益范围也不同。只有受益范围与收费范围相一致的收费才是公平合理的。公共收入具有非营利性,作为公共收入形式的一种,公共收费具有公共性,也不应当以盈利为目的。从收取使用费的作用来看,它主要是为了促进公共产品的有效供给,避免浪费,减少公共产品供给中的"拥挤成本",只要这一目的达到,就能够弥补公共的成本,因此在此基础上的收费规模是合理的。需要指出的是,由于收取使用费的一些行业,如邮政、电信、自来水等,具有自然垄断的性质,出于行业或者部门的自利性,它们收取的使用费往往大大超过其提供的准公共产品成本,获取超额垄断利润,毫无疑问这是违背其收费的公共性原则的。由于自然垄断企业定价的非市场性,这就需要政府采取措施(如价格管制,或保持潜在的进入者以对其制约)以及社会监督(如采取价格听证会的形式)予以矫正,使其保持一个较合理的价格水平。对于促进公共资源有效利用的准入性收费,则应根据申请使用者的数量和资源利用的效率,对其收费规模加以调整,将一些经济效益不高的企业排除在外,并使使用者的数量保持在一个能够促进资源有效利用的水平。对于为了矫正经济活动中一些负外部性的惩罚性收费,达到惩罚和告诫的作用,可以适当加大处罚力度。

六、公共收费的效应

(一) 正面效应

政府收费行为的存在,在一定程度上弥补了政府预算经费的不足,为各级政府及其部门行使行政管理职能、满足公共产品的需要、实施地方和部门的社会经济发展目标提供了资金保障;同时,也会在一定程度上改善执收部门人员的福利待遇,调动其工作的积极性。另外,对维护政府权威也具有一定的积极作用。

(二) 负面效应

1. 公共收费过程的"变异"现象

严格来说政府作为一种特殊的社会组织,能够在一定程度上超越各种具体利益,为公共利益着想,但公共利益与政府利益存在的共同点并不能抹杀两者之间的差异。由于自我利益的存在,导致了政府许多部门在收费过程中无论是收费项目、收费标准、收费范围还是收费资金的使用管理,都出现许多"变异"的现象。比如说,按照国家规定,政府收费项目、标准均由省以上权限部门审批。但在实际的操作过程中,政府有关部门自定标准或超标准收费的情况屡见不鲜。再比如说,根据国家规定,每项政府收费都有指定的专门用途,都应该纳入预算管理。尚未纳入预算管理的,也应按预算外资金管理的规定,上缴财政专户,实行收支两条线管理。但在实践中,专项收费资金违反规定用途,被肢解、挪用的情况相当突出。

2. 资源浪费严重

由于缺乏必要的监督机制,政府有关部门为了自身利益往往使政府供给过分地扩大;同时,由于政府活动缺乏相应的降低成本的激励机制,极易导致成本高估。另外,寻租、道德风险等不良社会风气的存在,也极易导致大量社会资源用于非正常领域,造成社会资源的严重浪费。

3. 破坏政府预算的完整性

公共收费作为国家的公共收入,本应纳入预算管理,可是,其中相当部分游离于预算和制度之外,使财政可支配资金分散到政府各部门和单位,不仅造成了预算外资金挤压预算内资金的现象,而且也破坏了政府预算的完整性,还带来很大的负面效应,民间对此有一种说法:"明税轻,暗税重,苛捐杂税无底洞。"

造成这种情况一方面是因为征收依据多元,费出多门。目前还没有专门的收费管理法律,有关收费的各种规定,散见于各专项法律法规中。根据现行国家规定,审批行政事业性收费、政府性基金的依据有:法律、法规、地方性法规、部门规章、地方规章、党中央、国务院的文件。实际操作中,还有省一级地方党委、政府的相关会议纪要等。有审批权的有中共中央、全国人大、国务院、中共中央办公厅、国务院办公厅、省一级党委、政府及其办公厅、财政部、国家发改委、省一级财政、价格主管部门。收费审批层次上,虽然规定了中央与省两级,也规定了具体的审批范围与权限,但由于收费本身分类上的交叉,一些收费无法以政府性基金审批通过,就以行政事业性收费审批;一些以无法行政事业性收费审批通过,就以经营性收费审批。这导致了现实中征收主体和征收项目众多。另一方面是因为公共收费标准形成过程不透明,任意性大。收费标准的确定无疑应该本着合理、透明、必要的原则,而且应考虑到按照缴费人所获得的服务收益收费。但现实中,由于缺乏必要的制度规范,使得实际上收费标准的形成基本上都是收费部门任意确定的,偶尔征求社会意见,也往往表现为例行公事地走程序,不能真正起作用。再者,一些项目所对应的管理或服务内容虽然没有发生变化,但由于物价上涨等因素推动收费单位支出成本增加,收费标准又不断地调整提高。一些地方为达到多收费的目的,甚至故意提高技术标准,强制进行重复检验、检测以收费。

第四节　公债收入

公债已经成为各国政府重要的公共收入来源,没有严格的管理和控制会带来公共风险的威胁。本节在介绍公债的分类和分担的衡量方法等基础上重点讨论公债的功能、经济效应和合理规模的确定。

一、公债的产生

在信用经济高度发展的今天,为某种需要而举债已成为十分普遍的经济现象。举债的主体或借债人主要有两类:一是私人和企业,二是政府。私人和企业的债务称为民间债务或私债,政府的债务统称为公债,有时候为了区别不同层级政府的债务,通常将中央政府债称为国债,将地方政府债称为公债。

公债的产生离不开商品经济和信用经济的发展,如果社会上没有较为充裕的闲置资金,公债就成为无源之水。公债制度是在私债的基础上发展和演变而来的,产生于奴隶社会。到了封建社会,借债规模有所扩大,但发展十分缓慢,在商品经济和信用经济高度发达的资本主义社会才加快发展。依照马克思的说法,"殖民制度以及它的海外贸易和商业战争是公共信用制度的温室"。在今天,公债的发展早已远远超出了发达资本主义国家的范围。不管社会制度怎样,不论经济发展水平如何,几乎所有国家都将公债作为政府筹集公共资金的重要形式和发展经济的重要手段。

公债是一个特殊的财政范畴。它首先是一种非经常性的公共收入,因为国家发行债券或借款实际上是筹集资金,意味着政府可支配的资金的增加。但是,公债的发行必须遵循信用原则:有借有还。债券或借款到期不仅要还本,而且要付一定的利息。公债具有偿还性,又是一种预期的财政支出,这一特点和无偿性的税收是不同的。公债还具有认购上的自愿性,除极少数强制公债以外,人们是否认购、认购多少,完全由认购人自己决定,这也和强制课征的税收是不同的。公债又是一个特殊的债务范畴,它与私债的本质区别在于发行的依据或担保物不同。民间借债一般须以财产或收益为担保,人们只有在确信借债者具有履行还本付息的能力的情况下才会出借。而公债的担保物并不是财产和收益,而是政府的信誉,在一般情况下,公债比私债要可靠得多,通常被称为"金边债券"。

二、公债的种类、结构和负担

(一) 公债的种类

现代国家的公债不仅包括各种各样的借款,而且有名目繁多的债券,是一个庞大的债务体系。为了便于公债管理,必须首先对公债进行分类。

以国家举债的形式为标准,公债可分为国家借款和发行债券。政府借款是政府通过借款协议形式筹集资金的公债。国家债券是政府下令通过发行债券形成国债法律关系筹集资金的公债。

以债券的流动性为标准,公债可分为可转让公债和不可转让公债。一般来说,自由转让是公债的基本属性,大多数国家的债券都是可以进入债券市场自由买卖的,但也有一些债券不允许公开销售,如美国的"储蓄券"和中国1984年以前发行的国库券。

以发行的凭证为标准,公债可分为凭证式债券和记账式债券。凭证式公债是指国家采取不印刷实物券,而用填制"国库券收款凭证"的方式发行的公债。凭证式公债具有类似储蓄又优于储蓄的特点,通常被称为"储蓄式公债",是以储蓄为目的的个人投资者理想的投资方式,具有安全性好,保管、兑现方便的特点。记账式公债通过电脑系统完成公债的发行、兑付的全过程,称为"无纸化公债",可以记名、挂失,安全性好,发行成本低,发行时间短,发行效率高,交易手续简便,已成为世界各国发行公债的主要形式。

(二) 公债的结构

公债的结构是指一个国家各种性质债务的互相搭配,以及债务收入来源和发行期限的有机结合。

(1) 应债主体结构。应债主体的存在是公债发行的前提,应债主体结构实际上就是社会资金或收入在社会各经济主体之间的分配格局,即各类企业和各阶层居民各自占有社会资金的比例。

(2) 公债持有者结构或应债资金来源结构。公债持有者是各应债主体即各类企业和各阶层居民实际认购和持有公债的比例,又可称为公债资金来源结构。公债持有者结构要受应债主体结构所制约,如果社会财富分配不均,贫富差距较大,社会资金集中在少数企业和个人手中,公债持有者则比较集中;如果社会财富分配比较平均,社会资金相对分散,公债持有者也必然是相对分散的。

(3)公债期限结构。以偿还期为标准,公债可分为短期公债、中期公债、长期公债和永久公债。一般而言,短期公债指偿还期在1年或1年以内的公债,1年至5年(或1年至10年)称为中期公债,5年(或10年)以上称为长期公债。永久公债是指没有偿还期的公债,只是按年付息,但可以上市流通,随时兑现。改进公债期限结构,对完善我国公债体系具有重要意义。我国国库券开始发行时期限为10年,1985年调整为5年,后又缩短为3年,其他种类的公债也大多为3年至5年。以3年至5年的中期公债为主的公债期限结构缺乏均衡合理的分布,易导致公债偿还集中到期,且难以发挥公债的调节作用。对于投资者来说,这种单一的公债期限结构不利于投资者进行选择,很难满足持有者对金融资产期限多样化的需求,其结果必然使公债的形象欠佳,吸引力较弱。从1994年起,为了使期限结构合理化,已经开始适量发行短期公债和长期公债。发行短期债券,主要是用于平衡国库短期收支,同时将其作为中央银行公开市场操作的工具,长期公债通常用于周期较长的基础设施或重点建设项目。

(三) 公债负担和限度

1. 公债负担

各个国家的经济实践已经充分证明,公债不仅存在一个负担问题,而且如何衡量处理公债负担也是财政理论与实践的重要内容。公债负担可以从三个方面来分析:(1)认购人负担。公债是认购者收入使用权的让渡,这种让渡虽是暂时的,但对他的经济行为会产生一定的影响,所以公债发行必须考虑认购人的实际负担能力。(2)政府负担,即债务人负担。政府借债是有偿的,到期要还本付息,尽管政府借款时获得了经济收益,但偿债却要考虑支出,借债的过程也就是公债负担的形成过程,所以,政府借债要考虑偿还能力,只能量力而行。(3)纳税人负担。不论公债资金的使用方向如何,效益高低,还债的收入来源最终还是税收。马克思所说的公债是一种延期的税收,就是指公债与税收的这种关系。当然,在现代普遍实行"以新债还旧债"的公债制度下,会不断增加债务余额。(4)代际负担。公债不仅形成一种当前的社会负担,而且在一定条件下还会向后推移,形成代际负担。就是说,由于有些公债的偿还期较长,连年以新债还旧债并不断扩大债务规模,就会形成这一代人借的债转化为下一代甚至几代人的负担的问题。如果转移债务的同时为后代人创造了更多的财富或奠定了创造财富的基础,这种债务负担的转移在某种意义上被认为是正常的;如果公债收入被用于当前的消费,或者使用效率低下,留给后代人的只有净债务,那么,债务转移必将极大地影响后代人的生产和生活,这是一种愧对子孙的短期行为。

2. 公债期限

既然存在公债负担问题,也就存在公债的限度问题,公债的限度源于公债的负担。由于公债会形成一种社会负担,必须有一定的限度。公债的限度一般是指国家债务规模的最高额度或公债适度规模问题。衡量公债绝对规模的指标有三:一是历年累计债务的总规模,二是当年发行的公债总额,三是当年到期需还本付息的债务总额。对公债总规模的控制是防止危机的重要环节,而控制当年发行额和到期偿还额,特别是严格控制未偿还的公债余额,是控制公债规模失控的主要手段。衡量公债相对规模也有三个方面:一是由于公债的应债来源,从国民经济总体看就是 GDP,所以公债规模通常用当年公债发行额或公债余额占 GDP 的比重来表示,称为公债负担率;二是从个别应债主体看,以当年发行额占应债主体的收入水平的比重来表示,如居民个人的公债负担率可以当年公债发行额占居民收入扣除消费支出和其他投资后的居民储蓄的比例来表示;三是公债规模还受政府偿债能力的制约,中央政府用于还本付息的来源当然是中央政府的公共收入,但在"以新债还旧债"的情况下,当年的债务负担只是支付到期利息,所以表示中央政府公债当年偿债能力的指标是当年付息额占当年中央财政经常收入的比重,或采用当年公债发行额占中央财政支出的比重。前一指标是直接表示政府偿还能力的,而后一指标表示中央支出对债务的依赖程度,称为债务依存度。

三、公债的功能

各国实施财政政策的实践证明,公债是具有经济效应的,而且在财政政策实施中具有重要的功能。公债的政策功能主要有以下三点。

（一）弥补财政赤字

通过发行公债弥补财政赤字，是公债产生的主要动因，也是当今各国家的普遍做法。用公债弥补财政赤字，实质上是将不属于国家支配的民间资金在一定时间内让渡给国家使用，是社会资金使用权的单方面转移。政府也可以采用增税和向银行透支的方式弥补财政赤字。但比较而言，以发行公债的方式弥补财政赤字，一般不会影响经济发展，可能产生的副作用也较小。（1）发行公债只是部分社会资金的使用权的暂时转移，一般不会导致通货膨胀；（2）公债的认购通常遵循自愿的原则，基本上是社会资金运动中游离出来的资金，一般不会对经济发展产生不利的影响。当然，也不能把公债视为医治财政赤字的灵丹妙药：一是因为财政赤字过大，形成债台高筑，最终会导致财政收支的恶性循环；二是因为社会的闲置资金是有限的，国家集中过多往往会侵犯经济主体的必要资金，从而降低社会的投资和消费水平。

（二）筹集建设资金

公债具有弥补财政赤字的功能，又具有筹建建设资金的功能，似乎无法辨别两种功能的不同。其实不然，在现实生活中仍可以从不同角度加以区分。比如，我国财政支出中经济建设资金占 50% 左右。由于固定资产投资支出的绝对数和比重都较大，如果不发行公债，势必要压缩固定资产投资支出，从这个角度讲，发行公债具有明显的筹集建设资金的功能。有的国家则从法律上或在发行时对两种不同功能做出明确的规定。如我国发行的国库券，没有明确规定目的和用途，但从 1987 年开始发行重点建设债券和重点企业建设债券（其中包括电力债券、钢铁债券、石油债券和有色金属债券）。又如日本在法律上将公债明确分为两种：一是建设公债，二是赤字公债。

（三）调节经济

公债是对 GDP 的再分配，反映了社会资源的重新配置，是财政调节的一种重要手段。这部分财力用于生产建设，将扩大社会的积累规模，改变既定的积累与消费的比例关系；这部分财力用于消费，则扩大社会的消费规模，使积累和消费的比例向消费一方偏移；用于弥补财政赤字，就是政府平衡社会总供给和社会总需求关系的过程。公债不仅是财政政策手段，而且是金融政策手段，公债券是可流通债券的主要组成部分，特别是短期债券是中央银行进行公开市场操作从而调节货币需求与供给的重要手段。

四、公债的经济效应

(一) 李嘉图等价定理

1. 李嘉图等价定理的含义

分析公债的经济影响首先要谈谈李嘉图的等价定理,因为李嘉图等价定理否定公债的经济效应。政府借债的经济影响一直是自亚当·斯密时代以来宏观经济学争论不休的问题。在公债效应的理论争论中,李嘉图等价定理处于核心地位并且产生了深远的影响。李嘉图等价定理的思想(即税收和借债等价)是李嘉图于19世纪提出的,1974年,巴罗发表了《政府债券是净财富吗?》,通过深奥的数学推理,复兴了李嘉图的债务和税收等价这种古老的思想。

李嘉图等价原理认为,政府支出是通过发行公债融资还是通过税收融资没有任何区别,即债务和税收等价。其推理并不复杂,李嘉图学派的核心观点是公债仅仅是延迟的税收,当前为弥补财政赤字发行的公债本息在将来必须通过征税偿还。而且税收的现值和当前的财政赤字相等。李嘉图等价的观点的逻辑基础,是消费理论中的生命周期假说和永久收入假说。即假定能预见未来的消费者知道,政府今天通过发行公债弥补财政赤字意味着未来更高的税收,通过发行公债而不是征税为政府支出筹资,并没有减少消费者生命周期内的总的税收负担,唯一改变的是延迟了征税的时间。根据李嘉图学派的观点,消费者具有完全理性,能准确地预见无限的未来,他们的消费安排不仅基于他们现期收入,而且基于他们预期的未来收入,为了支付未来因偿还公债而将要增加的税收,他们会减少现时的消费,而增加储蓄。从本质上说,李嘉图等价原理是一种中性原理:认为是选择征收一次性总量税,还是发行公债为政府支出筹措资金,对于居民的消费和资本的形成(国民储蓄),没有任何影响。

李嘉图等价原理是否成立具有深远的政策意义。如果李嘉图等价原理成立,即所谓发行公债等于未来的税收,那么,以增发公债为手段的扩张性财政政策就不会影响总需求。因为,政府发行公债,居民家庭就会减少消费,把由于发债而不增税所增加的可支配收入储蓄起来,以备支付未来与公债等价的税收,这样政府由发债而增加的支出与消费者减少的消费正好相等,社会总需求不变,所以,扩张性的财政政策是无效的。

2. 对李嘉图等价定理的评论

许多学者从不同角度反驳了李嘉图等价理论,主要反对意见有:第一,李嘉图等价原理的核心假设就是理性预期,这就要求现在的父母都要通晓预期模型,从而能够运用这个模型来测算和调整当前收入和未来收入,这显然是不现实的。第二,李嘉图等价原理假设人们总是遗留给后代一定规模的遗产,事实上有些父母知道他们的孩子可能生活得比自己更好,毕竟社会在不断进步,因此,这些父母也不会把因发债而不增税而增加的收入储蓄起来而不花掉。第三,政府债务没有违约风险,债务的利率在金融市场上是最低的,如果想在金融市场上借钱,支付的利率肯定会超过公债利率,而政府发债而不增税为这些人提供了成本更低的资金,他们自然愿意增加投资。第四,李嘉图等价原理隐含个人具有完全的预见能力和充分信息,实际上,未来的税负和收入都是不确定的,对于个人而言,现在不增税而增加的收入与未来为偿还公债的本息而向此人征收的税收并不必然相等。第五,李嘉图等价原理假设所有的税都是一次性总量税,实际上,大多税并不是一次性总量税,而非一次性总量税会产生税收的扭曲效应,所以,发债而不增税会减少税收的扭曲效应,有利于刺激经济的增长,因而发债而不增加税收,并非等价。

尽管许多经济学家对李嘉图等价定理在理论上提供了反对意见,但是,判断李嘉图等价定理是否真正成立,在很大程度上还取决于实证分析。美国经济学家通过实证研究和计量经济分析研究李嘉图等价定理,得出了多种结论,一些人持支持的态度,为数更多的人持否定态度。在对李嘉图等价定理所做的一次权威性的全面调查中,斯坦福大学的道格拉斯·伯恩海姆提供了具有代表性的看法:"一系列的研究已经确证,赤字和总消费之间存在一种很强的短期关系。这种情况尽管有许多潜在的解释,但它至少与传统的(非李嘉图等价定理的)凯恩斯学派的观点相一致……因而,尽管时间序列证据对李嘉图等价定理不利,但它本身还不能将其推翻。然而无论是理论推理还是行为分析,都表明李嘉图的结果不太可能出现。"

(二)公债的经济效应

1. 公债的资产效应

从短期的观点来看,分析公债的经济效应,主要是分析公债的收入效应和流量效应。但是,如果研究公债的长期效应,则不能仅限于公债的流量效应,必须分析公债存量对资产的影响。也就是说,公债发行量的变化,不仅影响国民收入,而且影响居民所持有资产的变化,这就是所谓的资产效应。

从以上对李嘉图等价原理的介绍中可以看出,政府运用税收和借债为支出筹集资金是否存在差别的问题,最终可以归结为这样一个问题:居民是否把自己持有的政府债券当成其财富的一部分?如果消费者将债券仅仅看成是延期的税收,那么这些债券就不能作为总财富的一部分;如果消费者认为当前发债和未来的税收并没有直接的联系,或者更可能的是认为这些债券根本不需要用税收来偿还(如借新债还旧债),那么这些债券就会被看成是总消费函数中总财富的一部分。可见,只有私人部门不把政府债券当成财富,李嘉图等价原理才成立,若把政府债券看成是财富的一部分,则李嘉图等价原理就不能成立。我们可以通过国民收入决定分析判断这个问题。在国民收入决定分析的模型中,总消费函数起着至关重要的作用,而总消费函数通常被表述为可支配的总收入和总财富的函数,也就是消费将随着收入和财富的增加而增加,当人们持有债券而增加消费,就说明公债具有资产效应。

正因为公债有资产效应,所以公债在经济增长中具有稳定功能。公债的增加比税收的增加更能够增加居民持有的资产——一方面,人们富有了就可能增加消费,另一方面,人们的劳动意愿可能随之下降从而减少储蓄。因而发行公债在经济萧条时具有扩大消费的功能,而经济旺盛时具有抑制消费的功能,而且人们持有资产是为了预防萧条,所以经济萧条时的效应更大,经济繁荣时的效应相对较小。此外,公债利息的支付,也具有稳定的作用。在萧条时期,税收收入减少,尤其是实行累进税制,税收减少的趋势更为明显,这时公债利息支付保持在一定水平上,对消费需求会起维持作用。在繁荣时期,税收收入会比国民收入增长更快,而公债利息支付是一定的,这又会起抑制消费需求的作用。

公债的资产效应和"公债错觉"的概念相联系。"公债错觉"是指公债持有者在持有公债时认为自己的财富增加了,由此可能增加自己的消费需求,因而公债积累与消费的增加相联系。有人对公债错觉在现实中是否存在持置疑态度,但一般公债理论都是承认公债错觉的存在并以此为前提展开的。因为,从对未来的预期来看,由于税收制度的变更或由于通货膨胀可能出现减免情况,也可能出现相反的情况,但根据实践经验的判断,发生前一种情况的概率要更高一些。征税融资构成纳税人的当前负担。如公共选择派代表人物布坎南指出:"理性的个人常常选择以发行公债方式为所有公用品和劳务融资。"承认公债的资产效应,也就是否定李嘉图的等价定理。

2. 公债的需求效应

根据凯恩斯主义的观点,公债融资增加支付支出,并通过支出的乘数效应增加总需求,或通过将储蓄转化为投资,并通过投资的乘数效应,推动经济的增长。

公债对总需求的影响有两种不同的情形:一种情形是叠加在原有总需求之上,增加总需求;另一种情形是在原有总需求内部,只改变总需求机构,而不增加总需求。至于究竟属于哪一种情形,主要取决于不同的应债主体,即不同的应债资金来源,需要进行具体分析,才能做出判断。

中央银行购买公债。中央银行购买公债相当于过去传统体制下的财政向中央银行透支或借款,也就是现在所谓的债务货币化。中央银行购买公债,银行持有公债账户增加,同时财政国库存款账户增加,财政用公债支付时,则形成企业存款和居民储蓄或手持现金,商业银行存款增加。由此推理可知,中央银行购买公债将导致银行准备金增加,从而增加基础货币,对总需求发挥扩张作用,构成通货膨胀因素。所以,一般而言,中央银行购买公债是叠加在原有总需求之上扩张总需求。当然,这种扩张效应也不是绝对的。众所周知,随着经济的增长,货币需求必然增加,从而要求增加货币供给,而在每年增加的基础货币中必然有一部分是适应经济增长而增加的基础货币,如果在这个限度内购买公债,就不一定发生通货膨胀,或者说,只要中央银行购买公债时严格限制再贷款规模,就可能不会发生货币供给过量问题。

商业银行或居民个人购买公债。商业银行或居民个人购买公债则和中央银行购买公债的情形不同。商业银行或居民个人购买公债,一般来说只是购买力转移或替代,不会产生增加货币供给从而扩张总需求的效应。因为,购买公债时表现为商业银行在中央银行准备金的减少或居民个人在商业银行储蓄存款的减少,而当财政支用时又会表现为商业银行准备金的恢复或居民储蓄存款的恢复,货币供给规模不变,变化的只是商业银行拥有的资金暂时转为财政使用,或将居民储蓄通过公债转化为投资,也就是购买力或资金使用权的转移或替代,从而不生产扩张总需求的效应。如果在经济繁荣时期,由于资金供求紧张,发行公债会带动利率上升,可能对民间投资发生"排挤"效应,不利于民间投资的增长;如果在经济萧条时期,实际上则是商业银行暂时闲置的资金转由财政使用,将居民储蓄转化为投资,弥补了储蓄与投资之间的缺口,这样不但可以推动经济的增长,而且有利于提高商业银行的效益。在我国当前实施的积极财政政策中,向商业银行和居民个人推销公债,就属于这种情形。不过,居民个人购买公债也可能有两种情况。一种是居民用现金或活期存款购买公债,形成货币供给量中 M1 的缩减,而财政用于支付时却形成准货币 M2,这会降低货币的流动性,从而对社会需求起抑制作用;另一种是居民用储蓄或定期存款购买公债,形成 M2 的缩减,而支用时却形成 M1,则 M2 的规模不变,M1 的规模增加了,这样会增强货币的流动性,也可以对社会需求起扩张作用。

3. 公债的供给效应

发行公债作为一种扩张政策,当运用于治理周期性衰退时,应主要注重于它的短期需求效应,刺激需求,拉动经济增长。但实际上公债不仅具有需求效应而且同时具有供给效应,即增加供给总量和改善供给结构。事实上需求与供给是一个问题的两个方面,二者是相互伴随不可分割的。比如,公债收入用于投资,自然增加投资需求,但用之于投资也必然提供供给,而且由于投资领域的不同,也就同时改变供给结构。至于关于需求自动创造供给或供给自动创造需求的说法,如果分开了说,都有片面之嫌。因为,在市场经济下,需求与供给是互动的。比如,只要存在有支付能力的有效需求,即使暂时缺乏相应的商品供给,也会很快通过市场调节来满足这种需求;当有一种新科技产品上市,只要确是人们需要的,也必然有它的需求。但若供求失衡,如供给大于需求或续期大于供给,这不是市场本身原因,而是一种制度性问题,即属于"市场失灵",这就需要政府参与解决。而政府发行公债,就是政府宏观政策中用来调节总需求与总供给平衡的一种重要手段。

上面已经说明,政府发行公债是用于投资,而且主要是用于生产性投资。同时,既是政府投资,又是用于具有非排他性、非竞争性或具有"外部效应"的提供"公共物品"领域的投资。其中的首选是基础设施投资,还有高新技术投资、风险投资、农业投资、教育投资和区域经济开发投资等。我国实施积极财政政策,公债投资集中力量建成大批重大基础设施项目,办了一些多年想办而没有办的事,既增加了有效供给,也基本解除了长期存在的基础设施的"瓶颈",改善了供给结构。这也就是公债的供给效应。

五、公债合理规模的确定

公债的规模,包括历年发行公债的累计余额和当年发行公债总量。决定公债规模的因素有:财政赤字的大小,政府的经济政策,政府的偿债能力和经济的发展水平等。

对于公债的合理规模,可以从不同的角度加以考察:

(1) 从资源配置的角度来考察。公债的发行和使用应有利于资源的优化配置,能汲取社会的闲置资金,并使其"挤出效应"最小,在此基础上的公债规模才是合理的。从资源配置的角度来考察,公债实际上是将一部分社会资源的配置由私人部门转向公共部门。如果这种资源配置方式的改变能够实现帕累托最优或者达到某种程度的帕累托改进,那么此时的公债规模才是合适的。

如何判断公债是否有利于资源配置效率的提高,可以从以下几个方面来考察:一是"挤出效应"的大小。如果社会上存在大量的闲置资金,此时政府举债不会形成与私人部门的竞争,使市场利率上升,导致私人部门的被挤出,反而有利于资源的有效利用,因此公债的规模可以适度扩大;反之,则不适宜扩大公债规模。二是由公债资金所提供的公共产品的边际效用相比,如果前者大于或等于后者,则此时的公债规模是合宜的。三是公债的来源和使用方向。德国的约翰·穆勒指出,如果公债资金来源于生产领域而又用于生产领域则有利于资源的配置,如果公债资金来源于生产性领域而又用于非生产性领域,则"公债制度是最不良的政府筹款方法"。政府支出主要由经常性支出和资本性支出两个方面组成。经常性支出直接形成本期的公共产品,具有直接受益性;而资本性支出不仅形成本期公共产品的供给,而且将在很长的一段时间内发挥效益。如果将公债资金用于经常性支出,则有可能造成公共产品的过度供给,使资源浪费,所以公债收入基本上应用于政府的资本性支出,将其成本分摊到以后各期以提高使用效率,这也决定了公债的发行规模应当以政府合理的资本性支出需要为界限。

(2) 从公债的作用,即弥补赤字、筹集提供公共产品所需的资金及调控经济的角度来考察。公债额规模应有利于国家对国民经济的宏观调控以及弥补公共产品所需资金不足。公债的主要作用就是弥补财政赤字,筹集公共产品所需要的资金以及调控经济。公债的规模应当根据其作用的需要而进行调整。在经济萧条时期,社会投资需求不足,政府通过扩大公债的规模增加财政支出,可以创造新的就业机会,提供更多的公共产品以及增加社会财富,最终刺激投资需求,拉动经济复苏。如我国近三年实行的积极的财政政策中增发的3600亿公债就属于这一情形。此外,政府还可以通过中央银行的公开市场买卖公债,影响市场利率,从而实现对经济的宏观调控。当政府的其他公共收入不足以提供足够的公共产品或服务时,适当扩大公债的规模也是必要的。

(3)从政府的偿债能力及社会的应债能力的角度来考察。只有在政府偿债能力和社会应债能力限度内的公债规模才是合适的。此外,我们在确定公债规模的时候,还应考虑其使用的方向和效益。从政府的偿债能力及社会的应债能力的角度来考察,有助于将公债的合理规模加以量化。从政府的偿债能力来看,主要包括以下三个指标:公债负债率(公债余额/当年GDP),一般以不超过60%为宜;公债依存度(当年债务收入/当年财政支出),一般以不超过20%为宜;公债偿债率(当年债务偿还额/当年公共收入),一般以不超过10%为宜。社会的应债能力主要包括:居民公债负担率,即用当年对居民发债余额与当年居民储蓄余额的比例来表示;金融机构负担率,用金融机构持有公债占总资产的比重来表示。在发行公债时应将其总体规模控制在政府偿债能力和社会应债能力以内,尤其不能超过国际公认的警戒线。

六、其他收入

(一)国有资产收益

国有资产收益是指国家凭借对国有资产的所有权,从国有资产经营收入中获得的经济利益。其来源是国有企业或国家参股企业的劳动者在剩余劳动时间内为社会创造的剩余产品价值。

目前,国有资产收益的形式与数量,主要取决于国有资产管理体制与经营方式。国有资产管理体制,是在中央与地方之间及地方各级政府之间划分国有资产管理权限,建立国有资产经营管理机构与体系的一项根本制度。国有资产经营,是指国有资产的所有者和代理人为了保证国有资产的优化配置、合理利用,提高运行的经济效益、社会效益及生态效益,实现国有资产的保值增值,充分发挥在国民经济中的主导地位而进行的一系列筹划、决策活动。

决定一个国家国有资产收入规模的因素有:(1)一国的经济体制。在计划经济体制下,国有经济占主导地位,因此来自于国有资产收入的比重也比较大;而在市场经济条件下,国有经济的规模相对较小,因此来自于国有资产的收入也相对少一些。(2)一国经济的国有化程度。在同一经济体制下,一国经济的国有化程度是决定国有资产收入规模的重要因素。如同样是市场经济国家,意大利的国有资产收入的比重就要比其他欧洲国家大得多。(3)国有资产的结构。一般来说,非经营性的国有资产收入很少,甚至不会带来最主要的收益。因此,在一国国有资产规模既定的情况下,其内部结构决定国有资产收入规模的大小。如果经营性国有资产所占的比重较大,则国有资产收入规模也将随之扩大。(4)企业负税的大小。国家凭借所有权参加国有企业税后利润的分配,如果企业税负较低,则可供分配的税后利润就较多,国有资产的投资收益也就增多,相应地国有资产收入规模也随之扩大,反之则缩小。(5)国家和国有企业的分配关系。国家与国有企业的利润分配方式和比例主要由国家确定。我国改革开放以前,国家对国有企业实行统收统支,国有企业的利润几乎全部上缴,因此国有资产收入的规模较大;而改革开放以后,随着"放权让利"、利改税,承包制,股份制等改革措施的实施,企业自主权不断扩大,国家和企业的分配关系也在不断调整之中,来自于国有企业的收入相对降低。

确定国有资产收入规模的大小,最重要的是要理顺国家和国有企业的分配关系,将税收和利税这两种国家收入与从企业取得的不同性质的收入区分开来。前者是凭借政治权利,而后者是凭借经济权利(所有权)实现税利分流,在此基础上的收入才是规范的。从实践来看,股份制有利于企业所有权和经营权的分离,规范政府和企业的分配关系,使国有企业收入规范化。关于国有资产收入合理规范化的大小,目前尚无一个既定的衡量标准,但国有资产收入规模应当随着经济体制、经济发展阶段、国家的发展战略及其作用范围加以调整。

(二) 罚没收入

罚没收入是罚款与没收收入的统称,是指法律、法规和规章授权的执行处罚的部门依法对当事人实施处罚取得的罚没款以及没收物品的折价收入。

罚没收入是对违章、违规行为实施的一种经济处罚,罚没收入比税收具有更明显的强制性和无偿性,是公共收入的一种特殊形式,与税收相比,罚没收入缺乏固定性,具有定向性、一次性的特征,对取得公共收入缺乏稳定可靠的保证。

根据《2008年政府收支分类科目》,罚没收入主要分为一般罚没收入、缉私罚没收入和缉毒罚没收入。缉私罚没收入属中央专用收入科目,缉毒罚没收入属中央与地方共用收入科目,地方缉毒罚没收入属省本级收入。一般罚没收入包括:

(1) 银行监督、民航、电监会罚没收入属中央专用收入科目,其他属中央与地方共用收入科目;

(2) 海关、国家外汇管理部门取得的其他罚没收入中央与地方各半,地方按属地原则分级管理;

(3) 铁路公检法罚没收入全部上缴中央,但铁路系统其他罚没收入中央与地方各半,地方按属地原则分级管理,如铁路卫生罚没收入等;

(4) 烟草罚没收入全额缴地方,按属地原则分级管理;

(5) 出入境检验检疫机构的罚没收入中央与地方各半;

(6) 证监会、保监会罚没收入没有明文规定;

(7) 税务部门对违反税法规定的当事人加收的滞纳金及所处罚款随款入库,其他罚没收入按隶属关系缴库;

(8) 省直垂直管理单位的罚没收入全额缴入省本级;

(9) 交通部门罚没收入按财务隶属关系管理。

(三) 特许经营收入

特许经营收入是指国家依法特许企业、组织或个人垄断经营某种产品或服务而获得的收入,属于政府非税收入的组成部分,主要包括烟草专卖收入、酒类产品专卖收入、免税商品专营收入、货币发行收入、印钞造币收入、纪念邮票(纪念币)发行收入、食盐批发专营收入等。

【本章关键词】

公共收入	税收	税收归宿	税收转嫁
税收中性	拉弗曲线	规费	使用费
公债	公债负债率	公债依存度	公债偿债率
国有资产			

【本章小结】

公共收入是政府为履行其职能而筹集的一切资金的总和，是政府从事社会经济活动所必须掌握的社会经济资源。财政是以国家为主体的分配活动，公共收入就是财政分配活动的一个阶段或一个环节。公共收入按照收入形式分为税收收入、公共收费收入、公债收入和国有资产收益等。

税收是国家凭借政治权力和财产权利，按照法律规定，强制地无偿地取得公共收入的一种特殊分配活动。税收的基本要素有纳税人、课税对象和税率。税收的过程会发生税收转嫁，而税收的最后落脚点称为税收归宿。税制的设计应遵循税收中性原则，即政府课税不扭曲市场机制的正常运行，确定税收的合理规模，发挥税收的经济效应。

公共收费是指政府向居民提供特定服务或实施特定管理所收取的规费，以及政府直接向使用者或受益者收取的公共产品和服务的使用费。公共收费主要是为交换公共部门所提供特殊商品和服务而进行的支付，应遵守支付能力原则、补偿原则、受益原则、对等原则和管理原则。

政府以债务人的身份向个人、企业、社会团体、金融机构以及他国政府借款取得的收入是政府的债务收入，同时也是政府的一种负债，也可称为公债。公债可以按不同的标准进行分类，在发行过程中应注意公债的结构的合理和规模的适度，发挥公债弥补财政赤字、筹集建设资金和调节经济等积极功能。

其他收入如国有资产收益、罚没收入和特许经营收入等，也是公共收入的重要手段。

【本章复习题】

1. 简述税收的收入效应。
2. 简述税收的替代效应。
3. 简述税收对劳动供给的影响。
4. 简述税收对居民储蓄的影响。
5. 简述税收对投资的影响。
6. 简述供给学派的税收观点。
7. 试述"拉弗曲线"及其启示。
8. 评析减税政策。
9. 试述公债的政策功能。

【本章推荐阅读】

1. 林德尔·G.霍尔库姆:《公共经济学》,顾建光译,中国人民大学出版社2012年版。
2. 约瑟夫·E.斯蒂格利茨:《公共部门经济学》,郭庆旺、杨志勇、刘晓路、张德勇译,中国人民大学出版社2005年版。
3. 李炜光:《税收的逻辑》,广东世界图书出版公司2011年版。
4. 郭庆旺:《税收与经济发展》,中国财政经济出版社1995年版。
5. 高培勇:《税收热点面对面》,中国税务出版社2012年版。
6. 刘怡、聂海峰:《间接税负担对收入分配的影响分析》,《经济研究》2004年第5期。
7. 刘寒波:《公共服务、财政行为与非税收入》,《求索》2014年第8期。
8. 陈志元:《"钓鱼执法"的利益博弈与机制分析》,《南京社会科学》2013年第4期。

第七章 政府间财政关系

本章学习目标:

- 掌握政府间财政关系及财政联邦制的含义;
- 明确中央与地方政府间的财政职能划分;
- 熟悉政府间财政竞争的含义与类型;
- 理解政府间转移支付的形式与意义。

到目前为止,我们一直在讨论公共收支规模、结构及其经济影响等问题,公共收支活动的主体是政府。而在绝大多数国家,政府又不是单一的,存在着多级政府。现在的问题是:如何科学合理地划分各级政府的职责?如何有效满足各级政府的资金需要?如何实现辖区间财政均等?诸如此类的问题,正是本章要讨论的政府间财政关系问题,具体内容包括财政分权、财政竞争以及转移支付制度等。

第一节 政府间财政关系概述

要全面研究政府间财政关系,首先要了解政府间财政关系的概念,以及我国政府间财政关系的基本状况。

一、政府间财政关系的含义

简单来说,政府间财政关系是指中央政府与地方政府之间在公共收支上的权责关系。在大多数国家,中央政府以下还设有若干级次的政府,因此,这里所说的地方政府,指中央以下各级政府。

处理政府间财政关系需要一种制度,而这种制度在不同的国家差异很大。这些差异是由历史、政治、文化、政府干预经济的程度等多种原因所致。在联邦制国家,这种制度称为财政联邦制,在我国称为财政管理体制。

财政联邦制是实行联邦制国家采用的一种制度,这种称谓主要源于美国。简单说,财政联邦制是指在各级政府之间划分税收收入和公共支出的一种制度安排。在联邦制国家①,联邦内除了设有联邦立法机关和联邦行政机构之外,联邦各成员政府(有的称州政府,有的称省政府)都有自己的立法机关和行政机构,有自己的宪法和法律。联邦政府行使联邦整体的立法、军事和财政等主要权力,联邦各成员政府则分别在其辖区内行使其独立权限。因此,财政联邦制的最重要的特点是,各成员政府拥有公共收支的立法权。

财政管理体制是我国的用语,简称财政体制。通常把它定义为处理中央和地方以及各级地方政府之间财政关系的基本制度。其主要内容包括确定财政管理的主体与级次、公共收支的划分原则与方法、财政管理权限的划分以及财政调节制度和方法等。我国属于单一制国家。在单一制国家,只有一个立法机构,按地域划分的行政区划均受中央政府的统一领导,遵循一个统一的宪法。中央政府拥有改变其领导下的地方政府的地域性管辖范围(行政区划)、职权性管辖范围(事权)和组织结构等权力。可见,财政管理体制的突出特点是,地方各级政府没有公共收支的立法权。

二、中国的政府间财政关系

20 世纪 50 年代,中国在建立起计划经济的同时,也建立起了与之相适应的财政体制。一直到 1980 年财政体制改革为止,在 30 年左右的时间内,存在于中国的财政体制形式是多种多样的,但它们的实质都是统收统支的。这种性质的财政体制,适应了计划经济所需要的高度集中统一的要求,为当时国家以指令性计划直接配置社会资源提供了财政体制方面的基本保证。

随着市场化改革的启动。1980 年,中国进行了"划分收支、分级包干"即俗称的"分灶吃饭"财政体制改革,初步打破了传统财政体制的统收统支做法。此后在 1985 年,为适应利改税后国有企业上缴利润改为上缴所得税的变化,财政体制也实行了"划分税种、核定收支、分级包干"的办法。一直到 1993 年底,市

---

① 实行联邦制的国家不是很多,主要有阿根廷、澳大利亚、奥地利、玻利维亚、加拿大、哥伦比亚、德国、印度、墨西哥、秘鲁、西班牙、瑞士、美国等。

场化改革前期的中国财政体制,大体上是不同程度的包干制。这一阶段的财政体制属于从计划经济向市场经济过渡性体制。1994年中国实施了与市场经济体制相适应的分税制财政管理体制改革。经过1994的财政体制大改革,与市场经济体制相适应的中国政府间财政关系的基本框架得以建立。当前中国的政府间财政关系,基本上维持了1994年财政体制改革后的格局。

(一) 中央和地方事权及支出的划分

据中央政府和地方政府事权的划分,中央财政主要负责国家安全、外交、中央国家机关的运转,调整国民经济结构,协调地区发展,实施宏观调控以及由中央直接管理的事业发展等事务所需支出;地方财政主要负责本地区政权机关运转及本地区经济及事业发展所需支出。

按照事权的划分,中央政府支出包括国防费、武警经费、外交和援外支出,中央级行政管理费、中央统管的基本建设投资,中央直属企业的技术改造和新产品试制费,地质勘探费,由中央财政安排的支农支出,由中央负担的国外债务的还本付息支出、中央负担的公检法支出和文化、教育、卫生、科学等各项事业费支出。地方政府的支出为地方行政管理费,公检法支出,部分武警经费,民兵事业费,地方统筹的基本建设投资,地方企业的技术改造和新产品试制费,支农支出,城市维护和建设经费,地方文化、教育、卫生等各项事业费、价格补贴支出以及其他支出。

(二) 中央和地方收入的划分

1994年的分税制财政体制改革,将维护国家权益、实施宏观调控所必需的税种划为中央税;将同经济发展直接相关的主要税种划为中央与地方共享税;将适合地方征管的税种划为地方税,并充实地方税税种,增加地方税收收入。

根据改革方案,中央固定收入包括:关税,海关代征消费税和增值税,消费税,中央企业所得税,地方银行和外资银行及非银行金融企业所得税,铁道部门、各银行总行、各保险总公司等集中交纳的收入(包括营业税、所得税、利润和城市维护建设税),中央企业上交的利润及外贸企业出口退税等。

地方固定收入包括营业税(不含铁道部门、各银行总行、各保险总公司集中交纳的营业税),地方企业所得税(不含上述地方银行和外资银行及非银行金融企业所得税),地方企业上缴利润,个人所得税,城镇土地使用税,固定资产投资方向调节税,城市维护建设税(不含铁道部门、各银行总行、各保险总公司集中交纳的部分),房产税,车船使用税,印花税,屠宰税,农牧业税,农林特产税,耕地占用税,契税,遗产和赠予税,土地增值税,国有土地有偿使用收入等。

中央、地方共享收入包括增值税、资源税、证券交易税。增值税中央分享75%,地方分享25%。资源税按不同的资源品种划分,大部分资源税作为地方收入,海洋石油资源税作为中央收入。证券交易印花税,中央与地方各分享50%(这一比例现已为中央分享97%,地方分享3%)。

1999年11月1日起对储蓄存款开征税率为20%的个人所得税,所得收入作为中央固定财政收入。自2002年开始实行企业所得税中央和地方分享体制,即企业所得税作为分成式共享税。

1994年开始分设中央与地方两套税务机构,中央税、共享税及地方税的立法权集中在中央。税收实行分级管理,中央税和共享税由中央税务机构负责征收,共享税中地方分享的部分,由中央税务机构直接划入地方金库,地方税由地方税务机构负责征收。

(三)转移支付体系

1994年开始形成的政府转移支付体系是由体制补助与体制上交、中央对地方的税收返还、中央对地方财政的专项补助以及中央与地方财政年终结算补助、其他补助等几种形式构成的。

实行分税制后,财政包干制下实行的体制补助、体制上解、专项补助、专项上解、结算补助及其他补助得到基本保留。同时,增加了中央对地方的税收返还。

税收返还是为了保证地方的既得利益,中央把在1993年按新体制计算的净增加的收入全部返还给地方。其基本办法是首先核算中央对地方的税收返还基数,核算公式如下[①]:

$$R = C + 75\% V - S \quad\quad (式7-1)$$

其中:R是1994中央对地方税收返还的核定基数,C是消费税收入,V是增值税收入,S是1993年中央对地方的下划收入。

[①] 钟晓敏:《政府间财政转移支付论》,立信会计出版社1998年版,第149—150页。

(C+75%V)是新体制下分税种划分后,把原来的共享收入份额转化为中央收入的数量;S 是原体制地方已得的份额。二者之差 R 就是按照新体制规定中央从地方净上划的收入数额。1994 年以后,税收返还在此基数上逐年递增,递增率按增值税和消费税的平均增长率的 1:0.3 系数确定。如果中央净上划收入达不到 1993 年的基数(即 R),则相应扣减税收返还数额。中央对地方的税收返还额的计算公式如下:

$$R_n = R_{n-1} + R_{n-1} \times 0.3 \times \frac{(C+75\%V)_n - (C+75\%V)_{n-1}}{(C+75\%V)_{n-1}} \quad (式7-2)$$

$$R_n = R_{n-1}(1+0.3r_n) \quad (式7-3)$$

其中 R_n 是 1994 年以后第 n 年的中央对地方的税收返还额,R_{n-1} 是第 n-1 年的中央对地方的税收返还额,r_n 是第 n 年的中央两税(消费税和增值税)的增长率。

分税制后对原体制中央补助、地方上解以及有关结算事项也作出了相应的规定。实行分税制以后,原体制中央对地方的补助继续按规定补助。原体制地方上仍按不同类型执行:实行递增上解的地区,按规定继续递增上解;实行定额上解的地区,按原确定的上解额,继续定额上解;实行总额分成的地区和原分税制试点地区,暂按递增上解办法。原来中央拨给地方的各项专款,该下拨的继续下拨。地方 1993 年承担的 20% 出口退税及其他年度结算的上解和补助项目相抵后,确定一个数额,作为一般上解或一般补助处理,以后年度按此定额结算。

1994 年的转移支付办法承认了既得利益,显得不够规范。1995 年过渡期转移支付办法出台。这个办法是在不触动地方既得利益的条件下,由中央财政安排一部分资金,按照相对规范的办法,解决地方财政运行中的主要矛盾,并体现向民族地区倾斜的政策。它是按照影响财政支出的因素,核定各地的标准支出数额,并考虑财力水平与收入努力程度,计算各地的财力缺口。依标准支出的核定,主要采用分类因素计算的方法,将财政支出分为人员经费、公用经费、专项支出和其他支出四个部分,根据不同类别财政支出的特点、影响因素和相关制度状况,分别采用不同的办法。凡是国家明确规定支出标准和开支范围的,一律按国家制度的有关规定核定各地的标准支出;对国家没有颁布支出标准的项目,运用多元回归方法,建立标准支出模型。为了既贯彻公正、规范的原则,同时又能将有限的财力首先用于解决最紧迫的问题,并能适应民族地区的财力状况,建立了对民族地区的政策性转移支付。

1996年和1997年,"过渡期转移支付办法"进一步规范化。改进了客观性转移支付的计算办法,以"标准收入"替代"财力"因素。标准收入的测算方法尽可能向"经济税基×平均有效税率"的规范做法靠近。

1998年,在保持过渡期转移支付办法总体框架的情况下,标准化收支的测算面进一步扩大,并针对财政数据口径的变化,对部分项目的测算方法进行了改进。标准收支测算结构日趋合理。但必须指出的是,转移支付办法的改进所起的作用是有限的,因为它是在不放弃基本的"基数法"前提下进行的。

2002年开始,原来的过渡期转移支付概念不再沿用,但转移支付的基本格局尚未发生重大改变。现实中所出现的调整往往是中央将因制度调整的新增收入用于补助中西部地区和财政困难地区。

第二节　政府间财政分权

在世界范围内,不论是发达国家还是发展中国家,财政的分权化趋势越来越明显。从我国的实践来看,随着财税体制的改革,政府间财政集权与分权的关系正在经历着逐步的调整。

一、财政分权理论

财政分权理论在很大程度上是以资源配置或经济效率理论为基础的,同时政治方面的考虑也是不可忽略的影响因素。

(一)公共物品理论

公共物品理论是公共部门经济学的理论基础,许多命题都可以在这里找到理论依据,财政分权问题也不例外。研究财政分权问题,可以将分析公共物品或服务受益范围的层次性作为出发点。

公共物品或服务受益范围问题,是公共物品理论的延伸。研究公共物品或服务的受益范围,实际上就是研究公共物品或服务的层次性问题,进而为分析不同特征的公共物品或服务与各级政府职责和行为目标之间的内在联系,并为科学、合理地界定和划分各级政府间的事权及支出范围提供必要的依据。

绝大多数公共物品或服务都有其特定的受益区域,而没有绝对无限的受益区域。这就意味着,社会成员对公共物品或服务的享用程度,要受到地理和空间等因素的影响。对此可以用一个简单的例子来加以说明。

假设一个国家仅由甲、乙、丙三个地区组成,甲和乙相邻,乙和丙相邻,甲和丙互不相邻。如果甲地区的社会治安系统十分健全有效,那么,甲地区的全体单位和居民将从中受益;而乙地区,由于和甲地区相邻,其单位和居民也将从甲地区健全的社会治安系统中获得一定的收益,但这收益和甲地区的单位、居民相比则要小得多;丙地区由于与甲地区相隔较远,丙地区的单位和居民从甲地区健全的社会治安系统中没有获得直接收益。①

现在假设这个国家各地区的社会治安系统都十分健全有效,情况当然会大为改观,甲、乙、丙三个地区的单位和居民都可以从这一全国性的健全有效的社治安系统中受益,而且其受益的程度在理论上是相等的。

由此,我们不难得出这样的结论:地区性的公共服务提供系统只有在本地区能显示出积极的作用,而在其他地区,其作用明显弱化,甚至根本体现不出来。只有全国性的公共服务提供系统才能够使国内(各个地区)的全体居民受益。

通过上述例子和其他类似的情形进行归纳并做出概括后,我们会发现,公共物品或服务的性质不同,其受益范围就不同,其提供主体也应该是不同的。据此,我们可以引申出全国性公共物品或服务与地方性公共物品或服务这两个既相互区别又密切联系的范畴。

全国性公共物品或服务是指那些与国家整体有关的、所有社会成员均可享用的物品或服务,其受益范围是全国性的,如国防,这样的公共物品或服务应当由中央政府来负责提供。从理论意义上讲,全国性公共物品或服务应该具有两个方面的突出特征:一是全国性公共物品或服务的受益范围被限定在整个国家

---

① 当然,在这个例子中,乙地区和丙地区的居民去甲地区出差或旅游的情况应该另当别论。

的疆域之内,无论国土面积大小,都是如此;二是全国性公共物品或服务的提供者为中央政府,而不应该是某一级地方政府。

所谓地方性公共物品或服务,是相对于全国性公共物品或服务而言的。具体地讲,地方性公共物品或服务是指那些只能满足某一特定区域(而非全国)范围内居民公共需要的物品和服务,如路灯等一系列城市基础设施,其受益范围具有地方局限性。这表明地方公共物品或服务的提供者应该是各级地方政府,而不应该是中央政府,并且,这类公共物品或服务的受益者主要是本辖区的居民。

地方性公共物品或服务之所以应该由地方政府提供,而不应由中央政府提供,是一个看似简单但却需要认真分析的问题。不难理解,不同地区的居民对一定的地方性公共物品或服务的偏好程度是各不相同的,而且各地方辖区内的居民数量也会有一定的差异,由此决定了不同地区的居民对这种地方性公共物品或服务的需求量也各不相同。在这种情况下,若由中央政府出面提供各个地方的地方性公共物品或服务,那么它只能选择一个尽可能综合反映各个地方利益的"量"。虽然这个"量"也许对某一个地区有利,但对其他地区来说却是不适宜的。相比之下,地方政府则能够更好地、更全面地了解本地居民对公共物品或服务的需求偏好,从而更有针对性地、高效地提供地方性公共物品或服务。

鉴于公共物品或服务的受益范围与提供的空间特点,要保证公共物品或服务的有效供给,客观上就要求中央政府和地方政府分工负责,各自承担起提供全国性公共物品或服务、地方性公共物品或服务的职责。体现在财政管理体制上,就是要求中央和地方财政实行分级、分权管理。从公共物品或服务及个人偏好角度出发来构建财政分权理论框架的,以沃伦斯·奥茨和查尔斯·蒂布特的理论最具代表性。

奥茨在其1972年出版的经典名著《财政联邦主义》中提出,财政分权理论是以这样一个事实为基础的,即非所有的公共物品或服务都具有相似的空间特征,一些公共物品或服务可以使整个国家受益,而另一些公共物品或服务只能使某一地区受益。此外,不同地区的消费者对公共物品或服务的偏好程度也存在差异。这就要求政府根据公共物品或服务的空间特征和消费偏好的多样性提供相应的产出水平。奥茨得出的基本结论是,地方政府为其辖区提供相应的产出水平,通常要比中央政府对所有辖区提供统一的产出水平更加符合帕累托效率。

蒂布特在其1956年对财政分权理论所做的概括中指出,分权的最终结果将有助于对不同人口群体的公共物品或服务偏好做出判断。地方政府提供某些公共物品或服务,这些群体可以按照其从该公共物品或服务中获益多少来支付一定的代价(即税收)。而且,个人还可以通过向最能反映其消费偏好的辖区流动来表示他们对原辖区的不满。这就可能出现一个边际点,即消费公共物品或服务所获得的收益等于以受益税方式支付的成本,也就是接近于帕累托最优解决方案。

在划分公共物品或服务的受益范围以及确定其提供者时,我们需要澄清下面两个问题:

首先,纯粹公共物品或服务并不一定就是全国性的,混合公共物品或服务也并不一定就是地方性的。以路灯为例,它具有效用的不可分割性、消费的非竞争性和受益的非排他性,是典型的纯粹公共物品或服务。但是路灯的受益范围却很小,甚至仅仅局限在某一个街区之内。由此可见,即使对于纯粹公共物品或服务来说,也有着全国性与地方性之分,也具有一定的层次性。

其次,根据公共物品或服务本身的特征和受益广度的差异以及各级政府职责的内在要求,可以判断出,地方性公共物品或服务须由地方政府负责提供,全国性公共物品或服务则应该由中央政府出面提供。然而,这并不意味着逆命题成立,即不能反过来说,由地方政府提供的就是地方性公共物品或服务,由中央政府提供的就是全国性公共物品或服务。事实上,在某些情况下,由地方政府提供的许多公共物品或服务的受益范围虽然以本地区为主,同时也可以在一定程度上超出本区域的界限,成为对其他地区产生一定影响的公共物品或服务。与此相似,由中央政府提供的许多公共物品或服务,也可能仅仅在某一特定区域内释放出其效应。在这一方面,中央政府财政给予受灾地区的救灾性补助和对落后地区下拨的开发性补助就是比较突出的例子。

(二)集权、分权理论

从经济学的角度考察,如果说公共物品或服务在受益范围方面所具有的层次性,在主观上为财政分权提供了理论依据,那么,从政治学的层面分析,中央与地方政府在职能分工上所具有的层次性,就在客观上为财政分权奠定了前提条件。

我们都知道,人类社会的许多事务是不能通过个人自觉自愿的方式来得以解决的,而需要通过政治权力来解决。政府就是人类社会运用政治权力来解决人类事务的组织形式。但是,由于社会的规模一般都比较大,其权力不可能由单一级次的组织来行使,由此产生的政府也不可能是单一级次组织,而是由多层政府组成的一个政府体系。

无论是联邦制国家,还是单一制国家,中央政府(联邦政府)都是国家利益的代表者,而地方政府则是地方利益的代表者。国家利益是一个国家的整体利益,而地方利益则是一个国家内部各个地方的局部利益。由此,就必然会引发政府的集权与分权问题。

自20世纪70年代末以来,许多发达国家,以及相当数量的发展中国家,都开展了下放权力的变革运动。这一变革既包括基本政治框架的变革,又包括经济框架变革,而它的核心则在于作为政治框架和经济框架结合部的历史性变革。这意味着,政治上的分权必定会引发经济上的分权,财政分权似乎是不可避免的。

(三) 财政联邦主义

政治上关于分权的改革有着充分的经济方面的理由,这也可以用财政联邦主义来加以证明。所谓财政联邦主义,并不一定是指政治上实行联邦主义,它实际意味着这样两种可能:一是得到上级授权的地方当局进行地方决策;二是地方当局具有独立的宪法所保障的权力。显然,前者是法律所规定的在集权体制下的分权,而后者则是地方政府根据宪法拥有独立权力的分权。

财政联邦主义为地方分权提供了强有力的理由:

首先,地方政府存在的理由是它比中央政府更加接近民众,也就是说它比中央政府更加了解其辖区民众的需求和效用。从可能性来看,地方政府可能未必一定比中央政府掌握更多的有关地方性公共物品或服务的信息,但是地方政府的确比中央政府更了解本地居民的需求。中央政府相对于地方政府来说,不可能对所有地方的需求状况了然于胸。而当实施地方自治时,地方政府显然更加关切地方百姓的需要。

其次，一个国家内部不同地区的人有权对不同种类和数量的公共物品或服务进行各自的选择，而地方政府就是实现不同地区不同选择的机制。① 地方政府在某些公共物品或服务的提供上的确比中央政府优越，但人们对地方政府与地方政府之间是否还有比较呢？是什么原因使得人们愿意住在这个地方，而不住在那个地方呢？蒂布特在《地方支出的纯理论》一文中不仅提到了前文关于地方公共物品或服务最优供给的条件，而且还提出了地方政府之间的竞争理论。他认为，人们之所以选择某一个地方作为自己的居住地，是因为他们想在一个国家内部寻找地方政府所提供的公共物品或服务与所征税收之间的最佳关系，这种组合关系能够实现自己的效用最大化。一旦人们能够根据自己的效用最大化原则去寻找适当的地方居住，并倾向于在高成本的地方政府和低成本的地方政府之间进行比较，并选择低成本的地方政府②，那么，充分自由选择的结果，就会实现地方公共物品或服务的最佳供给。地方政府之间要进行竞争，最为重要的条件就是要有地方自主权，地方分权显然是必要的。

上述理由实际上意味着：(1)为了实现资源配置的有效性与分配的公平性，某些公共决策应该在最低层次的政府进行，比如政府对所有的儿童提供标准的教育，提供标准的基础性医疗保健服务，对所有的汽车规定安装统一的控污装置，要求所有的驾驶员都系上安全带，这些事情让地方政府来做可能会比让中央政府来做更有效率一些。(2)地方政府之间也会存在竞争，但这种竞争更有利于资源配置效率的提高。

当然，这些理由并不是要否定中央政府的作用，中央政府是必要的，基层政府也是必要的。当基层政府或者下级政府之间发生矛盾时，当涉及较大范围的公共事务时，上一级政府或者中央政府就应该发挥其职能作用了。

（四）俱乐部理论

所谓俱乐部理论，就是假定地方是一个由自愿聚合在一起的人们所组成的聚合体或者社群，可以形象地称之为"俱乐部"。俱乐部向各会员提供公共物品

---

① 1957 年，乔治·斯蒂格勒发表了《地方政府功能的适当范围》一文，探讨了地方分权的经济理由。

② 这就是经济学中的"用脚投票"理论：所谓"用脚投票"是指人们在地域限制并不严格的情况下，可以通过移居来达到避税、实现自身福利最大化等一系列经济上的，甚至是政治的目的。

或服务,但成本由各会员分担(即税收份额)。这时公共物品或服务供给的边际成本为零(这是由公共物品或服务在消费上的非竞争性所决定的)。如果俱乐部接收新的会员,那么俱乐部成员原来所分担的公共物品或服务的成本就可以由更多的会员来分担了。现实的情况是,公共物品或服务供给的边际成本为零,但是平均成本却因此而下降了。但是,俱乐部的这种"扩张"并不是无限制的,随着新会员的加入,到一定程度时就会产生拥挤效应。也就是说,在超过拥挤点以后,随着新会员的加入,公共物品或服务的边际收益会呈现出递减状态。这就存在一个俱乐部最佳规模问题。一个俱乐部的最佳规模就是在由负的外部效应产生的边际成本(外部边际成本,即拥挤成本)正好等于由于新会员分担运转成本所带来的边际节约这个点上。俱乐部理论实际上是论证了地方政府的适当规模问题。也就是说,一个地方政府的规模,应该确定在外部边际成本(拥挤成本)正好等于由新成员承担税收份额所带来的外部边际收益这一点上。

因此,至少在理论上,我们能够断定,存在多个适当规模的地方政府,就可以通过人们在不同辖区之间进行移居来提高资源配置的效率。假设地方政府所提供的公共物品或服务存在富余现象,即新增加一个成员的边际成本为零,而平均成本却得到了节约,这时地方政府之间就会出现竞争,如果欲加入者是一个比较富裕的人,地方政府就会更愿意提供比较好的条件来吸引他们。这实际上就是经济学家蒂布特所指出的地方政府相互竞争,从而提高资源配置效率的过程。

应该说,根据俱乐部理论,无论是从地方政府适当规模的角度,还是从地方政府相互竞争的角度,我们似乎都可以得出这样一个结论:地方政府的存在是不可或缺的、是必然的。

二、中央与地方政府间的财政职能划分

研究中央与地方政府间的财政关系,实质上是把财政职能在行政组织系统内(中央与地方之间)具体化。通常,财政职能被概括为资源配置、收入分配和稳定经济三个方面。因此,在考察中央与地方政府间的财政关系的时候,须对财政职能进行结构分析。

(一)资源配置职能

与中央政府相比较,地方政府在资源配置方面可能更有优势,这主要表现

在它对本地区居民公共需要的了解要比中央政府更多一些,从而可以因地制宜地为本地区居民提供质量上乘、数量适当的地方性公共物品或服务。

虽然地方政府主要是在较小的范围内进行资源配置,但这种配置的针对性却明显增强了。地方政府提供的公共物品或服务大致包括四类:

一是基础设施,这主要包括道路、交通、电力、电信、自来水、下水道、路灯、垃圾收集与处理、管道煤气,乃至港口、机场、车站等。从经济学的意义上讲,基础设施是一个包含着很多内容和活动的术语,它在生产技术上贯穿着规模经济的特点,即基础设施的单位生产成本随着产出的增加而大幅度地下降。由此,也就很容易导致自然垄断现象的出现,使得单一或个别生产者有可能成为所谓"最有效"的经营者。

二是社会服务,主要有基础教育(如九年义务教育)、医疗卫生、社会保障与社会福利、气象预报、消防、公园等。这一类型的公共物品或服务,具有较为明显的社会公益性和半社会公益性的特征。而且,在许多社会服务的提供过程中,也可以通过定价的方式收取一定的费用。当然,与基础设施不同,社会服务中似乎并不包含明显的规模经济和自然垄断问题。

三是文化与传播媒介,主要包括广播、电视、报纸、杂志、出版、图书馆、文化艺术馆、博物馆、表演团体、文物与文化遗产的发掘等。不难看出,上述行业的主体实际上是提供精神产品的部门和单位。当社会步入信息时代之后,人们比以往任何时候都更加关注和依赖各种最新、最可靠的资讯。当物质需求得到一定程度的满足之后,人们会更希望拥有高层次的精神享受。在这样的背景下,与文化及传播媒介有关的部门和单位所提供的各种公共物品或服务,无疑会显示出相当大的社会效应。

四是社会管理,这主要是由地方行政管理机构(不包含行业的经济主管部门)、公共秩序和公共安全机构等组成,如果算上无形的社会管理,那就还应该包括政府的政策及规制等。在各类地方公共物品或服务中,与社会管理有关的公共物品或服务更具有效用的不可分割性、受益上的非排他性和消费上的非竞争性的特点,更能够体现政府的职能和作用,因而也就属于应由地方政府提供的较纯粹的地方公共物品或服务的范畴,需要依靠强制性的征税来弥补其"成本"和"耗费"。

（二）收入分配职能

收入分配职能主要是指财政的再分配功能。从理论和实践相结合的意义上讲，凡是调控性的、具有全国性意义的职能，就应该由中央政府行使。从这一大前提出发，可以说，进行收入分配理所当然应该主要由中央政府来承担。这样的判断，是通过分析由地方政府负责个人收入分配的低效性甚至无效性而做出的。

一般说来，收入再分配政策要求具有一定的倾斜度，即把对高收入者课征的累进税收转移给低收入者，以减轻贫富差异的程度。我们假设社会成员在全国范围内是可以自由移居的，在这种情况下，如果某一地方政府独自实施收入再分配政策，在课征较高的个人累进所得税的同时给予低收入者以较多的转移支付的话，那么，就会出现本地区高收入者大量移出、外地低收入者大量涌入的状况。显而易见，这种问题的出现是与地方政府决策者的初衷大相径庭的。地方政府的本来意愿是想通过再分配政策来促进公平、减少贫穷，进而提高效率，实现区域内社会经济的协调、有序发展，但分配政策的差异却在客观上起到了加剧贫困的作用，从而导致了资源的非正常流动。这样一来，也就难以真正实现公平和提高效率。

由此可见，地方政府实施收入再分配政策所起的正常的或者说是积极的作用是比较小的。若想使收入分配政策真正奏效，就需要承认和发挥中央政府的作用，由中央政府在全国范围内运用这一政策。这样一来，在区域间通过移居来避税或者通过移居来竞相享用政府转移支付的现象就会减轻乃至消失，取而代之的很可能是人力资源的较为合理的流动。

（三）稳定经济职能

稳定经济并实现经济的有效增长也是政府的重要职能。与收入分配的职能相似，实现经济的稳定同样也是中央政府义不容辞的职责。这样的判断，同样是通过分析地方政府实施经济稳定政策的低效性甚至无效性而做出的。

通常，经济稳定和经济增长的目标集中地体现为社会总供求之间的大致平衡。如果社会总供求保持了平衡，那么，物价水平就会处于基本稳定的状态，也有助于实现充分就业和国际收支平衡，经济增长率也会较为适度。调节社会总需求，是由政府通过有目的地协调运用财政和货币政策，产生组合效应，或单独选用财政、货币政策中的一种,来促进供求总量向平衡点移动。正常条件下的全国市场是统一的、整体的,而不是分散的;地方经济也是相对的,它不可能独立于其他地区的经济而存在。地方政府在调节社会总供求方面所采取的任何措施都会超越本地区的界限,对其他地方产生影响,从而降低该措施在本地区内所产生的效应。

假设在因需求不足而导致供求失衡的情况下,某一地方政府试图独自制定和运用财政政策来刺激本地区的总需求,可供选择的主要方式有两种:增加财政支出,或者减少税收入。这样一来,由地方政府针对需求不足而采取的增支减收措施就可能产生一些值得注意的问题:

首先,增支减税会导致预算赤字,但地方政府的财政赤字并不容易单纯依靠地方自身来弥补,通过刺激经济而增加的财政收入和储蓄(或部分地用来认购公债)也并不一定足以抵消赤字。并且,增发的地方政府公债中的大部分可能会被生活在国内其他地区的居民所认购和持有,从而形成了地方政府的"外债"负担。

其次,减税不仅能刺激本地区经济和增加企业及个人收入,而且也会对其他地区产生类似甚至更大的影响。这是因为,居民所购买和消费的不只是本地企业的产品,外地企业的产品实际上也占相当的比重。

再次,地方政府不能控制货币供给和掌握利率杠杆,也难以有效地控制物价和对外贸易,其宏观调控政策的效应与力度就必然要打折扣。

相比之下,中央政府在运用财政政策和配合运用货币政策方面处于有利的地位,并且也会产生有效的作用。从上述意义上讲,调节宏观经济运行和促进经济增长的职责应该由中央政府承担。

三、我国分税制改革的遗留问题与完善

分税制又称分税分级财政管理体制,是市场经济国家处理中央与地方以及地方各级政府间财政关系的规范做法。1994年的分税制改革是中国财政管理制度向市场经济和法制经济迈进的关键一步,其取得的基本制度成果有目共睹。但由于多种原因的影响,1994年分税制改革是一场"不彻底"的改革,留下了不少问题。

(一) 我国分税制改革的遗留问题

1. 省以下地方政府间财政关系没有真正进入分税制轨道

我国有五级政府架构,即中央、省、市、县、乡,相应从中央到地方设立了五级预算,从而形成了中央对省、省对市、市对县、县对乡这四对财政关系。由于政府财政层级过多,加之国土幅员辽阔,地区间差异较大,任何一项改革方案都不宜在全国范围内"一刀切"。因此,1994年分税制改革采取了过渡性措施,国务院印发的《关于实行分税制财政管理体制的决定》仅对中央政府和以省为代表的地方的财政收支范围做了划分,而对省以下各级政府间的财政分配关系未做具体规定,只是要求以省为代表的地方政府按照分税制改革的总体原则,结合本地实际制定具体的改革方案,力争使分税制在省以下各级政府全面贯彻实施,并随着统一市场的发育和完善逐步进入规范化的轨道。但事与愿违,现在的实际情况却是,经过十几年运行实践,中央和省级政府间已搭建了分税制框架,而省以下财政体制在分税制改革方向上却几乎没有取得实质性的进展,五花八门、讨价还价、复杂多变、极不规范的包干制和分成制依然盛行,分税制改革根本没有完全到位。在财政部财政科研所2008年的一份研究报告中,我们选取了除西藏自治区和四个直辖市以外的26个省份作为样本,对省以下政府间财政关系进行了研究。在该报告选取的26个样本省份中,江苏、浙江和福建三省根本没有实行分税制,而仍然是基数加增量定比分成体制,省级的分成比例均为20%。其余23个省份虽然在形式上实行了分税制财政体制,但共享税过多,除黑龙江和新疆维外,共享税涵盖了大部分税种,主要税种几乎全部在内。一般而言,在规范的分税制下,各级政府都有自己的主体税种,一般互不重叠。而在我国,由于共享税过多,几乎涵盖了全部主体税种,这基本上相当于大部分税种在政府间按照不同比例纵向分成,从而成为事实上的分成制。省与市、县之间的财政体制尚且如此,市以下的政府间财政分配关系则更加随意,大多采用了各种讨价还价的包干制和分成制,越靠近基层,越看不见分税制的影子。

2. 改革依然保留了许多旧体制的痕迹

1994年开始实施的分税制改革虽然在省以下没有真正到位,但中央与省之间明确划分了财政收支范围,初步构建了分税制基本框架,大方向和基本制度成果不容置疑,值得肯定和维护。当然,我们必须承认,分税制改革很不彻底,中央与省之间的财政分配关系也不完善。为了保证改革方案顺利出台,新体制回避了改革过程中的一些关键问题和矛盾,继续采取了"基数法"和"存量不动,增量调整"的渐进模式,保留了许多财政包干制痕迹,旧体制在新体制中得到延续,致使现行分税制财政体制既不规范、也不完善,并对财政经济运行产生了诸多不良影响,主要表现在以下四个方面:

一是政府职能及其在各级政府间的划分不明确,仍然具有浓厚的计划经济色彩。任何财政体制,只有建立在合理的政府职能基础上,才能正常运行并取得良好效果。同时,政府职能和相关责任的准确定位,又是正确划分政府间职责和事权范围、建立有效运行的分级财政体制的基础和前提条件。我国现行政府职能是在计划经济体制下形成并演变而来的,从目前来看,30 余年的改革虽然对原计划经济体制下政府大包大揽的做法有了一定程度的改变,但与建立和发展市场经济体制的客观要求相比,政治体制改革尤其是政府职能转变的步伐相对迟缓,致使新形势下的政府职责和事权范围的界定,仍处于似清非清的模糊状态之中。20 世纪 80 年代实行的财政包干制和之后实行的分税制财政体制,都是在急于改进政府间财力分配状况和克服财政困难、调动地方积极性的指导思想下进行的,并没有彻底解决比较棘手的政府职责界定以及如何在政府间合理划分问题,从而使财政分权改革遇到了基础性障碍。这是我国迄今为止尚未形成科学而规范的分级财政体制的最基本原因。

二是政府间财权的划分很不规范,留下了浓重的包干制痕迹。从企业所得税来看,1994 年分税制改革后,企业所得税沿袭了财政包干体制的做法,仍按行政隶属关系进行划分,极不符合政企分开的原则。随着改革开放的深入,企业重组、合资、联营以及股份制等跨所有制、跨地区的企业组织形式不断涌现,这种按行政隶属关系划分企业所得税收入的做法已经越来越不适应形势的发展。2002 年,将企业所得税列为共享税后,由于加大了共享税在全部税收中所占的比重,使我国现行财政体制具有明显的税收分成特征。从个人所得税来看,1994 年分税制改革将个人所得税划归地方政府,这在我国个人收入水平总体不高的情况下,个人所得税在税收总额中所占比例不大,其作用也有限,把它作为地方税种具有一定的合理性。但随着经济的发展,人们的收入水平不断提高,个人所得税在调节收入分配和"自动稳定器"方面的作用逐渐增强。因此,从发展的角度和市场经济国家的通常做法来看,不宜把个人所得税完全划为地方性税种。2002年虽然实行了所得税增量由中央和地方共享的办法,但也不是国际上通行的规范的所得税分享制度模式。从税权划分来看,在实行分税制改革之前,我国的税收立法权、税种的开征和停征权、税目的增减权和税率的调整权等,均集中在中央;分税制改革之后,税种虽然在中央和地方政府之间进行了划分,并分设国家和地方两套税务机构,但从税收权限来看,仍主要体现为中央集权。税收立法权高度集中于中央,既不利于充分调动地方的主动性和积极性,也不利于建立科学合理的税权划分体系,实现中央对地方的宏观指导和控制。

三是地方财政收支的确定方法不合理,延续了包干体制的弊端。长期以来,我国财政收支在中央与地方政府之间,以及地方政府上下级之间的划分一直沿用"基数法"。各级政府的财政收入或可支配财力的多少是根据前一年的实际数或前几年的平均数来确定的,并在此基础上制定了一个递增比例。这种"基数法"所依据的是财力分配的"既成事实",而不考虑这种"既成事实"的合理性如何。显然,以这种"基数法"来确定各级地方政府的财政收支,并以此来界定中央与地方的分配关系,从一开始就内含了不科学、不合理的成分,并可能掺杂着许多人为的、非客观的因素。1994年分税制改革时,为了减轻改革阻力,保证改革方案顺利出台,我国仍然沿袭了按基期年地方既得财力确定中央财政返还基数的做法。这在调动地方增收积极性方面起到了一定的作用,但是这一做法强化了不合理的分配格局,形成了"受益地区长期受益,吃亏地区长期吃亏"的内在运行机制。

四是转移支付制度不健全,大多沿袭了包干体制的做法。1994年分税制改革时,财政包干体制下的转移支付制度基本上被完全保留下来,只是在其中加入了两项新内容——税收返还和过渡期均等化转移支付。同时,为了照顾各地区的既得利益,分税制改革方案中中央对地方的税收返还额按基数法确定,原体制的补助和上缴办法仍然保留。一方面,这形成了一省一率、一省一额的非常不规范的转移支付制度;另一方面,按照"基数法"确定的税收返还数额既不考虑各地区的收入能力和支出需要的客观差异,也缺乏合理的客观标准,从而形成了不规范的分配模式,鼓励了地方讨价还价的行为。该制度不但不能解决长期以来形成的各地区间财力不均问题,而且使这种财力的地区间不均衡分布在分税制的名义下以税收返还的形式得以固定下来,并愈演愈烈,进一步助长和加剧了地区间财政经济发展的不平衡程度。

3."财权上移、事权下移"与基层政府的财政困境

如前文所述,我国 1994 年开始实施的分税制改革初步划分了中央与地方政府的事权与财权,但划分的依据和原则主要是原有的财政收支格局和行政隶属关系,并未根据新体制的要求重新进行测算和调整。另外,我国财政法制建设比较滞后,分税制有关事宜主要源于行政法规,始终没有通过立法程序,中央与地方政府之间的事权和财权在划分过程中无法可依,在划分之后的运行中更无法得到宪法与相关法律的保障。1994 年分税制改革后,在财力向中央大量集中,且转移支付制度又没能很好地发挥作用的情况下,地方政府承担的支出职责越来越大。如图 7-1 所示,按地方支出占财政总支出的比重衡量,该比重从 1992 年的 68.7% 上升至 2007 年的 78.7%,上升了 10 个百分点。而在财力分配上,从分税制改革的 1994 年到 2008 年,除了在 1996、1997、1998 年中央财政收入占总收入比重略低于 50% 以外,其余年份均在 50% 以上。在分税制下,中央征收了半数以上的国家财政收入,但仅承担了 30% 左右的国家财政支出;而地方政府的收入不到国家财政收入的 50%,却承担了 70% 左右的支出责任。

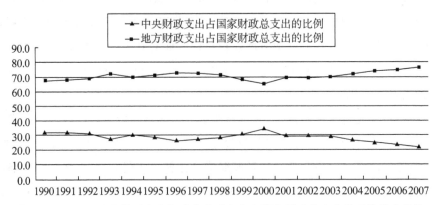

图 7-1 分税制改革前后中央与地方财政支出占国家财政总支出比重的演变趋势

在不规范的财权与事权的划分格局下,再加上省以下政府间分税制改革的不彻底性,致使政府间财政收支的划分在实践中颇具随意性,为高层政府上提财权、下压事权提供了空间,直接导致了分税制改革后,"财权逐级上移,事权逐

级下移"和基层政府财政困难的局面。

一方面政府间的事权重心层层下移。宪法虽然在原则上对中央和地方政府职责范围做了规定,但各级政府间的事权却缺乏明确而具体的划分,从而导致事权在政府间相互推诿。由于我国实行的是单一制的国家结构,上级政府对下一级政府具有绝对权威,因此层级较低的政府在政府间事权划分的博弈中明显处于劣势,自然成了承担事权的"顶梁柱"。由于中央与地方政府之间职责范围不明确,一些含糊不清的支出责任大多被分配给下级政府,有些事务虽然明确由中央或省级政府负责,但在垂直体制下,上级政府的法定事权自然成为下级政府的事权,同时上级政府通过考核、一票否决等机制逐步将本级责任分解给下级政府,其最终结果是基本公共产品主要由供给能力较低的基层政府承担。在市场经济条件下,义务教育、公共卫生、社会保障等基本公共产品具有很强的外溢性,属于全国性公共产品和服务,在绝大多数国家都是由中央政府承担主要的支出责任。但在我国,这些基本公共产品却主要由财力薄弱的县、乡政府提供,财力雄厚的中央和省级政府则主要承担了本应由低层级政府承担的基础建设和经济发展等方面的支出责任,造成政府间事权严重错位、上下不清。

另一方面政府间的财权重心层层上移。1994年分税制改革实施后,全国财政收入迅速向中央集中。与此同时,各级地方政府也积极效仿,许多省份通过"分税增量分成"、"地方税按比例集中"、"留成基数超额分成"等形式,逐级对市、县、乡(镇)级的财力进行集中,导致财权重心层层上移。省、市两级作为高层级的地方政府,也提高了自身在财力分配中的比重;县、乡两级基层政府处于最底端,在财力分配中因频频被挤压而所剩无几,并且因无力"反抗"而被迫接受"剩多少算多少"的分配结果。

上述政府间事权与财权的反方向移动直接导致了各级政府事权与财权的严重错位,而基层政府财力需求显著大于财力供给,严重的入不敷出逐步使基层财政陷于"揭不开锅"的困境之中。基层财力适度向上集中有利于高层政府履行转移支付、支持欠发达地区的职能,但问题在于财力向上集中的同时,公共服务、社会管理的责任却逐级下放,以致县、乡两级政府需要承担越来越多的义务教育、公共卫生、社会治安、环境保护和行政管理等责任。另外,本应由中央财政承担的支出责任,如农村义务教育、社会保障、医疗卫生等,仍主要由基层财政负担,从而使基层财政的责任进一步扩大。在财权重心上移、事权重心下移的共同作用下,县、乡财政收支矛盾日益激化。

(二) 我国分税制财政体制的完善

基于以上认识,近期和未来在深化改革中健全完善我国分税制财政体制的大思路,应是在明确政府改革中职能转变、合理定位的前提下,配合政府层级的扁平化和"大部制"方向的整合与精简化,按照中央、省、市县三级框架和"一级政权、一级事权、一级财权、一级税基、一级预算、一级产权、一级举债权"的原则,配之以中央、省两级自上而下和地区间横向的转移支付制度,建立内洽于市场经济体制、事权与财权相顺应、财力与支出责任相匹配的财政体制。根据"94改革"以来分税制深化改革不尽如人意的突出矛盾和真实问题,今后改革的重点应包括:

(1) 在"最小一揽子"配套改革中积极、渐进推进省以下分税制的贯彻落实,通过省直管县、乡财县管和乡镇综合配套改革,将我国原来的五个政府层级扁平化为中央、省、市县三个层级(不同地区可有先有后),以此作为由"山重水复"变"柳暗花明"的一个框架基础。

(2) 在顶层规划下调整、理顺中央与地方三个层级的事权划分,进而按照政府事务的属性和逻辑原理,力求清晰地划分政府间支出责任,尽快启动中央、省、市县三级事权与支出责任明细单的工作,并在其后动态优化和加强绩效考评约束。例如:地方政府应退出一般竞争项目投资领域,经济案件司法审判权应集中于中央层级,等等。

(3) 以税制改革为配合,积极完善以税种配置为主的各级收入划分制度。大力推进资源税改革,变"从量征收"为"从价征收",积极扩大房地产税改革试点范围;扩大消费税征收范围、调整部分税目的消费税征收环节,将部分消费税税目收入划归地方;将车辆购置税划归为地方收入;于积极推进"营改增"中,将增值税中央增收部分作为中央增加对地方一般性转移支付的来源。

(4) 按照人口、地理、服务成本、功能区定位等因素优化转移支付的均等化公式,加强对欠发达地区地方政府的财力支持;适当降低专项转移支付占全部转移支付的比重,归并、整合专项中的相似内容或可归并项目;尽量缩短其具体信息到达地方层面的时间,并在原则上取消其"地方配套资金"要求,以利地方预算的通盘编制与严肃执行。此外,还应积极探索优化"对口支援"和"生态补偿"等地区间横向转移支付制度。

(5)结合配套改革,深化各级预算管理改革,从中央开始积极试编3—5年中期滚动预算;把单一账户国库集中收付制发展为"横向到边、纵向到底";以"金财工程"、"金税工程"式的全套现代化信息系统建设来支持、优化预算体系所代表的全社会公共资源配置的科学决策;加快地方阳光融资的公债、市政债制度建设步伐,逐步置换和替代透明度、规范性不足而风险防范成本高、难度大的地方融资平台等隐性负债;地方的国有资产管理体系建设也需与国有资本经营预算制度建设结合。

(6)在"渐进改革"路径依赖和"建设法治国家"、"强化公众知情与参与"多重约束条件和逻辑取向下,积极、理性地推进财税法制建设,掌握好服务全局大前提下"在创新、发展中规范"与"在规范中创新、发展"的平衡点,强化优化顶层规划和继续鼓励先行先试,在经济社会转轨历史时期内,不断及时地把可以看准的稳定规则形成立法。

党的十八届三中全会通过的《中共中央关于全面深化改革若干重大问题的决定》把财税改革作为全面深化改革的重头戏,在日前召开的中央全面深化改革领导小组第三次会议审议并通过了《深化财税体制改革总体方案》,这次会议正式拉开了新一轮财税改革的序幕。与以往的改革相比,新一轮财税体制改革,主攻三大改革任务,从公众最关心的地方入手,从最能影响经济运行的地方入手,确立了先预算改革、再税制改革、后完善中央与地方政府间财政关系的改革顺序,并明确了时间表和要达成的目标。从这个意义上看,新一轮财税体制改革具有全面性、系统性的特点,它"不是解一时之弊,而是着眼长远机制的系统性重构"[①]。

第三节 政府间财政竞争

政府间财政竞争是与财政分权相伴随的产物,是地方政府竞争的主要方

[①] 张德勇:《新一轮财税体制改革方案解读》,《中国青年报》2014年7月14日。

式。在财政分权体制下,地方政府拥有一定的财政自主权。地方政府从本地利益或自身利益出发,必然会利用各种财政工具围绕资本和人才等流动性经济要素(或曰流动性税基)展开激烈的争夺,即政府间财政竞争。

一、政府间财政竞争的含义

政府间财政竞争是指地方政府通过财政手段争夺有利于本地社会经济发展的稀缺资源或者逃避某些成本的竞争性行为,是地方政府间竞争的一种方式。[①] 对于政府间财政竞争这个概念,需要把握以下几点:

(1) 财政竞争仅是地方政府间竞争的一种方式。地方政府间竞争的方式除了通过财政手段进行竞争之外,还可以通过其他方式竞争,主要有管制手段和法律手段。就管制手段而言,可以通过管制政策保护本辖区利益——排斥外地产品,以保护本地企业产品市场,限制净福利接受者进入本辖区;就法律手段而言,可以通过在环境执法力度上的松紧来达到竞争目的。对于地方经济发展所需要的流动性资源要素而言,一个辖区的税收和公共服务组合无疑是影响资源要素流向和流量的重要因素,财政手段中的收入政策(主要是税收政策)和支出政策(主要是提供公共物品和服务)可以被灵活使用,并且能够对经济活动产生有效影响。因此,财政竞争是地方政府间竞争的主要方式,人们在讨论地方政府间竞争时,也主要是讲财政竞争。

(2) 政府间财政竞争的主体是地方政府,地方财政部门则是具体执行者。一般来说,在单一制国家,中央政府以下的区域性政府,都是地方政府;在联邦制国家,地方政府是指联邦各成员政府的分支机构,至于联邦成员这一级政府则称为中间政府(如州政府或省政府等)。由于我们是从普遍意义上来讨论一国内部同级政府之间的财政竞争问题,所以这里所说的地方政府也包括中间政府。

(3) 政府间财政竞争的最终目的是提高本地区居民的福利水平。地方政府通过财政手段,一是争夺对本地有利的稀缺性资源,主要包括人力资源和资

---

① 到目前为止,国内外学术界尚无财政竞争的公认定义。美国政府间关系指导委员会认为,地方政府间竞争是指地方政府试图获取有益的稀缺性资源或者避免某些特殊成本而彼此间展开的竞争。这里给出的财政竞争概念就是参考了这一定义。

本资源;二是竞相逃避某些成本,尽量把"包袱"甩给其他地方,比如拒绝在本辖区建造有害废弃物填埋场或发电厂,阻拦无家可归人员和净福利接受者迁入本辖区等。总之,政府间财政竞争的最终目标应该是促进辖区社会经济发展,增进辖区居民的福利。

二、政府间财政竞争的条件与分类

(一) 政府间财政竞争的条件

政府间财政竞争的展开并不是随意自发的,而是需要具备一系列前提条件。当然,由于各国制度传统和现行政治经济体制的差异,地方政府财政竞争发生和发展的动因会有很多不同。这里介绍的仅是地方政府财政竞争发生的一些基本前提条件。

1. 财政分权体制的存在或财政分权改革的实施

地方政府财政竞争是财政分权的经济后果,财政分权是地方政府财政竞争的制度或体制条件。[①] 在财政分权体制下,一方面地方具有相对独立的利益,另一方面地方政府在组织公共收入和安排公共支出上拥有一定的自主权,能够独立制定一些地方财政政策,从而使各地在地方财政政策(主要是税收和公共支出组合)上彼此不尽相同,为资源要素的流动提供多样选择,也为地方政府财政竞争提供制度保障。

在联邦制国家或虽然是单一制但实行地方自治的国家,地方政府一般来说都拥有独立的税收立法权和税收管辖权。我国的政体总体上属于中央集权的政治体制,在这种体制下,权力过分集中于中央则不利于地方政府和官员的积极性发挥,而权力过度分散又会导致经济秩序混乱。改革开放以前,在计划经济体制背景下,中央也进行过几次向地方的分权尝试,但因为其目的根本上是为计划生产而服务的,所以总体来说是失败的。改革开放以来,在从计划经济向市场经济体制转变的过程中,从财政包干制到分税制改革,中国进行了一场从行政性分权到经济性分权的持续性分权改革,我国在许多领域推行了面向地方的分权化改革,如农村的包产到户、财政收支权力的下放、外贸权力的下放、

---

① G. Brennan and J. M. Buchanan, *The Power to Tax: Foundations of a Fiscal Constitution*, Oxford: Cambridge University Press, 1980, p.57.

乡镇企业的发展等,都为地方获得和维持相对独立的利益和自主地位创造了条件。

2. 地方具有相对独立的利益

市场竞争要求参与竞争的各个经济主体具有独立利益,这是竞争的动因。同理,地方政府财政竞争也要求地方政府具有独立利益。由于地方政府是地方利益的代表,所以确切地说,应该是各个地方具有独立的利益。只有在地方具有独立利益的条件下,地方政府才能作为完整的个体参与竞争,竞争才有具体的目标和出发点。如果地方没有独立利益,地方政府的财政竞争也就变得没有意义。但是,在大多数国家,地方作为一个国家的构成部分,一般很难具有完全独立的利益,这种独立利益只能是相对的。因此,条件可以放宽,即地方具有相对独立的利益,这是地方政府财政竞争的动力条件。中央集权体制下,地方政府的经济管理权来自于中央政府的授权,而非法定的分权,理论上这种权力可以由中央政府随时收回,而且通常这种授权的范围都是相对有限的。

1978年以来我国的财政体制改革,无论是"财政包干体制"还是后来的"分税制改革"基本都是一种增量式改革,也就是说改革基本上都要沿用旧的基数。这些具有强烈的包干制色彩的改革在一定程度上强化了各地区财政自给方面的要求,在以流转税为主的税制格局下地方政府的财政收入与地区的经济发展规模直接相关,造成了地方政府追求经济发展规模的利益诉求。这虽然有助于激发地方政府发展经济的积极性,但各地方政府为了保护本地的税源或其他财政资源,进行市场保护、吸引外来投资的竞争也必然会随之加强。

3. 资源要素的跨地区流动成为可能

只有当资源要素可以跨地区流动时,地方政府才有留住内部现有资源要素和争夺外部资源要素的动机和行为,地方政府间的财政竞争才得以展开。如果资源要素固定不能流动,地方政府既不用担心内部资源的流出,也不用考虑如何吸引外部资源要素,财政竞争就没有发生的前提。当然,要使地方政府财政竞争有效进行,地方政府的财政政策就必须能对资源要素的流向产生一些有效影响。这样,地方政府才能通过财政政策来达到竞争的目的,否则,地方政府财政竞争就是无效的。

改革开放以来,随着一系列市场化取向的法律和政策的出台,原有计划经济体制下的资源配置格局和资源配置方式逐渐被打破,资本、投资和劳动力资源的跨地区流动逐渐成为常态,地方政府的财政竞争行为客观上也成为这一过程演变的重要推动力。但需要指出的是,由于地方政府财政竞争的自利倾向,地方政府的财政政策经常会出现诸多以牺牲国家整体利益来换取本地利益的现象,最典型的就是地方保护主义的盛行。所以,地方政府财政竞争对于全国性统一产品和要素市场建立的推动作用是有限的,还需要从全国整体利益出发的一系列制度安排加以"矫正",地方政府财政竞争行为才能更为符合现代市场经济制度发展的根本要求。

(二)政府间财政竞争的分类

政府间财政竞争的内容丰富,可从不同的角度、根据不同的标准进行分类。

1. 税收竞争和支出竞争

从财政竞争的具体手段来看,政府间财政竞争可以划分为税收竞争和支出竞争。

政府间财政竞争可以通过公共收入政策和公共支出政策进行。地方政府通过公共收入政策中的税收政策进行的竞争,是税收竞争,如地方政府通过提供各种税收优惠政策吸引资源要素等。地方政府通过支出政策进行的竞争,是支出竞争,主要表现在地方政府竞相提供充足、优质的公共物品和服务。

2. 纵向竞争和横向竞争

从财政竞争的主体来看,政府间财政竞争可以划分为纵向竞争和横向竞争。

地方政府按行政级别的不同,又具体分为省(州)政府、市政府、县(区)政府等。上下级政府间的财政竞争称为纵向竞争,同级政府间的财政竞争称为横向竞争。这里所讨论的政府间财政竞争一般是指同级地方政府间的横向财政竞争。当然,地方政府行政级别不同,所拥有的财政自主权限也不同,这可能影响财政竞争的表现方式。

3. 有益竞争和有害竞争

从财政竞争的结果来看,政府间财政竞争可以划分为有益竞争和有害争。

政府间财政竞争的最终目标是促进本地社会经济发展,增进本地居民福利。但是,地方政府在追求这种最终目标的过程中,可能会出现许多偏差。换句话说,政府间财政竞争的出发点或许是好的,但是由于各地方政府所采取的方式、方法不尽相同,最终未必产生满意的结果。有利于促进本地发展、增进本地福利的财政竞争显然是有益的财政竞争;反之,不利于甚至有损于本地发展和福利的财政竞争是有害的财政竞争。

4. 显性竞争和隐性竞争

从财政竞争的表现形式来看,政府间财政竞争可以划分为显性竞争和隐性竞争。

显性财政竞争是指地方政府通过公布的各项财政政策来吸引有益的稀缺性资源。隐性财政竞争则是指地方政府通过提高纳税服务和公共服务的质量,来避免对辖区构成成本负担的项目等进行的财政竞争。显性财政竞争表现得更加明显,竞争更加激烈。

5. 制度内竞争和制度外竞争

从财政竞争的依据来看,政府间财政竞争可以划分为制度内竞争和制度外竞争。在法制比较完善、地方政府权限明确的情况下,政府间财政竞争基本上在已有的制度框架内进行。这种以现有的法律制度为依据的财政竞争就是制度内财政竞争。相反,如果地方政府间的财政竞争行为在现有法律制度内找不到依据,甚至与现有法律制度相违背,那么这种政府间财政竞争就是制度外财政竞争。与制度外财政竞争相比,制度内财政竞争具有明确、可控与稳定的特征。

三、我国政府间的财政竞争

在我国,政府间财政竞争是现实存在的。但是,在不同时期,我国地方政府间财政竞争的形式和强度不尽相同。这里以我国财政体制的演变为线索,对不同时期的政府间财政竞争进行分析。

(一) 改革开放前财政竞争的条件不具备

改革开放前,在统收统支体制和"统一领导、分级管理"体制下,地方财政并非是真正独立的财政,没有财政自主权,不具有十分明确、独立的经济利益和行为目标。而且,在当时计划经济条件下,资源要素跨地区流动性极弱。因此,政府间财政竞争的条件并不完全具备。

(二)改革开放初期财政竞争主要表现为税收竞争

改革开放初期,随着放权让利改革战略和财政包干体制的推行,地方政府开始有了相对独立的经济利益,自主权进一步扩大。在改革开放的进程中,地方政府在自身利益的驱动下,积极发展本地经济,形成了市场化改革和对外开放背景下的地方财政竞争。

自20世纪80年代以来,我国实行了各种形式的财政包干体制,中央财政和地方财政开始"分灶吃饭",这意味着中央和地方的分权代替了原来的中央高度集权。财政包干体制增加了留归地方的公共收入,强化了地方的经济利益和责任,因而促使地方各级政府加强对财政工作的领导,使地方有了发展本地经济的内在动力和能力。具有独立经济利益和行为目标的地方政府在自主权扩大后,越来越重视本地利益和经济增长。

在改革开放背景下,大量外资涌入国内,寻找投资机会,成为各地争抢的对象,而且随着计划经济体制向市场经济体制的转变,资源配置的计划指令逐渐减少,市场配置有所增加,资源的流动性有所增强。所以,政府间财政竞争的条件已具备。

这一时期的政府间财政竞争主要是税收竞争,主要体现在以下几方面:

1. 国家制定的区域性税收优惠政策引起的地方政府之间的税收竞争。税收优惠主要采取减免税、低税率等形式。此类税收竞争由于是在法律制度框架下形成的,因而具有明确性、可控性与稳定性的特征。改革开放初期,我国在东南沿海局部地区如广东、福建和海南设立经济特区,又开放沿海14座城市,对外商投资者给予了大量税收优惠,吸引了大批外资,从而在竞争中处于优势地位。这种全面优惠制度通过《中外合资经营企业所得税法》和《外国企业所得税法》及其实施细则和各种税收规章制度加以确定和规范。

2. 除国家制定区域性税收优惠政策之外,地方政府还通过其他减免税手段藏富于本地区。这个时期税收优惠的管理权限相当分散。导致税收优惠过多过滥,缺乏统一性和规范性,一些经济发达地区为了在税收竞争中赢取优势,每年在税收收入任务完成后便尽量少征税,千方百计"藏富于民、藏富于企业",国家税收流失,国家利益损失。有学者对当时各省区税收进行了研究,发现大约有半数的省区税收低于全国平均水平。①

3. 包税现象出现。由于这个时期推行企业承包制,一些地方政府将承包制视为藏富于地方的重要财政手段,以此与其他地区进行税收竞争,所以包税现象开始出现。包税是指地方政府在企业承包协议中,确定企业当年应上缴的所得税和利润额。在有的地区,包税范围甚至扩大到其他税种。包税现象的出现使得地方政府可以有效影响企业的税收成本。有些企业的实际经营情况很好,但地方政府出于地方竞争的需要,制定的包税额却很少,等于企业变相享受了税收优惠。

(三) 分税制改革以后财政竞争全面展开

1994 年开始的分税制改革追求制度性、规范性地解决中央与地方的利益关系,倡导将中央与地方各自的职能和合法权益以法律形式确定下来。可以说,分税制改革进一步承认了政府间财政竞争的利益格局。在这种情况下,从分税制改革起,地方政府间的财政竞争发生了两个显著变化。第一,政府间财政竞争,从上一时期比较单一的税收竞争逐渐过渡到税收竞争和支出竞争并存,构成了完整意义上的财政竞争,竞争的层次得到提升。第二,在地方政府间财政竞争方式发生变化的同时,财政竞争的客体也有所变化。在改革开放初期,地方政府间财政竞争的客体主要是境外资源要素。随着改革开放的推进,资源跨地区流动性增强,政府间财政竞争的客体扩大到境内和境外资源要素。

1. 制度内税收竞争

制度内税收竞争是地方政府在现行的税收制度框架内,运用依法享有的税收自主权展开的竞争。与制度外税收竞争相比,在制度框架下形成的制度内税收竞争具有明确性、可控性与稳定性的特征。制度内税收竞争主要形式如下。

(1) 延续上一时期的竞争形式,即国家制定的区域性税收优惠政策引起的地方政府之间的税收竞争。税收优惠主要采取减免税、低税率等形式,这些形式是由税收法律法规中的税收优惠条款规定的。

(2) 各地方政府根据自身情况,在国家税法规定的地方税权范围内,为招商引资、加快发展而制定差别性税收优惠政策。如地方政府可根据本地经济发

---

① 转引自钱晟:《税收负担的经济分析》,中国人民大学出版社 2000 年版,第 154 页。

展的需要,通过实行差别税率、减免税、不同起征点、不同的纳税期限以及个别税种是否开征等形式的税收优惠展开税收竞争。

① 差别税率。例如,我国税法规定,娱乐业营业税执行 5%—20% 的幅度税率。具体适用的税率由各省、自治区、直辖市人民政府根据当地的实际情况在税法规定的幅度内决定;车船使用税实行有幅度的定额税率,中央政府对各类车辆分别规定一个最低到最高限度的年税额,同时授权省、自治区、直辖市人民政府在规定的税额幅度内,根据当地的实际情况,对同一计税标准的车辆,具体确定适用税额。

② 减免税。例如,民族自治地区的企业,需要照顾和鼓励的,经省级人民政府批准可以实行定期减税或者免税;对于城镇土地使用税和房产税,地方政府也有一定的减免权力。

③ 起征点。各省、自治区、直辖市人民政府所属地方税务机关可以在税法规定的幅度内,根据当地实际情况确定本地区适用的营业税起征点。

④ 个别税种的开征与停征。地方政府可以决定是否开征屠宰税和筵席税。

⑤ 纳税期限。城镇土地使用税、车船使用税在实行按年征收、分期缴纳的基础上,各省可以确定不同的纳税期限。

2. 制度外税收竞争

制度外税收竞争是指地方政府突破现行税收制度安排,采取变通的或者非法的方法进行的税收竞争。制度外税收竞争的形式隐蔽多样,大多不规范。其具体形式主要有擅自减免税、变相税收先征后返、有意放松税收征管力度等。

(1) 擅自减免税。在税收政策的执行中,地方政府在税率、税基、减免税等征收管理方面拥有广泛的自由裁量权,导致了地方政府在实际操作中,往往尽可能打政策"擦边球",甚至利用一些非法手段寻求税收竞争利益。主要表现为各地竞相越权进行税收的减免,私自放宽税收减免政策的审核标准,擅自出台各种税收减免办法。如一些地方政府任意扩大税收优惠范围,招商引资不分国内外,只分区内外,只要从开发区之外引进资金、技术、人才兴办企业的,一律以外资企业对待。这种擅自减免税侵犯了中央统一税权的行使。1994 年税制改革之后,由于中央在税权统一上采取了种种措施,这种形式的税收竞争已不是主要竞争形式,但在一定程度上仍然存在。

（2）变相税收先征后返。分税制改革后,税收法制得到强化,地方自行制定减免税优惠的权力被取消,税权减免的审批权限收归中央政府,地方政府越权擅自减免税的现象有所遏制。同时,为了避免一部分企业因税制调整而造成的税负显著增长,保持税收政策的连续性,中央对特定行业和项目制定了税收"先征后返"的过渡政策,即税款先按税法规定,由税务机关足额征收入库后,再由同级财政全额或部分返还企业。但是,由于新税制中没有明确规定地方自行制定本地区"先征后返"政策的权限,一些地方政府为了地方经济利益,纷纷乘机采取变相的"先征后返"政策,以此作为政府间财政竞争的手段。地方政府通过变相税收先征后返政策,减轻了税负,实际上相当于提供了税收优惠。

地方政府的税收先征后返政策涉及的税种多,规定的返还时间长,几乎所有税种都不同程度地实行了"先征后返",且大多数没有明确规定执行年限。据了解,地方税收返还的额度已经达到20%—30%,个别地区可以达到50%,甚至更高。① 变相税收先征后返现象的发生不仅破坏了税制公平,严重削弱了税法的刚性和严肃性,同时也加大了地方财政的风险。2000年1月11日,国务院发出《关于纠正地方自行制定税收先征后返政策的通知》,坚决制止地方自行制定税收先征后返政策。但是,2004年国家税务总局派出两个督查组分赴一些地方督导和检查《国家税务总局关于清理检查开发区税收优惠政策问题的通知》的执行情况,发现各地开发区各种类型的税收先征后返问题仍然突出。② 由此可见,变相税收先征后返仍然还是政府间财政竞争的手段。

（3）有意放松税收征管力度。有些地方的税务机关由于税收任务压力较小,为了避免超收带来的税收任务基数调增,在地方政府的支持下,擅自降低征收标准,甚至有税不征,造成税收政策各地执行上的差异,以达到这些地方吸引资源要素的目的。根据国际货币基金组织估计,目前我国主要税种的完税程度,各类所得税只有21.4%,增值税为55.6%,消费税和营业税为60%。③ 这在一定程度上说明,在地方上存在着为赢取竞争优势有意放松税收征管力度的现象。

---

① 《"先征后返"风非刹不可》,《中国税务报》2000年1月27日。
② 《开发区财政返还问题突出》,《中国税务报》2004年4月20日。
③ 转引自朱青:《积极财政政策条件下的减税问题》,《税务研究》2003年第4期。

3. 其他收入竞争

政府间财政竞争在公共收入政策方面采取的手段除了税收之外，还有具有税收性质的收费，尤其是各地方政府普遍收取的使用费和规费如排污费、治安费、卫生费、工商费、特定资产的登记管理费等，通过减少政府收费，降低企业的实际支付，达到和降低税率同样的效果。非税收入在我国各级政府收入中占有很大比重，通过具有税收性质的收费进行竞争，是我国政府间财政竞争在公共收入政策方面采取的又一重要形式。

此外，有些地方政府为了吸引投资项目，在没有足够财力对企业提供优惠的情况下，展开地价竞争，即以较低的甚至是低于土地开发成本的价格，将土地提供给特定的投资项目或特定的企业。这种地方政府以减少土地出让收入为手段的竞争在有些地方愈演愈烈，值得关注。

4. 支出竞争

除了通过公共收入政策进行竞争之外，各地方政府还逐渐重视公共支出政策在财政竞争中的运用，即支出竞争逐渐显现。支出竞争主要体现在提供优质公共物品及服务上。

分税制改革以后，地方政府财政自主权更加明确，尤其是中央与地方之间事权的划分，使地方政府在明确自身职能的基础上更加重视支出政策。其主要原因在于：第一，随着经济的发展，人们生活水平的提高，生活方式明显改变，人们的需求结构发生显著变化。人们不再仅限于满足温饱的生理需求，消费者追求优越舒适的工作生活环境，投资者追求良好的投资环境，这些都导致对公共物品的需求愈来愈大。这种需求主要体现在对一个地区的环境建设、教育质量、社会安全、城市公共设施、公共卫生、投资环境、法制环境等方面的需求上。第二，随着物质文明的极大发展，纳税人的维权意识增强，人们在履行纳税义务的同时，也要求享受纳税人应有的权利，要求他们的"付出"要有看得见、摸得着的"回报"。同时，随着社会民主化程度的提高，地方政府官员的政绩考核要以是否满足本地区社会成员的利益来衡量，要为本地百姓干实事，造福一方。要满足这两方面的需求，地方政府必然在公共支出上展开激烈的竞争——尽可能地提供充足而优质的公共物品和服务。当公平税负的意识为人们所普遍接受时，税收竞争的作用将会日趋淡化，以满足人们较高层次需求的支出竞争将越来越重要。

这一时期,各地在税收竞争的基础上,力图通过把税收收入投资于地方基础设施建设,改善投资环境,提供优质的公共物品和服务来吸引外来投资者,扩大税基,从而使地方经济利益的竞争处于更加有利的局面。于是,"筑巢引凤"模式在招商引资中被广为采用,城市建设往往作为城市文明的标志和窗口被推到优先发展的位置,建环城路、修立交桥、树城市塑像、造人工湖、碎街心化园,同时,大型的公路建设和铁路建设也被提上发展日程。此外,地方政府提供高水平社会保障、政府机关改善服务和提高工作效率等也属于提供优质的公共物品和服务的范畴。

第四节 政府间转移支付

要处理好政府间财政关系,除了明晰各级政府的收支责任之外,还必须建立合理的转移支付制度。政府间转移支付又称政府间补助,是上级政府对下级政府的财政拨款。转移支付的主要目的是降低各级政府之间的财政不均衡程度,或者降低同级辖区间的收入差异程度。

一、转移支付的必要性

无论是联邦制国家还是单一制国家,都无一例外地存在着政府间转移支付。一般来说有些公共服务由地方政府提供是最有效率的。问题是,为什么这类服务不应由该辖区居民来支付?为什么要由上级政府予以补助?原因是多方面的,这里仅从以下几方面来说明。

(一) 外部性

地方政府提供的地方性公共物品有时存在外部性。当某个地方政府提供的某些地方性公共物品的收益超出其本地区范围而外溢到相邻地区,从而使其他地区的居民在不承担任何费用的情况下也同样获得收益时,便产生了公共物品的外部性问题。例如,某些环境保护项目、机场和跨地区的公路、铁路项目等,必然产生免费搭车行为。一般来说,地方政府作为代表本地区利益的主体,只考虑本地区居民的利益,对于利益外溢的地方性公共物品和服务,地方政府承担了额外成本,从而降低了其提供这类服务的积极性,导致该类公共物品提供不足。如果由中央政府提供这类公共物品和服务,虽然解决了外部性问题,但随之产生了效率损失问题。所以,中央政府通过转移支付弥补地方政府因提供此类公共物品而带来的成本损失是解决地方性公共物品外部性的最公平、最有效的办法。

（二）纵向均衡

一般来说,各级政府之间的财权和事权不是完全对等的,这就存在着收入与支出在纵向级次政府间的不均衡问题。通常情况是,中央政府的财权大于事权,而地方政府的事权大于财权。那么,地方政府的收支缺口如何弥补呢？如果允许地方政府自行提高税(费)率或新增税(费)项目,将不利于中央统一政策,会阻碍资源要素的正常流动,扭曲地区间的资源配置。实践证明,中央政府对地方政府的转移支付,是实现政府间纵向平衡的最佳选择,既实现了均衡目标,又加强了中央政府的宏观调控能力,有助于社会稳定和经济协调发展。

（三）横向均衡

横向财政不均衡主要指同级地方政府之间在收入能力、公共服务能力(支出水平)上存在差异。一方面,各地区财政收入能力差别较大——经济发达程度、经济结构、都市化程度、人口素质和人口分布等方面的差异,必然会形成收入能力差异;另一方面,各地区财政支出差别较大——贫困和老幼居民人口比例较大而导致的社会福利支出较高,全国性机场、港口等基础设施带来的额外支出,各地区自然地理环境等也会导致财政支出存在较大差异。发达地区的公共收入充裕,提供的公共物品水准较高;而落后地区的财政状况拮据,可能都无力提供最基本的公共物品。因此,政府间转移支付不仅能保证落后地区政府提供基本公共服务,而且还有助于协调地区间经济发展,避免出现经济发展中的区域间"马太效应"现象。

（四）需求收入弹性

著名的瓦格纳法则对"公共服务的需求收入弹性"进行了阐释——随着人均收入的增加,人们对公共服务的需求增加得更快,因而要求政府为此增加支出。公共服务的需求具有高收入弹性,但地方政府为此融资的主要工具——税制,却缺乏收入弹性。地方税制的这一特点,导致地方政府在满足新增公共服务需求上捉襟见肘,而税制富有弹性的中央政府应予以补助。

二、转移支付的形式

按照转移支付是否附加条件,可以将之分为有条件转移支付和无条件转移支付(也被称为一般性转移支付)。

有条件转移支付有时又称分类转移支付,就美国而言,大部分转移支付都有特定目的。有条件转移支付包括配套转移支付、封顶配套转移支付和无配套转移支付。

配套转移支付要求接受转移支付的地方要有配套资金。例如,地方在教育上投了一元钱,中央才会有相应的转移支付。配套转移支付可以用于解决正外部性问题。地方政府与个人和企业一样,当存在边际上的正外部性时,恰当的补贴可以提高效率。从理论上说,这要求中央政府能够评估外部性的实际规模。封顶配套转移支付,就是捐款人(例如中央政府)可以规定转移支付的最高数额。无配套拨款不要求地方政府为某一公共支出项目提供配套资金,而只是要求将款项用于约定项目,专款专用。

无条件转移支付不对款项的具体使用项目作出规定。此类转移支付通常可用于收入分配目的,但这里存在争议。因为一个地区既有穷人又有富人,如果中央政府要帮助穷人,它可以直接把钱给穷人,让穷人消费更大数量的公共产品(如教育)。

图7-2表示无条件转移支付前后地方政府的资源配置选择状况。这里,我们在广义的意义上使用公共产品一词,并且假定地方政府所提供的公共产品分为某一种公共产品(如收入再分配或其他任选一种)和其他公共产品。转移支付之前,地方政府的预算线是AB,与地方的社会无差异曲线 ii 相切于 E_1,所对应的公共产品提供数量分别是 B_1 和 A_1。进行无条件转移支付之后,地方政府的预算约束线外移到 A'B',新的均衡点 E_2 出现,相应有了新的公共产品提供数量 B_2 和 A_2。

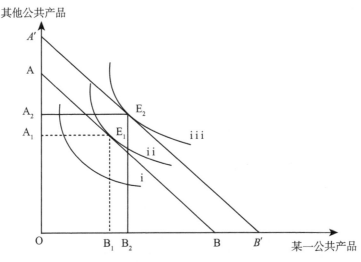

图 7-2　无条件转移支付前后地方政府的资源配置选择

图 7-3 和图 7-4 都表示有条件转移支付对地方政府资源配置选择的影响。这里,中央政府明确规定地方政府的转移支付用途。转移支付之后,地方政府的预算线从 AB 变为 $A'CB'$,而非原来的 $A'B'$。社会无差异曲线不同,导致结果不同。图 7-3 反映了一种与无条件转移支付没有差别的结果。转移支付之后,新的均衡点为 E_2,所对应的均衡数量为 B_2 和 A_2。如果同等规模的转移支付是以无条件的形式拨付的,结果一样。这可以从预算线 $A'B'$ 和社会无差异曲线的切点还是 E_2 看出来。图 7-4 则反映了另一种结果,有条件转移支付之后,新的均衡点为 E_2,所对应的公共产品提供的数量为 B_2 和 A_2(A_2 和 A 重叠)。如果是无条件转移支付,则所对应的公共产品提供的数量为 B_3 和 A_3。由于无条件转移支付之后所对应的社会无差异曲线在有条件转移支付的右上方,前者所带来的福利水平高于后者。政府之所以选择较低的福利水平,多是从实现某种政策目标考虑的,即福利水平的下降是中央政府实现某种政策目标的额外负担。

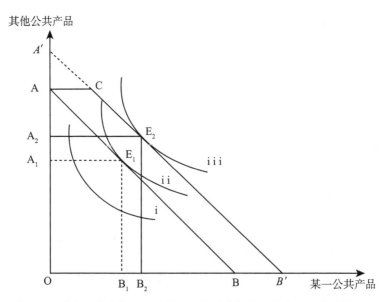

图 7-3 地方政府在指定用途的政府转移支付前后的资源配置选择（1）

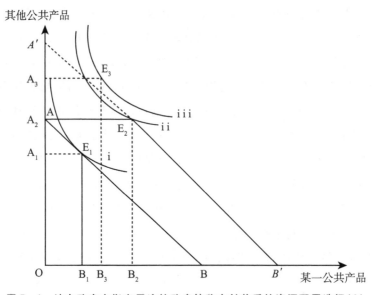

图 7-4 地方政府在指定用途的政府转移支付前后的资源配置选择（2）

总之，无条件转移支付给地方较大的选择权。有条件的转移支付会约束地方的行为，因此地方政府更偏好于无条件的补助。因为在无条件的拨款补助的情况下，地方政府在追求地方利益最大化的目标上有着充分的选择自由，这种拨款增加地方财源的同时又不影响地方本身的开支格局。这样,地方政府就能使它的福利最大化。

中央政府在提供有条件的转移支付时,可以保证转移支付的资金用于特定的活动或用途,实现中央政府的预期目标。因此,中央政府可能更偏向于有条件的转移支付。

三、我国的转移支付制度及改革

按照1994年分税制改革前的设计,是想通过转移支付制度的建立和完善来平衡区域间的财力分配,虽然在改革前后中央在转移支付制度建设方面也做了很多努力,但总体来说我国现行的转移支付制度还具有较为强烈的过渡色彩,转移支付制度的规范度和执行力度均不足,对于区域财力的均衡作用有限,甚至其中制度设计的不合理之处成为原有不均衡扩大的助推因素之一。

我国现行的转移支付基本上分为三部分(如表7-1所示):第一部分是中央对地方的税收返还,税收返还是中央为了推动分税制改革,与地方利益博弈的产物。我国的税收返还是以维护地方既得利益的基数法进行分配,体现了对收入能力较强地区的倾斜原则,维护了较富裕地区的既得利益,与缩小地区间差距的主旨背道而驰。税收返还目前还是我国财政转移支付的主要形式,是地方财政收入的重要来源。第二部分是中央对地方的财力性转移支付。财力性转移支付被用于弥补财政实力薄弱地区的财力缺口,从中央财政给予地方财政的补助中支出。财力性转移支付是缩小地区财政差距的重要手段,应是财政转移支付的主要组成部分。主要包括:一般性转移支付、调整工资转移支付、民族地区转移支付、农村税费改革转移支付、年终结算财力补助等形式。第三部分是中央对地方的专项拨款。专项拨款大致可以分为三类:第一类是为实现特定的宏观政策及事业发展战略目标而设立的补助资金;第二类是对地区特殊自然灾害的特殊补助;第三类是维护地方既得利益的保留性拨款。

表7-1　中央政府对地方政府财政转移支付体系

	启用时期
税收返还	
增值税和消费税税收返还	1994
企业所得税和个人所得税基数返还	2002
财力性转移支付	
定额补助	财政大包干时期
一般性转移支付	1995
调整工资转移支付	1999
民族地区转移支付	2000
农村税费改革转移支付	2000
缓解县乡财政困难转移支付	2005
专项转移支付	新中国成立初期

从目前我国中央政府转移支付的实际情况来看：(1)中央对省级政府的转移支付基本能满足省级政府的支出需求，但中央政府和省级政府对县(市)级政府的转移支付不足，影响了县(市)级政府的财政运行，很多贫困地区的基层政府甚至处于"吃饭财政"和"讨饭财政"的艰难境地；(2)主体的转移支付资金仍然是1994年改革时为保既得利益而规定的"税收返还"等，并由落后的"基数法"来确定返还的数额，缺乏规范、客观和科学的标准；(3)真正有助于平衡地区间财力的各类财力性转移支付虽然数额在逐渐增加，但总体上所占比重还比较低；(4)中央的一些专项转移支付在现阶段往往像"救火队"，基本上是用来填补地方财政的收支缺口，或应付突发性事件的。

我国政府间转移支付制度的改革和完善，应主要包括三方面内容：(1)确立中央、省、县三级政府为主的行政架构，优化事权财权配置；(2)建立以一般性转移支付为主导、纵向与横向转移支付相结合的新格局，在全国范围内形成既有差异、又能保障公共服务大体均等的政府资金保障体系；(3)完善的财政监督是转移支付制度新框架的重要组成部分，应加快建立和完善全方位的财政监督和控制体系。①

【本章关键词】

财政关系	财政分权	财政职能	财政竞争
转移支付	财政联邦制	财政管理体制	分税制
税收竞争	支出竞争	纵向竞争	横向竞争

【本章小结】

政府间财政关系是指中央政府与地方政府之间在公共收支上的权责关系。处理政府间财政关系需要一种制度,而这种制度在不同的国家差异很大。这些差异是由历史、政治、文化、政府干预经济的程度等多种原因所致。在联邦制国家,这种制度称为财政联邦制,在我国称为财政管理体制。

政府间财政关系的研究涉及如何科学合理地划分各级政府的职责,如何有效满足各级政府的资金需要,如何实现辖区间财政均等问题。其具体内容包括财政分权、财政竞争以及转移支付制度等。

财政分权理论在很大程度上是以资源配置或经济效率理论为基础的,同时基于政治方面的考虑也是不可忽略的影响因素。政府间的财政分权,实质上是把财政职能在行政组织系统内(中央与地方之间)具体化。通常,财政职能被概括为资源配置、收入分配和稳定经济三个方面。因此,在考察中央与地方政府间财政关系的时候,须对财政职能进行结构分析。

政府间财政竞争是与财政分权相伴随的产物,是地方政府竞争的主要方式。在财政分权体制下,地方政府拥有一定的财政自主权。地方政府从本地利益或官员自身的利益出发,必然会利用各种财政工具围绕资本和人才等流动性的经济要素或称为流动性税基展开激烈的争夺,即政府间财政竞争。

要处理好政府间财政关系,除了明晰各级政府的收支责任之外,还必须建立合理的转移支付制度。政府间转移支付又称政府间补助,是上级政府对下级政府的财政拨款。转移支付的主要目的是降低各级政府之间的财政不均衡程

---

① 国务院发展研究中心课题组:《政府间转移支付制度改革的目标模式》,《发展研究》2011年第6期。

度,或者降低同级辖区间的收入差异程度。

中华人民共和国成立以来,随着经济体制的调整,中国政府间财政关系经历了多次变化。总体上看,20世纪50年代至改革开放前,属于与计划经济适应的统收统支财政体制。1980年到1994年分税制改革前,属于从计划经济向市场经济过渡的"划分收支、分级包干",即俗称的"分灶吃饭"财政体制。经过1994的分税制改革,与市场经济体制相适应的中国政府间财政关系的基本框架得以建立。随着市场化改革的深入,以分税制财政体制为基础的具有中国特色的财政体制还将经历重大变革。

【本章复习题】

1. 政府间财政关系研究的必要性是什么?
2. 财政联邦制理论对我国财政体制改革有什么启示意义?
3. 我国财政体制进一步改革的基本方向是什么?
4. 政府间的财政职能划分的依据是什么?
5. 财政分权与财政竞争的关系是什么?
6. 我国转移支付制度面临哪些调整?

【本章推荐阅读】

1. Tiebout, Charles M., "A Pure Theory of Local Expenditures", *Journal of Political Economy*, Vol. 64, No. 64, 1956, pp. 416-426.
2. Stiglers, G., *Tenable Range of Functiona of Local Govemment*, Washing. D. C., 1957, pp. 48-57.
3. Musgrave, R., *The Theory of Public Finance*, New York: McGraw-Hill, 1959.
4. Oates, W.E., *Fiscal Federalism*, New York: Harcourt Brace Yovanovich, 1972.
5. 钟晓敏:《政府间财政转移支付论》,经济科学出版社1998年版。
6. 国务院发展研究中心课题组:《政府间转移支付制度改革的目标模式》,《发展研究》2011年第6期。

第八章　公共预算

本章学习目标：

- 了解公共预算产生的背景和定义；
- 熟悉公共预算的功能与原则；
- 掌握公共预算程序与模式；
- 把握预算赤字和政府债务的关系；
- 理解我国公共预算制度改革进一步深化的制约因素。

公共预算是对政府收支行为所做的计划安排。作为一种资源配置的政治机制，公共预算不仅反映了权力的博弈，而且主要体现为公共权力如何分配资源，实现预算能力，即配置效率、财政问责、总额控制和运作效率。本章在介绍公共预算的背景与定义、功能与原则、程序与模式的基础上，结合我国实践深入分析预算赤字和政府债务。

第一节　公共预算概述

公共预算作为政府部门的公共收支计划，随着人类社会治国理政思想的进步，公共预算在国家治理领域中也发挥着越来越重要的作用。本节在介绍公共预算产生背景的基础上，阐述了公共预算的含义、功能和原则。

一、公共预算的含义

"预算"一词在社会经济中的广泛运用，往往和收入支出紧密联系在一起。家庭要根据自己的收入状况进行预算，列明收支计划，而企业也需要根据自身运营情况编制财务报表，向股东说明解释下一年度预算，这样才能更好地利用资金，维持整个企业的发展。而"公共预算"则是相对于政府部门而言的，一般它指政府的公共收支计划,反映其活动范围和收支状况,并说明政府如何筹钱花钱。但公共预算远非字面上的意义这么简单。由于公共活动需要资金,而公共的资金和资源需要由政治权力进行分配,所以,公共预算也涉及国家治理,它不仅是一个技术问题、管理问题、财政问题,更是一个公共政治问题①,其制度的理性化与民主化程度决定着公共责任与资源配置效率,所有的国家活动都可以通过预算而得以窥见。但是,公共预算的重要性在以前并没有得到重视,在国家机器诞生时,由于所涉及的范围和对象相对简单,公共预算的发展一直停滞不前。随着国家要面临的社会经济政治问题日渐增多,国家开始建立保证公共预算健康发展的相应制度,直到18世纪末至19世纪初,公共预算才初现雏形,并确立了传统公共预算原则。

1940年,凯伊提出了公共预算的基本问题,即将资金分配给A而非B是基于什么基础?为什么A要优于B呢?这一问题引发了人们对公共预算实质的探讨。其实,这种探讨涉及优先权的问题。通过观察公共预算报告,就可以清楚地看到资金分配情况,而有限资金分配的多少和先后就反映了公共预算背后的政治冲突。于是,公共预算又是为了完成政治目标而将财政资源和人类行为联系在一起的桥梁,它的本质是政治。准确而言,现代公共预算必须是经法定程序批准的政府机关在一定时期的财政收支计划。它不仅是对财政数据的记录、汇集、估算和汇报,而且还是一个计划,这个计划由政府首脑准备,然后提交立法机构审查批准。它必须是全面的、有清晰分类的、统一的、准确的、严密的、有时效的和有约束力的,它也必须经过立法机构批准与授权后方可实施,并公之于众。②

二、公共预算的功能与原则

一定的公共预算制度,总要依据一定的原则建立和调整。自公共预算产生以来,人们便开始了对公共预算原则的探索,形成了各种各样的思想和主张,但

---

① 马骏、於莉:《公共预算研究:中国政治学和公共行政学亟待加强的研究领域》,《政治学研究》2005年第2期。

② Frederick A. Cleveland, "Evolution of the Budget Idea in the United State", in A. C. Hyde, ed., *Government Budgeting: Theory, Process, Politics*, Pacific Grove: Brooks/Cole Publishing Company, 1992.

其精神实质是基本一致的。

（一）公共预算的功能

公共预算反映了国家活动和治理水平，它具有计划、控制、管理、优先性排序、责任性的特点。美国学者艾伦·希克把公共预算的功能划分为三种：第一，计划功能。战略计划关于组织目标、目标变化、使用这些资源获取目标以及管理获得、使用和排列这些资源的政策和决定。第二，管理功能。管理者保证资源的可获得性并合理有效地获得组织目标。第三，控制功能。运营控制是保证有效执行特定任务的过程。另一位学者艾琳·鲁宾在此基础上又增加了两个功能：第一，优先排序。如何利用有限的资源，达到最优的预算分配方案。第二，明确预算责任，包括遵守现行的法规，向公众公开，使得选举的官员对预算的结果负责，确保公众能够通过正当的途径对预算施加直接影响。

（二）公共预算的原则

众多学者对公共预算原则进行了探讨，并根据政府实践和理论提出了各式各样的原则，但是有两个原则基本上是固定的：全面性原则，即强调预算须涵盖所有的收入，所有收支受到预算体系的监控和约束；严格性原则，即预算一经做出就需要严格执行，不能私自或者中途转移拨款资金，也不能在预算决策做出后随意做出支出决策，如果要追加则需要进行立法。除此之外，学者马骏也对预算原则进行了归纳[①]：

第一，年度性原则。预算每年都必须重新制定一次并只能覆盖某一个特定时期。即一年收支行为的可预见性。第二，事前批准原则。政府所有的支出（有时也包括收入）必须获得立法机构的批准。第三，全面性原则。全部政府收支必须纳入预算，受预算过程约束，即支出的部门控制。第四，平衡预算原则。在正常情况下，财政活动中的收入和支出必须平衡，即使在不可避免出现赤字或盈余的情形下，也要做到财政收支在数量上的大致平衡。第五，严格性原则。预算经立法机构批准后，即成为具有法律效力的文件，执行机关必须照此执行，非经法定程序，不得改变。第六，审计原则。政府部门的收支活动与预算执行必须受到审计监督。第七，公开、透明原则。公共预算的制定过程是透明的、受

[①] 马骏主编：《公共预算读本》，中国发展出版社2008年版，第6—7页。

公众监督的。

三、公共预算理论

公共预算理论和实践是相辅相成的。自从凯伊公共预算优先权问题提出后,众多学者对公共预算理论是否符合现实进行了探讨。

（一）边际效用理论

针对当时资金使用效率问题,早期的预算理论都聚焦于经济思想,特别是边际效用观点,希望通过精确的程序设计,来指导政府分配决策。研究者都注重强调公共预算的管理属性,力图使政府做到节约和效率。如沃克的理论主要聚焦于政府改革,并将边际效用这个经济学观念作为理论基础。她认为,指导分配决策存在着一个可测量的标准,经济学上的无差异需求曲线就等同于公民的无差异曲线,在公共预算分配中可辨别一个平均数或一个无差异点,因为公共服务可以在确定的预算标准上进行比较,这样就可以通过与其他政府的对比来确定服务的类型和水平,以此为政府建立预算分配标准。她认为,预算决策过程通常被划分为政治焦点、经济架构或司法的独立部分,它不仅是一个地方,也不仅是政治,更不仅是经济问题,而是一个更大的社会问题。[①]

（二）公共选择理论

公共选择理论将市场中的个人自利化假设引入政治中,并假设政治中也存在着市场。不同于自由市场（通过价格信号将买卖双方联系起来）,政治市场是通过选民投票来将选民和政治家联系起来。总体而言,这一范式也是建立在边际效用的基础之上,它强调了公共需求如何与政治、政策互动,个人利益如何通过投票影响政府服务和税收方式。简单地说,就是偏好如何影响公共预算决策过程及其结果。尼斯坎南也对此进行了补充,他认为每个机构都存在着预算最大化的倾向,而实现预期产出的必要条件是预算必须等于或大于供给这个水平产出的最低总预期成本。他对美国立法和行政机构之间的关系进行了描述,认为这种关系是由于信息不对称而产生的双边垄断博弈：行政机构不仅知道立法

[①] 茱莉亚·白克特：《早期预算理论：公共支出的进步改革理论》,韦曙林译,格致出版社2010年版,第26—48页。

机构能为不同数量的产出付出多少,而且也了解一定产出的最低成本是多少。追求预算最大化的行政机构首脑,会利用立法机构的预算来估测产出的水平,并提出相应的预算要求,这同时会使行政机构的预算最大化。但是,他对预算最大的论点引起了其他学者的批判。一部分学者认为,预算最大化不一定会无休止下去,因为一旦出现这种情况,立法机构有可能会对机构预算扩张施加惩罚性预算,但是,这种情况也取决于立法机构的审核、监督成本,比如政府有些公共产品和服务的提供很难确定、量化,而且其产出往往难以确定,其成本效益的衡量时间过长(如教育、文化),这样也会导致监督、审核成本过高。敦利威提出,尼斯坎南的预算最大化模型并没有考虑偏好差异,也没有对官僚机构作出区分,因为不同的官僚机构所偏好的支出形式是不一样的,不一定是预算最大化,这就要结合不同的偏好和机构类型来予以观察。虽然,公共选择理论对预算的解释存在着众多的争议,但是,它开辟了政治经济的新视角。

(三)委托—代理理论

一般而言,对公共预算资源提出诉求的人或机构称为代理人,而那些分配和发放政府资源的人则被称为委托人。委托代理具有两个风险,即"逆向选择"和"道德风险"。即委托人对代理人责任、信息判断错误或者选择错误的代理人,就会产生逆向选择;如果代理人隐瞒信息改变委托人赋予他的行为,那么就会出现道德风险。这都是由于双方信息不对称造成的,因为委托人和代理人之间的目标存在冲突,而代理人由于接近整个预算过程而拥有大量的信息,在官僚控制信息的情况下,也可以影响预算商议过程,这样代理人就成了预算最大化者。由于他们被假定为理性的经济人,于是,他们通常使用委托人给予的资源而使个人或部门利益最大化,如增加工资、提供更好的办公条件、增加员工数量等。

(四)渐进主义与间断平衡理论

渐进主义可以解释美国早期封闭的预算过程,它强调议程稳定的重要性,主要是对现状的微调,大多数官僚机构的所有行为和总预算,都不能被全面理解,他们对下一年度预算的关注主要聚焦于所提出的增量上,通过批准不同比例的增量来显示他们的优先权。总的来说,预算决策的做出主要依据上一年度的预算基数,并不会做大幅度的改变,也很难发生大幅度的变化。

间断平衡理论是相对于渐进主义而言的。鲍姆加特纳和琼斯提出了间断平衡的概念,来解释预算过程中大幅度的变化。具体而言,间断平衡包括渐进变化和间断变化两种情况,平衡经过间断性的变动重新实现平衡,这种平衡状态是渐进变动的稳定期,间断是平衡规范的打破,正式议程的不稳定期为大变动创造了一次机会。当组织化努力(或动员)成功地动摇现状时,就会产生不稳定。在这种情况下,短期的渐进政策制定是不够的,需要强大的动力来推动整个渐进的飞跃。特鲁进一步提出,政策转变会引起大的而非渐进的转变,预算会发生大的逆转,预算支出的优先权会被重新调整。琼斯对政策注意力的研究发现,渐进主义意味着正态分布,而大规模预算变动频率比正态分布更高,呈现尖峰分布,这种尖峰分布就预示着预算议程的不稳定性。而这种不稳定性是由于政策注意力转移引起的,这种注意力的转移就引发了间断,间断的发生实际上是现状下预算优先权转变所导致的。根据间断平衡理论,在一定时间内,预算的异常和间断部分是非常重要的。① 这一理论可以用来解释发生重大事件,如战争等,所导致的预算优先权的改变,是对渐进主义的有力补充。

第二节 公共预算程序与模式

世界各国在制定和执行公共预算时经历了一个大致相同的周期过程,我们把这一周期过程称为公共预算程序。随着公共预算的兴起和发展,政府组织实施公共预算的形式在发生着变化,我们把这种变化称为公共预算模式的变化。

一、公共预算程序

公共预算的程序是指预算的一个周期过程,它起于一个财政年度开始以前,而讫止于一个财政年度结束之后。世界各国的预算程序一般都分为预算编制、预算批准、预算执行和国家决算等四个阶段。

(一)公共预算的编制

预算编制是整个公共预算程序开始的第一阶段,通常是由政府行政机构负

---

① 阿曼·卡恩、W.巴特利·希尔德雷思:《公共部门预算理论》,韦曙林译,格致出版社 2010 年版,第 236—252 页。

责预算编制,因而,预算的编制与政府机构的行政体制有着十分密切的关系。各国预算编制的具体过程一般是:财政部受国务院委托首先向各地方、部门发出编制概算的通知和具体规定,然后各地方、各部门编成预算估计书提交财政部门,最后由财政部门审核汇编,提交权力机构批准。

1. 预算编制的原则

编制预算要遵循一定的原则,目前广为世界各国接受并采用的现代预算编制原则主要有以下六项:

(1) 公开性原则,是指公共预算经审批后必须向社会公布。如前所述,公共预算是反映政府的活动范围、方向和政策,与全体公民的切身利益息息相关的。因此,公共预算及其执行情况必须经过立法机构审批,并采取一定的形式公之于众,使之处于公众的监督之下。

(2) 可靠性原则,是指公共预算收支数字必须是可靠准确的,不得有虚假成分。每一收支项目的数字指标,必须应用科学的计算方法测算,依据充分的资料,不得假定、估算,更不能任意编造。

(3) 完整性原则,是指公共预算应包括所有的财政收支项目,完整地反映以公共部门为主体的全部财政收支状况。

(4) 统一性原则,是指不同级别政府编制的预算应该有一个统一的计算口径,以便统计全国的预算收支状况。

(5) 法律性原则,是指经立法机构审批后的公共预算具有法律效力,各级政府必须贯彻执行,非经法定程序批准,不得改变预算收支数额与使用方向。

(6) 年度性原则,是指公共预算应按年度编制,不允许将不属于本年度财政收支的内容列入本年度的公共预算之中。

公共预算在具体编制时,除了要遵循上述原则之外,还要考虑到当时的经济发展水平、政府的政策目标以及往年的预算执行情况等多方面的因素。

2. 确定公共收支数额的主要方法

明确预算指标中各收支项目的具体数额是公共预算编制的核心内容。一般来说,确定各项数额的主要方法有:

(1) 基数法。也称基数增减法,它是以某一年度的预算收支各项指标为基数,分析影响计划年度预算的各种有利和不利因素,并分别测定各种因素对预算收支的影响程度,从而确定计划年度预算收支指标的一种方法。这种方法计算简便,测算时又考虑了各方面的既得利益,容易为基层所接受,因此在制定预算时不会遇到很大阻力,是财政部门确定收支指标时常用的方法之一。

(2)系数法。它是按一定年份预算收入(或支出)的统计数占同期有关经济(或事业)指标的比率,来确定计划年度预算收支的一种方法。测算计划年度预算收支指标时所采用的系数一般有两种,一种是绝对数系数,即以两项指标的绝对额计算的系数;另一种是增长速度系数,即以两项指标的增长速度计算的系数。系数不同,所使用的公式也有所差别。

(3)比例法。它是在已知局部预算收支的情况下,利用局部占全部的比例关系,测算计划年度全部预算收支;或者在已知全部预算收支的情况下,利用局部占全部的比例关系,测算计划年度局部预算收支的一种方法。可以根据预算收支总额测算单项收支,也可以根据单项预算收支测算预算收支总额。

(4)定额法。它是利用各项预算定额的有关经济事业指标测算计划年度某项预算收支的一种方法。预算定额是在历年统计资料和长期的实践过程中确定的,各项定额与有关指标相乘即为计划年度的预算收支数。

(5)综合法。综合法是在报告年度预算收支基数的基础上,既使用系数法计算年度经济和事业增长速度,又考虑各种影响计划年度财政收支的因素,综合分析测算计划年度预算收支指标的一种方法。

(6)典型调查法。即通过调查总体中的一部分情况去分析推断总体的一种方法。在涉及面广、时间要求紧、不能进行全面统计调查的情况下,采用这种方法还是非常必要的。

(二)预算的审批、执行与调整

1. 预算的审批

公共预算是法律文件,因而预算的批准权力属于立法机关。国家预算经立法机构批准后,才具有法律效力。中央公共预算的批准权力属于国家立法机构,而各级立法机构掌握同级公共预算的最终审批权。预算的批准实际上既是一个修改预算的过程,也是公众监督政府行为、规范政府经济社会政策的过程,更是各种政治势力进行政治交易和协商的过程。

立法机构要审批预算的总体分配,考察政府的宏观经济政策以及公共支出与公共收入预测的依据与合理性。对于每项预算进行合理分析,这一般由专门的委员会或小组来完成。在预算的审批阶段,政府的财政部门对预算草案不再有影响力,而是由议会进行全面的讨论和最后的批准。

在我国,国家预算由财政部负责汇总编制,在汇总中央预算草案和地方预算草案时,必须进行认真的审核。审核的主要内容是:预算收支的安排是否符合党和国家的方针政策,以及国务院关于编制预算草案的指示精神,是否体现了当年预算草案的指导思想;预算收支的安排是否符合财政管理体制的要求;预算编制的内容是否符合宏观管理的需要,各种数据是否真实可靠,表格资料填列是否完整准确,预算说明材料是否齐全;预算收支的安排是否符合国民经济和社会发展计划指标及国家下达的预算控制指标的要求等。在审核中还要进行必要的核实和计算,如发现错误或不符合要求的情况,要及时通知编报单位进行修改,协商处理。

财政部将中央预算草案和地方预算草案汇编成国家预算草案,由国务院审定后,提交全国人民代表大会审查和批准。财政部根据全国人民代表大会审查批准的中央预算,及时向中央各有关部门批复预算;各部门应在财政部批复预算后及时向本系统所属各单位批复预算,各单位根据批复执行预算。地方各级总预算经本级人民代表大会批准后,本级人民政府的财政部门向本级各部门批复预算,各部门再向本部门所属各部门批复预算。

2. 预算的执行

公共预算草案经过立法机构审批后,就成为具有法律效力的公共预算,进入预算执行阶段。预算执行是指各级财政部门和其他预算主体在组织公共预算收入、安排公共预算支出、组织预算平衡和行使预算监督中的实践性活动。它是组织公共预算收支计划实现的最重要的环节,也是使公共预算变为现实的必经步骤。

按照《预算法》的有关规定,我国预算执行阶段,是从当年1月1日至12月31日,具体工作由财政部门负责。预算执行包括收入征缴、指标审核、支出资金拨付和预算调整几个环节。

中央预算的执行中,财政部国库司是负责预算执行的职能机构。各级财政、税务、海关等预算收入征收部门,必须依法及时、足额地组织预算收入,按照财政管理体制的规定,及时将预算收入缴入中央国库和地方国库;未经财政部批准,不得将预算收入存入国库外的过渡性账户。

各种预算收入的减征、免征或者缓征,都必须按照有关法律、法规和财政部的有关规定办理,任何单位和个人不得擅自决定。

有预算收入上缴任务的部门和单位,必须依照有关规定,将应上缴的预算资金按照相应的预算级次、预算项目和缴库方式,及时、足额地缴入国库,不得截留、占用、挪用或拖欠。

国库是负责预算收入的收纳、划分、留解和库款支付的专门机构。县级以上和具备条件的乡、民族乡、镇都应设立国库。国库分为中央国库和地方国库,中央国库业务由中国人民银行管理,地方国库业务依照国务院的有关规定管理。

按照法律规定,我国实行国库集中收付制度。所谓国库集中收付制度,又称国库单一账户制度,是指从预算分配资金的拨付、使用和银行清算,直到资金到达商品和劳务提供者账户的全过程由国库直接控制。作为现代国库管理制度的核心内容,它是市场经济国家普遍采用的一种财政资金收支管理制度。

3. 预算的调整

由于国民经济运行的复杂性,公共预算在执行过程中难免会出现一些特殊的情况,这会引起预算收支、规模及其结构的变化,财政部门要根据这些变化的客观情况,重新调整预算收支项目,使之实现新的平衡,使预算收支更加积极可靠,符合经济运行情况。因此,公共预算调整,实际上是通过改变预算收支规模或改变收入来源和支出用途,组织预算新平衡的重要方法。

在预算执行的过程中,预算调整的方法因调整幅度不同而有所不同,一般采用全局调整和局部调整两种方式。预算调整主要表现为在预算执行过程中,对预算收支数额、范围、方式进行的所有的修改、补充活动。它除了包括因追加支出或追减收入而需要修改预算收支总额外,还包括以下两种情况:一是不变更原预算收支总额,只是部分改变支出用途和收入来源;二是某些收支在上下级之间或地区、部门之间的互相转移,影响到下级之间或者地区、部门之间预算收支变化,但不影响各级总预算收支平衡。

各级政府对于必须进行调整的预算,应当编制预算调整方案。预算调整方案应当列明调整原因、项目、数额、措施及有关说明,报经各级人民代表大会常务委员会审查和批准;各部门、各单位的预算支出,不同科目间需要调剂使用的,必须按国务院财政部门的规定报经批准。地方各级公共预算的调整方案经批准后,由本级政府报上一级政府备案。预算执行过程中,因上级的政府返还或者给予补助而造成的预算收支变化,不属于预算调整的范围。

(三)决算与监督

当公共预算执行进入终了阶段时,要根据年度执行的最终结果编制政府决算。所谓政府决算,是指经法定程序批准的、对年度预算执行结果的总结,它是国家或地区经济与社会事业活动在财政上的集中反映。

决算与预算是相互对应的,有一级预算就有一级决算。政府决算由中央决算和地方决算组成。中央决算由中央各主管部门汇总所属的行政事业单位决算、企业财务收支决算和中央直接掌握的收支决算组成。地方决算是指地方各级政府的决算。

政府决算反映的是预算执行的最终结果,是国家经济活动在财政上的集中反映。编制决算,有利于评估预算执行情况,总结预算管理经验,积累预算统计资料,为公共部门进行宏观经济决策提供极为重要的参考依据。

政府决算的编制,从执行预算的基层单位开始自下而上逐级汇编,形成各省(自治区、直辖市)总决算,报送财政部;财政部根据中央各主管部门报送的单位总决算、财政决算、国库年报、税收年报以及财政部本身掌握的收支决算数,汇编成中央总决算,并将各省(自治区、直辖市)上报的总决算汇编成地方总决算。最后,将中央总决算和地方总决算汇编成国家决算草案,连同决算说明书一起呈报国务院和全国人民代表大会审批。政府决算经全国人民代表大会批准后,财政部代国务院批复中央各主管部门的单位总决算和各省(自治区、直辖市)总决算。地方各级总决算由财政机关报送同级人民政府审查核定,由同级人民政府提请同级人民代表大会审查批准,并报上一级政府备案。

对预算执行的监督主要包括两个方面:一是由国家行政首脑领导的预算管理机构进行的监督,即财政监督;二是由立法机构或对立法机构负责的专门监督机构对预算执行的监督,即立法监督,其目的是监督行政机构是否依法执行预算。

在我国,全国人民代表大会及其常务委员会对中央和地方预算、决算进行监督,县以上地方各级人民代表大会及其常务委员会对本级和下级公共预算、决算进行监督,乡、民族乡、镇人民代表大会对本级预算、决算进行监督。各级政府部门对本级各部门、各单位和下级政府的预算执行和决算实行审计监督。

二、公共预算模式

公共预算模式是指公共预算的组织过程和实现形式。公共预算模式的形成受多种因素的影响,随着人类社会的进步,这些影响因素正在发生变化,公共预算模式本身也随之而变化。

(一) 公共预算模式的内涵

公共预算模式的形成主要受两方面因素的影响:第一,预算结构。它决定各个预算参与者之间的权力与责任分配,决定公共预算的基本框架。第二,预算程序。它规定资源申请、资源配置、资源保护、资源使用必须遵循的程序,决定预算活动的顺序,决定在预算活动中先做什么后做什么,决定信息的流动方向。这其中包括两个基本性的问题:一是行动顺序,即是通常所说的预算周期;二是预算程序的集权与分权程度,是使用"自上而下"还是"自下而上"的预算程序。

在19世纪以前,尽管所有国家都有财政活动,但财政管理普遍存在着两大问题:

一是在政府内部缺乏集中的行政控制,无论是收入还是支出管理都非常分散;二是对政府财政活动缺乏外部监督,缺乏一套制度来确保政府的财政活动是对人民负责的。[①] 于是,现代预算模式的建立需要财政统一与预算监督。历史上出现了三种不同的形式:法国先有财政统一,后有预算监督;而英国财政统一和预算监督交替进行;美国则是先有预算监督,后有财政统一。中国从1999年开始推行部门预算,进行预算改革,以部门预算为核心,加强行政控制。首先,部门预算改革实际上正在逐渐将资金的分配权力集中到财政部门。其次,在预算执行中,通过国库集中收付体制改革和政府采购建立一种"外部控制"体

---

① 马骏主编:《公共预算读本》,中国发展出版社2008年版,第3页。

系。应该说,目前的预算改革正在将财政部门建成一个核心预算机构。①

(二) 公共预算模式的演变

在早期,政府活动比较单一,活动范围较窄,于是,资金的控制管理并不集中,称为零星的预算,即单纯的收支并没有一套复杂的运作监控体系。随后,政府事务扩大,涉及的活动复杂化,于是开始对每项活动进行分项列支,也称简单的线性项目预算,只注重投入。可是,只注重投入而忽视结果导致了资金使用效率低下,浪费盛行,于是,政府开始考虑将产出纳入考虑范围,利用产出衡量来规范资金分配和使用,即产生了绩效预算。绩效预算只是对过程管理规范化,将投入产出联系起来,效率化但没有系统化。项目—计划预算解决了这一问题,将资金分配与计划结合起来,利用计划目标来指导具体的预算,并且结合项目来衡量目标的达成。另外,一些新的预算模式实验也如火如荼地进行,如零基预算,它推翻了之前的预算基数,并不再作为下一年度的参考,部门每年都需要为自己的预算基数进行辩护,这有助于提高资金的分配使用效率,调节财政资源。在行政事务复杂性和规范性增强的现代,人们不仅仅注重基数、产出和投入项目,还必须注重计划和结果。现代公共预算包含了计划和政策目标的产出(不仅仅是量还要注重质的达成),要求由战略计划引导资金的分配,并最终对所达到的经济结果、社会结果和政治结果等进行综合衡量、相互配合,使之在一个有效的体系内有效运作。预算制度的演变就是对公共资源最有效配置机制的探索。

1. 渐进预算模式

威尔德斯基将美国20世纪60年代以前的预算模式概括为渐进预算模式,也叫古典模式。其特点就是基数+增长,即当年预算的最大决定因素是上年的预算。每一预算的主要部分都是以前年度决策的产物。除非有特殊的变动理由,否则,很多项目都是固定不变的,只是每年重复颁布一下。这些固定项目的经费在预算编制中长期保持不变,当年的份额可以从预算总额中分离出来,并被作为年度预算的组成部分。预算编制是渐进式的,即在原有预算的基础上进

---

① 马骏、於莉:《中国的核心预算机构研究——以中部某省会城市为例》,《华中师范大学学报》2007年5月。

行调整,而不是进行综合性的全面调整。政治现实使预算制定者们只能将注意力放在他们能够有所作为的项目上——新项目和可能削减支出的老项目。① 所以,对财政的理解主要基于上一年度的基数。因为基数即既得利益,稳定的基数就代表了稳定的政治。在20世纪60年代之前,美国两党对如何构建美国社会具有一个共识,即政府的角色是什么、美好的社会应该是什么样的。在这些根本性的问题上,各个政治力量是有共识的,由于政治冲突很少,所以渐进预算能够成为稳定的预算分配模式。但20世纪60年代以后,冲突产生,共识瓦解。各个党派对于什么事情最重要根本达不成共识,在实践中体现在预算上达不成共识、在政策制定和预算上达不成共识。这些问题的产生是由于美国政治党派的优先权产生了变化。7年的预算战争爆发后,渐进预算模式开始瓦解。

渐进预算有助于维持财政的稳定性,并且较为现实地对财政计划进行微调。由于财政资金使用缺乏绩效标准并且一成不变,所以容易导致资金使用缺乏效率,产出低下,延缓了低效的预算项目。

2. 零基预算

由于传统的预算模式是一种基数预算,每一年的预算决策都是在上一年预算拨款的基础上增加一定数额,预算基数的形成和增量的决定都主要依赖于政治上的讨价还价。所以,预算决策的理性程度就比较低,政府支出的持续增长也就不可避免。由于基数的存在,使得公共预算很难进行资源再分配,从而降低了资源的配置效率。所以,一种打破基数,采用规范化、理性化、数字化的预算模式呼之欲出,零基预算便应运而生了。具体而言,它要求政府支出机构每年都为它的全部预算进行辩护,预算基数不再理所当然地成为下一个预算年度进行预算决策的基础。因此,这种预算模式被称为零基预算。零基预算的主要目标是通过取消预算基数来实现财政资源的再分配,从而对改进行政部门的政策制定起导向作用。

根据泰勒(1977)的总结,零基预算包含三要素:第一,决策单位。它可以是项目、功能、成本中心、组织单位,也可以是单个项目或拨款项目,或者在某些情况下可以将整个组织视为一个单一的决策单位,其关键在于如何分配决策资源

---

① 阿伦·威尔达夫斯基、内奥米·凯顿:《预算过程中的政治学》,邓淑莲、魏陆译,上海财经大学出版社2006年版,第54—55页。

责任。第二,决策单位的分析和对决策包的简洁陈述。决策单位管理者以优先权顺序来阐述一系列的决策包,这些决策就等同于他为该决策单位所做的预算请求的总数。每个决策包是由一系列离散的服务、活动或支出项目组成。或者说最有优先权的决策包,是针对决策单位实行的、最重要的活动,第一位或最高优先级的决策包通常被认为是决策单位的最低水平或生存水平,服务和资金低于这一水平,该决策单位就可能被取消。第三,排序。排序是一个管理者回顾所有决策包(从所有决策单位向他提交的报告中)并建立他们的相对优先权的过程,一份排序表是按照所有决策包的优先权的递减顺序制成的。通常要把注意力放在那些处于可能边界线合理范围内的决策包,即决策包被排序的决策单位的预期资金水平。①

零基预算就是要从 0 开始,所有分配决策的做出都需要经过比较分析,从高到低进行分配。通过这些步骤,零基预算可以提高主管人员的计划、管理、决策水平,对资金使用和分配进行合理有效的运用,有利于将组织目标和项目结合起来。由于取消了基数,那么利用零基预算就更有利于对预算的削减,有效实现成本效益。并且,各部门将不再以往年基数作为参考,而需要为资金做出合理的辩护,有利于产生更好的信息和更多可信的理由,以支持预算请求,更好地对资金进行控制和监管。通过在预算流程中,组织管理者创造更多的实质性参与,改进了管理层之间的沟通。最终,在预算与操作计划和控制之间,建立更好的联系。

3. 绩效预算

绩效预算指利用项目目标和愿景整合绩效信息来帮助预算决策制定的系统过程。绩效预算的基本特征包括,第一,目标和总额上的控制。强调运用战略计划来引导资金配置和进行总额控制。第二,手段分权。采取一种管理责任的模式,将支出控制的重点从投入转向产出或结果,增加灵活性。第三,对结果负责。签订绩效合同,实行绩效评估。第四,预算透明与沟通改进。政府应该尽可能地将关于项目、结果和成本方面的信息公开,公民及其代表是最权威的评价者。②

---

① 格拉米·M.泰勒:《零基预算引论》,载于阿尔伯特·C.海蒂等著:《公共预算经典——现代预算之路》,苟燕楠、董静译,上海财经大学出版社 2006 年版,第 626 页。
② 马骏:《中国公共预算改革理性化与民主化》,中央编译出版社 2005 年版,第 129—137 页。

绩效预算改变了以往只强调投入的预算过程,转而要求机构关注产出和结果,采用绩效标准来迫使机构承担起受托责任。公共预算编制也开始以政府机构绩效及其测量为中心。

绩效预算是从项目发展而来的,即针对项目运作,通过一系列的指标体系和结果测量,将预算和项目绩效水平联系在一起,是一种目标导向,以成本效益衡量,以提高政府效率的预算体系,有助于改善政府行为。早期的绩效预算,只是针对项目产出的一种预算手段,发展到后期,将计划、项目、政策和预算整合到一起,不仅仅是一种技术手段,更是一种战略体系,又称为"新绩效预算",其核心是战略计划,在事前制定业绩目标、设计衡量方法,为绩效预算提供编制基础,而绩效评估环节则在后期衡量预算的执行情况中,为下一轮的预算提供根据。对新绩效预算的采用,是为了削减赤字,平衡支出,提高政府项目的成本效益评估,进而增进政府绩效。

新绩效预算的特点主要包括:第一,由战略计划引导资金的分配。第二,优先性排序:解决"谁应该得到什么"的问题。第三,提高管理者的责任感——由对财务规则的遵从转变为对预算结果的遵从。第四,加强预算参与者之间的沟通。第五,鼓励节约与创新。

绩效预算的核心是绩效评价体系,在预算中建立起绩效评价体系以保证预算结果的可信和有效。所以,须对整个预算过程设立一整套科学、合理衡量公共活动效能的指标体系、评价标准和计量方法,而这种绩效指标体系既要考虑支出的经济效益和社会效益,也要考虑支出的短期效益和长期效益、直接效益和间接效益。为此,必须建立定量与定性相结合、统一性指标与专业性指标相结合的多层次的绩效评价体系,测算出评价指标的标准样本,采用科学的计量方法,对绩效预算结果进行衡量和评价。此外,财政部门须重视有关人员的培训,以及信息技术的支持,以强大的手段和科学、专业的态度来对待预算过程,精确地衡量结果并加强部门间沟通。除了财政部门和支出部门外,民众和立法部门的支持也至关重要。绩效预算制度的设计和行政过程应该公开透明,以便于公众的参与和立法部门的监督。可以改进会计记录方式,对公共预算进行宣传,通过听证会、预算公开、中介机构和民选官员等与民众建立联系等方式,使公众参与绩效的衡量过程以及决策的制定过程,并监督公共预算绩效结果。

第三节　预算赤字和政府债务

预算平衡是各国财政管理的普遍原则,但是现实中的许多国家依然会由于各种原因,出现预算赤字,并形成政府债务。预算赤字和政府债务是公共预算需要研究的重要内容。

一、预算平衡与预算赤字

预算平衡是财政管理的普遍原则。预算平衡规范最早起源于维多利亚时期的英国。在工业革命早期,小农场采用收支相抵的原则以维持运作。政府所涉及的事务不多,收支水平较低,所以也大致和小农场类似,保持收支平衡。随着战争爆发,国王为了支付高额的战争支出而不加节制的借贷行为,最终打破了简单的收支相抵原则。战后,百废待兴,基于对重建的需要,平衡规范原则再次被提上议事日程。平衡的规范在设定"税收和支出都须控制在可接受的限度之内"的前提下,"确立支出与税收间的均衡",并表现为"税收和支出上可以接受的限制"[①]。

预算平衡规范包含了如下要素:支出节制、轻税、尽可能争取保持节余、借款最小化以及迅速偿还危机期间产生的债务等。当政府是小政府而支出有限时,就不需要大量税收。节制支出是轻税的必要前提,即便如此,总税收还是应该大于总支出,使节余有可能出现,这种规范并没有规定年度节余的总量。[②] 相反,当支出大于收入时,就会出现预算赤字,即收不抵支,会计核算中会用红字对其进行处理。总之,预算赤字是指政府年度财政支出大于财政收入的差额,也就是说预算赤字出现是因为政府税收、非税收入等不足以应付经济建设支出、社保支出和国防支出等支出。

造成预算赤字的原因主要包括:第一,经济周期。政府可以采取扩大公共投资或支出的方式以振兴经济。因此,赤字也可能是因经济周期的短期政策的

[①] 侯一麟、张光、刁大明:《预算平衡规范的兴衰——探究美国联邦赤字背后的预算逻辑》,《公共行政评论》2008 年第 2 期。

[②] 同上。

需要,作为协助维持租税效率的工具而出现,即一般恒常性支出由租税支应,一旦出现临时性的支出时(如重大投资),则由公债来支应。第二,国家安全因素。国家遭遇不可抗力的天灾或人祸,如战争、天然灾害(如地震、风灾等)等重大事故发生时,基于国家安全或急难救助,政府必然增加支出来应对。第三,结构性因素。国家政治与预算等制度因素可能是导致政府收支长期出现结构性差距的主因,例如选举期间执政党为争取选票,会企图以扩大支出(特别是社会福利支出)与减税来取悦人民,而造成赤字的出现。① 第一类、第二类赤字都源于经济衰退、战争或自然灾害等在政府可控范围之外或者违背政府意愿而发生的事件,即不可抗力,所以被称为被动赤字,是中央政府在没有别的补救办法的情况下应对危机的后果,也属于不常发生的偶然性赤字,那些与经济衰退相关的赤字才具有周期性,它们因在预算中列入的收入在实际上没有实现而产生。第三类赤字则是政策选择的结果,是决策者在处理危机时出现的预期后果。这类政策包括收入方面的减税,支出方面的社会福利项目、就业促进项目以及稳定国民收入项目等,所以被称为主动赤字,它们是政府使用财政政策和预算来处理事件时出现的结果,甚至是为了实现一定水平的就业和国民收入而出现的经济现象,主要是预算结构失衡造成的,而后者又是因为采用了一种经常收入不足以覆盖经常支出的预算制定方式造成的,又称结构性赤字,经常性赤字。

表 8-1 预算赤字的类型与特点

第一类赤字	发生频率	周期性	性质	意图
经济衰退	偶然性	周期性	被动性	无意图
第二类赤字				
战争	偶然性	非周期性	被动性	无意图
灾难	偶然性	非周期性	被动性	无意图
第三类赤字				
减税	结构性	非周期性	主动性	政策
社会福利/公民权利性项目	结构性	非周期性	主动性	政策
增进就业	结构性	非周期性	主动性	政策
推进经济增长	结构性	非周期性	主动性	政策

来源:侯一麟、张光、刁大明:《预算平衡规范的兴衰——探究美国联邦赤字背后的预算逻辑》,《公共行政评论》2008 年第 2 期。

---

① 徐仁辉:《金融风暴后的预算赤字与政策及其对中国的启示》,《公共行政评论》2010 年第 3 期。

财政赤字不利于国家经济长期稳定。但现在,各个国家都或多或少存在着赤字的问题,因此它们为了控制预算赤字而出台各种政策和标准。从 20 世纪 80 年代开始,财政政策与预算制度改革可归纳如下①:第一,宏观目标。制定减少预算赤字的目标,例如赤字、支出或收入占 GDP 比例、未偿还债务占 GDP 比等。第二,支出删减。由上而下的支出控制有时适用于通盘的支出删减,有时则针对特定支出删减,采取通盘删减的国家较少,大多数国家皆对特定支出计划进行删减,但所针对的项目差异甚大,有对社会移转支出删减者,如德国对失业救助,日本对年金与医疗保险,美国对保健与社会安全。第三,支出上限。支出上限的制定在大多数国家被普遍使用,其对各机关预算编制的限制,也较以往非财政紧缩时期更具效力,如 2011 年开始的美国债务危机。第四,基线预算。为了让支出上限与目标透过预算过程顺利完成,各国政府会在各机关尚未提出正式预算需求前,要求其计算出预算基线。预算基线是先对各项基本经济状况进行假设,同时假设政府政策不变,对收入与支出趋势所做的推估。第五,多年度预算制度。在公共预算规模不断增长的时期,多年度预算作为计划工具,不仅可以预测现行计划的未来成本,同时亦可确定哪些计划在未来年度预算中将被实行,然而在预算裁减时期,多年度预算正如同多年度的预算基线,往往成为控制每一年度预算的工具。第六,加强与外在环境互动的预算编制前准备作业。预算编制前的准备阶段是为了设定财政规范、支出上限与目标、预算基线等,以作为各机关预算编列的依循。在这个准备阶段,可能先经过政治的协商以确定公共预算的规模、经济与社会发展方向,以及预算裁减的原则等,因此它是决定资源分配的重要过程。

二、政府债务与财政风险

政府债务与年度赤字直接相关。当赤字出现,有两种办法可以解决,一是增税,但是这种办法容易引起人们的反感,并且实施困难。二是通过借贷的方式。这种方法较之前者要简单,于是成为众多国家首选的方法。预算赤字,特别是结构性赤字年度累积,最终会导致债务像滚雪球一样越来越大。经济、人

---

① 徐仁辉:《金融风暴后的预算赤字与政策及其对中国的启示》,《公共行政评论》2010 年第 3 期。

口的变迁也是一个重要的因素,经济衰退会导致收入减少,失业率上升,并且随着人口老龄化的到来,政府需要承担更多的养老和医疗责任,支出需求不断扩大,于是,周期性被动赤字产生。此外,政府职能的扩张也驱动了政府支出规模,而收入增长并未跟上支出的扩张速度,最后导致差距不断拉大,债务不断上升。

  有学者认为,政府面临着四种财政风险,每一种从广义上都可以定义为负债。每种负债均具有以下四个特征中的两个:显性的与隐性的、直接的与或有的。显性债务是指建立在某一法律或者合同基础之上的政府负债。当债务到期时,政府具有偿付的法定义务。常见的例子是财政部发行的本币国债(国库券)和以外币发行的国家主权债务。隐性债务是指政府的一种道义上的偿付责任。这种负债不以某一法律或者合同为基础,而是产生于公众预期、政治压力和社会理解意义上的应由政府承担的义务,如未来养老金缺口。直接负债是指任何情况下都会产生的责任,因而相对比较容易确定。或有负债是指在某一或某些不确定的事件发生的前提下才会实现的责任。直接显性负债指政府通常在其借款合同和有价证券中详细列出需要清偿的内、外主权债务。直接隐性负债通常产生于中期公共支出政策,而非产生于法律和合同,如公共投资项目维护、未来公共养老金、医疗和其他社会保障。或有显性负债指在特定事件发生的情况下,政府需要支付的法定责任,它与现行的预算项目没有直接的关系,如国有企业担保、一揽子担保,即许多政府为个人或实体活动特殊贷款如高等教育贷款、住房抵押贷款、农场和小型企业的发展贷款提供一揽子担保和政府保险计划。在所有国家,或有隐性负债并不被官方纳入公共预算,政府仅仅在政策失灵,并迫于来自公众(特别是利益集团)的压力不得不接受这些负债,如金融机构危机,地方政府、国有企业或大型私有企业的预算和预算外机构的未保险损失、未担保债务和责任的违约,未担保的社会保障基金和币值稳定和国际收支平衡。[①]

  为了应对上述风险,艾伦·希克提出了7条财政风险管理原则:第一,在接

[①] 马骏主编:《财政风险管理:新理念与国际经验》,中国财政经济出版社2003年版,第43—48页。

受新的或有负债前,政府应该评估对其财政带来的风险,其中包括将来付款的概率。风险评估应由独立机构来承担。第二,政府应定期汇编或有负债余额,并报告这些或有负债发生的法律依据和损失概率。第三,在年度预算和其他预算文件中,应该探讨影响下一个财政年度及以后的财政收入和支出的因素。第四,政府应该有一套风险管理程序来规范公营部门、各种机构对负债和其他风险的控制。第五,政府应明确成本和风险分摊方法,以抑制道德风险,减少损失概率和数额。第六,预算应该限制担保或其他类型的或有负债的总额、年度增加额,以及每个授权发放担保的机构的担保余额。第七,应该在总体预算约束范围内,为预期损失拨划出准备金。①

对发展中国家而言,尤其是中国,无论是国家财政预算赤字,还是地方政府债务都需要注重长期的结构性问题。大规模的城市化、人口老龄化会使得基础设施和社保需求不断增高,这样便对地方融资规模、融资方式提出了新的挑战。发展中国家控制财政风险的方向主要以下几个方面:第一,需要对地方政府债务融资建立监管体系,发展事前和事后监管体制,对债务重组、破产机制进行相关的法规和制度上的完善。第二,要注重隐性债务和或有负债,中国现行的养老保险制度现金收付体系造成了赤字财政,而且政府担保所造成的银行坏账也阻碍了有效融资的进行,于是,需要制定相关的规则,并对综合性的数据进行监管和预测,建立精密的测算模型。同时,对基建市场、土地市场进行透明化监管,制定相关的标准化的信息工具,并完善财务报表,在建立资本预算的同时将中长期财政计划和资本联系起来。第三,须发展竞争性的借贷市场,为融资提供多方面的渠道,使得资金流动充分活跃,也会降低投资者的风险,并提高效率。

三、中国地方政府债务风险的产生及影响

近些年,中国地方政府债务问题引起广泛关注。地方政府债务余额已从2010年末的10.7万亿元攀升至2022年末的35.1万亿元,这显现出地方政府

---

① 马骏主编:《财政风险管理:新理念与国际经验》,中国财政经济出版社2003年版,第158—180页。

还债压力持续高企,且由于近几年土地出让低迷以及大规模留抵退税实施背景下地方财政大幅减收,导致地方政府偿还责任债务的债务率①逐渐上升。总体来看,虽然偿债压力较大,但仍在全国人大批准的债务限额内,并且得益于积极的偿债措施,如借新还旧、债务展期重组以及发行地方政府债券置换隐性债务等,地方政府债务总体风险可控。

中国地方政府债务风险的产生是与地方经济增长过度依赖由政府主导的投资拉动直接相关的。从法律上讲,中国的地方政府是不允许向银行借贷的,但开展市政建设和基础设施需要大笔资金,于是政府就通过设立融资平台公司的方式,以政府财政为担保向银行借钱。在经济形势好的时候,地方政府能通过不断增长的财政收入来逐渐消化债务。一般而言,地方政府的收入主要包括两部分:一是财政收入,二是出卖土地收入。但当前这两项的情况都不容乐观。

受近几年宏观经济下行压力影响,地方政府的财政增收存在困难,而土地出让金收入也出现明显下跌。据中国指数研究院的数据显示,2022年全国300个城市土地出让金总额为4.1万亿元,较上一年同比下降了27.73%。此外,地方财政还存在收支缺口大、地区差异大、财政收入结构失衡、支出结构不合理等结构性难题。

地方政府债务风险产生的原因主要有房地产市场预期降温,使土地财政模式难以为继;财权事权不匹配;地方债务融资依赖性增强等。在偿债方面,地方政府通过发行再融资债券、安排财政资金等偿还本金方式进行债务偿还。2022年1—12月,地方政府债券到期偿还本金27758亿元,其中发行再融资债券偿还本金23910亿元、安排财政资金等偿还本金3848亿元。针对这一难题,有学者提出在数字经济体量逐步增大的背景下转变财政收入来源结构,使之与经济结构适配,推动依赖房地产的财政筹资模式向数字筹资模式转变。总的来说,我国政府对于偿还责任债务的管控力度严格,整体债务率并未超过安全警戒线。但是未来政府偿债工作仍面临一定的压力,需要持续关注偿债方面的发展态势。

---

① 债务率是指地方政府负有偿还责任的债务/地方政府的综合财力(地方政府一般预算本级收入、转移支付和税款返还收入、国有土地使用权收入和预算外财政专户收入)。

政府债务问题不仅在中国存在,在世界其他各国在经济发展过程中也不时出现。以前的政府债务风险主要发生在发展中国家,原因是发展中国家大量举债发展民族经济,由于投资巨大而效益低下,造成无力还本付息,甚至可能演变成债务危机。而最近几年欧美等发达国家也发生了政府债务风险,特别是有些发达国家在次贷危机发生后,实施了扩张的财政政策和积极的货币政策,加之高福利遭遇人口老龄化问题的障碍,极有可能演变成棘手的债务危机。

地方政府债务风险可能会带来多方面的影响。首先,地方政府需要支付的债务利息压力巨大,可能对其财政收支产生影响。其次,政府广义债务负担高企,尤其在中西部地区,债务压力更为突出。最后,地方政府债务的违约风险可能导致金融机构运行受到影响,甚至引发金融风险。化解地方政府债务风险需要采取适当的经济策略,如保持适当的经济增速、避免利率过快上升,以及透明、有序地实施大规模债务置换和债务重组。同时,由于银行体系大量持有地方政府债券,一旦地方政府违约,可能会引发更大的金融风险。因此,地方政府债务问题需要得到妥善处理,以维护国家的经济稳定和金融市场的稳定。

第四节　中国公共预算的历史演进与制度创新

中国公共预算经历了一个产生、发展、改革和完善的过程,目前正处于逐步改进阶段。实施全面规范、公开透明的预算制度,对于中国全面深化改革具有深远的意义。

一、中华人民共和国成立以来公共预算制度演进的历史脉络

我国的公共预算制度改革是与社会经济制度的转型和财政体制改革的宏观背景相适应的。按照我国社会经济发展的转型以及公共预算制度自身的发展变化特点,可以把中华人民共和国成立60年来的公共预算制度变迁划分为三个阶段。

(一) 计划经济时期公共预算制度的产生与缓慢发展阶段(1949—1978)

我国的公共预算是随着中华人民共和国的诞生而建立的。中华人民共和

国成立以后,依据《中国人民政治协商会议共同纲领》中的有关规定,中央政府着手编制 1950 年全国财政收支概算。1949 年 12 月 2 日,在中央人民政府第四次会议上通过了《关于 1950 年财政收支概算编制的报告》,这是中华人民共和国的第一个财政概算,标志着中华人民共和国公共预算制度的诞生。1951 年 8 月在统一全国财政经济工作的基础上,政务院又发布了《预算决算暂行条例》,这是我国最早的关于国家预算的专门法规,规定了国家预算的组织体系,各级人民政府的预算权,各级预算的编制、审查、核定等执行的程序,决算的编制与审定程序等。1954 年 9 月 20 日,第一届全国人民代表大会第一次会议通过的第一部《中华人民共和国宪法》规定,各级公共预算由同级人民代表大会批准,这就使公共预算具备了向立法机构负责的特征。随着上述各种预算法规的颁布和实施,我国的公共预算制度初步建立起来,在筹集建设资金和促进社会主义改造上发挥了巨大作用。

这一时期的公共预算特点表现为:在预算形式上采用单一预算,在预算编制原则上贯彻国民经济综合平衡原则,长期沿用基数法编制预算,在预算编制程序上采用自下而上和自上而下相结合、逐级汇总的方法,预算管理总体上比较粗放,预算编制透明度不高,存在着非程序化和非规范化等问题,而具体到不同的部门、单位以及不同类别的支出,预算管理的方法又不尽相同。当然,受到经济体制的制约,作为管理政府工具的民主化预算活动,这一时期几乎是不可能存在的。整个预算过程由行政权力主导,预算内容主要是对国有企业利税收入的匡算和对投资于国有企业的计划安排。从政府间的纵向关系看,中央政府统一编制国家预算,地方政府负责执行统一的预算计划,本级政府制定的预算只是执行统一国家预算的分解细则。

(二) 体制转轨时期公共预算制度改革的起步阶段(1979—1998)

以 1978 年中共十一届三中全会为标志,我国开始了全面的经济体制改革,这是一场以建立社会主义市场经济为目标的根本性变革。这一经济体制的转型也决定了我国财政模式经历了一个由计划型财政模式向市场型财政模式的转变过程,与此相适应,公共预算制度改革也开始了艰难的起步阶段。

与计划经济时期的公共预算制度相比,这一阶段的公共预算制度改革是在改革开放后市场因素迅速发展的背景下进行的,改革的措施和力度均较大,也取得了值得肯定的成效和经验。但改革总体上滞后于经济体制改革的其他方面,并未从根本上触动公共预算制度的计划经济本质,改革还仅停留在起步阶段。公共预算制度仍然存在着预算约束软化、预算透明度不高、预算资金效率较低等一系列问题。

(三) 公共财政建设时期公共预算制度改革的深化阶段(1999年至今)

1998年我国政府正式提出建立公共财政基本框架,标志着财政体制深化改革进入一个新阶段,新一轮的公共预算制度改革也随之启动。1999年9月,财政部在《关于改进2000年中央预算编制的意见》中指出,2000年将选择部分中央部门作为编制部门预算的试点单位,细化报送全国人民代表大会预算草案的内容。这表明,预算制度改革逐渐成为财政体制改革的重点,其目标是按照公共财政的要求重新构造预算编制和执行过程。

(1) 实行部门预算改革。部门预算改革解决的是财政性资金的分配问题,可以综合反映部门预算及部门所属单位全部财政资金收支状况,并细化预算编制,在编制方法上采用零基预算、滚动预算等先进方法。在河北省部门预算编制经验的基础上,中央政府于2000年起在中央本级预算试行部门预算。安徽、浙江、海南等省和个别地区,也在中央部门预算改革前后进行了相应的改革和探索。随后,部门预算改革在中央本级和全国各地方政府普遍铺开。这一改革将把分散到各个部门的预算分配权逐渐集中到财政部门,从而在政府内部增强行政控制和预算的透明度。[①]

(2) 实行国库集中收付的财政体制改革。在部门预算改革取得初步成效的基础上,中央政府于2001年正式启动国库管理制度改革,并在全国逐步推开。到2005年,中央一级国库单一账户制度已在政府所有部门全面推开,地方的国库管理制度改革也在积极推动中。国库集中收付改革的目的是在部门预算确定后,确保严格和规范的预算执行,提高财政资金的使用效益。政府部门通过建立一个以单一账户为核心的集中型国库管理体制,来取代分散型财政管理体制,由财政部门从外部对各个部门的支出决策和支出活动进行控制,确保财政资金运行的安全和高效。

[①] 周亚荣、巫梦莹:《论预算管理制度改革与政府审计的拓展》,《商业时代》2008年第23期。

(3) 实行政府采购制度。2002 年制定并颁布实施的《政府采购法》,在集中国库管理体制的基础上建立了一个集中、透明的政府采购制度,以解决财政性资金的使用方式问题。在这之前各支出单位的采购是分散进行的,弊端非常明显。政府集中采购方式建立后,构建了以《政府采购法》为核心的法规制度体系,扩大了政府采购规模,建立了中央单位政府采购预算制度,有力确保了财政资金使用的公平、公开和效益。

(4) 进行政府收支分类改革。我国原有的公共预算收支科目分类方法是在计划经济时期参照苏联模式确定的,后来虽做过一些调整,但其基本分类方法一直与市场经济国家存在较大差别。自 1999 年起,财政部开始着手研究如何构建适合公共财政管理要求的政府收支分类体系。2004 年,财政部完成新的《政府收支分类改革方案》的前期设计工作,2005 年 3 月,开始在中纪委、科技部、水利部等中央部委和天津、河北、海南、湖南、湖北等省进行试点,并于 2007 年 1 月 1 日起在全国范围内正式实施。

(5) 深化"收支两条线"管理改革。20 世纪 90 年代末,我国加大了"收支两条线"管理改革的力度。1999 年颁布的《关于行政事业性收费和罚没收入实行收支两条线管理的若干规定》,对收支两条线管理办法作出了更为详细的规定。2001 年,国务院转发《财政部关于深化收支两条线改革进一步加强财政管理的意见》,要求各地区、各部门深化收支两条线改革。2002 年,34 个中央部门已进行了深化"收支两条线"管理改革。与此同时,各地方政府也积极推行该项改革。2004 年,我国在确定收支两条线的管理范围、清理整顿收费项目、将政府非税收入纳入管理范围等方面,都取得了明显进展。

(6) 建设"金财工程"。财政部自 1999 年下半年着手建立"政府财政管理信息系统"(简称 GFMIS),并于 2001 年开始试点。2002 年初,国务院将"政府财政管理信息系统"定名为"金财工程",并将其列为国家电子政务十二个重点工程之一。"金财工程"是利用先进的信息网络技术,支撑预算管理、国库集中收付以及财政经济景气预测等核心业务的政府财政综合管理信息系统,是我国财政工作信息化和财政管理现代化的必然要求。①

---

① 彭健:《中国政府预算制度的演进(1949—2006 年)》,《中国经济史研究》2008 年第 3 期。

上述各项预算制度改革的实践表明,我国从 1999 年以来实施的各项预算改革措施相辅相成,规范了预算资金范围界定、预算编制、预算执行等预算管理环节,初步建立起与公共财政相适应的公共预算制度框架,并在提高预算管理水平、加强预算约束方面显现出良好效果。

二、我国公共预算制度改革进一步深化的制约因素

1998 年以来,公共预算制度改革的深度和广度不断加大,改革取得了一定成效,在提高预算管理水平、加强预算约束方面显现出良好效果。但应当看到,我国的预算改革是由易到难、逐次深入的,是一种渐进式的改革。这种渐进式的制度变迁往往容易受到传统路径依赖的影响,使得我国的公共预算制度改革面临一系列的制约因素,与公共财政体制的规范要求还有着较大差距。

(1) 预算制度改革涉及利益关系调整,受行政体制改革滞后的制约。近年来的公共预算改革主要侧重于解决预算规则与程序层面的问题,即主要着重于预算技术层面的改革。但是从渐进预算理论的观点来看,公共预算不仅仅是一个技术问题或纯经济问题,而是涉及包括立法机构、预算管理部门、预算资金使用部门、利益集团和社会公众等各预算参与者之间利益的调整,而且后者往往对预算过程和结果的影响更大。英美等国家预算制度的演进就是立法机构和行政机构之间政治权力对比均衡调整的一个过程。预算制度改革是以一定的政治制度为基础的,财政与其他部门的协调、部门分配权的协调是通过立法来进行的。而我国的预算改革主要是在行政部门中推行,是以行政部门为主体,尤其是以财政部门为改革主体,这意味着预算改革的安排和实施主要是由财政部门在目前的行政管理框架下完成的。但在我国目前的行政体制框架下,财政部门并无可以协调部门的利益矛盾的地位,因此,预算制度改革受到的牵制就比较多。

(2) 公共预算的法治化水平不高,预算监督机制弱化。法治性是公共财政的重要特征,而财政的法治性是直接通过公共预算表现出来的。我国自 1995 年 1 月 1 日起施行了《中华人民共和国预算法》(简称《预算法》)。虽然《预算法》对国家预算总原则、管理职权、预算收支范围、预算编制、预算审查与批准、预算调整、决算、监督和法律责任等事项作出了全面、准确的规定,但其执行情

况并不理想。我国的预算法案在执行中只是粗线条的原则框架,缺乏可操作性的实施细则,因而造成了预算执行机关和人员的实施行为具有很大的随意性,严格按《预算法》进行预算的编制、执行、监督的意识和氛围还远未形成。由于法治化水平不高,导致了预算监督机制的弱化。各级人民代表大会只是对预算进行总体性和一般性的审查,"只决不议",审批预算流于形式;地方政府在预算执行中追加预算或改变拨款用途仅凭领导意志或政府决定,人大对预算调整的监督虚有其名;预算超收收入的使用游离于人大监督之外。这些现象的存在表明我国长期以来存在的"预算软约束"问题仍然没有得到有效解决。

(3) 公共预算公开性不够,透明度较低。作为政府收支计划和国家立法文件,公共预算是反映政府活动的重要窗口,也是公众了解政府活动、监督政府正确使用公共资金,评判政府活动成效的主要依据。这就要求公共预算的全过程,包括预算的编制、执行、结果及其相关情况必须是公开的、透明的。公共预算的一切活动应能够让公众了解、参与和监督。但时至今日,有些地方和部门还习惯性地把公共预算视为高级机密,公共预算的透明度还远远不够,预算资金运行过程信息反馈不全面、透明度不高,难以为预算编制、预算执行分析和宏观经济调控提供可靠的依据,而且立法机关和社会公众也难以对预算实施有效监督。更应该看到的是,提高公共预算的透明度,是一个艰难的过程,需要政府高层坚定的政治意志。

(4) 预算编制缺乏科学性,预算效率不高。从预算的完整性来看,公共预算应该涵盖政府经济活动的全过程,反映政府的全部收支计划。但长期以来,我国在财政分配中把财政性资金分为预算内与预算外两种资金。这种双轨制运行既违背了预算的完整性原则,又削弱了财政的宏观调控能力。由于对预算外资金缺乏有效的监督和制约,使预算外资金演变为部门甚至个人的小金库,成为蚕食公共利益的巨大黑洞。从预算编制方法来看,目前公共预算编制基本上还是采用原来的基数法进行,各部门获得预算经费多少,不是取决于事业的发展,而是取决于原来的基数,基数的大小对于预算经费的多少至关重要,预算单位原有的支出基数很难打破。从内容上看,预算细化程度不高。尽管预算单位编列了部门预算,但预算所预留的机动指标偏大,部分预算支出仍没有细化到具体单位、项目和用途,一些专项补助问题尤为突出。从预算收支科目看,科目的分类标准不统一。目前,按经济性质、支出功能、部门设置进行交叉分类的做法,因其内在逻辑关系不够严密,导致预算收支科目体系较为松散,不便于进行统计分析,也与国际上通行的分类方法不衔接。由于预算编制过程缺乏科学性,使得预算管理粗放、效率低下。①

三、公共财政框架下深化我国公共预算制度改革的路径

按照公共财政的要求改革公共预算制度,是我国当前财政体制改革的核心内容。这项改革涉及政府各部门利益格局的变化与调整,是一项复杂而又艰巨的工作,不仅涉及一系列复杂的预算技术问题,而且还将受到行政管理甚至政治体制改革滞后的制约,所以不可能一蹴而就,其改革进程只能是一个渐近的、逐步完善的过程。要进一步深化公共预算改革,必须突破传统预算体制的路径依赖,着力进行制度创新。

(1)强化公共预算的法律效力。首先,要积极推进公共预算立法,在立足我国基本国情的前提下,吸取国际成功经验,进一步增强预算法的规范性和可操作性,为预算改革提供坚实的法律框架。其次,在进一步细化预算编制的基础上,着手制定我国的年度《预算法案》,依法管理当年收入和开支。再次,在不断加强预算立法的同时,还应加强执法力度,保障预算活动严格遵循既定的公共预算程序。

(2)改革预算编制方式,建立科学的预算编制体系。一是要改进和完善预算科目体系以及收支标准的确定方法,对预算科目进一步科学、细致地划分,使预算科目的设置能全面、准确地反映财政职能,体现政府的所有收支活动。二是根据各部门履行的职责、发展目标和人员合理推行零基预算。三是改进预算编制的方式。按照《预算法》的要求编制复式预算,构建以政府公共预算、国有资产经营预算、社会保障预算和其他预算相并列的复式预算,以便更清晰地反映不同性质预算资金的来源和使用情况,增强预算的透明度。四是改革预算编制、审核程序,严格执行法定编审程序,且编制要经过预算编制部门的预算政策制定,预算方案论证、评估以及经人大专门委员会的修订。

---

① 谢虹:《当前我国政府预算存在的突出问题及对策》,《经济研究导刊》2007年第5期。

(3) 硬化预算约束,充分发挥人大在公共预算改革中的作用。适应我国政治体制改革的总体要求,对现有的政治结构进行调整,尤其是要加大人大的作用,并以加强人大作用为核心,调整当前的政府治理模式。也就是说在公共预算的改革中,要充分发挥人大作为最高权力机构的作用,使其从"橡皮图章"的地位转变成一个可以对政府财政预算实行包括否决权在内的具有决定权的主体,并以此为契机,把公共预算的改革作为推动政府行政体制改革、完善政府治理模式的一个主要动力。

(4) 完善市场经济体制,为预算制度与公共财政制度建设奠定体制基础。预算制度是整个社会经济体制的重要组成部分,因此建立公共预算制度就必须继续完善社会主义市场经济体制。一是进一步鼓励多种所有制经济的发展,促进不同所有制经济进行公平竞争;二是健全统一、开放、竞争、有序的,包括产权、土地、商品、劳动力、资本等在内的现代市场,充分发挥市场在资源配置中的作用;三是深化分配制度改革,进一步深化社会保障制度改革,改善和加强宏观调控;四是深化诸如财政体制、税收体制、国有资产管理体制、投融资体制、金融体制等具体体制的改革。总之,只有继续深化市场经济体制改革,才能为公共财政制度建立、预算制度重建奠定体制基础,才能建立起符合公共财政制度要求的公共预算制度。

【本章关键词】

公共预算	预算程序	预算模式	渐进预算模式
零基预算	绩效预算	预算平衡	预算赤字
政府债务	预算制度改革	财政风险	

【本章小结】

公共预算主要体现为公共权力如何分配资源,实现预算能力,即配置效率、财政问责、总额控制和运作效率。只有建立了现代公共预算体系才能更好地实现国家治理,因为公共预算并非简单的会计问题、管理问题,而是一个关乎国家治理大事的政治问题。预算过程背后反映着政治冲突和政治利益,预算的本质就是政治。有众多理论都对公共预算进行了解释和说明,如边际效用论、公共选择理论、委托代理理论、渐进主义理论和间断平衡理论。

公共预算的程序是指预算的一个周期过程,它起于一个财政年度开始以前,而讫止于一个财政年度结束之后。世界各国的预算程序一般都分为预算编制、预算批准、预算执行和国家决算等四个阶段。公共预算也包含着众多的模式,渐进模式是现在运用最为广泛的模式之一,它强调政策的连续性和稳定性,重视基数,每年进行微调。而零基预算则打破基数的概念,将预算建立在比较方案的基础上,提高了预算资金的使用效率,而绩效预算和新绩效预算注重公共预算的产出和结果。

公共预算最为重要的核心即预算平衡规范,保持政府收支均衡。但是,由于经济、自然灾害、战争以及政策结构调整等问题导致公共预算平衡规范不能维持。现在,世界各国均存在着这个问题。为了解决预算赤字和债务负担,各国也出台了各种措施,如建立事前、事后监控,规范相关法律法规,开放多元化的融资体系,对政府财政赤字设置标准和上限,采取超过后的惩罚措施等。

我国的公共预算制度改革是与社会经济制度的转型和财政体制改革的宏观背景相适应的。按照我国社会经济发展的转型以及公共预算制度自身的发展变化特点,可以把中华人民共和国成立60年来的公共预算制度变迁划分为三个阶段:计划经济时期公共预算制度的产生与缓慢发展阶段;体制转轨时期公共预算制度改革的起步阶段;公共财政建设时期公共预算制度改革的深化阶段。1998年以来,公共预算制度改革的深度和广度不断加大,改革取得一定成效,在提高预算管理水平、加强预算约束方面显现出良好效果。但应当看到,我国预算的渐进式改革往往容易受到传统路径依赖的影响,使得我国的公共预算制度改革面临一系列的制约因素。要进一步深化公共预算改革,必须突破传统预算体制的路径依赖,着力进行制度创新。

【本章复习题】

1. 公共预算的定义和基本问题是什么?公共预算需要遵循哪些原则?
2. 公共预算理论包括哪些?如何演变?
3. 公共预算程序包括哪些环节?
4. 公共预算模式包括哪些?应该如何发展?

5. 预算平衡的定义是什么？如何解决预算赤字问题？

6. 怎样控制财政风险？债务类型有哪些？

7. 中国地方政府债务危机的产生原因和影响是什么？

8. 我国公共预算制度改革深化面临的挑战是什么？我们将如何应对？

【本章推荐阅读】

1. 罗伯特·D.李：《公共预算体系》，苟燕楠译，中国财政经济出版社 2011 年版。

2. 杰克·瑞宾、林奇：《国家预算与财政管理》，丁学东、居昊、王子林等译，中国财政经济出版社 1990 年版。

3. 中国财政学会编：《构建预算管理新模式——部门预算制度与国库单一账户制度》，经济科学出版社 2000 年版。

4. 马骏、赵早早：《公共预算：比较研究》，中央编译出版社 2011 年版。

5. 马骏、侯一麟、林尚立主编：《国家治理与公共预算》，中国财政经济出版社 2007 年版。

6. 蔡军：《绩效导向型公共预算管理研究》，中国书籍出版社 2013 年版。

7. 马跃：《地方治理、财政和公共预算》，西北大学出版社 2009 年版。

8. 闫海：《公共预算过程、机构与权力——一个法政治学研究范式》，法律出版社 2012 年版。

第九章 公共规制

本章学习目标：

- 理解公共规制的内涵、原因与理论基础；
- 熟悉经济性规制和社会性规制的内容与类型；
- 掌握公共规制的改革趋势。

为了更好地维护经济秩序、增进社会公共利益，必须对各种社会经济活动施加某种限制、约束和激励。本章首先从经济学的角度，对公共规制的概念、内涵、主体分类及方式等进行扼要概述，然后重点介绍经济性和社会性两大主要规制类型，最后论述公共规制的改革趋势。

第一节 公共规制概述

为了更全面地把握公共规制的相关知识，我们首先要了解公共规制的内涵、公共规制的原因和公共规制的相关理论。

一、公共规制的含义

公共规制，是为了更好地维护经济秩序、增进社会公共利益，以政府为主的具有规制权的各类规制主体依据法律法规对各种社会经济活动所施加的限制、约束和激励等一系列行政管理与监督行为。公共规制的宗旨是为市场运行以及企业行为建立相应的规则，以弥补市场失灵，确保微观经济的有序运行，实现社会福利最大化。

具体而言，从内容来看，公共规制主要是通过直接干预市场资源的配置，或者影响消费者的选择和引导企业的决策来实现预设的市场均衡。所以，公共规制既指与微观经济主体有关的干预行为，也包括了与宏观经济相关的政策制定和执行。从主体来看,随着全球化的加速和市场化的发展,一方面国际、区域性的交流与合作大大增加,行业分工继续深化和细化;另一方面,合作性摩擦的增多和信息鸿沟的加剧也提出了加强经济规制和规制主体多元化的要求。在此背景之下,为了实现共同的公共利益最大化,经济规制也随之超越了区域甚至国界的藩篱。因此,除政府(或政府规制部门)之外,国际组织、区域性组织和行业自律性机构也由此进入了公共规制主体的行列。

为了更全面地把握公共规制的内涵,我们可以从经济学、法学和政治学的不同视角来理解公共规制的含义。

(1) 公共规制的经济学解读。经济学对规制理论的早期研究主要集中在考察某些特殊产业(如电力、通信、交通和金融等)的价格和对进入的控制上。20世纪70年代后,规制理论的研究范围逐渐扩展到环境质量、产品和工作场所安全,即社会性规制领域。概括而言,公共规制的经济理论解读,就是通过运用针对市场失灵的法律、法规,以提高经济效率和社会效益为目标,规范市场微观经济行为主体的过度市场行为和市场缺损行为,从而控制市场的交易过程、关系和结果,使市场效益和社会福利水平得到不断改进和提升。

(2) 公共规制的法学解读。现代市场经济是法制经济,公共规制的法学研究主要侧重于执法、市场规则和行政程序。一般而言,市场交易的规则源于约定俗成、标准化实践和普通法规。而公共规制则针对市场规则的不足提供附加的补充性法规,对市场交易活动进行约束或者激励。实践证明,有序的市场交易对法律规则形成依赖是现代市场经济的一般规律。也就是说,"看不见的手"需要在法律规则这一"看得见的手"的指引下,才可更好地发挥效率。因此,法学视角下的公共规制,就是通过研究市场失灵的内在机制,制定矫正市场失灵的法律规则,并以这些法律规则来监督市场经济主体的行为和各类规制主体的行政程序,以保规制目标的如期实现。

(3) 公共规制的政治学解读。政治学视角下,公共规制包括规制政策形成和规制政策执行两个过程。前者表现为公众参与社会投票和游说决策者的努力,后者则表现为一系列深刻激烈的公共谈判。在西方发达国家,公共规制政策的制定和实施,往往表现为各种利益集团相互讨价还价的过程。由此,可将公共规制政策分为竞争性和保护性两类。前者是对特许权或服务权的分配,后者旨在控制私人行为以保护公共利益。显然,公共规制具有鲜明的政治特色。于此,公共规制可以理解为政府为控制居民、公司或准政府组织行为的任何企图,与政治家寻求一定政治目标的有关政治过程。

二、公共规制的原因

简而言之,公共规制的存在源于市场和政府可能发生的机制失灵。市场失灵是进行公共规制的前提。没有市场失灵,就没有政府规制的必要。根据西方经济学的基本理论,市场失灵的原因主要包括垄断、外部性和信息不对称等三大方面。其一,为追求规模经济,常常会出现垄断。无论是自然垄断还是人为垄断,都面临定价的难题,即如何定价才能在不损害消费者利益的同时也保证企业提供产品和服务的积极性。其二,由于收益和成本的不对称性,市场机制既无法抑制负外部性行为的扩散,也无力激发正外部性行为的积极性。其三,全球化的发展扩展了市场、深化了专业分工,但却加剧了信息的不对称性。总之,方方面面的原因导致市场失灵不时出现,而市场机制不能有效地发挥预期的资源配置功能,正是公共规制存在的主要原因。在市场失灵的情况下,公共规制的意义在于弥补市场不足或限制市场过度,以增进市场机制的效率和保证社会福利。

市场的失灵需要政府的干预,然而政府干预也可能使资源配置偏离帕累托最优,即"政府失灵",如政府内生性失灵、政府外生性失灵、政府体制失灵等。在政府失灵的情况下,需要运用经济学方法,估算规制成本和效益,对规制和不规制的效果进行比较,寻求规制的市场替代和政府替代方案,找出次优的解决方法。在政府失灵的情况下,公共规制的意义在于放松规制和采用激励性规制,由市场机制来纠正政府的僵化行为,提高政府的效率和保证社会福利。

在市场经济的体制中,市场失灵是公共规制的必要条件,而政府根据市场失灵的情况,从公共利益的目标出发,提供最优的公共规制政策,是公共规制的充分条件。总而言之,弥补市场失灵和防止、解决政府失灵是公共规制存在的客观基础。

三、公共规制的理论

公共规制理论源于经济实践对规制的需要和规制思想的积累。围绕规制代表谁的利益、为何会发生规制、如何规制等核心问题,形成了规制公益理论、规制俘虏理论和规制经济理论等三大学派。

(一) 规制公共利益理论

规制公共利益理论产生的直接基础是市场失灵和外部性的存在。市场经济一般会在垄断、外部效应、信息不对称等领域出现失灵情况,在此情况下,政府规制便具有潜在合理性。在自然垄断情况下,进入规制只允许一个厂商进行生产,这符合生产效率的要求,而价格规制能约束厂商制定出社会最优价格,这符合资源配置效率,所以对自然垄断的价格和进入规制有可能获得资源配置和生产双重效率。在外部性存在的情况下,增加对消极外部性的税收征收,补贴积极外部性,这都可能导致倾向社会偏好的资源配置状态。总之,当市场失灵出现时,从理论上讲,规制有可能带来社会福利的提高,保证公共利益。

规制的公共利益理论主要是以波斯纳、米尼克、欧文和布劳第根为主要代表人物。理查德·波斯纳将规制公共利益理论的前提条件陈述为:"一方面,自由放任的市场运行特别脆弱且运作无效率。另一方面,政府规制根本不花费成本。"如果公共利益理论相当正确的话,政府则应在广泛的产业范围内实施规制政策:即自然垄断和人为垄断,外部效应,信息不对称等领域。规制公共利益理论意味着政府会对市场失灵进行规制以使市场尽可能地达到竞争性方案运作。当成本或者需求条件发生变化、市场失灵被排除或被减少以使放松规制成为社会最优时,放松规制即会存在。波斯纳指出,公共利益理论或明或暗地包含着这样一个假设,即市场是脆弱的,如果放任自流就会趋向不公平和低效率,而政府规制是对社会的公正和效率需求所做出的无代价、有效和仁慈的反应。米尼克认为政府规制是针对私人行为的公共行政政策,是从公共利益出发而制定的规则。欧文和布劳第根将规制看成是服从公共需要而提供的一种降低市场运作风险的方式,也表达了规制体现公共利益的观点。

但是,规制公共利益理论还存在很多缺陷,这些问题主要有:(1)规制公共利益理论规范分析的假定前提是对潜在社会净福利的追求,然而却没有说明对社会净福利的潜在追求是怎样进行的;对规制发生的论断并没有进行实证检验,只是一种假定,认为公众可以完成规制。(2)规制并不必然与外部经济、外部不经济的出现或与垄断市场结构相关。许多既非自然垄断也非外部性的产业一直存在价格与进入规制。另外,现实中更多的情况是厂商支持和促使外部活动来要求规制。因为通过规制可以减少市场上的其余竞争者,他们希望通过规制提供稳定的在正常利润水平之上的利润。(3)施蒂格勒和弗瑞兰德的研究表明,规制仅有微小的导致价格下降的效应,并不像规制公共利益理论所宣称的那样对价格具有较大的抑制作用。这个与公共利益理论规范分析相冲突的事实,对公共利益提出了严峻的挑战。(4)阿顿认为,公共利益理论仅以市场失灵和福利经济为基础是不够的。除了纠正市场失灵之外,政府还有许多别的微观经济目标,在许多市场中政府期望规制介入,可能与市场失灵关系不大。

(二)规制俘虏理论

19世纪末美国规制历史,特别是1887年洲际商业委员会(ICC)对铁路运价规制的回顾,揭示出规制与市场失灵并不太相关。至少到20世纪60年代,从规制的经验来看,规制是朝着有利于生产者的方向发展的,规制提高了产业内厂商的利润,比如:在潜在竞争产业,如货车业和出租车产业,规制允许定价高于成本且阻止进入者;在自然垄断产业,如电力事业,有事实表明规制对于价格作用甚微,因此该产业能赚取正常利润之上的利润。这些经验观察导致规制俘虏理论的产生和发展。

与规制公共利益理论完全相反,规制俘虏理论认为:规制的提供正适应产业对规制的需求(即立法者被规制中的产业所控制和俘获),而且规制机构也逐渐被产业所控制(即规制者被产业所俘虏)。规制俘虏理论的基本观点是:不管规制方案如何设计,规制机构对某个产业的规制实际是被这个产业"俘虏",其含义是规制提高了产业利润而不是社会福利。

规制俘虏理论主要以维斯卡西、史普博、金泽民雄等为代表,但这里所指的规制俘虏理论实质上是早期的纯粹俘虏理论,即规制者和立法者被产业所俘虏和控制。

一方面,规制俘虏理论与规制历史极为符合,因而比规制公共利益理论更具说服力。但是另一方面,规制俘虏理论同样面临与规制公共利益理论相同的批评,如没有坚实的理论基础,原因在于规制俘虏理论并没有解释规制是如何逐渐被产业所控制和俘虏的。受规制影响的利益集团有很多,包括消费者、劳动者组织以及厂商,为何规制受厂商控制而不是受其他利益集团的影响?规制俘虏理论的最初形式并没有对此提供某种解释,它只是假设规制是偏向生产者的。

(三)规制经济理论

理论分析与规制实践表明,规制与市场失灵的存在不完全相关,规制也不完全是支持生产者。因此,规制公共利益理论和规制俘虏理论仅是一种假设和一种陈述。1971年,施蒂格勒发表《经济规制论》,首次尝试运用经济学的基本范畴和标准分析方法来分析规制的产生,从而开创了规制经济理论。它从一套假设前提出发来论述假设符合逻辑推理,解释了规制活动的实践过程。佩尔兹曼和贝克尔在施蒂格勒的基础上进一步发展了规制经济理论。赫蒂克和万纳等又进一步发展了规制的税收模型,以解释谋求选票最大化的立法者可能决定的各种税收结构。

利用施蒂格勒所开创的规制经济理论方法可得出四个主要结论,这些结论可预言规制采取何种形式以及被规制产业的类型:首先,规制设计倾向于牺牲规制偏好较小的相对较大的集团而使相对较小的有强烈规制偏好的利益集团获益。在许多情况下,这种结论的意义在于规制会偏向生产者。其次,即使规制偏向生产者,因为消费者集团的影响,也不会为产业利润最大化而设置规制政策(尤其是价格规制),价格将定于利润最大化水平之下。第三,规制更可能存在于相对竞争性或相对垄断性产业,因为这些产业的规制会对某些集团的福利产生最大的影响。最后,市场失灵的存在使得规制更有可能,因为某些利益集团的收益相对于其他利益集团的损失而言较大,如其他情形不变,前者对立法程序具有更大的影响力。

综上所述,无论是规制公益理论、规制俘虏理论还是规制经济理论,它们存在的根本缺陷是:它们假定政府规制机构与被规制企业在规制方案的制订和实施过程中具有同样多的信息,双方是一种对称信息博弈。后来的激励规制理论的出现在很大程度上弥补了这些缺陷。因为实际上,规制机构知道企业的信息要远少于企业自身,在了解企业最低成本、努力程度等方面存在劣势;同时,规制机构主要关注企业效率和社会福利最大化,而企业则主要追求自身利润的最大化。激励规制理论正是以规制机构和被规制企业之间的信息不对称和目标不一致作为立论的前提,借助于新兴的机制设计理论,把规制问题当成一个委托代理问题来处理。在这种委托代理关系中,规制机构是委托人,被规制企业是代理人,通过设计诱使企业说真话的激励规制合同来提高规制的效率。

第二节 经济性规制

为了防止资源低效配置和确保服务供给的公平性,政府要针对具有自然垄断、信息不对称等特征的行业,在约束企业定价、进入与退出等方面发挥作用,对经济主体进行经济规制。

一、经济性规制的含义

经济性规制是规制经济学最核心的内容之一。经济性规制主要关注政府在约束企业定价、进入与退出等方面的作用,重点针对具有自然垄断、信息不对称等特征的行业,其目的主要是为了防止资源低效配置和确保服务供给的公平性。具体而言,经济性规制一般对具有如下特点的产业实施规制:(1)对以生产—配送的规模经济性、网络经济性、范围经济性、成本沉淀性和资源稀缺性等为重要原因而形成的自然垄断性产业(公益事业、区域内部电话、铁路等),国家赋予其企业垄断权(进入管制),在保证经济效率的基础上,从制约企业行使垄断的市场控制能力的角度实施价格管制。(2)对由于存在较大差别性的社会产品和服务而实行不同市场战略的产业,为使消费者能公平地享受服务,以制约企业的歧视供给为目的实施规制。(3)对与运输业、金融业等类同具有竞争性市场结构,但在消费者对于其选择何种服务及价格却不能保证得到充分信息的部门,如和公益事业一样具有必需性的服务领域,为了保证消费者公平利用以及防止由于企业破产而引起的对消费者的损害,则以实行进入管制和价格管制作为保证。而社会性规制是以确保居民生命健康安全、防止公害和保护环境为目的所进行的规制,主要针对与经济活动中发生的外部性有关的政策。经济性规制和社会性规制构成了现代规制经济学的重要内容,要深刻理解经济性规制和社会性规制,首先必须对经济性规制和社会性规制进行比较。

二、经济性规制的类型

经济性规制一般包括价格规制、进入规制、信息规制、投资规制、标准规制等,其中价格规制和进入规制是最基本和最主要的。

(一) 价格规制

价格规制主要是指公共部门对某些特定商品和服务的价格水平和价格体系进行限定,具体是在特定产业或特定业务领域,由政府在一定时期内规定产品或服务的最高、最低限价,并规定价格调整的周期,或者设立一套标准来指导企业的价格,如公共企业的定价行为。由于存在自然垄断、过度竞争等市场失灵现象,价格规制被广泛用于市场机制作用发挥不充分的经济活动中。

价格规制的具体方式有最高限价、最低限价、价格涨跌空间以及边际成本定价或平均成本定价,其中最常见是二部定价法、高峰负荷定价法以及价格上限规制。

1. 二部定价法

二部定价法是成本定价法的一种,根据固定成本和变动成本(边际成本)将价格分为两部分:一部分是基础设施投入的固定费用,这是与使用量无关的按月或按年支付的"基本费";另一部分是单位价格,即每提供一个产品或服务的边际费用,是一种"从量费"。这种定价方法本质上是一种定额收费和从量收费二者合一的定价体系。二部定价法的优势在于根据基本费使用量来收取,收取额度固定,使产品的价格能够补偿生产成本,有助于企业财务的稳定,具有"以收支平衡为条件实现经济福利最大化"的性质。该种定价方法适用于成本递减行业,如电信、城市煤气、供暖等垄断行业。例如市话座机收费分为月租费和计次(时)费,月租费反映固定成本,计次(时)费反映打一次电话的可变成本;再如,美国的天然气运输收费也是二部收费,天然气管道运输费分为容量预留费(相当于用户对运输管道的占用费,主要用来回收建设管道的固定成本)和使用费(主要用来回收天然气运输的可变成本)两部分。

2. 高峰负荷定价法

所谓高峰定价法是指针对不同时段或时期的需求制定不同的价格,当需求处于最高峰时,收费最高;当需求处于低谷时,收费标准也相应降低。该定价方法适用于电力、煤气、自来水、电信等行业,这些行业的企业可以按照需求的季节、月份、时段的高峰和非高峰,系统制定不同的价格,以平衡供需,最典型的就是在许多城市实施的峰谷电措施等。

3. 价格上限规制

价格上限规制主要是指在规制者和被规制者之间以合同形式确定价格上限,被规制者可以在这一上限之下自由定价,在提供多产品的被规制者努力实现社会福利最大化的同时,又保证不亏损。

价格上限规制是目前应用最广泛、效果最明显的一种价格激励性规制。它赋予了被规制者更多定价的自由决策权,可有效促使其降低成本、提高效率,因为如果企业提高生产效率,进一步降低成本,其收益就可以增加;同时,在这种规制下,由于不超过上限价格的价格下降是企业的自由,在有多家企业竞争的情况下,企业有可能降低价格,为消费者带来收益。但价格上限规制往往也会导致某些企业为了降低成本而忽视或降低质量,因此在现实中也有限价限量结合和限价与质量保证相结合的办法。

(二)进入和退出规制

进入和退出规制是指规制部门为了维持行业的成本的可加性和供给的稳定性,针对经济发展所需产品的行业结构和市场结构以及企业进入该市场的行为结构,限制某些新企业进入某行业或现有企业任意退出某产业的行为。这种规制方式可以保证行业内企业的合理利润水平,确保行业和企业实现规模经济、范围经济和网络经济效率,有助于减少资源浪费,提高资源利用率和保证消费者福利水平。

1. 进入规制

进入规制主要是控制进入某类行业,主要是自然垄断行业的企业数量,采用特别许可证、特别注册制、特别申报制等措施,以防止过度竞争和提高行业经营效率。一般政府要求所有企业实行注册登记制度,必须具备相关规定条件,经政府有关部门认可,履行注册登记手续,领到营业执照后,方可从事生产经营活动。进入规制多存在于铁路、某些能源等自然垄断行业。

2. 退出规制

退出规制是指公共部门对某些特定行业的运营者退出该行业的行为进行限制,如邮政、电信的普遍服务义务要求,即要求邮电、电信等企业对所有用户提供价格可以承受的、有一定质量保证的某些基本服务。由于某些普遍服务义务业务量较小,或者成本较高,如果按照市场机制进行经营,企业就不会提供服务,因此公共部门的退出规制显得十分必要。虽然普遍服务义务覆盖的产品或服务随国家和产业的不同而不同,但各国多要求邮政局和电信公司等必须以可接受的资费水平向农村地区、边远地区或其他高成本地区的居民提供有质量保证的服务。

(三) 信息规制

所谓信息规制是指规制主体即公共部门(政府)公布信息或者规定信息处于强势地位的一方应向信息处于弱势地位的一方提供商品或服务的详细、准确的信息,以减少信息不对称带来的负面影响的规制方式。信息规制包括对信息本身的规制以及通过信息的规制两个方面。

对信息本身的规制是指政府强制要求企业披露有关信息,如美国食品和药物管理局要求药物的相关信息包括危险警告都必须在标签上标明。

通过信息的规制是指由规制机关公布一定的权威信息,以达到规制和惩罚的目的。

(四) 投资规制

所谓投资规制是指政府对特定产业进行投资的鼓励或限制,控制产业主体的数量以及确定合理的投资回报率,这实质上是政府、企业及消费者就企业投资回报率达成共识并签订的一种合约。

投资回报率的确定,一方面在一定程度上可以鼓励企业投资,满足社会不断增长的对产品或服务的需求,同时也可以防止企业之间的过度竞争和重复投资,促进投资品的优化组合,从而保证投资效率和效益。

另一方面,确定投资回报率不可避免地出现 A-J 效应,即管制机构采用客观合理效益定价模型对企业进行价格管制时,由于允许的收益直接随着资本(成本)的变化而变化,而导致被管制企业将倾向于使用过度的资本来替代劳动(技术)等其他要素的投入,进而导致产出是在缺乏效率的高成本下生产出来的。由于 A-J 效应的存在,被规制企业会更多地选择使用资本这一方式,以提高产品或服务的价格,或把无用的资产及多余的资产投入使用,进而会增加企业的总投入。

(五) 标准规制

标准规制是指公共部门对某些商品和服务在质量等方面制定标准,将符合标准作为该商品和服务能够在市场上向消费者销售或提供的前提条件。具体而言,一般实施规制的标准主要包括商品的性能、结构、原料、质量等方面的标准。

以上五种主要的经济性规制中,价格规制和进入规制又是最基本的。结合经济性规制的实践,经济性规制主要通过以下方式实施:

(1) 对企业进入及退出某一产业或对产业内竞争者的数量进行规制,这一规制可通过发放许可证,实行审批制,或是制订较高的进入标准来实现;

(2) 对所规制企业的产品或服务定价进行规制,也称为费率规制,包括费率水平规制或费率结构规制;

(3) 对企业产量进行规制,产量高低直接影响着产品价格,进而关系到生产者与消费者的利益,通过规制可限制或鼓励企业生产;

(4) 对产品质量进行规制,这种方式的成本较高,由于企业和规制者之间存在着信息不对称,规制者对产品质量很难把握,因此实践中这类规制方式较少采用。

第三节 社会性规制

随着社会经济的发展,政府对经济主体的规制,不再停留于市场竞争的层面,而是逐渐转向了对经济主体活动产品本身,以确保国民生命安全和增加社会福利,社会性规制的重要性日益突出。

一、社会性规制的含义

社会性规制也称"社会管制",是和经济性规制相对应的一种规制。随着社会经济的发展,政府对经济主体的规制,不仅停留在对市场竞争的规制上,为了保障国民生命财产的安全、健康的保护和增进社会福利,逐渐转向了对经济主体活动产品本身上来。日本经济学家植草益指出"社会性规制是以确保国民生命安全、防止灾害、防止公害和保护环境为目的的规制",包括对制药业、工作安全、产业安全、污染的排放控制、就业机会、教育等的规制。社会性规制主要在于减少信息不对称和外部性造成的市场失灵带来的社会损害。

西方的社会性规制起源于20世纪初,1906年美国国会颁布了《食品与药品法》,并创建了食品和药品管理局,赋予其食品、药品领域的管制职能。随着西方经济危机以及世界大战和局部战争频发,各国政府主要强化经济性规制和宏观规制,以促进经济增长。20世纪五六十年代之后,社会性规制的需求越来越强烈了,社会性规制涉及社会生活的深度和广度也越来越大。比如,美国国会1958年制定了《水污染控制法》,1963年制定了《清洁空气法》,1965年制定了《水质量法》,1966年制定了《全国交通和汽车安全法》。

进入70年代以后,社会性规制开始全面兴起并发展。1970年开始,美国国会陆续出台了一系列的社会性规制法律,并且建立了相应的规制机构。1970年颁布了《清洁空气法修正案》、《职业安全和健康法》,1972年颁布了《消费品安全法》等,1970年建立了环境保护署,1971年建立了职业安全与健康管理局,1972年成立了消费品安全委员会等,社会领域由此也开始进入了全面接受规制的时代,到20世纪70年代,美国把经济性规制的价格规制和进入规制等称为"传统的规制",社会性规制则被称为"新式的规制"。从此,社会性规制便以独立的姿态出现在政府规制的舞台上并发挥着重要的作用。从20世纪80年代开始,经济性规制开始放松规制的浪潮,而社会性规制却正风起云涌,发展到今天,无论是政府规制的职能分配、规制的经费以及规制的法律数目和公众的关注程度,社会性规制均占据了很重要的地位,社会性规制成为了微观规制的重要领域。以美国为例,一方面,需要接受社会性规制的产业数量超过了需要接受经济性规制的产业,实际上几乎所有的产业都需要实施社会性规制;另一个方面,美国联邦政府社会性规制机构的开支数额大幅度增加。在20世纪七八十年代,社会性规制支出的总额达到了近50亿美元,无论是支出总额还是支出增长率,都相当于经济性规制的5倍左右。

二、社会性规制的类型

社会性规制主要包括环境规制、产品质量规制、健康卫生规制和工作场所安全规制。我们重点对环境规制和产品规制进行阐述。

(一)环境规制

1. 环境规制的内涵

环境规制作为社会性规制的一项重要内容,是指由于环境污染具有外部不经济性,政府通过制定相应政策与措施对厂商等的经济活动进行调节,以达到保持环境和经济发展相协调的目标,具体包括工业污染防治和城市环境保护。环境规制是目前公认的纠正制度失灵的比较好的手段,已经被许多学者和环境规制部门所认同并付诸实践。

2. 环境规制的内容

环境规制目前包括的主要内容有:(1)界定环境资源的产权,公共物品的特点就是一些人的使用不会排斥其他人对该物品的使用。但是对于环境资源这种特殊的公共物品来说,一些人对环境资源的使用有可能不考虑社会的公平性和整个社会的意愿,很容易发生"搭便车"的行为或是"公地悲剧"。所以明确地界定环境资源的产权就显得尤为重要。斯蒂格利茨认为,产权私有并不重要,重要的是产权的分配。能够保证经济高效率的产权应具有以下特征:产权必须明晰,避免产生不确定性;产权必须是排他的或专一的;产权必须是安全的;产权必须是可转让的;产权必须是可行的,具有可操作性。(2)对环境资源进行合理定价,环境规制的目的是将环境的外部成本内部化,促进环境资源的合理配置。对环境资源进行定价,意味着产品的价格中要包含环境资源的因素,企业或是将这种成本转嫁给消费者,或是自己内部消化,取决于产品的属性和价格需求弹性。无论采取哪种方式,都会对企业的竞争力产生影响。因此,对环境资源进行合理定价,能够促进企业加大对节能降耗研发的投入,促使对资源持续有效地开发利用。在此基础上,促进产业结构的升级,加速经济增长方式的转变。(3)污染者负担原则。1972年,经济合作与发展组织[①]提出了污染者负担原则,即为了维护公众的利益,污染者必须承担污染治理的责任,明确了环境损害中的责任赔偿者。这个原则有利于促进保护和合理利用环境和资源,防止并减轻环境污染损害,改变"企业赚钱污染环境、政府出资治理污染"的极不公平的社会现象,实现公平负担。"污染者负担原则"不等同于"污染付费原则",后者只是前者的一部分。在环境规制中,"污染者负担原则"表明污染者

---

① 经济合作与发展组织(Organization for Economic Co-operation and Development),简称"经合组织"(OECD),是由34个市场经济国家组成的政府间国际经济组织,旨在共同应对全球化带来的经济、社会和政府治理等方面的挑战,并把握全球化带来的机遇。成立于1961年,目前成员国总数34个,总部设在巴黎。

不仅具有治理自身污染的责任,还具有防治区域环境污染的责任和参与区域污染控制并承担相应费用的责任;不仅具有经济责任,还具有一定的社会责任。

3. 环境规制政策的种类

环境规制按照其对经济主体排污行为的不同约束方式可以分为命令控制型环境规制和市场激励型环境规制。接下来我们对这两种类型的环境规制政策进行具体的分析。

(1) 命令控制型环境规制政策

命令控制表明运用排放标准和其他一些规章来满足环境质量目标,它与经济激励相对应。环境部门发布规章或命令来要求污染者采取行动以满足环境目标,管理部门可以对不遵守规章的加以制裁,对遵守规章的给予奖励。环境标准简单而直接,通过设定明确具体的环境目标,反映了社会控制和削减环境污染的意愿,政府和司法机关通过界定和阻止非法行为,为标准的实施创造了方便条件。命令控制型环境规制政策主要包括环境标准、基于环境标准的排放标准、技术标准以及其他形式的规章等工具。

(2) 市场激励型环境规制政策

市场激励型环境规制政策是以市场激励为主的环境经济手段能够把外部性纳入到企业内部,使企业的商品或服务的价格包含或反映环境成本,促进对资源的有效利用。通过在污染者之间有效地分配污染排放削减量,降低整体的污染控制费用。环境经济手段还可以产生一种持续刺激,鼓励企业积极进行创新,促使排污者不断寻找减少污染排放的技术和方法,将环境污染控制成本降到最低程度。这种刺激不仅会促进企业提高资源生产率,还会降低产品的真实经济成本,提高产品的真实经济价值。该政策主要包括排污权交易制度、排污收费(税)制度、补贴和押金返还制度、自愿性协议制度。

(3) 环境规制政策的比较分析

排放标准、排污收费和排污权交易环境规制政策比较可以从费用有效性、排放量的确定性、费用的确定性、达标延迟、费用分配、适应增长、技术革新和排污权方面去分析。总的来说,市场激励型的规制政策主要遵循的是"等边际"原则,因此在实际的环境规制中,排污收费和排污权交易的费用有效性要优于排放标准。污染物的排放标准在污染物排放的确定性方面具有明显的优势,但是在费用的确定性方面不如另两种工具,这是由于污染者往往不会向环境规制部门提供足够的或准确的费用信息。在排放标准下,排污者具有将污染治理的资金用于其他用途的动机,所以排污者往往延迟达标。而在排污收费和排污权交易下,如果污染者不进行污染治理,就会支付较高的排污费,或者污染者面临着能够达标的多种选择,所以这两种政策工具都会促进污染者尽早达标。相对于排污标准,在排污收费和排污权交易下,污染治理费用的分配更重地落在了污染者的头上,但是由于污染者具有较大的自由决定污染削减的水平和方法,通过开发和实施有效的污染削减技术可以获得一定的经济收益,所以排污收费和排污权交易对技术革新的促进作用更强。

(二)产品质量规制

1. 产品质量规制的理论分析

(1)逆向选择理论

乔治·阿尔克罗夫在对旧车市场调查的基础上建立了"柠檬市场"理论。柠檬市场也称次品市场,是指信息不对称的市场,即在市场中,产品的卖方对产品的质量拥有比买方更多的信息。在极端情况下,市场会止步萎缩和不存在,这就是信息经济学中的逆向选择。阿克罗夫在其1970年发表的《柠檬市场:产品质量的不确定性与市场机制》中举了一个二手车市场的案例。指出在二手车市场,显然卖家比买家拥有更多的信息,两者之间的信息是非对称的。买者肯定不会相信卖者的话,即使卖家说得天花乱坠。买者唯一的办法就是压低价格以避免信息不对称带来的风险损失。买者过低的价格也使得卖者不愿意提供高质量的产品,从而低质品充斥市场,高质品被逐出市场,最后导致二手车市场萎缩。

(2)信号显示的道德风险

面对信息不对称导致的消费者不能识别、好货卖不出好价钱等问题,企业努力建立自己的信号显示机制。所谓信号显示是指企业主动向消费者传递产品质量信息,使消费者能够正确地认识本企业的产品质量,从而做出正确的消费选择,从而达到市场均衡。但是,信号显示机制构建起来之后,处于信息优势的企业会产生道德风险,具体包括三个方面:一是产品质量低于信号显示,即消费者信任企业的信息显示,按照企业宣称的品质购买货物,但企业实际在交货的时候却降低品质;二是企业夸大品质宣传,信号显示的是虚假信息,即标签、包装标识所载的内容和产品不符、广告夸大、三包不实现、为无条件退货设置壁垒、企业自身产品的评级和定价严重失真等;三是企业和外部评级机构串谋,外部评级机构协助夸大质量水平,即外部评级机构在利益的驱使下,失去独立性原则,虚假抬高产品质量的评级以谋取瓜分虚高评级获取的非法利益。

2. 产品质量规制思路

(1) 逆向选择的规制思路

面对逆向选择带来的质量下降问题,政府基本对策为:

第一,对生产工艺、设备生产者资格采取检查、认证等制度。通过这样的方式使企业生产工艺具备基本保障,使其"主动降低产品质量"的行为受到抑制,确保生产环节的质量合格。

第二,对出厂产品的质量制定国家或行业标准,保证其基本品质。这就为产品质量设定了底线。

第三,对全行业产品的质量进行动态实时监控,并随时采取紧急应对措施。

(2) 信息显示中道德风险的规制思路

政府规制的思路在于矫正信号显示系统通过的道德风险,具体通过以下四种途径:

第一,加强监督、防患于未然,规范企业的信号显示系统建设,对企业标签,包装文字说明、三包服务规范、退货规范、广告发布等进行严格监管,要求企业提供其产品内部评级的规范和标准,要求企业披露外部评级的细节和标准等。

第二,加强执法,要企业为自己的道德风险行为付出成本,对上述违规行为进行处罚,并且对和外部评级机构串谋虚假高质量的欺诈行为加重处罚。

第三,提供激励,建立消费者的信息甄别系统。

第四,建设权威高效的独立的第三方产品质检和评级制度。

理论上的产品质量规制的思路,实际中是通过各种各样的规制政策具体实现的,相应的产品质量规制政策主要包括了三类:产品生产质量规制、产品流通销售的质量规制以及产品售后规制以及对质检企业的规制。

除了上述主要的环境规制和产品质量规制之外,卫生健康和工作场所安全的规制也是社会性规制的重要方面。由于篇幅的限制,在此结合社会性规制原因的两个基本方面,即外部性问题和信息不对称问题,仅以环境规制和产品质量规制为例进行扼要叙述,对于卫生健康和工作场所安全的规制则不再赘述。

第四节 公共规制改革

在一定程度上,政府规制是为了应对市场失灵和市场经济缺陷而存在的,但随着政府规制实践的深入展开,人们发现正如市场会失灵一样,政府同样也会失灵,即存在所谓的"管制失灵"。以诺贝尔经济学奖获得者施蒂格勒、布坎南为代表的经济学家们发现规制并没有预期的效果,反而会引发大量的社会浪费,因此放松规制成为公共规制改革的主流。但这次放松管制的改革运动主要是放松经济性规制,另一方面对社会性规制却有加强的趋势。相比之下,社会性规制具有明显的广泛性,首先规制的主体往往不受产业边界的限制,不论是竞争性产业还是自然垄断产业都适用;其次,只要存在损害社会福利的潜在因素,都应将其纳入到社会性规制的框架范围。此外,激励性规制等市场性规制手段的应用逐步推进。

一、放松规制

(一)放松规制的理论基础:规制失灵

早在1946年乔治·J.施蒂格勒就发表了《最低工资立法经济学》,对美国实施最低工资和物价控制能否起到消除贫困的作用提出了质疑。到了1962年施蒂格勒又发表了《管制者能管制什么》,对美国的电力行业政府规制进行了考察,对大量美国电力产业绩效数据进行了数理分析,发现政府管制事实上基本是无效的。通过对比受规制和不受规制的供电企业,指出规制可能根本没有收到预期效果。对放松规制持否定态度的学者则认为,规制是为弥补"市场失败"而制定和存在,一旦放松或取消规制,会引发社会收入差距扩大等现象,不利于宏观经济的稳定。随后大量的经济学家对规制失灵进行了理论探讨和实证研究。

整个对于规制失灵的研究,突破了传统市场活动主体是"理性人"和"利己"的,而政府规制者是"利他"的假设,认为政府规制者同样也是"理性的",也同样具备自己的私利,认为从事政治活动的人和从事经济活动的人都是一样的,是利己地、理性地追求效用最大化的。其中最典型的理论就是利益集团理论和租金理论。自从20世纪60年代开始,在发达国家,无论是利益集团数量,还是参加利益集团的个人数量都有了明显的增加。有人估计,当今90%的美国公民都与利益集团有关。在利益集团理论的视野里,公共政策的制定不是单个公民或单个厂商促成的,而是利益集团之间博弈的结果,因为规制带来的往往效率不是最高的。从70年代开始,由于寻租问题的存在,加上行政成本居高不下,政府失灵越来越突出,以美国为首的西方国家发起了放松管制改革运动,借此希望能够克服公共规制的无效率,以提高企业或产业的灵活性和效率。

但是应当承认,在世界上尚没有一个国家和地区的政府完全不介入市场,并且,政府对市场不同程度的规制,在许多国家都一定程度地获得了成功。但是,政府对市场规制不当或规制过多而达不到真正矫正"市场的失败"的情况也屡见不鲜,并日益引起人们的关注。因此,"市场的失败"与"规制的失败"哪个代价大,换言之,市场机制下的效率与政府对市场实行规制下的效率究竟哪个更高,成了人们探讨放松规制的基本立足点。

(二)公共事业部门的放松规制

对于规制失灵理论研究的深入,使得人们对于政府和市场的关系,在某种程度上又回到了亚当·斯密的认识,即政府应该尽可能地缩小规制的边界,让市场尽可能地发挥作用,基于这种认识,20世纪80年代开始的公共事业放松规制的浪潮开始了。放松规制则意味着放宽或取消原有的规制制度,如将行业禁入改为自由进入,取消价格规制等。放松规制的首要目的在于引入竞争机制、减少规制成本、促使企业提高效率、改进服务。70年代以后,以美国、日本、英国等主要国家为中心,对电信、运输、金融、能源等许多产业,都实行了放松规制。各国在放松规制过程中,根据本国情况采取了不同方式。英国的放松规制是与私有化过程相伴而生的,先后部分或全部地将英国电信公司、英国煤气公司、自来水公司出售,出售后企业的效率有了不同程度的提高。主要包括了私有化、网络型公用事业的拆分和竞争以及需求多样性、多元化经营和替代品出现引起的放松规制。

(三)主要国家放松规制的实践

1. 美国

美国是世界上放松规制进行较早和进展较快的国家之一。1977年,美国政府实行规制的产业在GDP中所占比重为17%,到1988年,这一比重降至6.6%,平均每年以减少近1个百分点的速度放松政府对产业的规制。

70年代初石油危机爆发后,美国经济状况不断恶化,消费物价上涨率一般超过10%,失业率徘徊在5%—10%。当时一些经济学家对60—70年代初美国生产下降的原因作了分析,结论是1/4—1/2的因素在于政府规制过多。这一研究结果,在70年代后半期得到美国政界的广泛认可,并促进美国采取了一系列放松规制的措施。

美国放松规制是从金融、保险业开始的,后来逐步蔓延到了石油、电力、运输、电气通信等其他行业。70年代上半期,主要实行存款自由化和证券手续费自由化。70年代中期以后,开始在石油行业以及运输领域放松规制。1978年实施《公益事业规制法》,实行发电部门参入自由化,符合条件的企业不断进入发电市场,促进了部门间的竞争。1979年,美国实施《原油、精制油规制排除法》,开始放松石油业规制,原油价格逐步从双重价格制实现了价格一元化。1980年实施《汽车运输事业法》,放松卡车运输规制,差不多同时逐步实现了对铁路运费、航空货物运输及航空旅客运输的参与规制和费用规制的放松。1982年,美国司法部反托拉斯局做出决定,对一直垄断美国电气通信服务供应的美国电话电报公司实行分割,从1984年开始,地区性服务的区域通信由贝尔电话公司经营,区域以外的通信由美国电话电报公司承担。与此同时,美国还放松了航空业规制,1983年废除航空运费认可制,1985年撤销航空产业的规制机构——民间航空委员会。1992年,美国实施《能源政策法》,开始在能源批发市场引入竞争机制。

2. 英国

二战后,英国工党执政期间主要实行国有化政策,公益事业一律由国有企业承担,禁止民间企业参入。此间,英国经济几乎处于停滞状态。英国在国际社会中的地位不断下降。1979年,保守党撒切尔取得政权。为改变英国经济低迷、物价高涨、政府财政赤字大量存在、国有企业经营恶化的状况,撒切尔希望通过出售国有企业股份，推进民营化，以重建英国财政。英国放松规制就是从这时开始的。

20世纪80年代初，英国主要以小型国有企业为中心开始推行民营化政策，使这些企业所属行业形成一定程度的市场竞争。1979年政府出售了英国石油公司股份，1981年出售英国航空宇航空间、电缆和电线等国有企业的股份。这期间，撒切尔政权的重要政策目标是削减财政赤字，推动国有企业进行结构调整。为此，政府重点采取了削减财政支出特别是降低政府部门借款比率，削减对国有企业的补助金，出售国有企业股份等措施，以平衡财政收支。1984年以后，英国经济形势有所好转，民营化取得一定成效，如英国钢铁、英国航空公司等因政府削减对其补助，生产效率有了提高，这增强了政府对民营化政策的信心。于是，撒切尔政权开始对一些重要国有企业实行民营化，1984年对电气通信领域的英国电信实行民营化，1986年对英国天然气实行民营化。同时，为促进竞争，保护消费者利益，英国政府还先后在电气通信、天然气、自来水、配电等领域设立规制机构，实行价格规制。进入90年代，英国逐步推行电力、煤炭等的民营化，将电力业垂直分为发电、送电、配电三个部门，分别促进各部门间的竞争。这一做法与美国有所不同，美国主要是在发电部门促进竞争，而在送电、配电部门准许实行垄断。从这个角度看，英国在电力领域的放松规制比美国彻底。

3. 日本

与美英等发达国家相比，日本放松规制起步较晚。1981年，日本政府成立了临时行政调查会，开始将放松规制作为行政改革的主要领域。1986年4月，中曾根内阁发表了著名的《前川报告》，日本政府首次将放松规制作为政策的主题，提出"原则取消、例外规制"。《前川报告》成为日本政府着手进行经济改革、放松规制的重要方针。1988年12月，日本临时行政改革促进审议会向国会提交了《关于放松公方规制的咨询》，指出应重新认识公方规制。1990年，日美发表了日美构造协议最终报告，根据双方协议，日本放松《大店法》中有关规定，并强化实施《禁止垄断法》。1993年11月，细川联合政权时代的首相咨询机构——平岩研究会，也提出了类似"原则取消、例外规制"的建议。随后，接替细川政权的羽田内阁通过了《制造物责任法》，该法规的实施，意味着日本在保护消费者利益方面迈出了重要一步。1995年3月，村山内阁决定实施《规制缓和推进计划》，该计划涉及住宅、通信、流通、运输、金融、证券等诸多领域。

可见，自《前川报告》发表以来，日本历届内阁都十分重视放松规制问题，制定和采取了一系列措施，并取得了一定效果。最典型的是电信业。1985年日本对经营不善的电信电话公社实行民营化，将其更名为日本电信电话股份公司即NTT。1987年以后，新企业进入通信领域，加剧了这一领域的竞争。为在竞争获得优势，NTT不断进行技术革新，降低生产成本，由此一直维持着较佳的经营状况。90年代其效益又有进一步提高。此外，日本在金融、航空、电力等领域的放松规制也在某种程度上取得了效果。

与美国等相比，日本在放松规制方面不仅起步较晚，而且一直以来可谓进展缓慢。首先，从整体规制状况看，1990年日本受政府规制的产业在日本经济总体中所占比重为41.8%，而美国的这一比重仅为6.6%，这表明日本尚是一个规制大国。其次，从受规制的行业种类看，日本几乎没有不受规制的行业，建筑、金融、保险、证券、电力供应、运输、通信等非制造业受规制的程度尤为突出。第三，从实行规制的部门看，中央各省厅都不同程度地掌握一定的审批权，到1993年3月，日本受审批的项目达11402件，与1987年3月相比，不但没有减少，反而增加了1233件。到1997年3月，受审批项目仍保持在1万件以上，可见，日本在放松规制方面的进展与其业已成熟的经济体制的要求，还有相当大的差距，并且，其在放松规制方面行动迟缓，这无疑也给日本经济带来了严重后果。

二、社会性规制加强

根据经济与社会发展需要，各国政府放松或加强规制都是正常现象。在全世界范围内，经济性规制呈现出放松趋势，而社会性规制则有加强的趋势。这主要是因为近年来，随着经济发展水平的提高，对生活质量、社会福利等问题关注程度日益加强，各国政府也将关注点更多投向了社会性规制领域。政府对社会性规制的重视在某种程度上是社会进步、生活质量提高的反映，更直接体现了对消费者利益的保护与对社会可持续发展问题的关注。而且较多的经济学家倾向于认为，越是市场化程度高的经济和社会，社会性规制越有必要加强。具体表现在：社会性规制在政府规制中的地位与作用正逐步提高，规制的领域也不断扩展,规制的方法与手段也在不断改进。

三、激励性规制

传统的规制手段,如价格规制、收益率规制、市场准入、购并限制、纵向约束、专利保护、污染控制等,在实践中往往产生逆反作用,达不到期望的效率。这有些类似体制改革中的"一管就死"。那么如何避免"一管就死",又不会出现"一死就放"、"一放就乱"呢？关键在于尽量发挥激励性规制的效果。激励性规制成为了目前规制经济学的关键内容。所谓实施激励性规制主要是通过设计合理的制度来克服传统政府规制所存在的缺陷,研究出适当的规制规则和规制政策,使被规制者感到约束的同时,还有足够的动力去追求与规制政策一致的目标,给予被规制企业提高内部效率的激励,从而减少规制成本,同时提高企业资源配置效率。激励性规制主要有如下几种形式:特许投标制度、区域竞争(或称为标杆竞争)制度、价格上限规制、社会契约制度等。尽管上述激励性也不同程度存在着某种缺陷,但很大程度上改善了传统规制存在的问题,在欧美一些国家的实践中取得了较好效果。

总之,作为规制经济学研究对象的政府规制活动近年来有了新发展,主要体现在如下方面:激励性规制与放松规制在全球的兴起；社会性规制日益发展,其规制领域不断扩大；政府规制方法更着重体现市场原则,出现了政府规制活动与市场机制相融合的趋势。政府规制活动中这些新趋势的出现促进了规制经济学的迅速发展。但是总体上跟国外相比,国内关于规制的研究,主要依然是经济性规制,例如对于自然垄断性行业的放松规制或者加强规制的研究,相对地,关于社会性规制研究较少,更谈不上深入。

【本章关键词】

公共规制	市场失灵	经济性规制	社会性规制
价格规制	进入规制	退出规制	标准规制
放松规制	激励性规制		

【本章小结】

公共规制是公共部门为了实现特定的目标而进行的经济活动。公共规制是指具有法律地位的、相对独立的公共部门,为了实现特定目标,依照法律法规对企业、个人或其他相关利益主体所采取的一系列行政管理与监督行为。

公共规制的存在,源于市场和政府都可能发生机制失灵。在市场失灵的情况下,公共规制的意义在于弥补市场不足或限制市场过度,以增进市场机制的效率和保证社会福利;在政府失灵的情况下,公共规制的意义在于放松规制和采用激励性规制,由市场机制来纠正政府的僵化行为,促进政府的效率和保证社会福利。

经济性规制主要关注政府在约束企业定价、进入与退出等方面的作用,重点针对具有自然垄断、信息不对称等特征的行业,其目的主要是为了防止资源低效配置和确保服务供给的公平性。经济性规制的成因主要在于自然垄断理论和公共产品理论。经济性规制包括了价格规制、进入规制、信息规制、投资规制、标准规制等,其中价格规制和进入规制是最基本和主要的。

社会性规制是以确保国民生命安全、防止灾害、防止公害和保护环境为目的的规制。社会性规制的理论基础主要包括外部性问题、信息不对称、公共性产品问题以及非价值性物品等四个方面。社会性规制的最终目标是保持人们的健康,提高人们的寿命质量和水平。环境规制、产品质量规制以及健康卫生规制和工作场所安全规制是社会性规制的重要内容。

放松规制、社会性规制的加强以及激励性规制等市场性规制手段应用的增加,是现代公共规制发展改革的新特点。

【本章复习题】

1. 简述公共规制的含义与分类。
2. 简述经济性规制和社会性规制区别和联系。
3. 如何看待美国政府针对微软的反垄断调查规制?
4. 如何看待我国当前的反垄断规制?
5. 请运用规制理论分析我国的食品安全问题。
6. 请结合实际分析我国当前公共规制中的问题及对策。

【本章推荐阅读】

1. 植草益:《微观规制经济学》,朱绍文、胡欣欣译,中国发展出版社1992年版。

2. 丹尼尔·F.史普博:《管制与市场》,余晖、何帆译,上海三联书店,上海人民出版社 1999 年版。
3. 张昕竹:《中国规制与竞争理论和政策》,社会科学文献出版社 2000 年版。
4. 王雅莉:《公共规制经济学》,清华大学出版社 2005 年版。
5. 史蒂芬·布雷耶:《规制及其改革》,李洪雷、宋华琳、苏苗罕、钟瑞华译,北京大学出版社 2008 年版。
6. 王俊豪:《自然垄断产业的政府管制理论》,浙江大学出版社 2000 年版。
7. 王俊豪:《政府管制经济学导论——基本理论及其在政府管制实践中的应用》,商务印书馆 2001 年版。

第十章 公共经济政策

本章学习目标：

- 理解公共经济政策目标,及其与公共经济政策工具间的关系;
- 熟悉公共经济政策工具,尤其是财政工具与货币工具的搭配;
- 认识公共经济政策的效力与效应;
- 了解我国经济制度的变迁与市场化后公共经济政策的调整。

本章在首先明确了公共经济政策的主要目标之后,介绍了一些常见的公共经济政策工具,以及财政政策与货币政策的搭配。随后,在此基础上分析了公共经济政策的效力和效应。最后,简要回顾了我国经济制度变迁的大致脉络和经济政策调整的实践与走向

第一节 公共经济政策概述

一、公共经济政策目标

公共经济政策是指一国政府为实现一定的宏观经济目标,而调整公共收支规模和收支平衡的指导原则及其相应的措施。

公共经济政策目标就是公共经济政策所要实现的期望值。公共经济政策目标在时间上具有连续性,在空间上具有一致性。从时效上看,公共经济政策可分为长期性(或基本)和中短期公共经济政策。公共经济政策目标在时间上的连续性要求中短期政策在导向上与长期性(或基本)公共经济政策保持一致。从作用空间上看,公共经济政策可分为微观、中观与宏观公共经济政策,以及总量调节和结构调节的公共经济政策。公共经济政策在目标空间上的一致性要求各层次公共经济政策目标取值保持总体方向一致,即保持公共经济政策的连续性;同时,政策目标作为一种期望值,它的取值受社会、政治、经济、文化等环

境与条件的限制,并且取决于民众的偏好与政府的行为。受社会经济发展战略和目标的影响,不同时期经济政策目标往往不同。当然即使在同一时期,公共经济政策的目标也是多重的,常见的主要目标如下:

(一) 经济持续均衡增长

经济持续增长,是指在平和地消除经济周期性波动的同时,实现宏观经济的长期稳定发展。对当下的中国而言,首先是保持平稳较快的增长。我国仍是一个生产力低下的国家,必须要有一个较快的增长速度。同时要注重增长的质量和效益,加快经济结构的战略性调整。进一步扩大国内需求,调整消费与投资的关系,增强消费的推动力。保持社会供求总量的基本平衡,避免经济的大起大落。其次是加快经济增长方式的转变。我国土地、淡水、矿产资源和环境状况对经济发展构成严重的制约,必须把节约资源作为基本国策,发展循环经济,保护生态环境,建设资源节约型、环境友好型社会,促进经济发展与人口、资源、环境相互协调,实现可持续发展。第三是提高自主创新能力。把增强自主创新能力作为科学技术发展的战略基点和调整产业结构、转变增长方式的中心环节,特别是提高原始创新能力、集成创新能力和引进消化吸收再创新能力。第四是促进城乡及区域协调发展。加大"三农"的投入,推进新型城镇化、统筹城乡协调发展。落实区域发展总体战略,形成中东西优势互补、良性循环的区域协调发展机制。第五是加强和谐社会建设。以人为本,切实解决关系人民群众切身利益的现实问题,注重经济与社会的协调发展,保持社会安定团结。为促进经济的适度增长,必须在经济增长的基础上保持公共经济收入的适度增长,优化支出结构。加大教育、卫生、科技和社会保障等各项社会事业的投入,促进经济与社会协调发展。

(二) 物价相对稳定

物价相对稳定是世界各国均在追求的重要经济政策目标,也是公共经济政策稳定功能的基本要求。物价相对稳定,并不是冻结物价,而是把物价总水平的波动约束在经济稳定发展可容纳的空间。物价相对稳定,可以具体释义为避免过度的通货膨胀或通货紧缩。在采取公共经济政策措施时,必须首先弄清导致通货膨胀或通货紧缩的原因,如果是由于需求过旺或需求不足造成的,则需要调整投资性支出或通过税收控制工资的增长幅度;如果是由结构性摩擦造成的,则必须从调整经济结构着手。稳定物价,对于我们这样一个资源相对短缺、社会承受能力较弱的发展中大国来说,始终是经济发展中的一大隐患。因此,在公共经济政策目标的选择上必须予以充分地考虑。

(三)实现充分就业

失业率是衡量宏观经济的重要指标。在一些西方国家,大量工人失业导致了严重的社会问题和政治问题。降低失业率,实现充分就业是政府制定经济政策时要首先考虑的问题。失业率与经济增长、物价是紧密联系的。现实生活中,人们希望经济增长率要高,失业率要低。但高产出、低失业会抬高物价和工资水平,通货膨胀率趋向上升。因此,经济增长率、失业率和通货膨胀率往往是制定经济政策的两难选择。西方经济学提出潜在 GDP(或 GNP)和自然失业率的概念。潜在 GDP 是指在保持价格稳定情况下所能产出的最大产出量,即国民经济按潜在产出能力运行时,产出水平高,失业率低,而且价格稳定。潜在 GDP 也称为充分就业产出量,意思是说在这个产出水平上达到了充分就业。但充分就业水平并不意味着不存在失业,在充分就业水平条件下存在的失业称为自然失业率。自然失业率是与潜在 GDP 相对应的失业率,是价格和工资水平处于均衡状态的失业率,也是经济运行中可以维持的最低失业率。据测算,美国 20 世纪 80 年代后期的自然失业率在 5%—6%。

我国劳动力就业市场除具有市场经济的一般规律以外,还具有较强的经济转轨期的特征,这主要是国有企业改制的下岗职工和农村富余劳动力向城市转移给就业市场带来巨大的压力。因此,采取各种措施缓解就业再就业的压力,控制失业率,是当前宏观经济政策的一项重要任务。国家公共经济政策建立在以职工基本生活保障、失业保险和城市居民最低生活保障为内容的"三条保障线"制度上,支持下岗职工上岗培训和农民工的技术培训,实行有利于再就业的税收政策,支持劳动密集型的中小企业的发展等,对缓解就业再就业的压力发挥重要作用。

(四)收入合理分配

"吃大锅饭"的平均主义,抑制了劳动者的生产积极性,不利于经济的发展。收入分配不合理,贫富差距过大,又不利于社会经济的稳定。在社会主义市场经济下,同资源配置机制一样,应使市场分配起决定性作用,同时实施政府的宏观调控。收入分配既要有利于充分调动社会成员的劳动积极性,同时又要防止过分贫富悬殊。因此,在政策的导向上存在着公平与效率的协调问题。当社会成员的收入差距过大时,则必须重视社会公平,使全体人民共享改革发展成果。通过税收调节缩小收入分配的差距,建立完善的社会保障体系和最低生活保障体系等是实现收入合理分配目标的有效措施。当前我国正面临着收入差距过大、贫富两极分化的问题,因此在追求效率的同时,应做好收入的合理分配,以维护社会的总体公平和基本稳定。

(五) 社会生活质量逐步提高

经济研究的目的在于更好地满足社会全体成员的需要,而需要的满足不仅取决于个人消费需求的实现,而且取决于社会公共需要的实现。这种社会公共需要的满足,综合表现为社会生活质量的提高。比如公共安全、环境质量、基础科学研究、普及教育和公共卫生等水平的提高都标志着社会生活质量的提高。公共经济政策把社会生活质量的提高作为政策目标之一,是因为提高社会生活质量,仅靠市场是远远不够的,还必须依靠政府部门提供足够的高质量社会公共物品和服务。

二、公共经济政策模式

现代经济一般被称为混合经济,因为一方面,市场微观主体一般密切关注市场的动向,试图在市场上不断扩大自己的销售份额;另一方面,在让市场机制发挥作用的同时,政府也在对市场进行干预。根据市场化的程度或者政府干预的程度可以将公共经济政策分为自由市场经济模式、社会市场经济模式和政府主导型经济模式。当然,为实现上述公共经济政策目标,不管采用何种模式主要都是运用财政政策和货币政策进行宏观经济调控。

(一) 自由市场经济模式——美国模式

美国是自由市场经济模式的成功典范,并且"二战"后一直在世界经济中处于"领头羊"位置。美国自由市场经济模式的特点是决策权主要在私人公司,私人公司自由追逐短期利润,通过金融市场获得资本,其主流文化是个人主义和自由主义。

美国经济以"小政府,大社会"的高度私有制为基础,经济决策权高度分散为特征,资源配置几乎完全由市场来进行的,拥有成熟完善的市场机制和市场体系。各经济主体拥有充分的自主权,企业完全自主经营、高度自由竞争,但市场经济体系仍难以免除类似自然垄断、垄断势力及垄断行为的影响,政府也不得不对市场经济进行干预,但主要运用财政政策和货币政策进行间接调控。二战后,虽然美国的社会福利迅速增长,但同西欧国家相比,其福利化程度较低,主要靠完善的经济法律体系来有效地保障市场经济的运行。

在政府与市场的关系上,市场居于主体地位,政府对市场的干预最小,其主要特性表现在以下四方面。第一,实行自由企业制度,企业在不违背法律条款的原则下,以利润最大化为主要目标,不需要考虑社会责任,并且可通过对政府进行游说以实现自身商业利益。第二,政府以《谢尔曼法》、《克莱顿法》和《联邦贸易委员会法》等法律为依据,限制大企业的垄断行为,促进市场竞争;另一方面支持小企业发展,为小企业提供贷款融资和政府采购合同。第三,在宏观调控上,主要以财政政策和货币政策为手段。第四,提供有限的社会保障。美国社会保障总体水平较低且地区不平衡,只限于对特殊群体的救助,而非全民福利。总之,美国政府干预市场的程度小,重在市场过程前制定规则和完善市场运行条件,对市场结果的修正力度比较小,并且属于被动的补缺型干预。美国政府干预的出发点主要是修补市场空缺,对市场机制本身的纠偏、限定和扬弃很少,是典型的"小政府、大市场"模式。

(二)社会市场经济模式——德国模式

德国是社会市场经济模式的成功代表。二战后,前联邦德国在很短的时间里克服了战后所面临的精神上和物质上的大混乱,取得了建设和发展的巨大成就,被称为"德国的经济奇迹",这一变化是与德国公共经济政策的社会市场经济模式密切相连的。虽然德国经济活动以市场为基础和纽带,市场机制在经济运行中起主导作用,但国家具有指导和调节经济的职能,市场活动受到国家一定的干预和协调,而不是绝对自由。国家进行适度干预,主要是创造正常的市场环境,充分发挥市场机制的作用,鼓励、保护竞争,以促进经济运行富有活力和效率。同时,防止和补救竞争所带来的不良后果,维护社会公正,以保护经济全局的稳定和社会安定。它的意义是将市场自由原则与社会公平原则结合在一起。

德国政府对经济的干预,分为直接和间接两个方面。直接干预表现在两个方面:首先,主要是对价格形成的控制以及对对外贸易、能源政策、农业政策等的规定。其次,政府还参与企业投资,但即便是政府控股,政府也不直接插手企业的经营管理。

政府对经济活动的间接干预主要是围绕实现经济稳定增长、充分就业、物价稳定和国际收支平衡等公共经济政策目标来进行,采用了独具特色的联邦银行体制和其始终坚持的反通货膨胀的货币政策、扶持中小企业发展的财税政策和产业政策。其主要体现在下述三个方面:一是完备的法律调节,即从法律层面为市场竞争创造良好的环境。如为了保护竞争,促进公平,德国制定了一系列法律,如反不正当竞争法、反垄断法、劳动保护法、工作时间法、环境保护法、职业教育法等。二是政策调节,即通过经济政策对市场运行中出现的矛盾和问题进行宏观调控。国家采取的经济政策主要是财政政策、货币政策、收入政策、产业政策等,其中最主要的是财政政策和货币政策。三是实行完善的社会保障政策,通过高税收调节个人收入差距,以财政预算平衡制度调节地区差距,并通过广覆盖、高水平的社会保障政策,为贫困者提供经济安全。从上述三个方面看,德国政府对市场干预的重点,在于市场过程前提供"秩序"规则和市场过程后修正结果,但这一头一尾的两端条件,限定了市场发挥作用的范围和路径,相当于对市场机制进行了"扬弃",所以,德国政府介入市场的总体程度虽然不深,但这种干预的主动性非常强。

(三) 政府主导型经济模式——日本模式

日本属于独特的政府主导型经济模式,它是在自由市场经济的基础上,在资源配置方式、决策结构与过程乃至经济运行方向等方面,国家通过产业政策、计划调节、行政指导等手段进行干预,且干预力度以及对经济的导向作用相对较强,被称为"政府导向型"或"行政导向型"的市场经济,同时该模式还被称为"社团市场经济"。日本的民间经济组织众多,为了共同的利益,日本企业自愿参加各种民间团体。据统计,日本的大、中、小法人企业几乎都加入了某种经济组织。有西方学者在评论日本时称"日本股份公司",认为日本政府直接控制着全国的一切经济活动,政府如同总公司,民间企业如同分公司。

尽管日本政府内设有经济计划部门,但日本仍是以私营经济为主体的高度竞争的市场经济国家,政府并不直接干预社会经济活动。日本的政府"主导"是行政机关以协商的办法诱导和劝告民间企业的行政行为。它既不是行政命令,也不一定有法律依据。但是,民间企业基本上都会服从政府的"指导",主要是"政府主导"的背后隐藏着对民间企业实行奖惩的经济手段。即"糖块加皮鞭":按照政府的意图行事,可能获得补助金、长期低利贷款或者减税等经济上的好处,反之则可能受到政府的经济制裁。可见,实质上日本公共经济政策还是主要通过财政政策和货币政策,对各类经济活动和特定产业进行引导而实现。

在宏观调控方面,日本除运用财政政策和货币政策进行需求管理外,还重视供给管理,特别注重国家的经济计划和产业政策的作用。日本式的经济计划是诱导性和指导性的计划,计划的宗旨是表明经济发展现状,确立经济发展目标,通过制定政策引导企业的投资方向。日本的产业政策是政府为改变产业间的资源分配采取的政策,其主要内容随着经济发展阶段不同而不断变换。经济复兴时期,日本提出了以"倾斜生产方式"为主要内容的产业复兴政策;高速增长时期,优先发展重工业和化学工业,并使其占有较高比重,使产业结构向高层次化、高加工化、高附加值化方向发展,并通过追求规模经济来增强国际竞争力;产业调整时期,对高耗能的衰退产业进行调整,将资本密集型的"工业化型结构"转换成知识和技术密集型的"后工业化型结构";结构转换期,由于日元升值,日本政府采取结构调整措施,通过"内需扩大主导型"战略,使其产业政策向"国际协调型"和"知识融合化"的方向发展。

在政企关系方面,政府与企业之间有一种相互信赖关系和相互合作的精神,政企间联系紧密,从而形成了在市场经济条件下的宏观控制系统,表现在以下三个方面:一是以政府官厅为主体的政府控制系统,即由通产省、大藏省和经济企划厅等为核心组成的最高控制机构。二是日本的行会系统,包括行业协会、联合会和企业组合等。它们作为本行业的组织机构,是承上启下关系的纽带。三是官、产、学三位一体的审议系统,该系统是由财界、产业界和学术界联合组成的审议、咨询机构,参与政府的有关经济政策的制定过程,构成自上而下和自下而上联系渠道,共同对政府和企业实施双重影响力。

第二节 公共经济政策工具

公共经济政策工具是为了实现既定的公共经济政策目标而实施的经济政策措施和手段。常见的公共经济政策工具主要包括财政政策工具、货币政策工具、直接控制工具和制度工具。

一、财政政策工具

财政政策是指一国政府为实现一定的宏观经济目标,而调整公共收支规模和收支平衡的指导原则及其相应的措施。所谓财政政策工具就是财政政策主体所选择的用以达到政策目标的各种财政手段。财政政策工具是最常使用的公共经济政策工具,主要是通过调整财政收入和支出来直接影响社会总供给和总需求。常见的财政政策工具主要包括税收、公共支出、政府投资、国债等。

(一)税收

税收作为一种政策工具,具有形式上的强制性、无偿性和固定性特征,这些特征使税收调节具有权威性。税收调节作用,主要通过宏观税率和具体税率的确定、税种选择、税负分配(包括税负转嫁)以及税收优惠和税收惩罚等规定体现出来。

宏观税率(即税收收入占 GDP 的比重)是财政政策实现调节目标的基本政策度量指标。当一个国家把税收作为财政收入的基本来源(例如我国税收已占整个财政收入的 90%)时,宏观税率就成为衡量财力集中与分散程度的一个重要指标。宏观税率高意味着政府集中掌握的财力或动员资源的能力高,反之则低。政府动员资源的能力如何,对于宏观经济运行的稳定以及经济的发展会产生重大影响。一般来说,政府提高宏观税率,会对民间部门经济起收缩作用,意味着更多的收入从民间部门流向政府部门。相应地,民间部门的需求将下降,民间部门的产出将减少。政府若降低宏观税率,则会对民间部门经济起扩张作用,需求将相应地上升,产出也将相应地增加。但是,如宏观税率过低则难以保证政府提供公共物品的需要,也不利于政府的宏观调控。

宏观税率确定后,税负的分配就显得十分重要。税负分配,一方面是由政府部门来进行,主要是通过税种选择和制定不同的具体税率来实现;另一方面是通过市场活动来进行,主要是通过税负转嫁的形式体现出来。税负转嫁的结果,使纳税人的名义税负与实际税负不相同。因此,可以说税负转嫁是在政府税负初次分配的基础上,通过市场机制的作用而进行的税负再分配。两个层次的税负分配,对于收入的变动、相应的个人与企业的生产经营活动以及各经济主体的行为,均会产生重大影响。

税收优惠与税收惩罚主要是在征收正税的基础上,为了某些特殊需要而实行的鼓励性措施或惩罚性措施。这种措施在运用上具有较大的灵活性,它往往起到正税所难以起到的作用,因而在各国税法中都不同程度地保留着某些税收优惠性和惩罚性的措施。税收的优惠性措施包括减税、免税、宽限、加速折旧以及建立保税区等。与税收优惠措施相反的是税收的惩罚性措施,如报复性关税、双重征税、税收加成、征收滞纳金等。无论是优惠性的还是惩罚性的措施,对实现财政政策的某些目标都会起到一定作用。

(二)公共支出

公共支出指政府满足纯公共需要的一般性支出(或称经常项目支出),主要由购买性支出和转移性支出两大部分构成,除此之外,还包括财政补贴。购买性支出包括商品和劳务的购买,它是政府的一种直接消费支出。转移性支出通过"财政收入→国库→财政支付"的过程将货币收入从一方转移到另一方。此时,民间的消费并不因此而发生变化。在我国,财政补贴占有重要位置,不仅因为补贴支出数额大,而且还因为财政补贴是我国目前的经济体制运转不可或缺的润滑剂。我国经济正在向市场经济转轨,新旧体制的摩擦较大,存在许多利益冲突,而财政补贴的运用则对实现体制的平稳过渡发挥了重大作用。当然,补贴的过快增长,也给我国经济与财政带来了沉重的负担,产生了一些消极的影响。财政补贴是一种具有明显二重性特征的政策工具,因此在运用上必须充分考虑到它的双重作用。

(三)政府投资

政府投资指财政用于资本项目的建设支出,它最终将形成各种类型的固定资产。在市场经济条件下,政府投资的项目主要是指那些具有自然垄断特征、外部效应大、产业关联度高、具有示范和诱导作用的公共设施、基础性产业以及新兴的高科技主导产业。政府的投资能力与投资方向对经济结构的调整起关键性作用。考虑到国民经济基础设施和基础产业的瓶颈制约,政府投资所产生的效应,就不局限于自身的投资效应。作为一种诱发性投资,它可将基础瓶颈制约所压抑的民间部门的生产潜力释放出来,并使国民收入的创造达到一个较高的水平。这就是政府投资在基础瓶颈条件下所产生的乘数效应。如图 10-1 所示,政府通过增加基础性产业投资提高了基础性产业的产出量 Y,使整个生产可能曲线 U_1V_1 向外推移至 U_2V_2,进而使 UV 与更高的社会无差异曲线 SW_2 相切于 E_2 点,此时,社会的总体经济效益较以前的 E_1 为高。

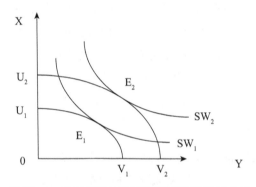

图 10-1 政府投资在"基础瓶颈"下的乘数效应

但是政府投资并不完全具有这种乘数效应,其症结在于:政府的投资在规模上过大,而且并不集中于上述具有乘数效应的产业部门,许多本应让民间部门发展的投资领域政府包揽过多,重复建设、盲目建设的现象严重,所以尽管政府投资规模很大,但投资效益低下。

(四)国债

国债即政府对公众的债务。作为一种财政信用形式,它最初主要用来弥补财政赤字,但随着信用制度的发展,国债已成为调节货币供求、协调财政与金融关系的重要政策手段。国债的调节作用,主要体现为三种效应:一是排挤效应,即由于国债的发行,使民间部门的投资或消费资金减少,从而对民间部门的投资或消费起调节作用。二是货币效应,即国债发行引起货币供求的系列变动。它一方面可能使部分潜在货币变为现实流通货币,另一方面则可能把存于民间部门的货币转到政府部门,或由于中央银行购买公债增加货币的投放。三是收入效应。无论是以未来年度增加税收还是发行新债来偿还,国债持有人在国债到期时,不仅收回本金而且得到利息报偿。而政府发行国债主要用于社会公共需要,人人均可享用,这样,在一般纳税人与国债持有人之间就产生了收入的转移问题。此外,国债所带来的收入与负担问题,不仅影响当代人,而且还存在着代际的收入与负担的转移问题。

国债的作用主要通过国债规模、持有人结构、期限结构、国债利率等综合体现出来。政府可以通过调整国债规模、选择购买对象、区分国债偿还期限、制定不同国债利率等来实现财政政策的目标。在现代信用经济条件下,国债的市场操作是沟通财政政策与货币政策的主要载体,通过国债的市场操作,可以协调两大政策体系的不同功能。一方面,可以淡化赤字的通货膨胀后果,因为国债的市场融资比政府直接向央行透支对基础货币的变动影响小;另一方面,可以增加中央银行灵活调节货币供应的能力。

二、货币政策工具

货币政策是指一国政府为实现一定的宏观经济目标所制定的关于调整货币供应的基本方针及其相应的措施,是由信贷政策、利率政策、汇率政策等构成的有机的政策体系。货币政策的核心是通过改变货币供应量,使之与货币需求量之间形成一定的对比关系,进而调节社会总供给和总需求。与前述财政政策工具不同,货币政策工具是通过利率的变动来间接影响宏观经济总量的。常见的货币政策工具可分为一般性措施、选择性措施、直接信用控制和间接信用控制。

(一) 一般性措施

1. 调整利率

中央银行根据资金松紧情况确定调高或调低利率,借此调节货币供应量和需求量,进而影响社会总供给和总需求。

2. 调整再贴现率

再贴现即中央银行通过变动对各商业银行(专业银行)和其他存款机构的贷款利率来调节货币供应量。再贴现率,即中央银行通过变动对各商业银行(专业银行)和其他存款机构的贷款利率。再贴现率提高,商业银行就会减少向中央银行借款,进而货币供应量就会减少。再贴现率降低,商业银行就会增加向中央银行的借款,如此货币供应量就会增加。但如果商业银行不向中央银行借款,通过变动再贴现率来调控银行准备金的效果则将受限。因此,实践中调整再贴现率一般仅作为补充手段和其他措施配合使用。

3. 变动法定准备金率

法定准备金是商业银行(专业银行)和其他存款机构按法律规定交存中央银行的存款准备金。法定准备金率是各商业银行(专业银行)和其他存款机构按规定向中央银行交存的准备金占存款总额的比率。显然,变动法定准备金率能调节和控制信贷规模,影响货币供应量。提高法定准备金率,各商业银行可用贷款的资金减少,同时货币乘数变小,货币供应量减少。反之,则货币供应量增加。但由于变动法定准备金率的影响相当大,因而实际操作中十分谨慎。

4. 公开市场业务

中央银行在金融市场上公开买卖政府证券,特别是短期国库券,以调控货币供给和利率。当中央银行在公开市场上购进有价证券时,会增加商业银行的准备金,扩大银行创造信用的能力,进而增加货币供给量。反之,则减少货币供给量。公开市场业务是中央银行调控货币供给的主要手段,不仅可以准确控制银行体系的准备金,而且也可较为准确地预测对货币供给的影响。

(二)选择性措施

1. 优惠利率

为扶植弱势基础性产业、新兴产业,维护国民经济安全,促进产业结构的及时调整与升级,中央银行往往会对这些国家重点发展的经济或产业部门采取鼓励性金融政策。

2. 消费者信用控制

消费者信用控制是中央银行为了控制需求过旺和通货膨胀,对商业银行和其他金融机构发放购买耐用消费品的贷款而采取的控制。主要包括规定消费信贷购买耐用品的种类、对不同消费品规定的不同信贷条件、消费信贷购买商品的最长期限、分期付款购买耐用消费品的最低首付金额等。

3. 证券市场信用控制

证券市场信用控制是中央银行为了限制借款购买证券的数量,防止过度投资对有关证券交易的各种贷款进行的限制。如,规定证券保证金比率(以现款支付的金额占证券交易总额的比例),或根据金融市场的情况及时调整证券保证金比率。

4．房地产信用控制

房地产信用控制是中央银行对商业银行办理房地产等不动产抵押放款的一种管理措施。主要包括规定放贷的最高限额、最长期限和首付款的最低金额等。

(三) 直接信用控制

直接信用控制是指中央银行以行政命令或其他方式,对商业银行及其他金融机构的信用活动进行管制。常见的直接信用控制措施如下:

1．最高利率限制

中央银行对商业银行的储蓄存款规定最高利率,以限制商业银行间互抬利率的恶性竞争。

2．信用配额

中央银行根据需要对各个商业银行的信用规模加以分配,以限制其最高数量。

3．流动性比率

中央银行规定流动资产占存款的比重,以控制投资规模。商业银行为了保持中央银行规定的流动性比例,必须压缩长期贷款、扩大短期贷款,同时增加应付提现资产比率,从而满足中央银行压缩投资规模的要求。

4．直接干预

中央银行直接对商业银行的信贷业务和放款范围等加以干预。

5．特别存款

中央银行在出现严重通货膨胀时要求商业银行和其他金融机构存入一种特别款项,以缩减信用扩张,进而减少货币供应量。

(四) 间接信用控制

间接信用控制也称道义劝告,指中央银行运用自己在金融体系中的特殊地位和威望,通过对银行及其他金融机构的劝告,影响其贷款和投资方向,以达到调控银行信用的目的。如,在经济紧缩时鼓励银行扩大信贷规模,在通货膨胀时勒令银行缩减信贷规模。但由于间接信用控制并无明确的法律地位,因此其效果不如其他控制工具明显。

三、财政与货币政策的组合

(一)财政与货币政策组合的原因

在我国,财政与银行信贷是国家从宏观上集中分配资金的两条不同的渠道,两者虽然都能对社会的总需求与总供给进行调节,但在消费需求与投资需求形成中的作用又是不同的,而且这种作用是不可相互替代的。

1. 两者作用机制不同

财政是指国家集中一部分 GDP 用于满足社会公共需要,因而在国民收入的分配中,财政居于主导地位。财政直接参与国民收入的分配,并对集中起来的国民收入在全社会范围内进行再分配。因此,财政可以从收入和支出两个方面影响社会需求的形成。当财政收入占 GDP 的比重大体确定,即财政收支的规模大体确定的情况下,企业和个人的消费需求和投资需求也就大体确定了。比如,国家对个人征税,也就相应减少了个人的消费需求与投资需求;对企业征税或国家对企业拨款,也就减少或增加了企业的投资需求。银行是国家再分配货币资金的主要渠道,这种对货币资金的再分配,除了收取利息外,并不直接参加 GDP 的分配,而只是在国民收入分配和财政再分配基础上的一种再分配。信贷资金是以有偿方式集中和使用的,主要是在资金盈余部门和资金短缺部门之间流动。这就决定了信贷主要是通过信贷规模的伸缩来影响消费需求与投资需求的形成。至于信贷收入(资金来源)虽然对消费需求与投资需求的形成不能说没有影响,但这种影响一定要通过信贷支出才能产生。比如,当社会消费需求与投资需求过旺时,银行采取各种措施以吸收企业、单位和个人的存款,这看起来是有利于紧缩需求的,但如果贷款的规模不相应压缩,就不可能起到紧缩需求的效果。

2. 两者作用方向不同

从消费需求的形成看,包括个人消费和社会消费两个方面。社会消费需求,基本上是通过财政支出形成的,因而财政在社会消费需求形成中起决定作用。只要在财政支出中对社会消费性支出进行适当压缩,减少公共部门的购买力,社会消费需求的紧缩就可以立即见效,而银行信贷在这方面则显得无能为力。个人消费需求的形成则受到财政、信贷两方面的影响。在个人所得税制度日趋完善的情况下,财政对个人消费需求的形成是有直接影响的,而银行主要是通过工资基金的管理和监督以及现金投放的控制,间接地影响个人的消费需求。银行对个人消费需求形成的直接影响,也主要是体现在城乡居民储蓄存款上,但居民储蓄存款毕竟可以随时提取,因而这种影响的力度就不像财政那样大。再从投资需求的形成看,虽然财政和银行都向再生产过程供应资金,但两者的侧重点不同。在我国现行体制下,根据财政、银行在运用资金上无偿与有偿的不同特点,固定资产投资理应由财政供应资金,而流动资金投资一般由银行供应资金。虽然随着银行信贷资金来源的不断扩大,银行也发放一部分固定资产投资贷款,但银行的资金运用重点仍是保证流动资金的供应和短期的固定资产投资贷款。从这里也可看出,财政在形成投资需求方面的作用,主要是调整产业结构,促进国民经济结构的合理化,而银行的作用则主要在于调整总量和产品结构。

3. 扩张和紧缩需求的作用不同

在经济生活中,有时会出现需求不足、供给过剩,有时又会出现需求过旺、供给短缺。这种需求与供给失衡的原因很复杂,但从宏观经济看,主要是由财政与信贷分配引起的,而财政与信贷在膨胀和紧缩需求方面的作用又是不同的。财政赤字可以扩张需求,财政盈余可以紧缩需求,但财政本身并不具有直接创造需求即创造货币的能力,唯一能创造需求、创造货币的是中央银行。因此,财政的扩张和紧缩效应一定要通过货币政策机制的传导才能发生。比如财政发生赤字或盈余时,如果银行相应压缩或扩大信贷规模,完全可以抵消财政的扩张或紧缩效应;只有当财政发生赤字或盈余时,银行相应地扩大或收缩货币供给量,财政的扩张或紧缩效应才能真正发生。不仅如此,银行自身还可以直接通过信贷规模的扩张和收缩来起到扩张和紧缩需求的作用。从这个意义上说,中央银行的货币政策是扩张或紧缩需求的"总闸门"。

(二) 财政与货币政策的组合模式

正是由于财政政策与货币政策在消费需求与投资需求形成中的作用不同,如果财政政策与货币政策各行其是,就必然会产生碰撞与摩擦,彼此抵消力量,从而减弱宏观调控的效应和力度,也难以实现预期的调控目标。因此,需要对财政政策与货币政策进行松紧搭配组合运用。

1. 松的财政政策和松的货币政策

松的财政政策是指通过减少税收和扩大政府支出规模来增加社会的总需求。松的货币政策是指通过降低法定准备金率、降低利息率而扩大货币供给规模。显然,"双松"政策的结果必然是社会总需求扩大。在社会总需求严重不足,生产能力和社会资源未得到充分利用的情况下,利用这种政策配合,可以刺激经济的增长,扩大就业,但也可能带来通货膨胀的风险。

2. 紧的财政政策与紧的货币政策

紧的财政政策是指通过增加税收、削减政府支出规模,来限制消费与投资,抑制社会的总需求。紧的货币政策是指通过提高法定准备率、提高利率来压缩货币供给量。这种"双紧"政策组合可以有效地遏止需求膨胀与通货膨胀,但也可能会带来通货紧缩和经济停滞的后果。

3. 紧的财政政策和松的货币政策

紧的财政政策可以抑制社会总需求,防止经济过旺和通货膨胀。松的货币政策可以保持经济的适度增长。因此,这种政策组合的效应就是在控制通货膨胀的同时,保持适度的经济增长。但货币政策过松,也难以遏止通货膨胀。

4. 松的财政政策和紧的货币政策

松的财政政策可以刺激需求,对克服经济萧条较为有效。紧的货币政策可以避免过高的通货膨胀率。因此,这种政策组合的效应是在保持经济适度增长的同时尽可能地避免通货膨胀,但长期运用这种政策组合会积累起巨额的财政赤字。

从以上几种政策组合可以看到,所谓松与紧,实际上是财政与信贷在资金供应上的松与紧,也就是银根的松与紧。凡是使银根松动的措施,如减税、增加财政支出、降低准备金率与利息率、扩大信贷规模等,都属于"松"的政策措施。凡是抽紧银根的措施,如增税、减少财政支出、提高准备金率与利息率、压缩信贷规模等,都属于"紧"的政策措施。至于到底采取哪一种松紧搭配政策,则取决于宏观经济的运行状况及其所要达到的政策目标。一般来说,如果社会总需求明显小于总供给,就应采取松的政策措施,以扩大社会的总需求,如果社会总需求明显大于总供给,就应采取紧的政策措施,以抑制社会总需求的增长。同时,当我们运用财政政策与货币政策来实现宏观经济的调控目标时,不能只看到需求的一面,还要兼顾供给的一面。当然,采取紧的政策措施在压缩需求方面可以迅速奏效,而采取松的政策措施在增加供给方面往往要经历一个过程才能见效。

四、直接控制工具

直接控制是政府通过行政手段或立法方式对社会经济生活的直接干预,它是政府利用自身的权力、威严和强大的物质力量对经济活动进行强制性干预以迅速实现预期目标。由于与市场机制相悖,因此直接控制工具只能作为一种应急工具,在实际运用中需谨慎选择。一般而言,直接控制工具可分为对内经济管制和对外经济管制。

(一) 对内经济管制

1. 价格管制

价格管制是指政府为了维护物价稳定和社会公平,直接制定、调整某些重要商品或生产要素的价格和服务收费标准。如,规定某些商品的最高和最低限价、制定农副产品支持价格或临时冻结物价等。

2. 非价格管制

非价格管制是指不依赖价格体系,政府直接通过行政手段来分配物资,如我国计划经济时代的供给制。在物品或资源短缺时期,政府往往偏好非价格管制。

3. 投资管制

为控制投资规模、优化投资结构和布局,政府往往对微观经济主体的投资活动附加某种条件,以实现社会总供给和总需求的价值总量和实物结构的平衡。

(二) 对外经济管制

1. 外贸管制

外贸管制是政府对国际贸易实施的干预,常见的措施包括出口补贴和进口限制。出口补贴主要包括直接现金补贴和间接降低出口商品成本。进口限制除关税外,主要是非关税壁垒。非关税壁垒包括进口限制额、自动出口限制额、技术标准及反倾销等。进口限制额,即对进口商品的数量直接进行限制。自动出口限制额是指进口国和出口国协商,双方将其出口"自愿"限制在一定额度内。技术标准是指通过安全规定、卫生检疫和包装标签规定来限制国外商品的进口。反倾销是针对倾销实施的贸易保护。

2. 外汇管制

外汇管制是指一国政府对黄金、外汇买卖、国际资本移动和国际结算所实行的限制性措施。对外汇汇率的管理,对国内外汇兑换、使用和分配的管理,可以促进出口、防止投机性资金流入或外逃、改善国际收支平衡和维护本国货币稳定。

五、制度工具

作为非经济性工具,制度工具是指政府通过立法的形式调整或确定经济运行的基本框架、契约关系或行为规范。作为管束和引导社会行为的系列规则,制度工具与财政、货币和直接控制工具相比,虽然并不直接实现特定的政策目标,但却为其他政策工具提供生效的前提条件或基础背景。因此,相对而言,制度及其变迁对社会经济的影响更为巨大而深远,虽然其短期效果并不明朗且难以计量。

第三节 公共经济政策的效力与效应

公共经济政策在制定和执行前后要预估和评价政策的效力,现代各国和地区政府多实行赤字的财政政策,所以本章从理论上探讨不同条件下公共经济政策的相对效力和赤字财政政策的经济效应。

一、公共经济政策的效力

目前,各国和地区政府的公共经济政策主要是影响社会的总需求量和结构,所以,这里假定是在封闭经济条件下实行自由利率,由此分析财政政策与货币政策对总需求影响的相对效力。

(一) 财政政策的效力

当政府实施扩张性财政政策时,政府需求的增加将通过财政政策乘数效应使国民产出(GDP)增加。GDP的增加又使货币需求增加,即需要更多的货币用于流通。在中央银行不改变货币供给的情况下,利率(i)必然上升。利率上升,一方面会抵消由于GDP增加而增加的货币需求,另一方面又会减少投资需求,从而抵消一部分政府支出或减税对GDP的刺激作用。如果投资需求对利率的敏感程度很高,利率的上升将会减少投资;如果货币需求对利率的敏感程度很低,那么,由于政府支出增加引起的货币需求将使利率猛增,因为利率敏感程度很低,意味着利率必须有较大的变动。

此外,财政支出乘数是衡量财政政策效力的一个重要指标。但是,财政支出乘数能否使财政政策的效力充分发挥出来,同样要受到上述两个因素的制约。如果投资对利率高度敏感而货币需求对利率不敏感,即使财政支出乘数很大,财政政策也无法产生强有力的效果。与上述情况相反,当政府采取扩张性财政政策时,如果利率上升幅度不大,或扩张性财政政策对利率水平没有多大影响,那么,这种政策对投资的冲击就很小。在这种情况下,扩张性财政政策对总需求就有很强的影响力。换言之,当投资对利率不敏感而货币需求对利率高度敏感时,财政政策的效力就很强,见图10-2。

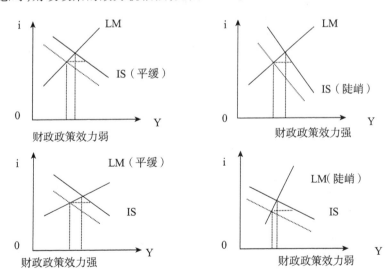

图10-2 财政政策效力的强弱

图 10-2 用 IS-LM 曲线的形状及其移动来展示财政政策效力的强弱。财政政策的效力与 IS 曲线和 LM 曲线的形状有很大关系。当投资需求对利率很敏感时,IS 曲线比较平缓,因为利率的较小变化和投资需求的较大变化有关。相反地,当投资需求对利率不敏感时,IS 曲线就比较陡峭。再看 LM 曲线的形状。当货币需求对利率很敏感时,LM 曲线就比较平缓,因为当货币需求随着收入变化而增加时,利率的很小变化就足以使它减少;反之,当货币需求对利率不敏感时,LM 曲线就比较陡峭。当 IS 曲线比较陡峭,或者 LM 曲线比较平缓时,财政政策的效力比较强。相反,如果 IS 曲线比较平缓,或者 LM 曲线比较陡峭,财政政策的效力就比较弱。

(二) 货币政策的效力

货币政策的操作主要体现在货币供给的变化上,扩张性货币政策或宽松性货币政策使货币供给增加,紧缩性货币政策或紧货币政策使货币供给减少。一项扩张性货币政策如果在货币供给增加时使利率下降的幅度很大,并且对投资有很大的刺激作用,它对总需求的影响就很大。这种效果产生的条件:一是,如果投资需求对利率的敏感程度很高,利率的下降就会使投资受到极大鼓励。二是,如果货币需求对利率的敏感程度很低,货币供给的增加使利率下降幅度很大(利率的略微下降就足以把货币需求提高到同较高货币供给一致)。在这两个条件得到满足的情况下,货币政策对总需求的影响效力就强。货币政策对总需求的影响效力也有弱的时候。如果投资需求对利率的敏感程度很低,利率的下降不会使投资受到很大的刺激;如果货币需求对利率的敏感程度很高,货币供给的增加并不能使利率下降幅度很大。在这种情况下,一项扩张性的货币政策如果使利率下降幅度较小,或对投资的影响较小,它对总需求的影响就较弱(见图 10-3)。

图 10-3 中,用 IS-LM 曲线的形状及其移动来展示货币政策效力的强弱。同财政政策一样,货币政策的效力也与 IS 曲线和 LM 曲线的形状关系很大。如果 IS 曲线较为平缓或 LM 曲线较为陡峭,货币政策的效力就强;如果 IS 曲线较为陡峭或 LM 曲线较为平缓,货币政策的效力就弱。

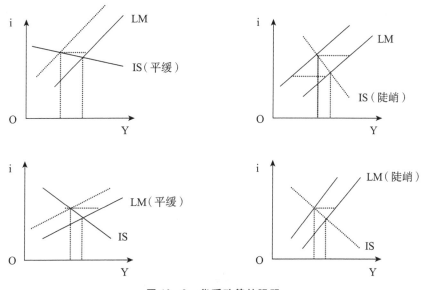

图 10-3 货币政策的强弱

二、财政赤字效应分析的原理

在上面运用简单的国民经济核算模型分析财政赤字的经济效应时,是假定货币存量、利率和中央银行对总产出不发生任何影响。但是,现实生活中,货币供求在经济中也发挥着举足轻重的作用,特别是利率是决定总需求的重要变量。现代经济学通过 IS-LM 模型来研究商品市场和货币市场的相互作用。运用 IS-LM 模型更能全面地表达财政赤字的经济效应。关于 IS 曲线和 LM 曲线的一般构造和原理,一般的经济学教科书都有说明,在此不再赘述。

IS-LM 模型中的 IS 曲线和 LM 曲线,在固定价格水平条件下决定总产出和利率。IS 曲线描绘了商品市场均衡条件下利率和总产出的组合,LM 曲线描绘了货币市场均衡条件下利率和总产出的组合。由于利率上升将导致投资支出下降从而引起均衡产出下降,所以 IS 曲线向下倾斜。由于总产出增加将导致货币需求增加从而引起均衡利率上升,故 LM 曲线向上倾斜。IS 和 LM 曲线的交点,同时决定产出和利率,在这一交点上,货币市场和商品市场都达到均衡。由于在其他任何的利率和产出水平条件下,至少将有一个市场无法实现均衡,因而市场的内在机制将推动经济活动朝着位于 IS 曲线和 LM 曲线的交点处的共同均衡点移动。运用 IS-LM 模型首先可以区分不同赤字融资方式的不同的经济效应,可以分析财政赤字的"排挤"效应(见图 10-4),还可以进一步分析财政赤字的长期效应。

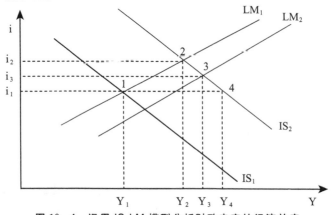

图 10-4 运用 IS-LM 模型分析财政赤字的经济效应

三、不同融资机制下财政政策的效应

(一) 财政赤字债务化融资的效应

观察图 10-4 首先要注意,Y_1 是处于潜在水平的产出,当时的利率为 i_1,商品市场和货币市场的均衡点在 1。如上所说,如果向居民、企业和商业银行发行国债为财政赤字融资,那么,一般而言,货币供给量不会发生变化,可以合理假定 LM 曲线基本上保持不动。图 10-4 描绘了扩张性财政政策(增加支出、减少税收或两者某种程度的组合导致财政赤字的增加)对总产出和利率的影响。财政赤字的增加使 IS_1 曲线移至 IS_2,商品市场和货币市场的均衡点移至点 2(IS_2 和 LM_1 的交点)。这样,财政赤字增加的结果导致产出增加至 Y_2,利率升至 i_2。产出的增加和利率的提高说明,财政赤字增加直接增加了总需求,或削减税收但通过增加可支配收入来增加消费支出,从而增加总需求。由总需求增加促进了产出的增加,而产出的增加相应地增加了货币需求。但是,由于利率相应地由 i_1 提高到 i_2,抵消了货币供给量的增加,因而债务化融资不会带来货币供给量的扩张并导致通货膨胀。如果实行紧缩性财政政策(通过减少政府支出或增加税收从而减少财政赤字),则它的效应与图 10-4 描绘的过程正好相反。这将减少总需求,使 IS 曲线左移,从而使总产出减少,利率降低。

(二) 财政赤字货币化融资的效应

如果中央银行通过增加基础货币的方式为财政赤字融资,那么与通过债务融资的等额的财政赤字相比,财政赤字的增加就会使产出以更大的幅度增加,同时,利率上升的幅度更小,甚至保持不变或降低。如图 10-4 所示,由于为财政赤字融资中央银行增加了基础货币,货币供应量就会增加,于是 LM_1 就相应地右移到 LM_2,相应地均衡点为交点 3。与交点 2 相比,产出更大($Y_3 > Y_2$),利率降低($i_2 > i_3$)。这是因为,政府支出增加导致产出的增加,产出的增加促使货币需求量上升,由于中央银行通过增加货币供应满足了货币需求的增长,抑制了利率的上升,也抑制了利率上升对私人支出的紧缩效应,但由此却有可能导致通货膨胀。

四、财政赤字的"排挤"效应

我们同样运用图 10-4 来分析财政赤字的"排挤"效应。所谓财政赤字的"排挤"效应,是指由于赤字增加了政府支出而挤出了民间支出(投资或消费)的现象。为了分析财政赤字的"排挤"效应,观察图 10-4 应当关注几个均衡点并将这几个均衡点进行对比。(1)当债务化融资而没有增加货币供给量时,均衡点由交点 1 上升为交点 2,对比可知,由于财政赤字增加了政府支出,提高了产出和利率;(2)均衡点 4 是原始的利率 i_1 和产出 Y_4 的均衡点,说明是在利率没有提高的条件下,由于财政赤字增加了总需求从而扩大了货币供给量,促进了产出达到较高的 Y_4 水平;(3)将均衡点 1、2、4 对比,分析由点 1 提高到点 2 和提高到点 4 的差别在哪里,即只提高到点 2 而没有提高到点 4 的原因是什么,当然差别和原因在于利率。均衡点 2 上,产出之所以只是上升到 Y_2 而没有达到 Y_4 的水平,是因为利率的提高排斥了私人或民间投资(或消费),减弱了政府支出增加的扩张效应,财政赤字产生了"排挤"效应。因此,Y_4 与 Y_2 是表明财政赤字的"排挤"效应。比如,当实行扩张性财政政策而引致利率上升,从而导致私人或民间投资(或消费)的减少,就产生了"排挤"效应。至于挤出效应的规模到底有多大,即财政赤字对总产出的扩张效应在多大程度上被排挤效应抵消,在不同的情况下则有所不同。

（一）完全"排挤"效应

如果经济处于充分就业水平,当财政扩张增加需求时,由于经济中没有可利用的闲置资源,所以财政赤字不能增加总产出,只是提高了均衡利率。这样,由于利率上升挤出的私人投资(或消费)规模正好等于财政赤字或其增加额。这种扩张性财政政策并不引起产出增加的情况,通常被称为完全"排挤"效应。

（二）不完全"排挤"效应

只要经济处于还没有达到充分就业的状态,一般不会发生完全"排挤"效应。财政扩张将增加总产出,但是同时也会提高利率,因此挤出只是一个程度问题。总需求增加提高了收入,从而储蓄水平随收入上升而上升。储蓄增加反过来有可能为较高的财政赤字融资而不会完全挤出私人支出。可以通过公式 $S = I + (G - T)$ 来说明。该式是从封闭经济中的国民收入恒等式推导出来的。其中,S 代表私人储蓄,I 代表私人投资,(G - T) 则代表政府支出和政府收入的差额,即财政赤字。由该式可知,在储蓄和净出口既定的条件下,赤字增加必然降低私人投资。简言之,当财政赤字增加时,政府必须借款来支付其财政赤字。政府借款使用了部分私人储蓄,供私人借款来作为投资支出的储蓄剩余部分因此减少。但是,如果由于收入上升,储蓄随着政府支出增加而增加,那么,投资就没有必要一对一地下降。在存在失业的经济中,由于总需求增加提高了总产出,储蓄也相应地增加,所以,挤出是不完全的,储蓄将增加,利率不会上升到完全挤出私人投资的程度。

（三）无"排挤"效应

在没有达到充分就业从而产量有可能增加的情况下,当政府支出增加时,由于中央银行能够通过增加货币供应来配合财政扩张,因此利率可以不升高,从而也不会发生挤出现象。如果在财政扩张过程中,中央银行为了阻止利率上升增加了货币供应,那么由于收入增加而导致的超额货币需求就会由增加的货币供应来满足,利率就不会上升,也就不会发生挤出效应。

五、财政赤字的长期效应

（一）财政赤字长期效应分析的意义

到目前为止,我们在 IS-LM 模型分析中,一直假定价格水平固定,因而名义价值和真实价值等同。这个假设在短期内是合理的,但长期物价水平却会发生变化。为了分析长期中 IS-LM 模型,我们需要引入潜在产出水平(或充分就业的收入水平)这个概念,即在价格水平上没有上升或下降趋势时的产出水平。当产出水平高于潜在产出水平,高涨的经济将导致价格上涨;当产出低于潜在产出水平,则经济的衰退将导致价格下降。

因为我们要考察长期的价格水平变动的情况,所以不能再把不变价值等于名义价值。对 IS 曲线发生作用的那些支出变量,如消费支出、投资支出、政府经常性支出等,描绘了对商品和劳务的需求,它们是以不变价值计量的,即它们表示人们想购买的商品实物量。当价格水平发生变动时,这些量值并不发生变动。所以,价格水平的变动对 IS 曲线并不产生什么影响,但 LM 曲线要受价格水平变化的影响。流动性偏好理论认为,以不变价格表示的实际货币需求取决于真实收入和利率。价格水平升高,则真实货币量下降。真实货币量的下降导致对货币的超额需求,使得在任何既定的总产出水平上利率上升,LM 曲线向左移动。只要产出水平超过潜在产出水平,价格水平就会持续上升,LM 曲线就会左移,直到最后产出又恢复到潜在产出水平。

(二) 财政赤字长期效应的 IS-LM 模型分析

图 10-5 描述了扩张性财政政策对产出和利率的长期影响。扩张性财政政策导致的财政赤字增加使 IS_1 曲线右移至 IS_2,在短期内经济活动移至点 2(IS_2 和 LM_1 的交点),此时利率上升到 i_2,产出增加到 Y_2。由于产出 Y_2 超过潜在产出 Y_n,故价格开始上涨,真实货币余额开始下降,LM 曲线左移。只有当 LM 曲线移至 LM_2 且均衡点为点 3,即产出再次回到潜在产出水平 Y_n 时,价格水平才会停止上升,LM 曲线才不会继续位移。结果,在点 3 代表的长期均衡位置上,利率升到更高的 i_3,产出则维持在潜在产出水平 Y_n 上。实际上,在长期内发生的是完全的挤出效应:价格水平上升使得 LM 曲线移到 LM_2,从而使得利率大幅度升到 i_3,导致私人支出下降,足以完全抵消财政赤字增加的扩张性效应。因此,从 IS-LM 模型来考察,虽然短期 IS-LM 模型里 LM 曲线并非垂直,不会发生完全的挤出效应,但在长期里的确会发生。

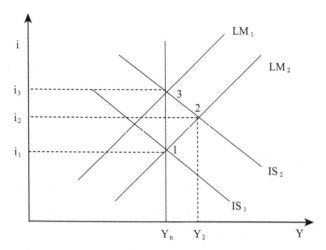

图 10-5 运用 IS-LM 模型分析财政赤字的长期经济效应

第四节 中国经济制度及经济政策变迁

经济政策是各类政策工具在既定经济制度大背景下的具体运作。因此,学习我国公共经济政策首先需要了解我国基本经济制度的变迁。

一、中华人民共和国成立以来中国经济制度的转型(1949—1992)

1949 年至今,我国经济制度几经变革,完成了从半殖民地半封建经济向中国特色社会主义市场经济的华丽转身。期间转折概述如下:

(一)半殖民地半封建经济向新民主主义经济的转型(1949—1952)

为了破除经济社会发展的障碍,迅速恢复处于崩溃边缘的国民经济,中华人民共和国成立后即进行了社会经济制度的大变革。到 1952 年底,我国基本完成了从半封建半殖民地经济向新民主主义经济的转型。

从半封建半殖民地经济向新民主主义经济转型,在农村主要是继续完成新解放区的土地改革,废除封建土地所有制度,建立以农民所有制为基础的新型土地制度。到 1953 年春,除部分少数民族地区外,土地改革基本完成。通过土地改革,彻底废除了封建土地所有制,实现了农民千百年来"耕者有其田"的愿望,极大地调动了几亿农民的生产积极性,解放了农村生产力。在城市主要是没收官僚资本、清除外国在华经济势力、处理外资在华企业,发展壮大社会主义国有经济,使之成为新民主主义经济中的领导成分,以及进行城市民主改革,清除城市经济领域中的封建残余。

(二)新民主主义经济向社会主义计划经济的转型(1953—1956)

国民经济恢复后,我国随即实施了以"一五"计划为标志的重工业优先发展战略。为保证大规模、有计划的经济建设的顺利进行,中央决定提前发动对农业、手工业和资本主义工商业的社会主义改造(简称"三改")。

根据中国共产党的最初设想,在夺取全国政权后,要经过大约10到20年的新民主主义经济建设,来准备建立社会主义必需的物质文化条件,然后再向社会主义过渡。但随着国民经济的快速恢复,1952年秋毛泽东就开始了向社会主义过渡的思考。1953年,中国共产党的七届四中全会批准了"要在十年到十五年或者更多一些时间内,基本上完成国家工业化和对农业、手工业、资本工商业的社会主义改造"(即"一化三改")的过渡时期总路线和总任务,并于1954年载入了《中华人民共和国宪法》。随后,对农业、手工业和资本主义工商业的社会主义改造工作随即迅速展开。原定用10到15年完成的"三改"工作,在农业合作化高潮的带动下,到1956年底就已经基本完成。"三改"完成后,分散的个体农业、手工业和私营工商业大多被纳入了国家计划经济的轨道,当时被当成社会主义制度典型特征的生产资料公有制已在中国完全确立起来了。这些举措一方面有效地保障了大规模、有计划的经济建设的开展,另一方面也导致了我国经济发展道路的急速转轨,即快速过渡到社会主义经济制度,过早结束了中国共产党人自己创立的切合当时我国经济社会发展实际的新民主主义经济制度。

(三)社会主义计划经济的曲折发展(1957—1978)

1957—1978年是我国社会主义计划经济全面运行时期,其间既经历了"大跃进"和人民公社化运动,也遭遇了三年困难时期和长达十年的"文化大革命",是我国国民经济曲折发展的时期。

"三改"完成后,为服务于重工业优先发展和赶超战略,继续强化了政府对经济社会的控制。为解决发展战略与资源间的矛盾,服务既定的经济发展战略,政府加强了对国民经济全面的干预性管理。在农村通过人民公社强化了对农业和农民的控制,以尽可能多地获取农业剩余,为优先发展重工业提供资金和原料。在城市也全面实施高积累、低消费的政策,为优先发展重工业提供投资。为保证高积累、低消费政策下的社会稳定,逐步建立了低水平高覆盖的社会保障制度。同时,为维护传统的社会主义经济制度,多次发动政治运动和阶级斗争。受接连政治运动的影响,本时期内国民经济严重偏离了正常的轨道,遭遇了严重的挫折,速慢质低,人民生活长期改善甚微,经济再次处于崩溃的边缘。

(四)社会主义计划经济向社会主义市场经济的转型(1979—1992)

1978年底党的十一届三中全会以后,随着渐进式市场化改革的逐步展开,单一的生产资料公有制日渐多元化,高度集中的计划经济体制逐步被打破。1992年党的十四大确立了中国特色社会主义市场经济的改革目标。

"文化大革命"结束初期,我国就开展了关于经济体制的理论讨论并进行了改革的试验。为了克服"文化大革命"中盲目下放企业和否定按劳分配的原则所造成的混乱,恢复经济秩序,从1977年起在经济体制上进行了一些局部的调整。同时,在解放思想和理论讨论的推动下,一些地方还进行了改革试验,主要有安徽的农业体制改革、四川的农业体制和工业企业改革。这些有益的尝试为推动全国范围的经济体制改革起了重要的示范作用。党的十一届三中全会明确地提出了经济体制改革的任务,随后我国开始了渐进式市场化改革的进程。党的十四大召开以前,这种渐进式的改革可分为三个阶段。第一阶段为改革的起步阶段(1979—1983),以"计划经济为主,市场调节为辅"为目标,在维持计划经济体制基本框架的前提下,引入市场机制,对其进行完善。在计划管理上,根据不同的情况分别采取指令性计划、指导性计划和市场调节等不同形式,保证经济发展既集中统一,又灵活多样。在所有制方面,坚持国营经济的主导地位,同时坚持多种经济形式并存。本阶段的改革主要在扩大农村集体经济基层经营单位和企业的自主权、扩大市场机制等方面展开,具有明显的市场导向特征,突破了社会主义经济是单一的公有制经济、是单一的计划经济、计划经济的实现形式是单一的指令性计划、计划与市场不相容的传统观念。到1984年,我国经济体制已发生了明显的变化,市场体制因素迅速增加,资源配置中市场调节的比重迅速扩大。但由于对计划经济体制的弊端,以及对社会主义基本经济制度和经济体制的认识都还处于初级阶段,所以仍然坚持计划经济是社会主义的基本经济制度。第二阶段为改革的全面展开阶段(1984—1986),以"有计划的商品经济"为目标,以城市为重点全面展开经济体制的改革。1984年10月召开的中共十二届三中全会作出了《中共中央关于经济体制改革的决定》,并明确提出商品经济的充分发展是社会经济发展不可逾越的阶段,是我国经济现代化的必要调节;我国现阶段的经济既是计划经济,也是商品经济,是公有制基础上的有计划的商品经济,是计划经济与商品经济的统一体。随后,以城市为重点的经济体制改革全面展开。1985年起,开始了对计划体制、宏观调控方式、价格、工资的改革,并加快了城市综合改革试点和对外开放的力度。伴随着经济体制改革的全面展开,我国市场发育迅速,并在经济运行中发挥了日趋重要的作用,企业的自主权也日渐扩大,企业的市场主体地位开始形成。第三阶段为改革的深化和挫折阶段(1987—1991)。1987年中共十三大提出了国家调节市场、市场引导企业的经济运行模式。在随后改革的具体推进过程中,由于先前本身就已经存在一些经济不稳定因素和混乱现象,加之改革出现失误,改革的推进又缺乏系统性,致使出现了严重的经济通货膨胀,并引发了政治危机。随后的治理整顿期间,又采用了一些传统的计划经济体制下的惯用手法和措施,在舆论上也一时出现了逆转的苗头。值此紧要关头,1992年春邓小平南方谈话指出了基本方向。随后党的十四大正式确立了中国特色社会主义市场经济的改革目标。

二、市场化改革中的中国公共经济政策(1979年至今)

改革开放以前,受接连不断的政治运动的冲击和高度集中计划经济体制的桎梏,总体而言国民经济被深深打上了行政干预的烙印。因此,真正经济学意义上的公共经济政策,只能从1978年改革开放以后起算。

(一) 1978年至党的十五大前的公共经济政策

1978年党的十一届三中全会后,改革开放渐次推进,高度集中的计划经济体制逐步被打破,市场的作用逐渐凸现,整个经济体焕发出新的活力。但与此同时,通货膨胀开始成为困扰我国经济平稳发展的难题。从社会总供求的角度看,全社会的投资需求在1995年以前几乎始终处于高亢态势。同时,由于国民收入分配格局发生了巨大变化,居民收入和消费需求在同期也增长很快。投资和消费需求的双重作用,使得在国民经济保持快速增长的同时,社会总供求的矛盾逐渐显现出来。明显的表现是居民消费价格水平不断上升,通货膨胀开始出现。在此期间,我国宏观政策和调控目标也在不断变化。实际上,1996年以前的宏观调控一直处于一种"一放就乱,一乱就收,一收就死,一死再放"的状态。由于宏观政策走向对国民经济和社会总供求的影响相当明显,因而此间的经济周期性波动也比较突出。这一时期的财政政策目标,是在扩张与紧缩之间不断调整的,但基本趋向是以减税让利为代表的放松政策,并且有一段时间,财政政策和货币政策之间执行的是"双松"的政策组合。

需要指出的是,此间我国财政的地位和作用在不断弱化。1979年改革开放伊始,国家采取同时提高农副产品收购价格、提高职工工资和增加企业自主财力的政策,当年财政发生前所未有的135.4亿元的巨额赤字。在此之后,我国的财政改革在较长一段时期内走的是一条"放权让利"之路。随着市场化取向改革的开展,国民收入分配格局发生了急剧的变化,而国家财政在其中承担了巨大的改革成本。先后实行的各项改革政策,如提高农副产品收购价格、提高职工工资、价格改革、利改税、承包制、财政包干等,在促进经济发展的同时,居民收入增加了,企业和地方的自主财力增加了,随之银行存款急剧增长,而财政收入占GDP的比重和中央财政收入占全部财政收入的比重(即"两个比重")却逐年下滑。与此同时,政府机构和人员不断扩充,政府职能转换不到位,财政收入增长缓慢,难以满足政府各部门履行职能的经费和投资的需要,于是各部门纷纷自行收费和建立"基金"。如此,不仅使国家财政特别是中央财政一直处于十分艰难的状态,同时也极大地削弱了财政职能和宏观调控能力。在财政收入占GDP的比重下降的同时,居民储蓄和银行各项存款急剧增长,银行贷款呈急剧增长的趋势。由于财政资金拮据,而银行资金充裕,于是银行扩展贷款领域,代替了一部分财政职能,财政支持经济增长和宏观调控的功能让位给了银行,甚至发展到银行"独木撑天"的地步。

为了抑制通货膨胀,将国民经济导入良性发展,从1993年开始实施"适度从紧"的"双紧"政策。经过三年的治理整顿,实现了"软着陆",成功地抑制了通货膨胀和经济过热,为我国治理通货膨胀积累了宝贵的经验。但随即经济增长率下滑,物价持续下降,出现了通货紧缩的趋势。

（二）党的十五大至今我国的公共经济政策

基于前期实践的积累和理论研究的贡献，1997年党的十五大后中央政府对于现代经济政策工具的运用已日趋成熟，尤其是对财政政策的驾驭已显灵活自如。

1. 亚洲金融危机后启动积极的财政政策和宽松的货币政策

1997年7月在泰国爆发的金融危机迅速席卷周边国家和地区，使得全球经济和贸易的增长步伐明显放缓。我国经济也深受影响。于是，从1998开始我国实施了积极的财政政策。

实际上，从1997年GDP增长开始放慢以后，我国已采取了松的货币政策。如多次降低存贷款利率，降低存款准备金率和存款准备金利率，取消商业化贷款指令性指标，恢复货币市场的国债回购业务等。但是，在市场低迷的条件下，货币政策的调节力度明显乏力，仍难以激发经济的活力。同货币政策相比，财政政策可以从收支两方面，通过乘数效应直接作用于投资、消费和出口，扩张力较大，见效较快。中央政府果断决策，采用扩张性的积极财政政策，拉动需求，促进经济的稳定快速增长，取得了良好效应：扩大基本建设投资，推动了经济增长；加快基础设施建设，优化经济结构，基本解除长期存在经济增长的"瓶颈"；加大技术革新力度，推动产业升级；增大教育和科研投入，增强经济增长的内生动力；完善社会保障制度，建立就业和再就业机制，提高城镇居民收入水平；增加农业投入，提高农民收入水平；大力刺激消费、鼓励出口。

2. 经济局部过热后转向稳健的财政政策和货币政策

2004年伊始，过快的投资增长速度和信贷扩张引发了经济过热的现象。2004年第一季度全社会固定资产投资增长达43%，比上年同期加快15.2个百分点。货币供应量在高位运行，物价开始抬头，通胀压力加大。中央政府判定当时已经出现过热的趋势，但还不是全面过热，而是局部过热，因而及时决定按照突出重点、把握力度、区别对待、分类指导的原则，加强宏观调控措施，做到松紧适度，不搞"一刀切"，并决定将积极财政政策转向稳健财政政策：基本维持既有规模的赤字水平，保持政策的连续性和稳定性；积极增加财政收入，合理调整增长速度，增强市场对资源配置的基础作用；优化支出结构，加强管理，提高效率；推动深化改革，促进经济增长方式的转变。

3. 世界金融危机后重启积极的财政政策和宽松的货币政策

2008年下半年美国次贷危机引发了世界性的金融危机。受此影响,经济骤然降温,经济增长出现过快回落。从2008年第1季度到第4季度,GDP增速逐季下降,依次为10.6%、10.3%、9.9%和6.8%,与第三季度相比,第四季度GDP增速回落3.1个百分点,出现11年来的新低。于是,中央政府果断决定从2008年第四季度开始实施4万亿刺激经济计划,并决定从2009年起变稳健财政政策为积极财政政策,并配以宽松的货币政策。主要内容包括:扩大政府公共投资,着力加强重点建设;推进税费改革,实行结构性减税;提高低收入群体的收入,大力促进消费需求;进一步优化财政支出结构,大力保障和改善民生;大力支持科技创新、节能减排,推动经济结构的调整以及发展方式的转变。

4. 党的十八大后我国进入经济新常态

2012年底党的十八大后,我国经济逐渐进入了新常态。经济新常态是新一届中央领导对改革开放30多年后我国经济进入新阶段之后的战略性思考,是今后十年甚至更长时期内我国宏观经济政策的审慎选择。

总体而言,经过30多年的高速发展,我国经济进入了新常态:经济发展速度正从高速增长转向中高速增长;经济发展方式正从规模速度型粗放增长转向质量效率型集约增长;经济结构正从以增量扩能为主转向调整存量、做优增量并存;经济发展动力正从要素驱动、投资驱动转向创新驱动。

具体而言,新常态下我国经济呈现出以下九个方面的特征:消费方面,模仿型排浪式消费阶段基本结束,个性化、多样化消费渐成主流,保证产品质量安全、通过创新供给激活需求的重要性显著上升,必须采取正确的消费政策,释放消费潜力,使消费继续在推动经济发展中发挥基础作用;投资方面,传统产业相对饱和,但基础设施互联互通和一些新技术、新产品、新业态、新商业模式的投资机会大量涌现,对创新投融资方式提出了新要求,必须善于把握投资方向,消除投资障碍,使投资继续对经济发展发挥关键作用;出口和国际收支方面,全球总需求不振,我国低成本比较优势也发生了转化,同时我国出口竞争优势依然存在,高水平引进来、大规模走出去正在同步发生,必须加紧培育新的比较优势,使出口继续对经济发展发挥支撑作用;生产能力和产业组织方面,传统产业供给能力大幅超出需求,产业结构必须优化升级,企业兼并重组、生产相对集中不可避免,新兴产业、服务业、小微企业作用更加凸显,生产小型化、智能化、专业化将成为产业组织新特征;生产要素相对优势方面,人口老龄化日趋发展,农业富余劳动力减少,要素的规模驱动力减弱,经济增长将更多依靠人力资本质量和技术进步,让创新成为驱动发展的新引擎;市场竞争方面,正逐步转向以质量型、差异化为主的竞争,统一全国市场、提高资源配置效率是经济发展的内生性要求,必须深化改革,加快形成统一透明、有序规范的市场环境;资源环境约束方面,环境承载能力已经达到或接近上限,必须顺应人民群众对良好生态环境的期待,推动形成绿色低碳循环发展新方式;经济风险方面,伴随着经济增速下调,各类隐性风险逐步显性化,风险总体可控,但化解以高杠杆和泡沫化为主要特征的各类风险将持续一段时间,必须标本兼治、对症下药,建立健全化解各类风险的体制机制;资源配置和宏观调方面,全面刺激政策的边际效果明显递减,既要全面化解产能过剩,也要通过发挥市场机制作用探索未来产业发展方向,必须全面把握总供求关系的新变化,科学进行宏观调控。

【本章关键词】

公共经济政策	公共经济政策目标	财政政策工具
货币政策工具	直接控制工具	公共经济政策效力
公共经济政策效应	中国经济制度转型	中国经济政策变迁

【本章小结】

公共经济政策是指一国政府为实现一定的宏观经济目标,而调整公共收支规模和收支平衡的指导原则及其相应的措施。公共经济政策目标就是公共经济政策所要实现的期望值,它在时间上具有连续性,在空间上具有一致性。受社会经济发展战略和目标的影响,不同时期经济政策目标往往不同。而某一时期的公共经济政策目标也是多重的,常见的主要目标包括:经济持续均衡增长、物价相对稳定、充分就业、收入合理分配、国际收支平衡、社会生活质量逐步提高。

公共经济政策工具是为了实现既定的公共经济政策目标而实施的经济政策措施和手段。常见的公共经济政策工具主要包括财政政策工具、货币政策工具、直接控制工具和制度工具,以及财政政策和货币政策的搭配组合。

中华人民共和国成立后,我国经历了由新民主主义经济到社会主义计划经济,再到社会主义市场经济的制度变迁。1997年党的十五大后,我国才开始了真正现代意义上的公共经济政策调整,随后相继经历了双紧的财政政策和货币政策、积极的财政政策和宽松的货币政策、稳健的财政政策和货币政策,以及世界金融危机后重启积极的财政政策和宽松的货币政策。2012年,党的十八大后我国进入经济新常态。

【本章复习题】

1. 简述公共经济政策的目标。
2. 简述财政政策工具。
3. 简述货币政策工具。
4. 简述直接控制工具。
5. 试述财政政策与货币政策配合的必要性及不同组合。
6. 怎样认识和评价公共经济政策的效力与效应?
7. 试述中华人民共和国成立后我国经济制度的转型。
8. 试述新常态下我国公共经济政策的调整。

【本章推荐阅读】

1. 王志刚:《中国积极财政政策是否可持续》,《财贸经济》2012年第9期。
2. 李永友:《市场主体信心与财政乘数效应的非线性特征——基于SVAR模型的反事实分析》,《管理世界》2012年第1期。
3. 张宏海:《公正正义:政府公共经济目标》,《社会科学论坛》2014年第3期。
4. 左伟:《美德日市场经济模式的比较研究及启示》,《当代经济管理》2014年第36卷第4期。
5. 邓子舒:《德国社会市场经济模式对中国的启示》,《党政干部学刊》2014年第5期。
6. 刘艳婷:《日本政府导向型市场经济模式理论与实践研究》,《经济论坛》2009年第5期。
7. 苏少之:《中国经济通史(第十卷)》(上册),湖南人民出版社2002年版。
8. 赵凌云:《中国经济通史(第十卷)》(下册),湖南人民出版社2002年版。

参 考 文 献

1. 理查·A.穆斯格雷夫、皮吉·B.穆斯格雷夫:《美国财政理论与实践》,邓子基、邓力平译,中国财政经济出版社1987年版。
2. 杰克·瑞宾、林奇:《国家预算与财政管理》,丁学东、居昊、王子林、吴俊培、王洪、罗华平译,中国财政经济出版社1990年版。
3. 詹姆斯·M.布坎南:《自由、市场和国家》,平新乔、莫扶民译,北京经济学院出版社1989年版。
4. 查尔斯·林德布罗姆:《政治与市场:世界的政治——经济制度》,王逸舟译,上海三联书店1995年版。
5. 曼瑟尔·奥尔森:《集体行动的逻辑》,陈郁、郭宇峰、李崇新译,上海人民出版社1995年版。
6. 普雷姆詹德:《公共支出管理》,王卫星、王如琪、王绍双等译,中国金融出版社1995年版。
7. 保罗·A.萨缪尔森、威廉·D.诺德豪斯:《经济学》,胡代光等译,北京经济学院出版社1996年版。
8. 道格拉斯·C.诺思:《经济史中的结构与变迁》,陈郁、罗华平译,上海三联书店、上海人民出版社1997年版。
9. 丹尼斯·C.穆勒著:《公共选择理论》,韩旭、杨春雪译,中国社会科学出版社2010年版。
10. 丹尼尔·F.史普博:《管制与市场》,余晖、何帆译,上海三联书店、上海人民出版社1999年版。
11. 戈登·塔洛克:《寻租:对寻租活动的经济学分析》,李政军译,西南财经大学出版社1999年版。
12. 鲍德威·威迪逊:《公共部门经济学》,邓力平译,中国人民大学出版社2000年版。
13. 詹姆斯·M.布坎南、戈登·塔洛克:《同意的计算》,陈光金译,中国社会科学出版社2000年版。
14. 彼德·M.杰克逊:《公共部门经济学前沿问题》,郭庆旺、刘立群译,中国税务出版社、北京腾图电子出版社2000年版。
15. 桑贾伊·普拉丹:《公共支出分析的基本方法》,蒋洪、魏陆、赵海莉译,中国财政经济出版社 2000 年版。

16. 青木昌彦:《比较制度分析》,周黎安译,上海远东出版社 2001 年版。
17. 思拉恩·埃格特森:《经济行为与制度》,吴邦经译,商务印书馆 2004 年版。
18. 穆雷·霍恩:《公共管理的政治经济学:公共部门的制度选择》,汤大华、颜君烈等译,中国青年出版社 2004 年版。
19. 约瑟夫·E. 斯蒂格利茨:《公共部门经济学》,郭庆旺、杨志勇、刘晓路、张德勇译,中国人民大学出版社 2005 年版。
20. 奥尔巴克、费尔德斯坦:《公共经济学手册》,匡小平、黄毅译,经济科学出版社 2005 年版。
21. 维托·坦齐、卢德格尔·舒克内希特:《20 世纪的公共支出:全球视野》,胡加勇译,商务印书馆 2005 年版。
22. 阿瑟·赛斯尔·庇古:《福利经济学》,朱泱、张胜纪、吴良健译,商务印书馆 2006 年版。
23. 安东尼·唐斯:《官僚制内幕》,郭小聪等译,中国人民大学出版社 2006 年版。
24. 贝利:《地方政府经济学:理论与实践》,左昌盛、周雪莲、常志霄译,北京大学出版社 2006 年版。
25. 阿耶·L. 希尔曼:《公共财政与公共政策》,王国华译,中国社会科学出版社 2006 年版。
26. 弗雷德·E. 弗尔德瓦里:《公共物品与私人社区》,郑秉文译,经济管理出版社 2007 年版。
27. 史蒂芬·布雷耶:《规制及其改革》,李洪雷、宋华琳、苏苗罕、钟瑞华译,北京大学出版社 2008 年版。
28. 亚当·斯密:《道德情操论》,蒋自强、钦北愚、朱钟棣译,中央编译出版社 1997 年版。
29. 肯尼斯·阿罗:《社会选择与个人价值》,丁建峰译,上海人民出版社 2010 年版。
30. 安东尼·唐斯:《民主的经济理论》,姚洋、邢予青、赖平耀译,上海人民出版社 2010 年版。
31. 罗伯特·D. 李:《公共预算体系》,苟燕楠译,中国财政经济出版社 2011 年版。
32. 斯科特·巴雷特:《合作的动力——为何提供全球公共产品》,黄智虎译,上海世纪出版集团 2012 年版。
33. 雷良海:《财政支出增长与控制研究》,上海财经大学出版社 1997 年版。
34. 钟晓敏:《政府间财政转移支付论》,经济科学出版社 1998 年版。
35. 曹沛林:《府与市场》,浙江人民出版社 1998 年版。
36. 贺卫:《寻租经济学》,中国发展出版社 1999 年版。
37. 方福前:《公共选择理论—政治的经济学》,中国人民大学出版社 2000 年版。
38. 张昕竹:《中国规制与竞争理论和政策》,社会科学文献出版社 2000 年版。
39. 中国财政学会编:《构建预算管理新模式——部门预算制度与国库单一账户制度》,经济科学出版社 2000 年版。

40. 钱晟：《税收负担的经济分析》，中国人民大学出版社 2000 年版。

41. 王俊豪：《政府管制经济学导论——基本理论及其在政府管制实践中的应用》，商务印书馆 2001 年版。

42. 马国贤：《中国公共支出与预算政策》，上海财经大学出版社 2001 年版。

43. 苏少之主编：《中国经济通史（第十卷）》（上册），湖南人民出版社 2002 年版。

44. 赵凌云主编：《中国经济通史（第十卷）》（下册），湖南人民出版社 2002 年版。

45. 许彬：《公共经济学导论——以公共产品为中心的一种研究》，黑龙江人民出版社 2003 年版。

46. 许云霄：《公共选择理论》，北京大学出版社 2006 年版。

47. 朱柏铭：《公共经济学理论与应用》，高等教育出版社 2007 年版。

48. 郑书耀：《准公共物品私人供给研究》，中国财政经济出版社 2008 年版。

49. 马骏主编：《公共预算读本》，中国发展出版社 2008 年版。

50. 张维迎：《市场的逻辑》，上海人民出版社出版 2010 年版。

51. 张通：《中国公共支出管理与改革》，经济科学出版社 2010 年版。

52. 马骏、赵早早主编：《公共预算：比较研究》，中央编译出版社 2011 年版。

53. 李炜光：《税收的逻辑》，世界图书出版公司 2011 年版。

54. 闫海：《公共预算过程机构与权力——一个法政治学研究范式》，法律出版社 2012 年版。

55. 蔡军：《绩效导向型公共预算管理研究》，中国书籍出版社 2013 年版。

56. 樊勇明、杜莉主编：《公共经济学》，复旦大学出版社 2001 年版。

57. 高培勇主编：《公共经济学》，中国人民大学出版社 2004 年版。

58. 王雅莉主编：《公共规制经济学》，清华大学出版社 2005 年版。

59. 黄有光主编：《社会福祉与经济政策》，北京大学出版社 2005 年版。

60. 袁义才主编：《公共经济学新论》，经济科学出版社 2007 年版。

61. 王俊豪主编：《管制经济学原理》，高等教育出版社 2007 年版。

62. 杨志勇、张馨主编：《公共经济学》，清华大学出版社 2008 年版。

63. 张思锋主编：《公共经济学》，西安交通大学出版社 2008 年版。

64. 黄恒学主编：《公共经济学》，北京大学出版社 2008 年版。

65. 郭小聪主编：《政府经济学》，中国人民大学出版社 2008 年版。

66. 梁朋主编：《公共财政学》，中共中央党校出版社 2009 年版。

67. 凌岚主编：《公共经济学原理》，武汉大学出版社 2010 年版。

68. Atkinson, A. B., Stiglitz, J. E. *Lectures in Public Economics*, New York：McGrawHill, 1980.

69. Brown, C. V. Jackson P. M. , *Public Sector Economics*, Basil Blackwell Ltd, 1990.

70. Diamond, P. , Mirrlees, J. , "*Optimal taxation and Public Production*", *American Economic Review*, 1971.

71. Foley, D. K. , "*Resource Allocation and the Public Sector*", *Yale Econmic Essays*, 1967.

72. Friedman, M. , *Capitalism and Freedom*, Chicago: University of Chicage Press, 1962.

73. Jackson, P. M. , *The Political Economy of Bureaucracy*, Philip Allen, 1982.

74. Laffont, Jean-Jcaques, *Fundamentals of public Economics*, Massachusetts: The MIT Press, 1989.

75. Hyman, D. N. , *Public Finance: A Contemporary Application of Theory to Policy*, The Drden Press, 1900.

76. Musgrave R. , *The Theory of Public Finance*, New York: McGraw-Hill, 1959.

77. Pigou, A. C. , *The Economics of Welfare*, London: Macmillan, 1947.

78. William, V. , *Public Economics*, Cambridge: Cambridge University Press, 1994.